本书受国家社会科学基金项目（编号：11BJY090）、

云南大学"中青年骨干教师培养计划"（编号：XT412003）、

云南大学服务云南行动计划项目"沿边开放与边疆经济发展研究理论成果转化"
（编号：2016MS10）的资助

西方现代
农业合作经济组织的
制度分析

INSTITUTIONAL ANALYSIS OF
WESTERN MODERN
AGRICULTURAL COOPERATIVE ECONOMIC ORGANIZATION

娄 锋／著

社会科学文献出版社
SOCIAL SCIENCES ACADEMIC PRESS (CHINA)

前　言

　　合作经济组织是按劳动者拥有、控制和得益的原则构建的自助经济组织，是持有一定生产资料的劳动者追求福利最大化的一种特殊的组织制度安排。西方合作经济组织并非最早发源于农业，但其在农业领域获得了巨大的成功，不但成为现代化农业生产经营的重要载体，而且代表并折射出整个社会中合作经济组织的新变化与新发展。那么，在农业领域的合作经济组织到底是一类何种性质的企业？其制度特征是什么？它是如何产生和发展演进的？为什么它在农业领域非常活跃并获得了巨大的成功？在农业现代化进程中，它是怎样发挥其作用并受哪些因素影响？在西方农业现代化直至当前的后现代化农业发展进程中，它有哪些新变化、新发展？特别是在目前日益加速的世界经济一体化背景下，农业产业化、专业化进程和食品安全问题等改变着农业合作经济组织的发展环境，农业生产经营亟须实现农业生产资料供应商，农业生产者，农产品储运、加工企业与批发、零售商之间的纵向一体化整合，随着这种整合程度的加深，合作经济组织大量合并或被嵌入供应链中，面对上述挑战，西方农业合作经济组织不断进行着丰富的实践创新与变革，这些创新与变革的本质是什么？它的未来将怎样？等等议题在中外理论界存在诸多评述与争议，但也就是这些评述和争议吸引了我们对其进行深入的研究，不仅尽可能多地收集第一手的国内外文献资料，挖掘规律，更重要的是从历史事实的角度，对西方农业现代化进程中合作经济组织的制度特征及其创新、变革和发展演进给予一个全面、深刻的制度解析，以期能够通过对西方农业合作经济组织制度实践的理论分析与总结，并通过比较研究，为中国农业合作经济组织的发展

（包括组织内部制度安排、外部政策扶持等）提供可资借鉴的经验。

20世纪五十年代农业合作化时，我们完全不理会西方发达国家的成功经验，教训十分深刻。当前新形势下，国内农业合作经济组织的发展面临诸多问题（如农业生产过程中逐步对加工控制技术的采用，生产经营纵向一体化与供应链管理趋势迫使其利益导向发生改变，内部人控制，成员异质性增大，益贫性下降，等等），亟须进行组织制度变革和结构调整，而西方农业合作经济组织在应对上述诸多问题时，有许多创新经验和教训值得我们学习与借鉴，不能再予以忽视。目前国内深入研究当代西方农业合作经济组织新变化、新发展的文献少（有的仅是单纯的资料堆积），进而进行全面制度分析并总结经验的尚未见到。现有文献、数据和结论过于陈旧，部分结论已被西方农业合作经济组织的发展实践所否定。因此，考察西方农业合作经济组织的创新发展，进行深入的制度分析（中西方农业合作经济组织内外部环境、合作文化、成员素质等存在较大差异，西方成功经验不能照搬，须精炼、升华至理论，总结经验并结合中国现实才能为我所用），对创新和构建具有中国特色的新型农业合作经济组织以及对中国农业现代化发展，均具有十分重要的理论指导与现实意义。

因此，本研究首先努力穷尽国内外有关西方合作经济组织的研究文献，甄别并系统梳理。从历史角度研究西方农业合作经济组织在农业现代化进程中的产生、发展与变革，廓清其本质属性并揭示其发展演进规律、原因和影响因素，为随后的理论创新及制度分析提供历史实践基础。在对文献系统梳理、分析的基础上，依马克思制度经济学的合理内核，吸收新制度经济学等西方经济学的合理成分，结合历史实践提出全新的合作制企业制度分析框架及分析范式，运用创新的分析框架、分析范式对西方农业合作经济组织在农业现代化进程中的发展与变革进行全面制度分析，得到重要启示并进行中外对比研究，然后结合新形势下中国的具体实践，系统地提出进一步创新和发展具有中国特色的新型农业合作经济组织，加速中国农业现代化进程的具体建议。总之，本研究是以制度分析为主要内容，以历史唯物主义、辩证唯物主义分析方法为指导，贯穿着比较分析的实证和理论综合，提出全新的合作制企业制度分析框架及分析范式，以深入揭示西方农业合作经济组织的制度特征及其产生、创新及发展演进规律，总结经验，获得启示，为中国农业合作化的具体实践提供理论参考。

本研究的逻辑结构安排如下。

第一章"导论"主要介绍选题的意义和依据，研究内容及重点问题，研究思路、方法、结构等。

第二章"合作经济组织的基本理论及文献回顾"在对合作经济组织理论研究回顾的基础上，解析合作经济思想的产生与合作运动的发展，揭示当代西方合作运动的理论渊源，并重新界定了西方合作经济组织的基本特征及其质的规定性。同时，分析了合作运动及其理论对合作经济组织产生与发展的影响。最后系统地梳理当前国内外有关农业合作经济组织的主要研究成果，确立本研究的分析基础和理论成长点。

第三章为"西方农业生产经营组织的发展演进"。农业合作经济组织作为农业生产经营组织的一种类型，其产生与发展演进的规律应从历史事实中来找寻，而不应从西方经济学，特别是新制度经济学理想、抽象的模型中来推理，本研究基于这一观点而撰写本章。本章在对西方农业生产经营组织形式发展演进的历史考察中，系统地研究农业合作经济组织产生、发展演进的历史轨迹，指出在人类农业生产经营组织的演化进程中：第一，伴随人类社会发展，农业生产经营组织经历了许多不同形式的演化，农业合作经济组织是在农业生产力发展到一定程度时才出现的，它是农业社会化生产分工协作的产物；第二，农业合作经济组织是伴随农业市场化而产生的，具体地说是伴随资本主义市场经济制度的出现而产生的；第三，资本主义市场经济制度的出现不仅仅产生了合作经济组织，在农业生产经营组织演化进程中，除合作经济组织外，还产生了其他经济组织，包括资本主义股份制企业（即合作经济组织不是市场经济下农业生产经营组织形式的唯一选择）。第一、二点说明了农业合作经济组织产生的可能性，第三点表明了农业合作经济组织产生的必然性（农业生产经营组织的制度安排如何构建，是合作制度还是股份制——这将由农业的具体生产方式来决定）。本章正是在西方农业生产经营组织发展演进的过程中，通过研究农业合作经济组织产生与发展的历史轨迹，揭示其产生、演进、创新的内在逻辑，分析影响其发展演进的因素，实现理论逻辑与历史逻辑的统一。同时，将本章视为本研究制度分析的理论起点，从生产力与生产关系辩证统一发展的角度揭示合作经济组织产生的必然性，说明合作经济组织首先是经济效率的产物，其次才是合作运动的产物。

第四章"西方农业合作经济组织的产权制度分析"对比分析马克思制度经济学和新制度经济学产权理论，指出后者在合作社产权制度分析中的不足。以前者为主要分析工具，借鉴后者的合理成分，研究并揭示西方农业合作经济组织产权制度的建立基础、产权制度的基本模式以及变革模式。在前一章研究成果的基础上，构建生产社会化—产权社会化—管理、分配社会化分析框架（含梯度变化分析），揭示农业合作经济组织产权制度产生、发展与变革的根本原因，并说明其未来变革的方向。然后，运用生产社会化—产权社会化—管理、分配社会化分析框架，对合作制与现代股份制企业的产权制度、产权社会化程度进行了深入的对比分析，揭示它们企业制度最本质的属性及差异，最后说明合作社为什么不能成为人类最主要的生产经营组织形式。

第五章"西方农业合作经济组织的管理制度分析"首先研究马克思制度经济学与新制度经济学分析范式对企业管理制度的产生及管理权归属问题的理论分歧，指出新制度经济学分析范式的理论缺陷。随后，以前述分析为理论基点，运用生产社会化—产权社会化—管理、分配社会化分析框架及分析方法，着重探讨了西方农业合作经济组织管理制度——合作管理制度的产生、模式、特点、内部治理结构以及运用动态进化博弈模型揭示合作经济组织治理目标的实现机制及其发展演进等。

第六章"西方农业合作经济组织的分配制度分析"对比分析新古典经济学、新制度经济学与马克思制度经济学的价值决定及收入分配理论，揭示马克思价值决定及收入分配理论的科学性，以此为逻辑起点，运用生产社会化—产权社会化—管理、分配社会化分析框架及分析方法，解析西方农业合作经济组织的分配制度——复合分配制度的产生、发展演进的特征、本质及其决定因素。

第七章"当代西方农业合作经济组织的发展与创新：新一代合作社"

以新一代合作社为代表，结合当前日益加速的世界经济一体化，农业产业化、专业化进程和食品安全等外部促变因素，对其产生与发展进行深入分析，揭示其是如何从传统（经典）合作社演化而来的，演化的本质是什么。进而分析其产权制度、管理制度以及分配制度，指出其特点和发展趋势，并说明为什么其产权、管理与分配社会化程度均比传统合作社高。最后对新一代合作社的绩效进行详细的研究，并与传统合作社、资本主义企业（股份制企业）的绩效进行对比分析以得到重要启示。

第八章"政府在农业合作经济组织发展中的作用"主要讨论西方农业合作经济组织在产生与发展进程中的政府制度安排、政府支持的形式及内容、相关利益主体互动及立法制度导向等制度环境问题，以揭示西方政府和农业合作经济组织在农业现代化发展中密切联系的本质原因以及最优的支持策略借鉴。

第九章"西方农业合作经济组织制度分析的启示"揭示了西方农业合作经济组织制度分析给我们带来的理论（规律、经验）和政策启示，西方农业合作经济组织的研究意义主要体现在这一部分中。

国内尚没有研究者对西方农业合作经济组织进行完整、深入的制度分析，而国外学者进行过这方面的研究，但应用的方法是新制度经济学。当前国内的研究者也大多运用新制度经济学研究西方农业合作经济组织，但内容主要集中在产权与管理制度方面，大多也与西方学者的研究结论一致。现在尚没有研究者应用马克思基本理论对西方农业合作经济组织进行完整、深入的制度分析（尽管笔者相信一定有研究者在酝酿），本研究期望在这一方面抛砖引玉。另外，本研究可能的创新之处还主要体现在以下几点。

（1）当前对农业合作经济组织有两类分析范式：以新制度经济学、新古典经济学为代表的西方经济学分析范式和以马克思政治经济学为理论基础的分析范式。由于阶级立场、理论渊源上的冲突，两类分析方法"泾渭分明"，而本研究在坚持马克思主义理论的基础上，批判地吸收西方经济学分析范式的合理成分，扬弃当前理论界主流（以新制度经济学为代表）分析的局部分析法（仅分析合作社服务部分），提出了整体分析法，即将农业一线生产部分（家庭农场及其生产方式）纳入合作经济组织的制度分析，将其视为合作经济组织一个不可或缺的、有机的组成部分，构建了合作社发展演进的生产社会化—产权社会化—管理、分配社会化的理论分析框架及分析范式，拓展了马克思主义研究方法，丰富了其合作经济研究理论，从而深刻揭示了农业合作经济组织产生的根本原因，即农业社会化大生产分工协作的内在要求，并论证了合作经济组织首先是生产效率的产物，其次才是合作运动的产物；同时依上述分析范式提出并论证了合作经济组织"天生"不在农业领域，但其"天生"就适合农业这一论断。随后，坚持生产力标准，用"产权社会化"程度作为标尺来衡量企业的发育程度并进行系统分析，说明合作组织没有成为人类主要生产经营组织形式的根本原因：其产权社会化程度低，难以适应非农领域生产社会化的内在要求及其生产方式突飞猛进的变革，同时资本主义制度下的资本市场没有，也不可能为合作组织这类企业的产权社会化提供制度空间。最后，应用创新分析方法，针对西方农业合作经济组织的发展演进进行制度解析，对西方农业合作社的制度属性重新定位（在内、外部严苛制度约束下，其具有了多重复合性、高可塑性等属性）并指明其演进、创新的方向。

（2）以美国农业合作社为例，考察西方农业合作经济组织对农业现代化发展的作用，应用计量经济模型对其作用的理论设想予以实证检验，并将该作用命名为农业合作社发展的"踏轮"或"转轮"效应，以说明农业合作社对农业经济发展的影响，即提高了农业生产经营效率并加速了农业劳动者向二、三产业转移。

（3）提出创新、构建具有中国特色的新型农业合作经济组织的原则、发展思路和措施。

目　录

第一章　导论

第一节　选题的依据

1.1.1　问题的提出

"从长期看，决定经济发展成功与否的关键只能是农业部门。这样的认识，常常在许多历史分析中被忽略了。"[①] 进入 21 世纪，伴随世界经济高速增长的是生态资源退化、环境污染（如沙尘暴、雾霾等）、自然灾害频发、能源枯竭，人们逐渐意识到农业的许多价值被忽视了。[②] 事实上，农业绝非仅仅为人类提供食品，绝非只是对二、三产业的发展具有产品、市场、要素和外汇贡献的辅助性或附属性产业部门，农业更具价值的是为当代人类提供良好的生存环境，以及在资源逐渐枯竭的情况下提供新材料、新能源等。[③] 而现有的国民收入核算体系虽然承认农业对二、三产业

---

① 诺贝尔经济学奖获得者纲纳·缪达尔（Gunnar·Myrdal）在 1974 年获奖时的发言。转引自史美兰《农业现代化：发展的国际比较》，民族出版社，2006，第 2 页。

② 由于农业的许多价值被忽视了，农业经济学已被"边缘化"。至 2016 年底，除农业院校、农业科研单位外，涉及农业经济问题的硕士、博士论文可谓"凤毛麟角"，农业经济始终是处于经济学"边缘地位"的冷门学科。

③ 联合国粮农组织 2008 年报告：2006 年，美国生物燃料乙醇的产量为 1700 万吨，使用了全国玉米产量的 20% 左右，使 2006 年美国玉米价格上升了 73%。已有许多国家相继制订了较为宏大的中长期生物燃料发展计划：美国计划到 2017 年使生物燃料乙醇的产量达到 1.2 亿吨；巴西计划到 2020 年使燃料乙醇占到汽油总消费量的 20%；2006 年生物能源占欧盟交通能源使用量的 2%，欧盟计划在 2020 年将这一比例提高到 10%。生（转下页注）

的贡献，却没有计量农业向二、三产业部门间接或直接转移的价值量，更重要的是没有计量其在维护生态、保护环境等方面的外部性收益。因此，在现有的国民收入核算体系下，农业的价值量被远远低估了。[①]总之，农业与人类休戚相关，不论过去、现在还是未来，它都始终对人类的生存与发展有着深刻和长久的影响。

　　进入 21 世纪以来，我国农业发展相对于国家的现代化进程出现了明显的滞后，甚至在一定程度上阻碍了现代化进程，这已引起了我国政府的高度重视。党的十八大指出："农业、农村、农民问题关系党和国家事业发展全局。……是今后全党工作的重中之重。"[②]这充分体现了我国解决"三农"问题、发展农业现代化的重要性和紧迫感。长期以来，理论界为找寻中国农业现代化发展之路进行了不懈的探索，已有许多成果，但仍有许多领域尚未涉及或深入研究，因而我们需要"百尺竿头，更进一步"，将视野拓展至世界各国（地），特别是发达国家农业现代化的发展历程中来探寻、研究以获得可资借鉴的经验。

　　合作经济组织是按劳动者拥有、劳动者控制和劳动者得益的原则构建的自助性经济组织，是在共同利益和需求的基础上建立起来的。[③]合作经济

（接上页注③）物燃料的发展已经使得粮食价格与能源价格的变化趋于一致，这将改变世界粮食价格不断下降的趋势（引自《人民日报》2008 年 3 月 12 日，第 3 版）。生物燃料大量使用的背景是世界石油价格的持续上涨。总部设在维也纳的欧佩克秘书处于 2008 年 3 月 17 日公布的数据显示，截至 3 月 14 日的一周里，欧佩克市场监督原油一揽子平均价首次突破每桶 100 美元大关，达到每桶 101.34 美元。国际油价不断创下历史新高，纽约市场原油期价已突破每桶 110 美元大关（引自《人民日报》2008 年 3 月 18 日，第 3 版）。当前每桶价格已突破 130 美元，其间虽有小幅浮动，但总体保持持续缓慢上涨趋势。

① 美国经济学家 Cramar, G. L. 与 Jensen, C. W. 在其合著的 *Agricultural Economics and Agribusiness* 一书中指出（第 25～26 页），1989 年，按传统国民经济核算方法来衡量美国农业，它是个不大的产业，它只占国民生产总值的 2%，直接占用的劳动力为 3%。但是，农业在其他产业中（制造业、加工业、批发和零售业等）所间接占用的劳动力要多得多。总体来说，在农业生产部门就业的人数为 320 万，在农产品销售部门就业的有 1630 万人，在农业设备及其他生产资料制造部门中就业的有 200 万人，所以美国农业大约以 21% 的劳动力提供了就业机会。另外，农业和食物系统对美国国民生产总值的贡献率达 18%。

② 《中共中央关于推进农村改革发展若干重大问题的决定》，人民出版社，2013，第 2～3 页。

③ http://ica.coop.com，2016 - 1 - 8.

组织在西方发达国家农业现代化及后现代化发展进程中发挥了极其重要的作用。同时，从事农业生产实践活动的合作经济组织也是该类组织中最重要、最成功的一类组织形式。

那么，当前农业合作经济组织在农业经济中的地位如何？在农业领域的合作经济组织到底是一类何种性质的企业？它具有哪些制度特征？它是如何形成的？为什么它在农业领域非常活跃并获得了巨大的成功，在西方农业现代化直至后现代化农业①发展进程中，它是怎样发挥其作用的？在当前的新经济、技术条件下，它发生了哪些变革，为什么？它的未来将会怎样？等等，这些议题在中外理论界存在诸多评述与争议，但也就是这些评述和争议吸引了我们对其进行深入的研究，不仅须从诸多文献资料中挖掘规律，更重要的是从历史事实的角度，尽可能多地收集第一手的外文资料，以期对西方农业现代化进程中合作经济组织的制度特征与发展演进及创新给予一个全面、深刻的制度分析，为中国的农业合作经济组织发展提供经验借鉴。

为评估合作经济组织在全球经济发展中的重要性，国际合作社联盟（International Cooperatives Alliance，简称 ICA）对世界合作经济组织进行了一次相对全面的调查，于 2016 年 11 月公布了至 2014 年底全球合作经济组织基本状况，并依其总收入排列了全球合作经济组织的前 300 强。② 统计表明，全球前 300 强合作经济组织的总收入已达到了 25331 亿美元，如将其视为一个国家，按 2014 年的 GDP 排序，它可位于法国之后名列世界第七位。合作经济组织在世界经济中发挥着不可替代的作用。据 ICA 统计，全球至少有 30 亿人在直接或间接地享受着合作经济组织的服务。③

---

① 后现代化农业是指依托现代农业科学技术（生物工程、转基因工程技术等），以动植物的开发、培育及其产品生产为轴心，将农业（农、林、牧、渔）范畴中不同层次、环节和分属于各非农产业部门与动植物培育及其产品生产密切相关的各种产前、产后活动有机地融合或复合在一起而形成的一个超大农业产业化经营系统。从产业角度看，它是农业生产向二、三产业的延伸，是融农用高新技术品制造与供应和农产品收购、加工、贮藏、运输、市场营销以及农用技术研发与应用推广、农业信用与管理咨询和服务于一体的复合产业。

② http://monitor.coop/.

③ ICA：EXPLORING THE CO-OPERATIVE ECONOMY REPORT 2016.

全球前 300 强合作经济组织中，按总收入之和排列的前两个地区分别是：欧洲和美洲，这两个地区的合作经济组织个数之和占 300 强的 65%，收入占总收入的 72.3%，这说明欧美是合作经济组织最活跃、最发达的地区。300 强中 48% 的合作经济组织建立于 1940 年之前，13% 的形成于 1900 年之前[①]，即前 300 强中有 13% 的合作经济组织生产经营已超过 100 年，在这 100 多年中，它们经历了无数次经济危机与政治动荡，不仅顽强生存下来，而且生机勃勃。这说明合作经济组织有着顽强的生命力和广泛的群众基础。300 强中数量最多的是农业合作经济组织（含农业生产与食品加工、融资合作经济组织），占总数的 71%。农业合作经济组织的普遍性还表现在 300 强所涉及的国家中，每一个国家都至少有一家农业合作经济组织入选。

表 1 - 1 为 2014 年按总销售收入排列的全球合作经济组织前 10 强。

如表 1 - 1 所示，前 10 强中，与农业相关的合作经济组织就占了 6 家；总收入之和占前 10 强的 73%。300 强之首"法国农业信贷银行"就是 1885 年法国农民为解决短期资金周转问题而构建的一个农业信贷合作社，其主要业务是对个体农场主进行长、短期生产贷款。此外，还为青年农民创办一定规模的农场、发展畜牧业、实现农业生产现代化和农业救灾等进行贷款。目前已发展成为分支机构遍及全球 60 个国家，拥有 7679 家分行，服务客户 1600 万的合作银行集团。[②] 这表明随着经济全球化的加快和市场经济的不断深化发展，农业合作经济组织不断地发展及自我完善，日益显示出其生机和活力，是当代发达资本主义国家现代化农业及后现代化农业发展的重要载体。

表 1 - 1　全球合作经济组织前 10 强（按总销售收入排列，2014 年）

单位：亿美元

名次	合作经济组织名称	类别	所属国家	总收入（2014 年）
1	Group Crédit Agricole[①]	保险、信贷	法国	902.1

---

① http://monitor.coop/; http://ica.coop.org/en/node/73846.
② http://www.credit-agricole.fr/.

续表

名次	合作经济组织名称	类别	所属国家	总收入（2014 年）
2	BVR[②]	保险、信贷	德国	700.5
3	Groupe BPCE[③]	保险、信贷	法国	689.6
4	NH Nonghyup[④]	农产品与食品加工批发、零售	韩国	637.6
5	State Farm[⑤]	保险、信贷	美国	637.3
6	Kaiser Permanente[⑥]	农业保险、信贷	美国	626.6
7	ACDLEC – E. Leclerc[⑦]	商品批发和零售	法国	584.0
8	Groupe Crédit Mutuel[⑧]	农业信贷	法国	565.4
9	ReWeGroup[⑨]	商品批发和零售	德国	564.2
10	Zenkyoren[⑩]	农业保险	日本	547.1

注：①为解决短期资金周转问题，1885 年法国农民建立了互助性质的农业信贷合作社金库。1926 年改名为法国农业信贷银行，受法国农业部和财政经济部的双重领导。总部设在巴黎。

②德国合作银行联邦协会。

③是有一家拥有百年历史的大型综合性保险合作集团。它的前身是法国农民自发创立的农业互助保险合作社（AMA）。

④韩国农协，通过开展各种业务如销售和供给业务、银行和贷款业务、保险业务和咨询服务等来支持农业和农村的建设。韩国几乎所有农户均加入了农协。

⑤State Farm 保险公司是美国最大的汽车合作保险公司。

⑥美国凯撒医疗合作集团，是一家综合性管理保健财团，集保险公司、医院、诊所、药房和医生坐诊各职能于一体。

⑦法国最大的零售集团。在波兰、葡萄牙、西班牙和法国拥有 600 多家大型超市，主要销售食品、化妆品、服装、DIY 产品等。

⑧国民互助信贷合作银行，是法国一家为中小企业提供融资服务的专业性信贷机构。

⑨德国零售业合作集团，2015 年营业额排德国第二位。

⑩日本全国农协互助保险联合会。

资料来源：http://monitor.coop/。

在 20 世纪五六十年代，由于政治上的原因，我们在进行农业合作化时无视西方发达资本主义国家①的成功经验，盲目照搬苏联的建设模式，教训十分深刻。当前西方发达资本主义国家的农业已进入后现代化时期，

① 本研究的"西方发达资本主义国家"是指已经实现了农业现代化并正进入农业后现代化发展时期的当代发达资本主义国家，包括欧洲、美洲、大洋洲的发达资本主义国家，此外还包括日本、韩国和以色列等。

其农业合作经济组织发生了一系列深刻的变革与创新，我们不能再予以忽视。国内关于西方农业合作经济组织的文献多集中出现于20世纪八九十年代之后，尽管成果颇丰，但其中研究西方农业合作经济组织新变化、新发展（包括所谓农业合作经济组织的衍化或异化发展）的文献不多，进行全面制度分析的尚未见到。当前中国农业合作经济组织的研究者多引用20世纪八九十年代文献中的数据或结论，过于陈旧、部分结论已被西方农业合作经济组织的发展实践证明是错误的（如认为西方农业合作经济组织发展的理论渊源来自空想社会主义，西方农业合作经济组织是集体所有制企业，等等）。因此，考察西方农业合作经济组织的发展演进及其变革对中国的农业合作经济组织及农业现代化发展具有十分重要的理论指导与现实意义。

1.1.2 选题的研究意义

1.1.2.1 理论意义

第一，认清西方农业合作经济组织的产生、发展、作用及其制度特征和演进规律。世界各国的农业合作经济组织，依其组织建立的制度基础，大体可分为集体所有制模式和私有制模式，前者是马克思、恩格斯对空想社会主义合作经济思想进行扬弃，提出在无产阶级获得国家政权后，通过剥夺或赎买大、小地主财产（特别是土地）及引导改造农业小生产者，建立以公有制（或集体所有制）为基础的农业生产合作社，在计划经济体制下实现农业的社会化大生产。其制度特征是合作组织成员人人平等，财产集体所有，生产按计划进行，人人参加劳动，劳动成果按劳分配。原苏联和东欧各国的集体农庄、中国的人民公社就是依据上述原则构建的合作经济组织，但从发展的结果来看，从原苏联、东欧的集体农庄到中国的人民公社，它们都出于生产经营中监督管理成本过高、劳动者缺乏劳动积极性等原因而最终消亡。而以西方发达资本主义国家为代表，建立在生产资料个人所有制基础之上的农业合作经济组织却获得了成功，不断发展演进，已成为当代西方现代化和后现代化农业生产经营中最活跃的经济组织形式。因此，研究当代西方农业现代化国家的农业合作经济组织的产生、发展演进规律，对其制度特性、产权安排、管理制度、分配制度、经济绩效、外部制度环境等进行深入探讨和实证分析，以期给予西方农业合作经济组织一个比较系统的、富有阐释力的制度解说，对我们认清西方农业合作经济组织的本质及其在农业发展过程中的作用和地位，并从一个侧面了解西方农业现代化的实现过程具有十分重要的意义。

第二，丰富和发展马克思主义农业合作经济组织理论。早期的合作经济组织产生于资本主义内部，与其他三类（个人私有制、合伙制、股份公司制）生产组织形式有着根本性的不同（生产资料归劳动者所有、民主管理和按劳分配），是对资本主义"生产社会化与私人占有根本矛盾的扬弃"，① 但现在理论界对合作社的总体评价不高，特别是西方学者运用新古典经济学以及新制度经济学对合作经济组织进行分析，大多持悲观甚至是否定态度，这其中既有一些客观原因，② 也有一些主观因素。③ 国内一些学者传袭了西方的分析范式，认为合作社制度是低效率的，没有生命力了，甚至已是"穷途末路"。但是，一个基本的事实是：在已实现了农业现代化的西方各国，农业合作经济组织依然活跃在农业领域，甚至垄断了某些农产品的生产经营。对此，本研究认为：①对农业合作经济组织的分析，不能抛开农业生产方式及其生产对象的特殊性，不能简单地"套用"其他领域对生产组织形式的分析模式；②农业生产经营组织形式经过一系列的

① 马克思：《资本论》（第3卷），人民出版社，1975，第497页。
② 如合作社客观上存在着融资困难、缺乏市场竞争力以及"搭便车"等问题（后述）。
③ 备受西方推崇的《新格雷夫经济学大词典》反映了西方经济学界对经济事物评价的主流观点，该词典是这样解读合作社的（1992年版，A-E，第719页）："1834年著名的德贝（Derby）工人罢工之类的劳资争议与合作社的造反思想有关……欧文主义的失败导致了合作社渐进主义概念，虽然1844年诞生的消费合作社（罗虚戴尔公平先锋社，笔者注）绝不是共产主义思想的贬值。"西方将罗虚戴尔公平先锋社视为合作社成功的典范，其构建的合作社基本原则被国际合作社联盟（ICA）及大多数国家接受。上述解释说明西方经济学界主流意识认为：合作社与共产主义思想有密切联系。合作运动开始时，人们认为它可以和平改造资本主义，同时，一些合作社也明确表示拒绝政府的资助、扶持与干预——这就引起了资产阶级政府的警觉，进而资产阶级政府对合作社采取了排斥、对立甚至是限制的措施，遏制合作社的发展，或者置之不管，任其自生自灭。尽管当代西方合作社与政府的关系有了很大改善，但西方部分学者依然认为，合作社起源于共产主义思想。

演进，最终演化分裂出农业合作经济组织，对农业合作经济组织进行分析时不能割裂其发展的历史逻辑。因此，本研究通过追寻西方现代农业合作经济组织产生、发展演进的历史轨迹，认识其产生的制度背景，解析其出现和存在的合理性与深层机理，解释其现实的制度建构和进行中的制度变迁，以证实西方经济学主流观点的不足以及马克思理论内核的科学性，进而基于马克思政治经济学理论内核，借鉴和吸收新古典经济学、新制度经济学以及企业组织理论等西方经济学的合理成分，坚持历史唯物主义与唯物辩证法，努力实现理论逻辑与历史逻辑的统一，在此基础上初步建构一个关于农业合作经济组织的制度分析框架，以丰富和发展马克思主义制度经济学在农业合作经济组织方面的理论。

1.1.2.2　现实意义

第一，构建有中国特色的农业合作经济组织。经典的农业合作经济组织理论是舶来品，中国农村发展农业合作经济组织的内、外部条件与合作经济组织繁荣发展的西方各国相比有很大的不同，因而本研究追溯合作运动的起源和发展，研究已实现农业现代化的西方发达国家的农业合作经济组织，解析其产生、发展、变迁的制度轨迹，揭示其发展演进的一般性规律，最终结合中国的现实状况，找寻构建中国特色农业合作经济组织的原则及路径。

第二，对解决中国"三农"核心问题有借鉴意义。"三农"问题的核心是农民问题，关键是要增加农民收入，提高其生活水平。中国首先在农村启动改革开放，是从解散原有的合作生产组织——人民公社开始，以家庭联产承包责任制取而代之，事实证明，家庭经营在微观生产领域是有效率的，取得了巨大的成功。但其造成了"小规模、分散化"的经营格局。

如表1-2所示，中国的人均耕地、农业生产者人均耕地、农业人口人均耕地均远远低于主要发达国家。可见，家庭经营并没有也不可能一劳永逸地解决所有的问题。分户经营以后，2.4亿户农民还处于分散孤立的状态，农户进入市场的组织化程度低，在农业生产经营链上，难以分享到足够的利润,① 农户收入难以提高，使农业产业化发展受阻。因此，如何使"小规模、分散化"经营的农户有组织地进入市场以及组建起来的农业合作经济组织应如何发展适度规模经营、实现农业生产的集约化，已成为当前解决"三农"问题的重中之重。此外，当前我国农民在经济上大多处于无组织状态，在市场经济中很难保护自己的合法权益不受侵害。而西方发达国家农业合作经济组织在农业现代化发展进程中，在解决上述问题时积累了一些先进的经验和方法。因此，学习借鉴西方农业合作经济组织的成功经验，对在家庭经营的基础上，解决"小生产与大市场"矛盾，提高农户生产经营的市场化水平，从根本上提高其收入、改善其生活状况、增强其自我保护能力等方面均具有十分重要的现实意义。

表 1 - 2　各国不同时期的耕地规模比较

单位：公顷/人

时期	指标	美国	加拿大	澳大利亚	英国	日本	韩国	荷兰	中国
1979～1981 年	人均耕地	0.38	1.86	2.97	0.12	0.04	0.09	0.06	0.1
1994～1996 年		0.71	1.54	2.65	0.10	0.03	0.08	0.06	0.08
1979～1981 年	农业生产者人均耕地	111.0	92.2	1119.0	26.2	12.1	0.6	6.4	1.1
1992～1994 年		118.2	173.9	1074.4	28.2	7.5	0.5	6.4	1.0
2003 年	农业人口人均耕地	60.9	126.1	108.4	11.3	1.9	0.8	3.1	0.3

资料来源：根据 The World Bank，"Wold Development Indicators"，Development Data Center of World Bank，1998、2000、2003 年资料整理计算。

第三，中国农业现代化发展的现实要求。农业走向现代化是农业向高层次不断发展的必然历史过程。当前，中国农村普遍推行的家庭联产承包责任制并没有动摇农村自然经济和传统农业的基础，中国农业现代化的发展需要引入一种更有效率的经济组织以改造农村传统、落后的生产经营模

①　为了解 2007 年 7、8 月开始的农产品价格上涨对农户收入的影响，2008 年 3 月 7 日至 12
　　日，农业部调研组赴北京、山东等地，选择三大类 9 个品种的农产品，对生产→收购→
　　加工→运输→批发→零售等环节全程跟踪调查。结果显示，在农产品产销链中，农民投
　　入多、耗时长、风险大，但获得的利润最少。（农业部：《农产品涨价，农民收益几何？》，
　　《人民日报》2008 年 4 月 2 日，第 4 版。）

式，因而引入农业合作经济组织势在必行。而西方发达国家在发展农业合作经济组织，以改造传统农业、加速农业现代化进程方面有许多成功经验值得我们学习和借鉴。因此，研究西方发达国家发展农业经济合作组织的理论与实践，对中国发展农业现代化具有十分重要的现实意义。

第二节　研究的主要内容和重点问题

1.2.1　研究的主要内容

农业合作经济组织是追求成员福利最大化的一种特殊的组织制度安排。西方合作经济组织并非最早发源于农业，但其在农业领域却获得了巨大的成功，不但成为现代化农业生产经营的重要载体，而且"折射"出了合作经济组织的新变化与新发展（如新一代合作社①等）。农业合作经济组织的产生和发展既是农业生产社会化的内在要求，又是农业现代化发展的必然。面对当前正在发生着一系列制度变革的西方农业合作经济组织，应给予其一个比较科学的、系统的制度解说，以得到启示，进而为构建具有中国特色的农业合作经济组织提供参考。具体来说，有四项主要内容。①系统梳理所能穷尽的国内外有关合作经济组织及其发展创新的理论文献，确立本研究的基础和理论成长点；同时，讨论并界定农业合作经济组织的制度特征，深入揭示农业合作经济组织制度形成的内在机理及其发展演进规律。②从历史事实的角度，研究西方农业生产经营组织的发展演化和农业合作经济组织的出现、发展创新及演进规律，借鉴前人的研究成果，基于唯物史观提出全新的合作经济组织创新与发展的制度分析框架、分析范式，实现理论逻辑与历史逻辑的统一；同时，基于农业合作经济组织产生、发展演进的历史事实，对新制度经济学合作经济组织理论给予评述，指出其缺陷。③用上述创新理论解析西方农业合作经济组织的产权制

---

①　20世纪八九十年代出现在北美的一种新型合作经济组织，其产权制度、内部治理和分配制度等与传统合作社（罗虚戴尔原则）有很大的不同，后文将会详细介绍并分析。

度、内部治理、分配制度、经济绩效以及外部制度环境，合理评判西方农业合作经济组织现实的制度建构、进行中的制度变革（如新一代合作社内部治理的公司化倾向、生产经营的工厂化倾向等）和经济绩效，进而对其当前的实践和未来发展有比较准确的把握（重点是用创新的理论对新经济、技术条件下不断创新与发展演进的西方农业合作经济组织的制度特征、产权安排、内部治理、分配制度、经济绩效、外部制度环境等的变革进行探讨与研究，对其创新和发展进行深入的制度剖析，把握其未来的发展方向，最后总结规律，获得启示）。

1.2.2 拟回答的重点问题

1.2.2.1 农业合作经济组织的产生、发展和变革

（1）农业生产的组织形式是如何演进发展的？发展变革的根本原因是什么？

（2）作为一类农业生产组织形式，农业合作经济组织是如何形成的？是偶然的弱者的联合，还是农业发展的必然？换句话说，农业合作经济组织究竟是合作运动的产物，还是经济效率的产物？

（3）合作经济组织已有200多年的发展史，在其发展演进过程中，合作制的原则是如何形成的？各项原则之间有怎样的联系？合作经济组织质的规定性是什么？

1.2.2.2 农业合作经济组织的制度分析

（1）农业合作经济组织产权制度的基本特征是什么？其建立的基础是什么？产权模式是如何演进的？在这种制度安排下，为什么社员入股金大体均等且股金总量常常不足？合作经济组织如何解决融资不足的问题？传统合作经济组织与衍化或变异的合作经济组织（如新一代合作社）的产权制度有何区别？为什么？其产权制度安排与资本主义企业或称投资者拥有的企业（IOF）有何区别？

（2）新制度经济学认为，合作经济组织是一个"定义模糊的惠顾者与

投资者的财产权集合"①，其被视为一种高成本的经济组织，传统合作经济组织的产权制度安排一定是没有效率的吗？新制度经济学的分析范式有哪些不足？

（3）传统合作经济组织通过资本报酬有限原则，强调合作制企业劳动者交易权与剩余索取权的一致，而新一代农业合作社却强调股权与剩余索取权的对等、匹配，如何解释传统合作经济组织产权制度安排的合理性（该类企业毕竟存在了100多年，是西方发达资本主义国家现代农业生产的重要载体），又如何解释新一代合作社产权制度的演变？

（4）现代西方农业合作经济组织是如何进行内部治理的？有何特点？内部治理机制是什么？从传统合作经济组织到新一代合作社，合作制企业内部治理发生了哪些转变？为什么？与 IOF 有何区别？

（5）集体理性是如何战胜个人理性的？西方新制度经济学（含公司治理理论）认为，一个经济组织必须清晰地界定其产权关系，否则会产生各种各样的纠纷，增加该组织运行的交易费用。例如，如果一个组织没有界定产权的公共财产部分，即公共财产产权没有细化到个人②（村民），这就产生了一个"囚徒困境"博弈：每个村民均按个人效用最大化来安排其行为，即每个人最大限度地使用或占有公共财产，结果是全体村民选择了一个对全体成员效用最差的结果。因此这就产生了所谓的"公地的悲剧"，按照这一逻辑推理，私有化是最优制度安排。在这里，"清晰地界定产权"是正确的，但问题在于：这一逻辑推理已将结论暗含于假设前提之中，即把个人（村民）作为博弈对象（分析）的主体，这样产权的界定就顺理成章地细化到个人。"囚徒困境"博弈或"公地的悲剧"本质上反映的是集体理性与个人理性的矛盾冲突，对于合作经济组织来说，除个人入股部分外，很大一部分财产属于集体财产，这为机会主义提供了"可乘之机"，成功的合作经济组织是如何战胜机会主义，使得集体理性战胜个人理性

---

① Cook，Michael L.，"The Future of U. S. Agricultural Cooperatives：A Neo-institutional Approach"，*American Journal of Agricultural Economics*，1995（77），pp. 1153 – 1159.

② Hardin，G.，*The Tragedy of the Commmons Science*，1968，p. 162，pp. 1243 – 1248.

的？以色列的农业合作经济组织——基布兹（Kibbutz）[①] 可以说是这方面成功的典范。新制度经济学运用博弈论方法严格地证明了，集体理性战胜个人理性最好的方法就是"以牙还牙"，[②] 但这是一种破坏性措施，而基布兹没有应用这一方法，同样取得了成功。成功的合作经济组织内部治理机制是如何培养合作精神，使得集体理性战胜个人理性？本研究将给予一个深刻的制度解说，进而说明在合作经济组织建设中我们应坚持什么。

（6）农业合作经济组织是由多个独立的生产者（农场主）投资入股构建起来的共有、共管企业，其成员不可能全部参与合作社的所有生产经营决策，他们必须委托专业人士来代为管理（这一现象在新一代合作社中特别普遍），与 IOF 相比，合作经济组织的"委托—代理"问题有什么不同？

（7）现代西方农业合作经济组织的分配制度有何特点？如何实现？从传统合作经济组织到新一代合作社，合作经济组织的分配制度发生了哪些变化？为什么？与 IOF 有何不同？

（8）农业领域内的资本主义企业、传统合作经济组织和新一代合作社的绩效如何？

1.2.2.3　农业合作经济组织发展、变化的相关问题

（1）当前发达资本主义国家的农业正由现代农业向后现代农业转变，在这种情形下，农业合作经济组织会受到哪些因素的影响？它正在进行着哪些变革？在与 IOF 的竞争中，合作经济组织能否持续发展并拓展生存空间？

（2）西方发达资本主义国家如何扶持农业合作经济组织的发展？这种扶持是合理的吗？如果是，政府对合作经济组织的扶持应当采取什么手段，达到什么目标？对我国政府有何启示？

（3）当前西方农业合作经济组织为什么出现了"公司化"倾向？"公

[①] 以色列的一种高度集体化的合作公司。该合作社所有生产资料以及文教、医疗、福利、娱乐等设施全部归集体所有；内部实行民主管理，一切成员权利平等，组织的一切事物对成员都是公开的；人人劳动；按需分配。

[②] Robert Axelrod, "The Evolution of Cooperation", Arts&Licensing International, Inc. 1984, pp. 19 - 22.

司化"的本质是什么？变化的深层原因与机理是什么？"公司化"倾向演进的结果是什么？为什么？合作经济组织发行股票以及雇工制的出现是合作经济组织的"异化"吗？

（4）合作经济组织实现了生产资料与劳动者的充分结合，生产者完全占有其剩余劳动，那么为什么合作经济组织没有成为人类最主要的生产经营组织形式？

（5）国外成功经验不能照搬，须精炼、升华至理论，总结经验并结合中国现实才能为我所用。如何将成功经验与新形势下中国的具体实践相结合，系统地提出进一步创新和发展具有中国特色的新型农业合作经济组织，加速中国农业现代化进程的具体建议是本研究需要重点回答的问题。

第三节　若干基本概念及研究对象的界定

1.3.1　合作经济组织中"合作"的界定

合作经济组织中的"合作"（cooperation）是一个极易被混淆的概念，许多人认为合作就是协作（coordination）。合作是指社会成员之间为了某一目的或利益，按预先达成的规则或制度安排，协同互助、共同行动以不断改善合作者的生存状况，它反映的是合作者在社会经济活动中平等互助的一种经济关系，这种关系分别建立在以下两类生产资料占有方式之上：一是合作者共同所有经济活动中的生产资料；二是合作者按份所有与共同所有相结合，共同控制、管理、使用经济活动中的生产资料。而协作是指"许多人在同一生产过程中，或在不同的但互相联系的生产过程中，有计划地一起协同劳动……不仅是通过协作提高了个人生产力，而且是创造了一种生产力"。[1]可见，协作是生产力范畴，而合作则是特定生产关系（即合作关系）下的协作。协作可以创造新的生产力，这为许多经济学家（斯密、马克思、奈特等）所承认，但这种创造不一定是在合作关系下形成的。

---

① 马克思：《资本论》（第 1 卷），人民出版社，1975，第 362 页。

　　在人类生活及经济活动中，某些家族、村落或人群根据习俗或约定（大多是口头的、临时性的契约）采取短期的、一次性的、阶段性的萌芽合作行为，是非常普遍的。例如，自古以来，世界上一些地方的农民就有在收获时协作"护秋"① 以防盗贼和野兽的传统。美国经济学家巴林顿·莫尔（Paliton Mole）在其著作《民主和专制的社会起源》一书中提到农业合作经济组织的萌芽时指出："中世纪的英国由于收割之后土地要用于放牧，因而各家的收割工作就必须在同一时间进行，而农业活动的周期也就不得不多少有点协调的性质。在这样的安排之下，个人就有了某些机动的余地。但更主要的是，人们产生建立合作组织的强烈要求，而这样一些合作组织又很容易巩固下来成为习惯，以便解决那些生产中的问题。"② "日本农夫在使土壤达到一定的浆状的稠度以适合种植秧苗时，就得大量用水，如在同一时间里只能给少量的田供水，这就需要大伙一起一块田接着一块田地耕种，这样才能节省花在每一块田里移栽的时间。为在合适的时间里完成移栽工作，就需要聚集起比个别家庭成员集合在一起更多的成员。"③

　　总之，合作应具有以下基本特征。一是合作主体的独立性，即参与合

────────────────

① 严格地说，"护秋"形成的组织只是一种劳动组合，是一种自发的、最简单的、萌芽状态的合作社形式。劳动组合与合作社的区别有以下几点。第一，劳动组合是建立在低生产力水平下的一种临时的、简单的协同劳动，没有规范化的分工协作，没有系统化的组织制度安排；而近现代合作社是在生产力发展到一定水平，具体说，是在资本主义制度确立之后产生的，是商品经济、市场经济的产物，是生产力发展的必然结果。合作社有规范化的分工协作，有系统化的组织制度安排。第二，劳动组合是小生产者的劳动联合，因为个人的力量太弱小，希望借集体的力量来增强个人力量，联合中没有财产转移，没有规范化的制度安排与分工协作，联合前后没有生产关系的变化；而近现代合作社则是生产社会化、劳动社会化、产权社会化的产物，因而是社会化生产劳动的联合体，合作中有财产转移，有规范化的制度安排与分工协作，合作前后生产关系发生了变化。第三，劳动组合往往是自然经济下，小生产者们在生产活动中自发组织的一种联合形式，联合是暂时的，组织是松散的，容易受外部大地主、中间商、农业资本家的左右甚至被控制；而近现代合作社是相对组织严密（有系统化、规范化的组织制度）、稳定并有既定发展目标与纲领的生产经营组织，因而常常成为反对大地主、中间商、农业资本家盘剥的中坚力量。

② 巴林顿·莫尔：《民主和专制的社会起源》，华夏出版社，1987，第7页。

③ 巴林顿·莫尔：《民主和专制的社会起源》，华夏出版社，1987，第210~211页。

作者应是能够独立进行合作活动并对其活动负责的主体。合作者应拥有人身自由，能够自由支配自己的劳动，拥有自身劳动能力的产权（劳动的主观条件），同时又独立拥有或掌握一定的、能够自由支配的生产资料，即拥有生产的客观条件，这是形成和参与合作的前提条件。二是合作者的社会地位、社会化生产中的分工角色在一定程度上是相同的（如均是水稻种植者或均是放牧者），这决定了合作中合作者的行为目标是一致的，志同道合才能产生有效而持久的合作。三是合作行为的互助共赢。合作行为使合作各方获得并分享合作盈余，实现合作者双方的双赢、多方的共赢。合作是一种平等互利的协同互助活动。人类在发展中不断竞争、对抗、冲突，从无数次反复博弈受伤害的教训中逐渐学会了妥协，懂得了通过谈判实现合作，实现双赢，甚至是多方共赢。因此，著名的自由主义思想家哈耶克在体现其毕生思想的最后著作《致命的自负》里开篇就指出："我们的文明，不管是它的起源还是它的维持，都取决于这样一件事情，它的准确表述就是在人类合作中不断扩展的秩序。"①

1.3.2　农业合作经济组织的定义

农业合作经济组织（Agricultural Cooperative Economic Organization）是一个行业经济组织，是按特定的制度构建，在农业中从事生产经营活动的合作组织。本研究不用农村合作经济组织（Rural Cooperative Economic Organization）或农民（农场主）合作经济组织（Farmer Cooperative Economic Organization，西方对其农民的正式称呼是"Farmer"，"Peasantry"几乎不用）是基于以下考虑。①农村合作经济组织是基于城市和农村的相对地域而言的。在西方，自20世纪70年代以后，随着农村城市化的迅速发展，农村与城镇没有明确的界限，"农村"的地域性不易界定，因此，西方文献中大多不称农村合作经济组织。②农民合作经济组织是基于合作经济组织的构建主体而言的。在西方，农民构建的合作经济组织既有从事农业生产经营的，也有从事生活消费、金融等方面的，因此"农民合作经济

---

① 哈耶克：《致命的自负》，冯克利、胡晋华（译），中国社会科学出版社，2000，第1～2页。

组织"的称谓内涵广，西方文献在讨论从事农业生产经营的合作经济组织时极少使用。另外，由于农村城市化，在当今的西方资本主义国家中，非农人口在农村社区中的比重不断上升，出现了所谓农业人口和非农业人口的"混住化"现象。为获得社区内所有居民对合作经济组织的支持，不断发展、壮大合作经济组织，合作经济组织在吸纳农户成员的同时也吸收非农户，前者拥有投票权，后者常常拥有优先股（无投票权），如日本农协的"准社员"。这样，"农民合作经济组织"可能会将非农户成员排除在外。

国外文献也多用 Agricultural Cooperatives、Agricultural Cooperatives Organization，不常用 Agricultural Producer Cooperatives（不等于生产合作社）、Agricultural Cooperative Corporation、Agricultural Association[1]，极少用 Rural Cooperatives，而 Peasant Cooperatives 几乎没有。尽管称呼不同，但其核心 Cooperatives 不变，该词如作名词用，原意是合作社。[2] 在这里，本研究之所以没有用"农业合作社"是因为当代西方部分农业合作社已经发生了一系列重大变革，部分学者认为它们已经偏离了合作制原则，甚至是放弃了合作社原则，如 ICA 至今不认可北美的新一代合作社是合作社。本研究为了将这些变革的合作社包括在内，使用了"农业合作经济组织"一词，其内涵与外延相对要宽泛。本研究将农业合作经济组织大体分为传统合作社和新一代合作社（有代表性的异化合作社）。此外，各国对合作社的称谓也不一，如农协、农会等，这也是本研究使用"农业合作经济组织"的重要原因。但无论怎样称谓，合作社是合作经济组织最经典的组织形式。为了进一步讨论合作经济组织的含义、分类及性质，本研究将以合作社的概念解析作为本研究的逻辑起点。

---

① 国内部分学者将 Agricultural Association 从字面上理解为农业协会，甚至错误地认为类似于中国的农业协会。实际上，笔者查阅文献时发现 Agricultural Association 有时指农业合作联社，但大多数情况下指农业合作社，如英国最大的农业合作社 National Farmers' Retail & Markets Association（FARMA）在其网站（http://www.farma.org.uk/）主页的第一句话：FARMA is a cooperative of farmers, producers selling on a local scale, and farmers' markets organisers。

② 约翰·伊特韦尔、默里·米尔盖特、彼得·纽曼：《新帕尔格雷夫大词典》（第1册），陈岱孙等（译），科学出版社，1992，第718页。

从托马斯·莫尔（Thomas More）、昂利·克劳德·圣西门（Henri Saint-Simon）、查尔斯·傅立叶（Charles Fourier）的空想社会主义到 1824 年罗伯特·欧文（Robert Owen）在美国的实验，再到 1844 年 12 月 24 日 "罗虚戴尔公平先锋社"（Rochdale Society of Equitable Pioneers）在英格兰的诞生，合作社逐步从理想变为现实，并在不断地实践、变革中成为一种独具特色的经济组织，已遍布全球各行各业。因此在西方，对合作经济组织的研究已成为经济学研究的一个重要领域。

美国威士康星大学合作社研究中心（UWCC）对合作社的定义是："合作社是由其惠顾者成员所有和控制，在自愿的基础上基于成本或以非营利的方式自我经营和管理的企业，合作社被其使用者所拥有。"[1]

国际劳工局出版的《合作事业教程》（Co-operation: A Worker's Education Manual）这样定义合作社："合作社是不同数量的人的结合，他们为了解决相同的经济困难，在权利与义务平等的基础上，依其自由意志相结合，自身负担风险，以经营他们共同需要的一种或数种业务，并为了相互间物质的与精神的利益，共同利用此一业务，以解决他们自身的经济困难。"[2]

法国于 1974 年 9 月 10 日通过的合作社法规定："合作社是按照自由参加、民主管理（"一人一票"）、盈余按成员交易比例进行分配、限制股金利率的公司；合作社的基本目标是通过共同努力，降低成本，使社员获利。"[3]

英国《不列颠大百科全书》对合作社的定义是："由那些分享其服务利益的人所拥有和经营的组织。"[4]

法国全国合作社联盟的解释是："合作社是一种经济组织，是社员集体拥有资产，民主管理，盈余分配按社员使用的服务量与业务活动量而不是按他们出资股金的多少。"[5]

---

[1] Schaar, "Cooperatives, Principles and Practices", University of Wisconsin Extension, Madison, 1973, p. 7.

[2] 俞家宝：《农村合作经济学》，北京农业大学出版社，1994，第 3 页。

[3] 徐更生、刘开明，《国外农村合作经济》，经济科学出版社，1986，第 121～122 页。

[4] 《简明不列颠百科全书（中文版）》（第 3 卷），中美联合编审委员会（译），中国大百科全书出版社，1985，第 708 页。

[5] 法国全国合作社联盟，《法国的合作运动》，张明浩（译），中国商业出版社，1986，第 1～2 页。

1947 年 11 月，日本制定的《农业协同组合法》将具备以下三个条件的经济组织称为"农业协同组合"（Agriculture Cooperatives，即农业合作社），简称农协：①组织的首要目标是会员的经济和社会地位；②组织是人的结合，而不是资本的结合；③组织实行按股分红与按利用该组织事业与设施多寡分红相结合的制度，但按股分红受限制，基层组织上限为 7%，高层组织上限为 8%。①

荷兰对合作社的定义是："长期从事经营活动的生产者组织，共同承担风险，同时保持生产经营活动的独立性以及利用有关的经济活动尽可能多地获得利润。"②

在瑞典，合作社被定义为生产者（社员）拥有和控制的公司。③

此外，一些经济学者也给出了定义：

E. Grunfeld（1990）认为："合作社是中小经营者基于自己意志的联合，出于对共同私有经济利益的追求，或实现社会政策的目的。这种制度安排在其活动范围内，排斥自由市场经济。"④

Parnell（1995）认为："由一组人自由建立起来，该组人共同拥有和管理，主要通过企业活动而非通过投资，在平等的基础上，实现互利共赢的一种企业。"⑤

McBride（1996）认为："合作社是一种组织形式，它具有以下特征：（1）基于成本提供服务；（2）成员民主管理组织；（3）限制资本回报。"⑥

Cramar，G. L. and Jensen，C. W. 认为："合作社是其成员（惠顾者）拥有、成员提供资金并自我经营、管理的经济组织。合作社按成本价向其成员提供服务（供应或销售货品）。成员通过合作社购买所需的投入品并销售自己的产品。成员惠顾合作社时将得到'纯储蓄'利润，这一利润最

---

① 徐更生、刘开明，《国外农村合作经济》，经济科学出版社，1986，第 181～186 页。

② 王洪春：《中外合作制度比较研究》，合肥工业大学出版社，2007，第 8 页。

③ 王洪春：《中外合作制度比较研究》，合肥工业大学出版社，2007，第 8 页。

④ 李秉龙：《农业经济学》，北京农业大学出版社，2003，第 244 页。

⑤ Achim，"*China Farmers Professional Associations Review and Policy Recommendations*"，2006，p. 126.

⑥ Achim，"*China Farmers Professional Associations Review and Policy Recommendations*"，2006，p. 126.

终将根据成员惠顾额（量）的大小按比例返还给成员。因此，合作社的首要目的是为惠顾者（所有者），而不是为投资者（如公司）谋取利润。"①然而合作社运动毕竟是一个国际性的运动，因此它必须有被世人广为接受的定义。1995 年，国际合作社联盟在成立 100 周年大会上对合作社给出了最权威的定义："合作社是自愿联合的人们，为了满足他们共同的经济、社会需求而通过联合拥有和民主控制的方式组建起来的自治企业。"②

综上所述，可以得到关于合作社的定义。

（1）合作社是经济上为实现自助的人们（社员）组建的，由社员（惠顾者）所有并实施民主管理的经济组织。这决定了它追求的目标是社员利益的最大化，而不是自身利润最大化（因而合作社大多基于成本运行）。这也决定了它的收益主要是按社员的惠顾额（劳动量）返还给社员。社员向合作社投入股金表明其获得了社员资格，股金可以分红，但红利受到限制。

（2）合作社具有一定的社会属性，它反映了一类生产关系，也代表了一种生产力。

（3）人的联合是自愿的，成员有加入和退出合作社的自由（权利），"合作社对所有能够利用其服务并愿意承担社员义务的人开放，无性别、社会阶层、种族、政治观点和宗教信仰的歧视"。③

（4）合作社是"自然人"或"法人"的联合而不是资本的联合。基层合作社一般由单个"自然人"组成，但联合社可能有"法人"加入。

（5）合作社是一类社员联合所有（jointly owned）和民主控制的企业。④ 合作社的财产是社员按份共有（divided owned）和集体共同共有（common owned）（不可分割的公积金积累一般为社员共同共有）的结合；民主控制是指社员通过社员大会讨论并通过平等投票（在基层合作社里，实行"一人一票"；联社按各合作社人数比例投票）决定合作社的政策和

---

① Cramar, G. L. and Jensen, C. W., "Agricultural Economics and Agribusiness", Arts & Licensing International, Inc, 1994, p. 32.

② International Co-operative Alliance, *Statement on the Co-operative Identity*, 1995, p. 1.

③ International Co-operative Alliance, *Statement on the Co-operative Identity*, 1995, p. 1.

④ International Co-operative Alliance, *Statement on the Co-operative Identity*, 1995, p. 1.

重大事项。合作社的所有权关系决定了它不同于私营企事业或国有企业。①

（6）合作社"满足共同的经济、社会和文化需要"，明确了合作社为社员、社区及文化建设服务的目标；当然，社员合作的首要目标是通过共同努力，降低社员的生产经营成本，使其获得更多的收益，即"满足共同的经济利益需要"是合作社生产经营的主要目的。

综上所述，合作社是社员劳动者所有、民主控制并按惠顾额返还收益（即按劳分配收益）的企业组织。尽管如前所述，农业合作经济组织的内涵与外延更为宽泛，但农业合作经济组织的基本构建模式是基于合作社原则的。虽然近年来西方部分农业合作社发生了一系列的变革，有的学者认为这是合作社发生了异化，②但不论是变革创新还是异化，这些合作社制度演变的逻辑起点均是经典的合作社原则。因此，本研究将农业合作经济组织理解为：农业生产经营者、相关人员或经济实体为了保障、提高或追求其共同利益，按照合作社原则构建起来的经济组织。为了方便理解和论述，下文中农业合作经济组织与农业合作社是指同一概念，当涉及有争议的所谓"衍生"或"异化"的合作社时，本研究将做特别说明。

1.3.3　农业合作经济组织的分类

任何农业合作经济组织都是在特定的历史背景、社会经济、政治文化环境中产生与发展的。不同国家、地区在不同历史时期的经济、政治、文化环境以及农业发展状况也各有差异，这就决定了各国、各地区对农业合作经济组织的分类标准千差万别，合作经济组织的类型"丰富多彩"，即使在同一国家、地区也可能存在不同的分类方法。例如，日本农林水产省根据农户是否通过交纳入社股金来构建农协，将农协分为出资农协和非出资农协；根据其所开展业务活动内容的多少以及组织方式的不同来将农协区分为"专业农协"（即专门从事某一种动物或植物的生产经营）和"综合农协"（即业务活动范围包括农业生产经营的方方面面，甚至包括农户

---

① International Co-operative Alliance, *Statement on the Co-operative Identity*, 1995, p. 1.
② 应瑞瑶：《合作社的异化与异化的合作社——兼论中国农业合作社的定位》，《江海学刊》，2002年第6期，第70～78页。

的生活资料供应、教育、文化、医疗、保健、福利等）。

美国农业部（United States Department of Agriculture，简称 USDA）根据合作经济组织功能与服务的类型将农业合作经济组织分为供应合作社（Supply Cooperatives）、营销合作社（Farmer Marketing Cooperatives）和服务合作社（Service Cooperatives）三大类。① 供应合作社是指那些业务量主要来自农业投入品供应业务的合作社，如建筑材料、农业机械设备以及生活资料的供应合作社。营销合作社是指主要业务是为社员销售农产品的经济联合体，即其业务量主要来自销售社员生产的农产品。营销合作社根据营业额（business volume）及农产品类别进一步分成十三大类。服务合作社的主要功能则是与农产品销售或农业投入品供应业务有关的运输、仓储、烘晒以及其他类似业务等。② 此外，西方其他国家根据各国的实际情况确定了不同的分类标准，从而产生各种各样的合作社称谓。

但总的来说，西方农业合作经济组织大体有四种主流分类方法：一是根据合作经济组织活动的范围、内容将其分为专业型与综合型，如法国将合作经济组织分为奶牛合作社、小麦合作社、农机合作社等，特点是分类的专业性强；二是根据功能分类，如上述美国农业合作经济组织就是根据功能划分为三类；三是根据合作经济组织在合作经济体系中的位置进行分类，由于绝大多数西方国家的农业合作经济组织已在全国范围内形成了一个由地方到中央的完整组织体系，因而其在分类时常常按合作经济组织所处的层级分类，如德国的合作社分中央社、地方社和基层社，日本、韩国也有类似分类；四是根据构建或运行合作社时所遵循的原则区分为传统合作社（遵循传统原则或罗虚戴尔原则）与演化合作社，即所谓的"衍生"或"异化"的合作社，演化合作社大多遵循比例原则（proportional principle）或者是现代原则（contemporary principle），③ 关于这些原则，我们将

---

① USDA，"Rural Business and Cooperative Development Service," Farm Marketing, Supply and Service Cooperative Historical Statistics, 2004, p. 3.

② USDA，"Rural Business and Cooperative Development Service", Farm Marketing, Supply and Service Cooperative Historical Statistics, 2004, p. 3.

③ Barton, David G., "Principles", in David Cobia eds., *Cooperatives in Agriculture*, Englewood Cliffs, NJ: Prentice-Hall, 1989, pp. 21 - 34.

在第二章做详细介绍。

　　国内流行的分类方法有两类。一是按合作经济组织组建的主体划分为：①政府主导型，即合作社是由政府主导构建起来的，如韩国、日本农协；②自发型，即农户基于自己的需要，自下而上、自发地发展起来的合作社，如欧美的农场主合作社；③混合型，即农户有建立合作经济组织的愿望，在政府的支持和帮助下自下而上地组建起来，如以色列的基布兹、莫沙夫（Moshav）等。二是将国外农业合作经济组织分为生产型合作经济组织（如欧文的新和谐公社、原苏联以及东欧各国的集体农庄、中国的人民公社等）与服务型（处于流通领域，提供各种产前、产中和产后服务）合作经济组织两类。生产型合作社的特点是，生产资料全部归成员公有（如以色列的基布兹等）或部分归成员公有（如意大利的孔塞里切农业合作社和西班牙的蒙德拉贡农业合作社等），成员集中在一起劳动，统一管理，劳动成果按需分配（如基布兹）或按成员的出工时长、工种等分配（如孔塞里切和蒙德拉贡农业合作社）；服务型合作社是当今西方农业合作经济组织的主流形式，它是为成员的农场提供产前、产中、产后各种各样服务甚至生活服务的合作经济组织。

　　要准确地划分农业合作经济组织的类型，首先要确定一个科学的分类标准。马克思主义认为，任何经济组织的建立与发展都是在一定的社会经济关系下进行的，虽然经济组织的本质属性甚至其内部结构均是各种经济关系作用的结果，但在这些关系中，生产资料所有制关系起决定性的作用。根据生产资料的所属关系，我们将农业合作经济组织划分为建立在生产资料集体所有或公有制基础之上和建立在生产资料私有制基础之上的农业合作经济组织，前者以原苏联以及东欧各国的集体农庄、以色列的基布兹为代表，后者以欧美的农业合作社和韩国、日本农协为代表（基本上属于服务型合作经济组织，在此基础上又可分为农业供销合作经济组织、信用合作经济组织以及从事其他服务的合作经济组织等）。原苏联以及东欧各国的集体农庄由于经营管理上出现问题、农户生产积极性低、生产经营效率低下、内部监督计量困难、按劳分配变为平均分配等原因，大多已不存在。然而以色列的基布兹则在相当长的一段时间内，比欧美服务型合作经济组织还要成功，原因后文将有论述。本研究主要研究的是第二类，即服务型的农业合作经济组织。

国内外的主流分析范式在研究西方服务型的农业合作经济组织时，多数仅仅考虑其服务或交易流通部分。我们认为，从生产经营的布局来看，服务型的农业合作经济组织应由两部分组成：一是农户农场的农业生产，二是为农户产前、产中、产后生产经营提供服务的部分，这两部分是密切联系的有机整体。之所以没有像工业企业一样将生产与经营紧密结合在一个组织之内，是由于农业生产具有空间上的高度分散、时间上的不连续性和农业生产劳动过程难以计量和监督等特点，这使得两部分形式上是分离的，实际上息息相关、不可分割。服务型农业合作经济组织的第二部分，不论是为农户提供农业生产资料、农产品销售平台还是为农户提供生活资料及医疗、保险等，说到底均是为农场的生产服务，农场的生产是整个农业合作经济组织的重点与核心部分。我们不能只看到它的供销、加工等部分，而忽视了其生产部分，生产部分是整个组织的关键，也是服务部分发展变革的"指针"（即生产部分的技术及生产方式的改变会导致合作社服务的变革）。

以下，本研究将从最广义的角度来考察服务型农业合作经济组织，主要是针对当前国内外主流的错误观点，即仅仅分析服务型合作社的服务或交易流通部分（这方面的文章和论著不胜枚举），特别是运用新制度经济学分析方法的研究者将其与股份制公司进行对比，得出合作社是低效率组织的结论——这往往是因为他们忽略了合作社的生产部分。事实上，服务型合作社的生产部分，即以家庭为生产单位的农场是高效率的（这被许多西方学者所证实），而服务型合作社的流通部分是农户在家庭农场高效率的基础上所构建的又一个高效率的组织（在家庭农场的产权制度基础之上，农户不可能构建股份制公司），关于这些问题，我们在后面将详细论述。

第四节　研究的思路和方法

1.4.1　研究的基本思路

首先，系统梳理所能穷尽的国内外相关文献，从历史角度研究西方农业合作经济组织的产生、发展与变革，廓清其本质属性并揭示其发展演进规律、原因和影响因素，为随后的理论创新及制度分析提供历史事实基础。其次，在文献回顾的基础上，依马克思制度经济学的合理内核，吸收新制度经济学等西方经济学的合理成分提出新理论，利用创新的理论分别研究西方农业合作经济组织的产权制度、管理制度、分配制度以及经济绩效，进而研究相关制度环境，最终得到政策启示。

1.4.2　理论基础与研究方法

国内外对农业合作经济组织的研究理论大致可归为两类：一类是建立在历史唯物主义与辩证唯物主义理论基础之上，以马克思主义经济学为代表的合作经济理论；另一类是建立在"经济人"假说基础之上，主要以新古典经济学、企业组织理论，特别是新制度经济学为代表的合作经济理论。

新古典经济学将制度视为既定外生变量，主要运用均衡与边际分析方法，为合作经济组织在市场经济中的运作建立了完美的数学模型。然而事实证明，制度对合作经济组织的影响是至关重要的，基于这一点，新制度经济学在对新古典经济学的批判中"异军突起"，吸收与继承了新古典经济学的理论内核，在坚持个体收益（效用）最大化原则的前提下，将"制度"作为一个变量引入经济学分析，并提出以产权理论和交易费用理论为核心的制度分析框架，它对一系列组织的研究丰富了人们对微观经济问题的认识，因而迅速成为合作经济组织研究的主流分析工具，但应该看到，新制度经济学不仅有着特殊的时代背景与阶级基础，而且存在重大理论缺陷。新制度经济学以个人主义方法论作为合作组织理论研究的基础，其理论渗透着唯心史观；而马克思主义经济学则以唯物辩证法作为合作组织理论研究的根本方法，其理论始终贯穿着唯物史观。新制度经济学以孤立的"新经济人"假设作为合作组织理论研究的出发点，使其理论陷入了形而上学思维；而马克思主义经济学并非孤立地看待人及人的活动，而是将人及人的活动置于其所处的历史或现实背景下，使合作组织理论的研究在辩证联系中展开。新制度经济学采用比较静态的方法，基于交易费用、契约联合等理论把合作组织问题置于市场交换中研究，使合作组织理论仅仅限于市场运行层面的解释；而马克思主义经济学基于历史的角度，运用唯物辩证法，在生产力与生产关系的对立统一中研究合作组织的问题，既能认识合作组织的市场运行特征，又能认识其深层的本质关系等（在以后各章首节，本研究还将详细讨论）。

总之，本研究认为对农业合作经济组织的研究应坚持以下观点：①合作经济组织的产生、发展与变革不是基于成本（或交易费用）——收益比、由人的主观意识来决定，而是由生产力水平、物质生产方式来决定；②合作是在一定生产力水平与历史背景下的合作，不能将其抽象为一个没有历史的交易模型，更不能在这样的交易模型中去寻找合作经济组织发展演进的规律，而要基于人类农业生产组织（农业合作经济组织仅是农业生产组织中的一类，并且是在农业生产发展到商品化时代才出现）发展演进的历史进程来动态地研究合作经济组织的产生、发展与变革，只有这样才能做到理论逻辑与历史的统一；③研究合作经济组织不能仅仅从"理性人"个体出发，应从生产力与生产关系矛盾运动、对立统一的视角来研究合作经济组织的发展与变革等。因而，本研究以马克思制度经济学为理论基础，吸收借鉴新古典经济学和新制度经济学的合理成分，将规范与实证分析、动态与静态分析、定性与定量分析相结合，并运用博弈分析与计量分析模型，力求对问题的分析更准确、合理与全面。

当前西方的合作经济组织已经或正在发生一系列深刻的变革，特别是在合作经济组织最活跃的农业领域，这也是合作经济组织最先、最快发生变革的领域，在这一系列的变革中，有许多东西值得我们去学习与借鉴。目前，国外在这方面的研究可谓"汗牛充栋"，而国内相对滞后、数量少，且多以西方经济学，特别是以新制度经济学为其主要分析工具，而沿马克思制度经济学逻辑分析这些新变化、新发展的文献几乎没有，为填补这方面的空白，起到一个抛砖引玉的作用，也是本研究的一个重要目的。

第二章　合作经济组织的基本理论及
文献回顾

　　人类自诞生以来，就以一定的关系结合进行生产劳动或其他活动，早期的人们在活动中总要实行某种形式的互助和协作，其多是一种临时行为或传统习俗，没有形成一套既定的组织制度。而本研究考察的合作经济组织是有特定制度的经济组织，一方面它是生产力水平提高下市场经济高度发展的产物，另一方面它又是获得独立的劳动者为了捍卫自身权益，按照平等互利和民主管理原则自愿组织起来、共同生产经营的经济组织，而资本主义以前的其他种种劳动协作方式和组织，都不具有这种合作经济组织的性质。合作经济组织创始于18世纪和19世纪之交的西欧，它既是商品经济高度发展的产物，也是早期合作经济思想指导社会实践的结果。

第一节　早期合作经济思想的产生与发展

　　早期（20世纪前）合作经济思想的问世有以下几方面原因。一是产业革命促进了社会生产力的空前发展，进而商品经济逐步取代传统自然经济，社会分工协作日益紧密。社会化大生产的分工协作与商品经济的繁荣，为合作经济思想的产生和发展创造了前提条件。二是源于启蒙运动，新兴资产阶级崛起而发生思想变革。变革的思想重视个人的价值与追求，宣扬自由、民主、平等以及自由结社的权利。三是社会科学的重大进步。社会科学与自然科学在这一时期都取得了长足的进步，使人们在实践中全面、深入地研究合作运动成为可能。四是资本主义原始积累所导致的资产阶级与劳动者阶级的矛盾激化，为劳动者阶级将合作经济思想付诸实践提供了内在动力。

资本主义发展中，资本原始积累的阶段在带来生产力进步的同时也带来了一系列社会弊病，从而引起了一些社会思想家的抨击，为消除弊病，他们提出了合作经济思想。但由于他们所处的阶级立场不同，观点也就大相径庭。总的来看，他们的观点大体可分为两类：一种是认为资本主义生产资料的私有制是"万恶之源"，因而应推翻私有制，建立公有制，实行人人平等、人人劳动，按劳分配劳动成果，从而改造资本主义；另一种是不否定财产私有制，主张通过自我劳动、管理与服务等来避开压迫与剥削，改善劳动者和其他社会底层人民的生活状况，其目的是对资本主义制度进行一种改良或改善。前者以空想社会主义合作经济思想为代表，后者以西欧的各种改良合作经济思想为代表。两类不同的立场观点导致两种不同合作社理论的产生，进而这两种不同的理论深刻地影响着以后的世界合作社运动。①

2.1.1　空想社会主义的合作经济思想

16世纪初，空想社会主义的奠基人——英国的托马斯·莫尔目睹了英国当时残酷的"圈地运动"，他认为是资本主义私有制导致了广大农民被剥削、被压迫的境遇。他于1516年出版了《乌托邦》②一书，书中揭露了资本主义制度的黑暗，设计了一个理想社会——"乌托邦"，并希望借助"乌托邦"来改造当时的资本主义，消灭私有制，使全体成员拥有全部财产，这样就没有剥削与压迫，人人平等，人人劳动，产品按需分配，没有商品和货币。莫尔对空想社会主义合作经济组织雏形的制度构建进行了设想。莫尔认为："只要完全废除私有制度，财富就可以得到公平的分配、

---

① 徐更生、熊家文，《比较合作经济》，中国商业出版社，1992，第10页。
② 《乌托邦》一书全名是《关于最完善的国家制度和乌托邦新岛的既有益又有趣的金书》，原书用拉丁文写成，以对话的形式描述了一个人在所谓的"乌托邦新岛"旅行的所见所闻，实则是作者对理想社会的描述。

人们就可以得到足够的福利。"①

　　欧洲工业革命之后，伴随着资本主义经济的快速发展，空想社会主义理论也进入了一个新的时期，昂利·克劳德·圣西门（下简称圣西门）、查尔斯·傅立叶（下简称傅立叶）和罗伯特·欧文（下简称欧文）是这一时期空想社会主义者的杰出代表。

　　圣西门是法国著名的空想社会主义家。1821 年，他在《论实业制度》一书中构想了一个实施"实业制度"的国家。他认为"实业制度"让实业家掌握国家财产而成为国家的第一阶级。实业家包括工人、工厂主、农场主、商人和银行家等，他们均是社会物质财富的生产者，掌握世俗权力，而精神权力则由学者掌握。实业制度社会保留私有财产及凭借其取得收入的权利。社会生产由一个控制中心主持，从而实现有计划地进行，人人都是劳动者，他提出"按业务能力评定才能，按才能评定报酬"的原则。个人的收入取决于劳动和投入生产资金的占有数额。②圣西门认为，实业制度社会的建立离不开统治阶级的支持，他不断地向统治阶级呼吁，劝说他们帮助建立实业制度社会，但最终均以失败而告终。③

　　傅立叶也是法国著名的空想社会主义家，并与圣西门同时代。他认为："社会发展的动力来自于人的'情欲'，人心本是善良的，人类被创造出来就是为了完成各种协作。但是，在资本主义制度下，人们是分散的，不协调的，人们的'情欲'受到压抑和扭曲，成为有害的'情欲'。但是人生来就是为了在协作社会内生活的，因而人的情欲必然要求过渡到协作制度。"④傅立叶批判并揭露了资本主义制度的黑暗，并指出资本主义生产的无政府状态必然导致经济危机，因此，必须按照人的本性或"情欲"建立新的社会。⑤

---

①　托马斯·莫尔：《乌托邦（中译本）》，商务印书馆，1962，第 36 页。

②　圣西门及其思想、理论的介绍引自《圣西门选集》，董果良、赵鸣远（译），商务印书馆，1985，第 2～17 页。

③　俞家宝：《农村合作经济学》，北京农业大学出版社，1994，第 22 页。

④　傅立叶及其思想、理论的介绍引自《傅立叶选集》，赵俊欣（译），商务印书馆，2010，第 13～15 页。

⑤　《傅立叶选集》，赵俊欣（译），商务印书馆，2010，第 16 页。

圣西门与傅立叶均认为资本主义私有制是社会贫富对立和各种丑恶现象的根源，因而，应建立实业制度，要尊重人性，尊重劳动者。基于此，他们构想了一种人人相互协作参与劳动的组织，该组织按社会的需求有计划地进行生产，最终劳动者根据其在生产中的贡献获得收益，全体居民没有贫富之分，人人过着幸福的生活。他们在著作中虽然没有直接提到合作经济组织（或合作社），但他们已为空想社会主义合作经济组织的制度构建、目标、意义的实现制订了一个详细计划。

欧文是 19 世纪初英国杰出的空想社会主义实践者，也是合作经济思想的集大成者。欧文认为要改造当时资本主义社会剥削的本质，使工人的生活状况有所好转，必须建立以财产公有制为基础的理想社会，该社会的基层组织是"合作公社"（又称"新和谐公社"）。[1] 欧文的合作公社具有以下主要特征。①合作公社是建立在财产公有制基础上的集体劳动的生产单位和消费单位。它是根据联合劳动、联合消费、联合保存财产和特权平等的原则建立起来的。合作公社是一个大家庭，社员按年龄和特长分配相应的工作，各尽所能，经常调换，亦工亦农，工农结合。②普通社员参与合作公社的管理。理事会是合作公社的领导机关，管理人员由社员大会选举产生，并组成理事会。理事会定期向社员大会报告工作情况，并接受社员的监督。③按需分配。合作公社生产的目的是满足社员的各种需要，可以让每个成员到公社的总仓库去领取其所需要的任何物品。④由于自然条件的差别，合作公社之间存在分工与交换。欧文认为资本主义生产与消费的矛盾起源于货币交换，他主张废除货币，用代表劳动时间的劳动券来进行交换。[2] 欧文构想了合作公社，并不断进行试验，但由于公社的制度安排与当时的资本主义制度相抵触，试验全部以失败而告终。

尽管基于空想社会主义合作经济思想的合作化运动实践全以失败而告终，但其仍然具有重大意义：第一，对早期资本主义制度的深刻揭露、批

---

[1] 《欧文选集》，上卷，商务印书馆，1965，第 5 页。

[2] 引自《欧文选集》（上卷），商务印书馆，1965，第 147 页；洪远朋：《合作经济的理论与实践》，复旦大学出版社，1996，第 24 页。（其中的"；"表示和，即引用过程中参考、综合了上述两书中的相关内容，以下同。）

判和对未来社会主义制度的设想，为科学社会主义及其合作经济理论奠基；第二，反映了合作经济思想是资本主义生产关系发展的必然产物，有群众基础，合作社在资本主义经济中应有生存空间，但需要在不断试错纠改中才能获得成功；第三，以取消商品经济关系为前提的合作试验失败的教训，为今后的合作社发展提供了"前车之鉴"。在资本主义商品经济的汪洋大海中，在等价交换原则被人们普遍接受的时代，企图取消货币、反对竞争、按需分配是注定要失败的。

2.1.2　西欧改良主义合作经济思想

19 世纪的欧洲是一个思想极为活跃的时代，人文思想、民主思想、功利主义、空想社会主义等思想的广泛传播和影响对合作经济思想领域产生了不同程度的影响。除空想社会主义者外的一批思想家，基于不同的立场、信仰与利益诉求，提出了各不相同的合作经济思想。

2.1.2.1　基督教社会主义合作经济思想

威廉·金（William King）是英国的一名医生，他是基督教社会主义合作经济思想的代表人物。威廉·金认为，在资本主义制度下，劳动者被剥削、被压迫是因为没有掌握生产资本（实为生产资料，笔者注），因而其劳动成果被资本家占有，这是劳动者贫困的根源。进而他主张劳动者要组织、联合起来，积累自己的劳动成果来发展合作社，就能占有自己创造的全部价值，这样最终才能避免被剥削、被压迫的命运。威廉·金曾是欧文的追随者，但他认为合作社可以容纳私有制，与私有经济可以并行不悖，劳动者组织合作社不仅不会侵害资本家的利益，而且通过提高最低阶层的脑力、劳动能力、道德素质和经济管理熟练程度，还有利于国家的稳定。[①]

经过了 100 多年的演变，上述思想在当代西方各国的合作运动中仍有重要影响。究其原因：第一，基督教社会主义合作经济思想并未排斥商品

---

① 杨坚白：《合作经济学概论》，中国社会科学出版社，1990，第 37 页；苏志平等：《合作经济学》，中国商业出版社，2006，第 10 页；郭铁民、林善浪：《合作经济发展史（上）》，当代中国出版社，1998，第 21~23 页。

经济，并未否定商品经济的一般规律，并对合作运动的作用给予了客观、正面的评价，认为竞争有利于社会发展，合作运动能缓解阶级矛盾、有利于国家稳定，这些观点推动了合作运动在资本主义商品经济条件下的发展；第二，认为发展合作社既能改善成员的经济状况，又能通过合作知识教育来提高成员的道德水平。

2.1.2.2 国家社会主义合作经济思想

国家社会主义合作经济思想以法国的路易·布朗（Louis Blanc）和德国的裴迪南·拉萨尔（Ferdinand Lasslle）为代表。路易·勃朗主张建立大规模的生产合作组织，他认为这种生产合作组织是从资本家的压迫下救出劳动者的好办法，但劳动者虽有组织生产合作的能力，却没有与资本家对抗的财力，因而必须请求政府拨专款进行建设——基于这一理论，路易·勃朗的学说也被称为国家社会主义合作派。[1]

裴迪南·拉萨尔接受了勃朗的主张，认为只有组织生产合作社，使劳动者自身成为办社的企业家，即劳动者独立自主，才有助于劳动者的解放。合作社的资金、劳动工具等由国家援助。不过，他认为要得到国家援助非由劳动者掌握国家政权不可，也就是要靠普选。劳动者在取得国家政权之前，还是求助现政府的支持作为过渡办法。[2]

国家社会主义合作经济思想至少可以给我们以下启示。第一，当前西方各国合作经济组织的蓬勃发展均与其所在国政府的各种扶持紧密相关，而各国对合作经济组织的扶持又与国家社会主义合作经济思想有或多或少的联系。经过多年的发展，西方发达国家针对合作经济组织已建立起一套系统的扶持体系，同时在扶持中追求效率，这些均值得我们学习与借鉴。第二，合作是人们基于一定生产方式，为实现既定目标，按自愿原则所组建的经济组织。市场经济下，合作的形式、范围、程度、运行方式都应由其成员民主决

———————————

[1] 郭铁民、林善浪：《合作经济发展史（上）》，当代中国出版社，1998，第24页；李秉龙、薛兴利：《农业经济学》，中国农业大学出版社，2003，第238页。

[2] 郭铁民、林善浪：《合作经济发展史（上）》，当代中国出版社，1998，第24~25页；杨坚白：《合作经济学概论》，中国社会科学出版社，1990，第36页。

定，不能用行政命令强制干预合作经济组织内部的生产经营与管理。

2.1.2.3　无政府主义合作经济思想

无政府主义合作经济思想以蒲鲁东（Pierre-Joseph Proudhon）为代表。蒲鲁东是一个无政府主义理论家。他认为小生产者可以联合起来组成进步协会，通过协会实现商品的等价交换。他还认为自由是神圣的，自由是社会主义真正的基础，是不受任何限制、不受秩序控制的；应建立一个可以采取任意行为的、人人都能享受自由的社会。[①] 他主张设立大交换银行，实行按生产产品的劳动时间进行以物易物的交换，而国家的任务只是评判经济交易关系是否公平合理。蒲鲁东提出的交换银行，既是生产合作社，又是消费合作社，还是信用合作社。[②]

蒲鲁东的无政府主义合作经济思想的价值和意义，在于其将占有权（法人所有权）与所有权分离、对立起来。他指出："我们应当大规模地应用集体生产的原则，给予政府以支配一切资本的优越地位，使每个生产者负起责来，废除海关，把各行各业转变为一种公共的职能。这样，巨额的钱财就可不必通过没收或暴力而归于消失；个人占有制就可不必经过共产制而自动地在共和国的监督下建立起来。"[③] "所以一切占用人必然是占有人或用益物权人，而这种职能使他不能成为所有人，……他应当以符合公共利益的方式，按照保全并发展那件东西的目的而加以使用；他不得自作主张来改变它，减损它或使它受害。"[④] 强调占有权的观点是对因生产社会化而引起的产权社会化（关于产权社会化，后面将详述）的客观反映，是股东终极所有权与占有权对立统一运动的结果。当代西方股份有限公司或企业的蓬勃发展，从某种意义上讲就是得益于股东终极所有权和企业法人所有权的分离或分化，即成功地进行了产权社会化，而合作经济组织难以被推广至各领域的原因，主要是合作经济组织所有权与占有权之间恰当的

---

① 俞家宝：《农村合作经济学》，北京农业大学出版社，1994，第38页。
② 李秉龙、薛兴利：《农业经济学》，中国农业大学出版社，2003，第237页。
③ 蒲鲁东：《什么是所有权?》，孙署冰（译），商务印书馆，1963，第352页。
④ 蒲鲁东：《什么是所有权?》，孙署冰（译），商务印书馆，1963，第106~107页。

产权社会化方式尚未被找到，这样就表现出成员离开合作社时只能带走自己名下的股份，最终造成合作经济组织的法人财产不稳定等问题出现。

综上所述，西欧改良主义合作经济思想的共同特征是：①合作社与资本主义制度并行不悖，可以兼容；②重视个人物质利益，追求公平与效益之间的平衡；③提倡互助价值、民主管理、合理分配、教育原则等；④政府支持的思想。当然，由于所处历史背景及认识上的局限性，西欧诸改良主义合作经济思想也存在不足：①通过发展合作社来消灭劳动者贫困，实现社会公平，最终改良资本主义是不可能的；②出于改良资本主义的目的，这些流派所提出的合作制价值与原则与现代合作社的价值和原则仍有较大差距，要么与资本主义制度相对立，要么忽视合作社的独立性。

第二节　美国学派与当代西方合作运动的发展潮流

2.2.1　以美国学派为代表的进化合作理论

20 世纪 20 年代以来，一批从事合作理论研究的学者基于合作的经济目标，认为在资本主义经济体系内部，合作经济是一种"有益的发展或进化"，是资本主义经济的一个有机的组成部分（更看重经济意义而不是社会意义），因而该学派被称为"进化派"，其中影响最大的当属"美国学派"——由于起源于美国，故称之。

从 19 世纪四五十年代到六七十年代，美国掀起了一系列农民运动，农业合作社纷纷成立，但其是以抗衡市场中间商、维护农户自身的利益为宗旨，与当时欧洲流行的各种社会改革思潮没有直接联系。英国的罗虚戴尔合作社原则在 19 世纪 70 年代传入美国，但直到 20 世纪初，这一原则也尚未被美国的各种农业合作社普遍接受，其间美国学术界发展了自己的一套合作社理论，主要有萨皮罗学派、竞争尺度学派和埃米里扬诺夫学派。

2.2.1.1　萨皮罗学派

20 世纪 20 年代，美国工业化、城市化进程加快，工商业垄断逐渐加强，在激烈的市场竞争中，农业的弱势地位进一步凸现，导致农业增长长期徘徊不前，这时律师艾伦·萨皮罗（Aaron Sapiro）运用其法律知识，提出可以通过农户组建合作社来控制某种或某类农产品的销售，以实现合法垄断，这样才能与进入农业领域的垄断资本抗衡，最终达到保护广大农户利益的目的。萨皮罗的主张有以下几点。①合作社成员应高度同质，即成员仅限于生产相同或相似农产品的农场主，这样成员的目标追求往往高度一致，容易形成统一有效的集体行动。②合作社应按商品种类而不是按地域关系组织。他认为一个合作社经营一种或几种类似的农产品的销售比较容易成功，生产者的利益较统一，他们也容易了解经营状况并加以控制，因而就容易实现合法垄断，且易通过内部协调，实现农产品有秩序地销售，防止收获季节同时上市而带来损失。③民主管理。坚持在"一人一票"的基础上选举董事会并决定合作社的重大事项。④直接吸收社员，并要求与合作社签署长期的、带强制性条款合同的入社农户应达到相当大的比例。他认为，合同期长，才能使合作社的销售功能逐渐完善。签约人多，意味着为承担义务而向合作社交售某种农产品的数量多，甚至是全部，这样合法垄断才有可能实现。⑤使用专家从事经营管理活动。他主张农场主应集中精力从事农业生产，而经营、销售等事务都应由雇用的专家去完成。⑥管理结构高度集中。萨皮罗模式的合作社一般都省略了地方合作社这一级，农场主直接成为全国性或地区性合作社的成员。[①]

　　萨皮罗的合作社思想对美国国会在1922年通过的《凯波－沃尔斯蒂德法案》（Capper-Volstea Act）具有积极的影响，该法案给予了合作社反垄断豁免权。而1926年的《营销合作社法案》（Cooperative Marketing Act）和1937年的《农业营销协议法案》（Agricultural Marketing Agreements Act）也体现了萨皮罗的思想。[②] 此外，萨皮罗十分强调合作社与成员之间的信任对合作社健康发展的重要性，对此他做了许多深入细致的研究，提出了许多有价值的意见和建议。

---

① 张晓山：《西方合作运动浅析》，《农村经济与社会》1988年第6期，第8~10页。
② 张晓山、苑鹏：《合作经济理论与实践》，中国城市出版社，1991，第6页。

2.2.1.2　竞争尺度（competitive yardstick）学派

这一学派以美国的艾德温·诺斯（Edwin G. Nourse）等人为代表。其主要观点有以下几点。①反对农业领域的市场垄断。该观点不是基于合作社利益的考虑，而是基于整个市场运行效率的考虑，将合作社视为建立市场均衡的一支重要力量，从而促使市场的竞争效率不断提升，进而让合作社成为一种标尺以检验市场的竞争效率。②合作社是个体农场主生产的延伸，诺斯主张合作社应由农场主自下而上地自愿建立，合作社管理中应坚持民主原则，并在个人生产经营决策与保持合作社效率的规则之间实现"精巧的平衡"（ingenious equilibrium）。③合作社不是取代资本主义工商企业，而是对工商企业的一个补充。农场主的主要工作是从事一线农业生产，农产品的加工和销售应由工商企业来完成。只有在农场主购买生产资料、获取加工和销售等服务成本过高或服务不足，甚至受到暴利投机与低质服务的伤害时，农场主才有构建合作社的必要，从而维护自己的合法权益不受伤害。④应依据经济绩效水平来评价合作社的优劣（即强调合作社的实用性，更看重合作社服务农户及农业现代化的能力与效率，笔者注）。①

该学派认为资本主义过于强调竞争及逐利性，不利于伸张社会正义和益贫性，而合作社能使那些逐利的企业受到一定的约束，合作社仅仅是抑制资本主义阴暗面、纠正部分资本主义制度谬误的手段，合作经济不可能成为资本主义社会中起支配作用的经济制度，而只能改进资本主义市场的竞争机制，在实现市场均衡中起辅助作用。

萨皮罗学派和竞争尺度学派的理论不像早期合作经济理论那样，认为合作经济是对资本主义制度的一种改良，甚至是改造，而是认为合作经济是资本主义经济的一个重要组成部分。两个学派都从合作社在国家经济活动中的目的、意义来解析合作社存在的价值，即更看重合作社的经济作用。其不同点在于：竞争尺度学派更关注合作社在经济活动中的贡献与价

---

① Thomas P. Schomisch, Edwing G., "Nourse and the Competitive Yardstick School of Thought", UCC Occasional Paper No. 2, July 1979, p. 122。

值，特别强调合作社在促进市场竞争效率提高方面的作用，而萨皮罗学派更关注农场主的利益，主张合法垄断以实现农场主利益的最大化。

2.2.1.3　埃米里扬诺夫学派

该学派的主要代表人物是埃米里扬诺夫（Ivan Emelianoff），故而该学派得名埃米里扬诺夫学派。这一学派注重对合作经济组织的微观分析，更注重合作社的经济意义。他们认为，合作经济组织是一体化与分化、独立与合并间的中间体，相对于股份制企业或公司，合作经济组织不是一个组织严密的经营单位，而是一个联合体。该理论认为合作经济组织是以社员为委托人、董事会（理事会）作为代理人的经济单位。[①]

从西方合作经济理论的演进、发展历程来看，进化派在当代合作经济理论中已占据主导地位。在改良主义者那里，他们还把合作社当作改造资本主义的手段，那么其后的合作经济理论则基本放弃了这个目标，仅将其作为成员争取或改善个人经济利益的一种手段。可见，合作运动越来越脱离其改良资本主义制度的政治目的，逐步转向合作的经济取向。

2.2.2　进化合作理论产生的原因

合作运动理论与实践的上述变化是与 20 世纪以来西方发达资本主义国家经济、政治、社会、文化的巨大变化密切联系在一起的。因此，我们有必要扼要分析这种变化的深层原因。

第一，经济发展要求。早期主张成立独立的合作经济体系、改良甚至是改造资本主义社会、反对市场竞争的合作思想限制了人们的经济行为，不利于合作社在空间及时间上聚集生产资料和扩大生产经营规模，以提高生产经营效率、改善成员收益。同时，在同一市场中，还大量存在着在分散风险、聚集资本方面呈明显优势、有较强竞争力的现代股份制企业，合

---

① Randall E. Torgerson, Bruce J. Reynolds, and Thomas W. Gray, "Evolution of Cooperative Thought, Theory and Purpose, Presentation: Conference on "Cooperatives: Their Importance in the Future of the Food and Agricultural System", Food and Agricultural Marketing Consortium, Las Vegas, NV, 1997, pp. 16 – 17.

作运动出现上述变化也在所难免。

第二，宏观政策调整。西方合作运动希望通过发展合作社来使资本主义社会中的弱势群体摆脱当权者的剥削和压迫，但成效不大，这是因为上述问题的解决需要所有社会成员以及国家的努力，仅依靠合作社成员的努力，势单力薄。随着资本主义的发展，国家有责任、有义务解决社会弱势群体待遇问题的价值观念已逐步深入人心并已被当代大多数西方国家认可。二战以来，资本主义国家开始付诸行动，进行了一系列宏观经济政策调整，特别是福利政策的调整，在解决社会弱势群体的待遇方面发挥了积极作用。所有这些都使得合作运动在其多重目标体系中重新权衡孰轻孰重，从而开始逐步转向经济目标。

第三节　马克思主义合作经济理论概述

马克思主义合作经济思想是在扬弃了空想社会主义合作经济思想的基础上而创立的。马克思、恩格斯对合作社的研究散见于《资本论》、《国际工人协会成立宣言》、《法兰西内战》、《致倍倍尔》、《论土地国有化》和《法德农民问题》等论著中，我们可将其分为合作经济一般理论和农业合作经济理论。

2.3.1　马克思、恩格斯的合作经济一般理论

马克思、恩格斯的合作经济一般理论，主要有以下观点。

第一，国家政权对合作社性质起决定作用。马克思、恩格斯认为合作社的性质及作用将由其所在国的政权性质来决定。资本主义社会中，在资产阶级政府和垄断资本双重势力所设置的重重障碍下，合作社的作用只能被限制在资产阶级利益所允许的范围内。同时，资本主义社会中的合作社是资本主义性质的，其必然拥有资本主义制度的"一切缺点"。①

第二，建立在生产资料公有制基础之上的合作社才有进步意义。马克

---

① 《马克思恩格斯全集》（第25卷），人民出版社，1975，第496页。

思指出："生产资料的全国性的集中将成为自由平等的生产者的各联合体所构成的社会的全国性的基础，这些生产者将按照共同的合理的计划自觉地从事社会劳动。"① 可见，马克思认为，只有建立在生产资料公有制基础之上的合作社才有社会进步意义。恩格斯进一步提出，在推翻资本主义制度之后，建立在生产资料公有制基础上的合作社可依靠国家的扶持发展起来，他说："这件事无论同舒尔采－德里奇或是同拉萨尔都毫无共同之处。他们两个人提出建立小合作社：一个是靠国家帮助，另一个是不靠国家帮助，但他们两个人都认为，这些合作社不应占有现有的生产资料，而只是同现存的资本主义生产并列地建立新的合作生产。我的建议要求把合作社推行到现存的生产中去。正如巴黎公社要求工人按合作方式经营被工厂主关闭的工厂那样，应该将土地交给合作社，否则土地会按照资本主义方式去经营。这是一个巨大的差别。"② 马克思特别指出，在农村只有建立在土地公有制基础上的合作社才有进步意义，但由于各国的国情不同，因而实现土地公有制的路径也不同，各国无产阶级在获得国家政权后，要根据本国国情来决定如何实现土地的公有制。

第三，重视生产合作社。1866 年马克思在起草的《临时中央委员会就若干问题给代表的指示》中提出："我们建议工人们与其从事合作贸易，不如从事合作生产。前者只触及现代经济制度的表面，而后者却动摇它的基础。"③ 这一论点十分明确地说明马克思、恩格斯十分看重生产合作社，认为其能从根本上动摇资本主义经济制度的基础。马克思、恩格斯认为资本主义农业流通领域或消费领域的合作社实际上仍然被资本家控制或排挤，对资产阶级的统治、剥削与压迫不能构成任何威胁，因而资本主义流通、消费领域的合作社没有本质的进步意义，不能动摇资本主义经济制度的基础。

第四，马克思、恩格斯认为生产合作社是社会主义经济向共产主义经

---

① 《马克思恩格斯选集》（第 3 卷），人民出版社，1995，第 130 页。
② 《马克思恩格斯全集》（第 36 卷），人民出版社，1974，第 416 页。
③ 《马克思恩格斯全集》（第 16 卷），人民出版社，1964，第 219 页。

济演进中，处于中间阶段的生产经营组织形式。① 马克思、恩格斯认为生产合作社是可以容纳不同发展层次、不同发展阶段、不同劳动生产力水平的生产经营组织形式，其由于具有极强的包容性，因而成为向共产主义过渡的中间环节。总之，生产合作社是一种经营形式多样的、产业布局灵活的经济组织，但合作生产成为中间环节的前提是：无产阶级获得政权，公有制在经济活动中取得了主体地位。

2.3.2 马克思、恩格斯的农业合作经济理论

马克思、恩格斯的农业合作经济理论与他们的合作经济一般理论一脉相承。

第一，土地改革中，土地的所有权要逐步由集体占有过渡到全民占有。由于认为生产资料公有制是合作社建立的基础，马克思和恩格斯主张实行土地全民所有制，"把土地交给联合起来的农业劳动者，就等于使社会仅仅听从一个生产者阶级的支配"。② 但研究了欧洲当时农村的情况后，他们又提出："一开始就应当促进土地私有制向集体所有制的过渡，让农户自己通过经济的道路来实现这种过渡；但是不能采取得罪农户的措施，例如宣布废除继承权或废除农户所有权。"③ 即首先实行土地的集体所有制，然后逐步过渡到全民所有制，进而实施统一的农业社会化大生产。

第二，不能采用剥夺的方式将小农的私有财产转为公有，要通过引导、示范使其加入合作社。对小农的私有财产不可暴力剥夺，要通过正确引导、示范和帮助，将其私有财产变为合作社的集体财产，进而他们的生产也就可逐步变为"合作社的生产"。④

第三，对于大农和中农要逐步引导其加入合作生产，消除他们对雇工的剥削和压迫。马克思、恩格斯认为，大农和中农使用雇工，不可避免地就会存在剥削与压迫。因此，"对大农和中农就是尽力使他们也易于过渡

① 《马克思恩格斯全集》（第36卷），人民出版社，1972，第416页。
② 《马克思恩格斯全集》（第18卷），人民出版社，1964，第67页。
③ 《马克思恩格斯全集》（第18卷），人民出版社，1964，第695页。
④ 《马克思恩格斯选集》（第4卷），人民出版社，1995，第310页。

到合作社生产方式，……尽管中农和大农有不同程度的剥削，但对于他们，我们也将拒绝实行暴力剥夺"。① 可见，马克思、恩格斯认为，要消灭大农和中农对雇工的剥削和压迫，就必须引导他们加入合作生产，成为完全的自食其力者。

第四，对于大土地所有者，用赎买至剥夺的方式获得其土地所有权。马克思、恩格斯认为，大土地所有者是农业领域最大的剥削者，主张无产阶级掌握了国家政权之后，就应将大土地所有者的土地收归国有，收归的办法是"这一剥夺是否要用赎买来进行，这大半不取决于我们，而取决于我们取得政权时的情况，尤其是取决于大土地占有者先生们自己的态度"。② 但马克思、恩格斯认为："如果能用赎买，那对于我们是最便宜不过的事情了。……如不能用赎买，就没收大土地所有者的土地，在社会监督下，转交给现在就已耕种着这些土地并将组织成合作社的农业工人使用。"③

综上所述，可将马克思、恩格斯对合作经济的观点总结如下：第一，合作生产是依赖于所处社会形态的一种生产方式，在资本主义社会中，合作生产依赖于资本主义生产方式，因而不可能实现被压迫阶级的真正解放；第二，尽管相对于资本主义生产关系，合作生产关系具有一定的进步意义，但是不彻底，只有财产不划归社员名下、内部实施民主管理、按劳分配和盈余归公的生产合作社才具有完全的进步意义；第三，农业领域必须逐步实现生产资料的公有制，建立在生产资料公有制基础之上的生产型合作社才具有根本性进步意义。

当然，由于受所处时代的限制，马克思、恩格斯的部分结论难免存在局限性，主要是：①他们的合作社理论是构建在国家计划经济体制的理论框架之内，因而建立在公有制基础之上的合作社自然是排斥市场、排斥商品经济的（如人民公社、集体农庄），而人类经济活动的实践表明，市场经济与商品经济将在很长的一段时间内存续，而且与合作社的产生、发展

① 《马克思恩格斯选集》（第4卷），人民出版社，1995，第503页。
② 《马克思恩格斯选集》（第4卷），人民出版社，1995，第503页。
③ 《马克思恩格斯选集》（第4卷），人民出版社，1995，第315页。

有密切的联系；②他们认为合作社应以公有制为基础，否定建立在私有制基础之上的合作社，由于历史局限性，他们没有深入研究农业生产的特点，也没有预见到当今科技水平发展如此迅猛，建立在私有制基础之上的合作社能发挥家庭经营的优势，最大限度地克服私有制的弊端，能参与农业社会化大生产并实现农业现代化；③将合作社视为改造私有制的工具，忽视其经济作用。

2.3.3　列宁的合作经济思想

马克思、恩格斯提出的农业合作化理论受历史客观条件的限制，没有具体实践，而列宁在无产阶级的苏维埃政权获得胜利后进行了具体实践，在试错就改中不断调整，其合作经济思想经历了一个从理想逐步走向现实的过程，该过程大致可分为三个阶段。

2.3.3.1　战时共产主义时期的合作社思想

1917年，俄国已有各种合作社2.75万个。十月革命后，由于国内外反动势力对新生的苏维埃政权发动了武装进攻，列宁想尽快改造"资产阶级的合作社"为社会主义服务。为达到这一目的，在1919年初，列宁要求：①要将旧俄国遗留的资本主义性质的消费合作社改造成为社会主义性质的消费公社；① ②在农业方面，列宁认为要强制改造旧时资本主义性质的合作社，要大力发展集体农庄、国有农场等，尽快将分散的小农经济发展成为国家集中的大农业经济。

2.3.3.2　新经济政策时期的合作社思想

随着内战的初步结束，列宁逐渐认识到改造旧合作社的复杂性，认为这种改造不可能一步到位，须逐步改造才能为社会主义建设所用。"由小业主合作社向社会主义过渡，则是由小生产向大生产过渡，就是说，是比较复杂的过渡，但是它一旦获得成功，却能包括比较广大的居民群众，却能把根深蒂固的旧的关系，社会主义以前的，甚至资本主义以前的即最顽固地反抗一切'革新'的那些关系彻底铲除。……合作制政策一旦获得成功，就会使我们把小经济发展起来，并使小经济比较容易在相当期间内，在自愿联合的基础上过渡到大生产。"①

从列宁的种种合作社理论来看，在农业合作社方面，其所强调的主要是农户购买生产资料与日用品并销售农副产品的、处于流通领域的供销型合作社，因为在当时的农业生产中，农户均希望提高市场谈判地位，能尽可能廉价地购买农业生产资料，并高价出售自己的产品。因此，流通领域的供销型合作社能切实提升农户的收益，得到广大农户的拥护和支持。列宁认为，首先应保持一家一户的小农经济，在此基础上对流通领域的合作社进行整合，使农户渐渐体会到合作社的优越性，逐步让农户自觉自愿地组建起生产资料公有制的生产型合作社，逐步改造私有制的小农经济，通过公有制的生产型合作社实现农业的社会化大生产。

从马克思、恩格斯的理论到列宁的具体实践是科学社会主义农业合作化的一次理论检验，在实践中，列宁逐步意识到马克思、恩格斯所描述的农业合作化不可能一蹴而就，在试错就改中，列宁进行了一系列的调整，从理想逐步走向现实，但其继任者斯大林没有坚持试错就改、不断调整的路线，而是进一步理想化，发展了集体农庄，脱离现实，不根据本国的具体国情来进行农业合作化，其结果必然是失败。

第四节　当代西方经典合作社理论

2.4.1　罗虚戴尔公平先锋社与合作制原则的构建

空想社会主义者的合作社试验没有成功，却产生了很大的影响，它警示人们：必须依靠自己的力量，着眼于改善成员的切身利益，必须基于现行的经济和社会条件来构建合作社才会成功。19世纪三四十年代，欧洲合作运动实践方兴未艾，出现了一些经典的、富有影响力的合作社，罗虚戴

---

① 《列宁选集》（第4卷），人民出版社，1995，第508页。

尔公平先锋社（The Rochdale Equitable Pioneer）就是一个成功且最具影响力的合作社，被视为近代合作运动成功的典范。

1844 年 12 月 24 日，在英国北部的一个小镇罗虚戴尔，28 个纺织工人经过较长时间的计划和准备，以每周节省下来的两便士为股金，成立了一个日用品消费合作社，取名"罗虚戴尔公平先锋社"，该合作社成立的直接目的是满足成员的现实需要，供应日常生活用品，减轻商业资本的中间盘剥，改善成员的生活境况。[①] 罗虚戴尔公平先锋社开办了一个小商店，每周六晚上营业，社员拥有合作社，并且自我管理和自我服务，即实行合作社的所有者、服务者和管理者、惠顾者同一的工作模式。[②] 为了使这一模式成功运作，该合作社因地制宜地制定了一套办社原则。

（1）入社自由。加入罗虚戴尔公平先锋社的一切人均出于自愿，并有退社自由。入社自由表明合作社要广泛地吸纳社员，并保证合作社的股东（合作社的劳动者）是合作社的惠顾者（使用者）。

（2）一人一票。这集中体现了公平先锋社执行民主管理制度。社章规定：社员大会是合作社的最高权力机构，每个社员无论股份多少，只有一票表决权。

（3）现金交易。本社社员在任何情况下都不得以任何借口不用现金交易。

（4）按市场价售货。按市场价售货，从而获得一定盈利，可壮大合作社的经济力量和发展教育、社会福利等事业，这对提高合作社的影响力和社会地位有重要的作用。

（5）准斤足尺、销售好货。该原则主要是针对当时中间商的欺诈行为提出来的。

（6）盈余按惠顾额分配。社员购货凭购货本，并由销售员登记，到一

---

① Holyoake：《罗虚戴尔公平先驱社概史》，彭师勤（译），全国合作社物品供销处，1941，第 6 页。

② Holyoake《罗虚戴尔公平先驱社概史》，彭师勤（译），全国合作社物品供销处，1941，第 6 页。在 28 个发起人中既有欧文的信徒，如荷利约克、廉·库珀等，也有基督教空想社会主义者，如查尔斯·豪沃斯（Charles Howarth）等，还有宪章运动者，也有的是刚刚参加过罢工的工会会员，甚至瑞典神秘教派信奉者。

定时期进行一次结算。合作社在对盈余做了必要扣留（作为公积金、教育基金等，以发展壮大合作社）之后，根据社员购买本社货物的多少，按比例返还给本人（即分红）。这是一个重大的创举。在资本主义社会中，盈余都是按资分配，而按惠顾额分配的方式是对按资分配的否定。社员入社投入股金可以获得利息，但不参加分红，且利率不得高于市场平均利率水平，即"资金报酬有限"，这样就将试图通过资本投资的食利者排除在合作社之外。

（7）重视对社员的教育。罗虚戴尔公平先锋社为了提高社员的思想修养、文化素质，培养合作精神，根据合作社的现实情况，要求逐步开展对成员的教育和培训。

（8）在政治和宗教问题上保持中立。这一原则是依据当时的社会条件而做出的决定。因为只有表明合作社没有任何政治背景或政治目的，才可排除资本主义政府的干预，同时也可消除社会上一些人把合作社与社会主义、共产主义联系在一起的疑虑。对宗教保持中立态度，表明合作社不是宗教团体，不让宗教介入，也不参与宗教活动，这样为具有不同观点和信仰的劳动者加入合作社敞开了大门，从而拓展了合作社发展的社会基础。①

"按惠顾额分配盈余、资金报酬有限"、"一人一票"和"劳动者（惠顾者）拥有合作社"体现了合作社三位一体的质的规定性。"按惠顾额分配盈余"和"资金报酬有限"同属于合作社的分配制度，它集中体现了构建合作社的思想渊源：禁止或限制资金参与利益分配，即不能让资金转变为剥削劳动的资本，要实行按劳分配，严禁或限制按资分配。而要保证这一分配制度的顺利施行，其在管理制度上就要实行"一人一票"（劳动的民主）而不能实行"一股一票"（资本的民主），否则就可能滑向按资分配。最后要保证合作社的分配制度、管理制度不发生质变，劳动者（惠顾者、社员）就应始终是合作社财产的所有者。产权制度（劳动者拥有合作社）、管理制度（"一人一票"）和分配制度（按惠顾额或按劳分配盈余、资金报酬有限）形成合作社三位一体的制度原则，从而使合作社区别于其

① （1）～（8）引自 Holyoake：《罗虚戴尔公平先驱社概史》，彭师勤（译），全国合作社物品供销处，1941，第6~7页。

他生产经营组织。合作社的三位一体原则体现了合作社自建、自我管理与控制、自我服务和成员占有自己劳动成果的核心思想，也是合作社的灵魂所在。

"三位一体"原则是一个统一、有序的整体，缺一不可。实践证明，该原则有效地保证了罗虚戴尔公平先锋社的巩固和发展。罗虚戴尔公平先锋社成立一年后，社员人数扩大到80人，资金总额达900镑，到1895年国际合作社联盟成立时，社员已达12000多人，资金总额为150万镑，到20世纪30年代，社员已达4万人。[①] 罗虚戴尔公平先锋社的成功产生了极强的示范效应，对其后的世界合作运动产生了极其重要与深远的影响。

最后需要说明的是，罗虚戴尔公平先锋社的生产关系是建立在劳动者个人私有制基础之上的；入股股金可以获得红利以及收益按惠顾额返还的分配制度本身就是对个人私有产权的承认。罗虚戴尔公平先锋社之后的部分合作社，甚至将公积金制度所形成的集体财产划归到个人名下，这与集体所有制或公有制合作社在本质上已完全不同。

2.4.2　国际合作社联盟的成立与合作社原则的演进

合作社理论的传播以及世界范围内合作运动的蓬勃发展使各国间越来越需要进行交流，以解决合作化理论上或实践中出现的问题，从而不断推进合作运动向前发展。1895年，为方便各国对合作社理论与实践经验进行交流，一个国际性组织——国际合作社联盟（International Cooperative Alliance，简写为ICA）在英国伦敦成立了。根据ICA的章程，ICA是联合代表和服务于全世界合作社组织的独立的、非政府的社团法人。任何国家级合作社组织、国际性合作社组织以及与ICA的目标相一致的组织，只要承认和遵守ICA的章程，均可以申请加入。[②]

ICA成立之初，就将承认"罗虚戴尔办社原则"（the Rochdale starting principle）作为加入ICA的首要条件。1937年，ICA进一步修订了"罗虚

---

① 查尔斯·莫瑞克兹：《合作社结构与功能（中译本）》，成都科技大学出版社，1993，第8页。

② 对ICA及其章程的介绍均来自 http://ica.coop/。

戴尔办社原则",具体有 9 条:①门户开放(入社自由);②民主管理("一人一票");③按交易额分配盈余;④股本利息受限;⑤政治和宗教信仰中立;⑥实现现金交易;⑦促进社员教育;⑧照时价或市价交易;⑨创立不可分割的社有财产。①

为使合作社不断适应其内、外部环境的变化,ICA 在 1966 年的第 23 届大会上将上述"罗虚戴尔办社原则"中的第 5、8 条规定删除,改为 7 条,将之称为"合作社原则"(the cooperative principle)。1995 年 9 月,ICA 在其成立 100 周年的第 31 次代表大会上,商议并通过了《关于合作社特征的宣言》(Statement on the Cooperative Identity),对合作社的性质、价值和基本原则进行了重新定义。② 新定义的原则(即"95 原则")有以下七条。

(1)自愿和开放的社员制。合作社对所有能够利用合作社服务和愿意承担社员义务的人员开放,无性别、社会、种族、政治和宗教信仰的限制,自愿加入、自由退出。

(2)社员民主管理。合作社是社员民主管理的组织,合作社的重大方针和事项由全体社员积极参与决定。选举产生的代表,无论男女,都要对社员负责。在基层合作社,社员有平等的选举权("一人一票"),其他层次的合作社组织也要实行民主管理。

(3)社员经济参与。社员要公平地入股并民主管理合作社的资金。入股只是作为社员身份的一个条件,且分红要受到限制。合作社盈余按以下某项或各项进行分配:用于不可分割的公积金,以进一步发展合作社;按社员与合作社的交易量分红;用于社员(代表)大会通过的其他活动。

(4)自主和自立。合作社是由社员管理的自主自助组织。合作社若与其他组织包括政府达成协议,或从其他渠道募集资金,必须做到保证社员民主管理并保持合作社的自主性。

(5)教育、培训和信息。合作社要为社员选出的代表、经理和雇员提供教育和培训,以更好地推动合作社的发展。合作社要向公众特别是青年

---

① 本段引自 http://ica. coop/。

② 引自 http://ica. coop/。

人和舆论名流宣传有关合作社的性质和益处。

（6）合作社间的合作。合作社通过地方的、全国的、区域的和世界的合作社间的合作为社员提供最有效的服务，并促进合作社发展。

（7）关心社区。合作社在满足社员需求的同时，要推动所在社区的持续发展，包括经济的、社会的、文化的发展和环境保护。这是合作社的社会责任和优良传统。但是，合作社以什么形式、用多大力量促进社区发展，要由社员决定。[①]

近代西方合作社是市场经济的产物，其制度安排必然随着市场经济的发展而变化。为适应市场经济、商品经济发展的内在要求，ICA 分别于1921 年[②]、1937 年、1966 年和 1995 年先后四次修订了合作社基本原则。1995 年修订的原则与前三次相比更加灵活，如民主管理中，对合作社不再强调"一人一票"；分配方式可以民主决定，但再次强调了社员经济参与，公共积累不可分割。总的来看，从"罗虚戴尔原则"至"95 原则"的 100多年间，合作社的原则只有 5 条基本未变，即入社自由、民主管理、自主和自立、盈余主要按交易额（量）返还和重视教育，而"95 原则"在民主控制和分配制度上有所松动，如承认受限的"一人多票"制（即要求不突破民主控制的底线）。只要成员同意（即社员大会通过），盈余可按投资比例进行二、三次分配，这实际在很大程度上挑战了"资金报酬有限"的原则。本研究以后所讨论的合作社，在不特别说明的情况下，是指按"合作社原则"（即 1966 年制定，相对于"95 原则"，更强调"一人一票"、"资金报酬有限"的原则）构建的合作社，也称传统合作社，有别于在其基础上衍生或演化的其他合作社。

2002 年 6 月，国际劳工组织（International Labour Organization，简称ILO）第 90 届大会通过《合作社发展建议书》（*Promotion of Cooperatives Recommendation*），敦促各国政府把促进合作社发展作为经济和社会发展的

---

① （1）～（7）引自管爱国、刘惠《国际合作社联盟关于合作社定义、价值和原则的详细说明》，《中国供销合作经济》1995 年第 12 期，第 4～8 页。

② 由于"罗虚戴尔办社原则"要适用于不同类型的合作社，1921 年的修订将"罗虚戴尔办社原则"中具有消费合作社特征的"只销售货真量足的商品"删除。

重要目标之一。该建议书对合作社的定义、原则和价值追求等的规定均遵循了"95 原则"要求,[1] 这说明具有变革意义的"95 宣言"已逐渐得到广泛认可,同时也说明对传统合作社的改革势在必行。

继"罗虚戴尔办社原则"之后,合作运动中又兴起了比例原则(proportional principle)和现代原则(contemporary principle)。

近些年来,基于产权明晰化(合作社生产经营中,成员权、责、利关系的匹配与对等)的比例原则越来越受到关注,实践中越来越多的合作社接受了该原则,特别是北美的合作社。比例原则是指成员的交易额越大(小),意味着成员承担的责任和获得的收益越多(小),进而该成员就应缴纳更多(少)的股金,同时也应获得更多(少)的管理投票权(当然管理投票权有上限限制)。具体操作:首先,成员与合作社协商,根据其交售量的多少认购股本并签订合同;其次,成员根据合同与合作社交易,民主管理中成员投票权的多少也由其交易额决定(但有上限限制);最后,盈余分配也由其交易额比例决定。这一操作过程实际上是在社员与合作社交易未发生之前,就将双方的权、责、利关系明确下来,[2] 而传统合作社是在交易后进行调整(后述)。由于比例原则将入股金与交易额挂钩,按交易额返还剩余(按交易额分配)也可被视为按股金分配,即按资分配,因而许多学者甚至 ICA 均不认可比例原则。[3]

在比例原则的基础上,实践中的合作社又探索建立了现代原则,该原则不以任何固定形式规范合作社的经营模式,因而显得更加灵活。其具体原则是:①交易者认购股本以获得交易权,这一投入是对合作社的一种信用保证;②社员惠顾合作社才有投票权,怎样投票由全体成员民主协商决定;③在扣除成本后,净所得将作为盈余,按交易额(量)比例被分配给

---

① 慕永太:《合作社理论与实践》,中国农业出版社,2001,第 60 页。

② 在传统合作社中,成员的盈余分配比例是在交易结束后才能确定,在交易之前的很长一段生产经营过程中,成员不能确知自己的收益,即权、责、利关系不清晰,合作社生产经营过程成员易"搭便车"。而在执行比例原则的合作社中,成员在交易之前就能确知自己的收益,基于"理性人"假设,出于利益最大化的目的,成员会更关心合作社的建设。

③ Randall E. Torgerson, "A Critical Look at New-generation Cooperatives", USDA Rural Business-Cooperative Service, 引自 http://www.rurdev.usda.gov/rbs/index.html, 2016-12-20。

交易者。现代原则强调了合作社的权益归交易者，交易者才有权管理合作社并分享收益。这一原则有利于激励成员或非成员与合作社交易，以增强合作社实力，提高其竞争力与凝聚力。从总的发展趋势来看，合作社原则随着合作社内、外部环境的改变而变化，总体上向着有利于提高合作社生产经营效率的方向发展。

第五节　当前西方农业合作经济组织研究文献综述

2.5.1　国外研究现状概述

对农业合作经济组织（或农业合作社）的制度研究是西方经济学的一个重要研究领域。在对西方农业合作经济组织研究文献进行综述前，需要说明四点。①层次上：当代西方对合作社的研究早已从合作社存在的目的（改造还是改良资本主义的争论）、特征、在国民经济活动中的作用等问题转向合作社的产权制度安排、运行、内部管理、盈余分配等更微观的问题。②方向上：研究早已从寻求合作社存在的合理性解释和表象性描述，走向关注在不断变化的新经济、技术条件下合作经济组织的创新和发展演进，进而深入地进行制度创新分析。在此进程中，成员异质性、投资激励和决策规则安排、治理结构选择、委托－代理设计、治理者的行为、益贫性、政府扶持政策调整等问题正日益引起研究者的重视。③方法论上：西方资本主义国家的文献多以西方经济学为其理论支撑点，而用马克思政治经济学来深入剖析的罕见，有的只是将合作社视为工人运动的一个重要组成部分来研究，但他们关注的是西方工人阶级的生产型合作社，而非农业合作社。④尽管在方法论上有重大的分歧，本研究还是查阅了浩如烟海的相关外国文献。"他山之石，可以攻玉"，国外对农业合作社的研究不论是在研究的时间、研究人员的数量，还是在研究的层次上均远远超过国内，资料丰富且研究的程度较深，其中不乏真知灼见，本研究将批判地吸收和借鉴。

如前文所述，西方学术界对合作经济的研究可一直追溯到早期合作运动的各学术观点及其理论，但当时它们更关注的是其对社会制度的影响，而非在特定社会制度下的经济价值，重点是社会发展、道德层面的研究而非从经济学的角度来研究。随着合作经济的不断实践，西方理论界逐步将研究目光转移到后一领域（如 20 世纪二三十年代，萨皮罗学派和竞争尺度学派已将合作社研究的双重目标引向一重目标研究——经济意义），并重点研究农业领域的合作经济组织，对合作社的研究也逐渐由欧洲转向美国。随后，对农业合作社研究的重点逐步从合作社在市场经济中的地位、作用等外部效果转到合作社的内部构建、运行机制、制度建设等问题上来。依据研究方法的不同，对合作社的研究可分为两个时期。

第一个时期从 20 世纪 40 年代至 60 年代，多运用新古典经济学，将合作社视为厂商，厂商理论的均衡分析、边际分析是当时的主流研究方法。以埃米里扬诺夫在 1942 年出版的著作《合作经济理论》为代表，其开了将新古典经济学厂商理论应用于合作社分析之先河，推动了西方农业合作经济理论的发展。随后有影响的研究者是 Ward（1958），他认为投资者拥有的公司（IOF）是以利润最大化为目标，而合作社以成员收入最大化为目标，因而为实现收入最大化，根据收益递减规律，合作社倾向于吸收更少的成员、生产更少的产品，对外部市场变化的反应趋于保守，甚至会出现价格上升、产量回落的局面。这就是所谓的"沃德效应"（Ward effect）。[①] 之后，Wenk（1970）引入一般均衡理论进一步分析"沃德效应"并提出了破解"沃德效应"的思想，形成了供后人研究的"沃德－文克模型"（Ward-Wenk model）。"沃德效应"提出了合作社存在发展危机，受此启发，Jansson 和 Hellmark（1971）提出了合作社生命周期的三阶段论，Cook（1995）在此基础上又提出了合作社生命周期的五阶段论，等等。

总之，新古典经济学理论将合作社视为一类特殊的企业，认为如果合作社边际成本等于边际收益，生产者与消费者剩余之和以及社会的福利均将实现最大化。Sxeton（1986）指出，合作社成立的目的就是通过扩大经

---

① 近年来，许多学者对沃德效应提出了质疑。例如，Kalmi（2003）通过调查，发现实践中并没有足够证据证明合作社少吸收成员、减少产量以使价格上升（后述）。

营业务以实现规模经济。因此，合作社在一些平均成本曲线呈现下降趋势的产业中具有一定的生存与竞争优势。合作社是一种促进市场竞争的力量，它能提高不完备市场的绩效水平，进而提高全社会的经济福利。

新古典经济学厂商理论为合作社的研究提供了重要的理论工具。但合作社与厂商理论中的企业有很大差异：①合作社对内追求社员利益最大化，而非自身利益最大化（基于这一点，许多学者认为合作社是基于成本经营的企业），对非社员才追求利润最大化；②合作社成员既是股东又是惠顾者；③合作社决策基于"一人一票"，而企业（股份制公司）遵循"一股一票"；④合作社盈余主要按成员的交易额（量）来分配，而不是按股分配。合作社的特殊性，决定了在应用厂商决策模型对其进行分析之前，必须修正模型的利润最大化目标假设，重新确定合作社要追求的目标及其决策机制，这样新古典经济学的厂商理论才能被运用到合作社的相关理论分析中。上述种种问题均可在修正假设前提后被不同程度地克服。但新古典经济学无法对合作社进行内部组织制度分析。新古典经济学将企业制度本身置于研究对象之外，在特定制度安排下来研究企业的行为，将企业内部结构（生产函数和偏好结构等）视为由经济理论之外的生产技术状况和个人心理决定的"黑箱"，因而不能用厂商理论来分析合作社内部的管理及决策过程，如不能用它来分析合作社的制度安排是如何决定其经济行为及经营绩效等。

第二个时期从 20 世纪 70 年代至今，新制度经济学理论，如交易费用理论、契约联合、产权理论、委托－代理理论以及博弈论等逐渐成为研究合作社的主流工具。我们将当代国外的研究成果整理归类为以下几个方面。

2.5.1.1　合作社的产生

新古典经济学利用规模收益和市场失灵理论来解释农业合作社的产生，而新制度经济学则主要基于交易费用——收益理论来解析上述问题。合约的不完全性，导致专用性投资较高一方的一部分准租（quasi rent）会因另一方签约后的机会主义行为而被"套牢"（trapped），专用性投资较高一方易被专用性投资较低的一方"敲竹杠"（hold-up），因此农场主生产的纵向一体化就会产生（Emelianoff，1942；Robotka，1957；Phillips，1953；LeVay，1983；等等）。Dobrin（1966）认为，合作社消除了经济行为的中间层，社员通过合作社直接进入市场，可获得本应由中间商拿走的利润，降低了社员的市场交易成本，从而提高了收益。Staatz（1987）则从交易的不确定性，资产的专用性、外部性以及科层制对合作社成立所产生的影响出发，认为只有采取合作社这种组织形式才能最大限度地降低农场主生产经营中的交易成本，提高收益。Lepiok（1992）指出，合作社的作用主要是降低农场主进入市场的交易成本，同时也降低其经营风险和不确定性，使农场主取得规模经济和打破市场垄断。Asem（1992）指出，合作社"内部化"了部分市场功能，降低了合作社的交易成本，提高了收益。

Ollila（1994）认为，合作社使社员直接进入市场，相对于其他市场中介，其降低交易成本的能力更强，合作中不断增加的社会综合规则（交易者相互间的信任与默契等社会规则）和较低的交流信息成本让合作社的交易更容易。在一个消费者偏好信息不完备的新市场中，合作社是一种有效率的组织方式，可用来整合市场与消费者偏好以生产预期产品。当交易双方都投入了专用性资产且有不同的规模经济时（农业生产家庭小规模经营有效率而进入市场需大规模营销才有效率），合作社就是一种较优的解决途径。合作社的纵向整合可以降低交易费用和不确定环境下交易频繁的高交易费用，从而提高收益。

Cook（1995）研究了美国的农业合作社，认为当交易双方具有专用性投资但存在不同的规模经济时，合作社可以降低交易风险。合作社是解决消费者偏好多样性存在的有效方式，在不确定的环境中，高频率的交易要求交易双方有长期承诺，而合作社可以防范交易双方的机会主义行为。

Zusman（1995）利用"合约集"（多个经济主体通过一系列契约联合）理论来解释合作社的产生。他将合作章程中的"宪政选择"（constitutional choice）视为一类长期有效的合约。他指出，由于信息不对称，市场合约不可能是完备的，"宪政选择"合约中的决策与群体选择机制就可被用来解决合约不完备所造成的偶然事件，合作社的产生就成为必然。

在交易费用理论的分析结论中，合作社与其他纵向联合形式的企业并无本质的不同（Willimaosn，1985）。合作社在加工供应链中进行前向或后向整合以降低其面临的市场失灵的可能性。由于农业生产面临市场与自然双重风险，农业生产专用性投资、农业生产中太多的不确定因素使得农户很难评估其生产经营的效果，信息的不对称使农户易受伤害。同时，地理环境条件的限制还易使农户面临区域垄断的风险。总之，如果农户单独发生交易，他们将面对较高的交易费用，如果与交易合伙人共同进入市场，他们的交易费用将降低，进而 Willimaosn 指出，由于最佳经营规模的差异，家庭规模耕作的高效率和大规模加工、交易的高效率，两类高效率组织的所有权结合在一起就形成了一个合作组织。合作社内、外部交易费用与收益的高低权衡形成合作社的边界，同时也是合作社生产经营成败的关键。

Hakelius（1996）认为，构建合作社能使成员在诸如合作精神、价值观、共同的目标追求等方面形成高度的同质性，高同质性有利于建立一种志同道合的感觉，降低成员之间的交易成本从而顺利达到既定目标，因此需要建立合作社以达到该状态。

Nilsson（1998）认为，当一群经济主体面临着产业产品的平均成本曲线不断下降或者他们感到市场交易成本过高，而通过构建合作社可获得规模经济时，合作社就会被建立。农户作为弱小的市场主体，在合作社的组织下就能够建立起更有效的市场平衡力量。

Hendrikse 和 Bijman（2001）运用产权不完全契约理论，以农产品供应链为研究背景，分析了所有权结构在供应链上对投资激励的影响，探求在何种市场和组织激励下，生产者会进行后向一体化投资，即构建合作社。进一步利用博弈论的模型和通过对作为变量的谈判权利分配的背景分析，他们得出了在既定和可选择的投资状态下最有效率的所有权结构：当农户的专用性投资与加工者的专用性投资高度相关时，拥有供应链中加工过程的资产是农户所有权的最优状态，即会出现农户所有的销售合作社形态。但当零售商或加工商资产的专用性程度超过农户资产的专用性程度时，合作社将不再是一种有效率的所有权结构，合作社将不会被组建。

Bijman 和 Hendrikse（2003）认为，农户组建合作社最重要的目的是建立起反市场垄断的力量，以保护农户的利益。同时为了减小经营过程中的信息不对称以及外部性的影响，保护合作社专用资产免受机会主义行为的侵害也是农户构建合作社的主要目的。

Markelova，Helen 和 Mwangi，Esther（2010）认为小农户集体行动进入市场可提高农业生产率和农户收入，进而可减少贫困，实现农业经济的增长。

Higuchi，A. et al.（2010）对比分析了秘鲁可可的两种销售渠道：中介机构和合作社，发现合作社的构建能够提高可可的产量和质量，同时还能提高农民的福利。

2.5.1.2　合作社的产权制度及其相关问题

新制度经济学对合作社的产权制度基本持否定态度，认为合作社产权界定不清晰，存在公有财产（共同共有财产），易引发"搭便车"（free ride）行为、内部治理失效等问题。其中，Cook（1995）的分析最具影响力，他认为合作社是一个"定义模糊的用户与投资者的财产权集合，不明晰产权的多样化界定将导致在剩余索取权和决策权控制方面的冲突"。随后，Cook 又进一步阐述，合作社存在的具体问题有以下几点。①"搭便车"问题（free ride problem）。当产权界定不清晰，不可交易、未定归属、不稳定时，成员或非成员为各自的利益使用合作社，而产权没有明晰，以确定成员或非成员承担其行动的成本和获得的收益对等时，就会产生该问题。此类问题容易在有公共财产且会员身份开放的合作社中发生。新、老成员获得同样的惠顾权和剩余索取权，而实际上他们的付出是不同的，这样造成大量低效率的新成员涌入而高效率的老成员退出（形成所谓的"柠檬市场"问题）。同时由于公共产权的存在，"搭便车"问题在合作社处理公共所有权问题时也易出现。由于平等的分配权以及剩余索取权交易市场的缺乏，高效率成员不再有动机投资于合作社。②投资比例问题（portfolio problem）。剩余索取权的不可交易性，流动性和融资增值机制的缺乏，意味着成员不能根据他们的风险偏好及时地调整资产组合比例。产生此问题的原因又是股份约束问题：投资决策与惠顾决策被"捆绑"（trussing）在一起。农户对合作社投资的多少由其农场经营状况决定，而非合作社，所以成员们将根据对自己最有利的风险与收益权衡来影响合作社的投资组合决策，要降低风险就要尽量少投资合作社，这将导致可预期的回报率更低。③控制问题（control problem）。成员与管理者之间利益分歧的代理费用过高，导致该问题的产生。由于股权不可交易，合作社不能获得股权市场所提供的信息和外在压力。同时成员与管理者之间信息不对称，合作社治理结构有缺陷，社员缺乏评估合作社运行绩效的信息，也就不能有效地对企业进行控制管理。此外，合作社的股份广泛地分布在社员当中，每个社员所占的比例都很小，这使他们缺乏内在的激励去监督合作社的经营管理，当合作社的规模扩大时，此类问题将越来越突出。④影响成本问题（influence cost problem）。合作社的成员是所有者和使用者的统一，成员的双重身份会给合作社的管理带来难题，社员会把合作社的决策引向有利于自己的方向。为了获得支持，合作社的管理者将努力使意见各异的社员达成一致，这将是一项成本高昂的活动。⑤眼界问题（horizon problem）。社员不能理解投资所获得边际产出的全部价值，出资的有限性往往导致合作社达不到最佳经济规模，从而合作社的运行是低效率的。由于社员主要是根据利用合作社的程度来获得经济回报，因此他们倾向支持那些在短期内能取得最大回报的行为，对合作社的长期发展不感兴趣，合作社的发展将受制于成员的短期化行为。Fulton 等（1995）也认为，合作社产权制度缺陷是合作社最严重的问题，如何改进合作社的产权制度安排是合作社可持续发展的关键。

而 Nilsson（2001）认为，尽管合作社在产权和代理方面存在成员机会主义行为（"搭便车"问题）、难以实施控制管理（低效率管理模式）、投资行为短期化等问题，合作社一直被批评，但合作社的外部性，如克服市场失灵的功能是最重要的，而且合作社建立的同质性信任基础可能产生一种阶段性的有效治理模式——宗族治理模式。

Rebelo、Caldas、Teixeira（2002）认为，合作社面临困境是因为合作社缺乏制度创新。他们通过对葡萄酒合作社的研究，发现其成功地运用组合协调的经营管理策略来解决合作社的公共产权、控制管理、眼界问题以及如何有效进行人力资源管理等问题。

关于机会主义问题，Harris（1996）提出，可以利用封闭的社员资格政策再加上销售协议制约来解决"搭便车"问题，同时建立合作社股份的二级市场，通过允许股份流转来提高社员的投资激励、改善资产组合和解决影响成本等问题。

关于柠檬市场问题，Birchall（2004）研究了如何激励高效率社员加入合作社的模型，提出了"共同激励"理论，构建了"参与链"数学模型并用样本数据进行了检验。"共同激励"理论将个人激励和集体激励模型结合在一起，对"共同激励"在实践中的检验证明其能激励高效率的社员入社。

Srinivasan 和 Phansalkar（2003）通过调研大量现实中成功的合作社，发现不清晰的产权、对索取权的转让以及产权流动性的限制都不是合作社所固有的，关键是要进行合理的制度设计。

Cook 和 Chaddad（2004）基于产权及不完全契约理论，认为在包含所有权、剩余索取权及控制权的不同安排下，合作社的构建是有区别的。从所有权的角度来考察，合作社的所有权局限于社员惠顾者与投资者之间，其分配要么在社员惠顾者之间分配，要么在非社员的投资者之间分配，因而决定相应的不同控制权：前一种所有权结构产生传统合作社、比例投资合作社以及新一代合作社三种组织形态；而后一种所有权结构将产生投资者股份合作社和外部投资合作社两种组织形态。

Hendrikse 和 Veerman（2001）应用交易成本理论来研究在农业营销合作社中投资约束和控制约束的关系，分析 IOF 和合作社之间在管理控制和投资决策上的差异，指出不同的所有权结构会导致不同的控制与决策差异。

Hendrikse 和 Bijman（2002）运用产权不完全的契约分析方法研究了所有权结构对投资的影响，说明了在什么样的市场环境和组织激励下，农业生产者进行后向一体化投资才会存在净收益。接着针对谈判权利分配，利用博弈模型解出在既定和可选择的投资状态下最有效率的所有权结构。

Cook 和 Tong（1997）提出，一个合作社要有效减少因产权模糊而导致的无效率，必须具有以下特征：①有可流转交易的股份；②股份可估价；③成员资格明确；④交付合同或协议应具有法律约束力；⑤有明确的、最低限度的先期付款投资额。

2.5.1.3 合作社的内部治理及相关问题

Hendrikse 和 Veerman（2001）以营销合作社为例，利用交易费用理论分析了社员对合作社管理控制与合作社的融资结构之间的关系。经营中，合作社不把管理的决策权按入股金的多少分配给投资者（社员），因此，它在吸引投资方面不如股份制企业具有优势。由于合作社实行民主管理（"一人一票"），企业决策没有完全掌握在企业风险的最大承担者手中（占合作社股份最多的社员），而普通社员多考虑农场的投资回报，较少考虑合作社的壮大及其长期发展，因而合作社的管理决策是低效率的。营销合作社的投资大多不是专用性的，有效投资的决策能力下降，缺乏对产品进行深加工的专用性投资，比如专用加工设备、商誉、专利等，从而抑制了收益空间。

Szabo（2002）利用交易费用理论分析了匈牙利的营销合作社在农业纵向一体化中的优势和劣势，指出合作社往往出现在农户能进行横向一体化联合以降低交易费用的领域。农业合作社经济行为的多数模型都假定在成员高度同质的条件下，合作社追求由单一代理人决定的单一目标函数的最优化，或者在成员高度同质的条件下，一群代理人有一致的目标。现实中，当合作社吸收了越来越多的社员时，社员间的异质性将变得越来越强，很难再假定成员具有相同的目标函数，合作社如何在成员间分配成本和收益、如何决策均成了合作社经营中的难题。

Borgen（2001）的研究也印证了合作社社员同质性的重要性。他认为，成员对集体组织的认同感越强，他们对合作社经营管理的"友善性信任"（amicable faith）就会越多。调查中还发现，经验丰富的代表性社员对于维持合作社的凝聚力——建立信任是重要的。合作社社员与管理经营者在关于合作社经营、市场和消费者行为等方面的信息是不对称的，一般合作社的具体管理者比最高层管理者和普通社员拥有更多的信息，基于这种信息的不对称，社员（大量的个人委托者）对合作社的管理经营者（代理人）的意图、能力和友善的信任是合作社能够顺利运行的关键。Reynold（2000）运用奥尔森（Olson）集体行动理论，分析了成员不断扩大、异质性不断增强的合作社的决策过程。他通过历史上农产品的分级和标准化生产的实例说明，可以通过执行集体行动规则（共同规则）来解决集体一致行动的难题。集体行动规则是通过协调和约束成员的个体行为来实现集体一致行动，从而实现决策与行动过程的帕累托改进。

随着契约理论、组织行为理论、博弈理论等一些新经济理论的兴起，一些学者也开始应用这些理论来研究合作社内部的经营管理问题。Zusman（1992）根据契约理论建立了一个合作社的集体选择模型。这个模型解释了成员异质、缺少信任的合作社如何在信息不完全、不确定和有限理性等情况下来制定规则以及如何选择集体行动规则。

Zusman 和 Rausser（1994）利用 Nash-Harsanyi 博弈法，提出了一个有 N 个参与者的组织中群体的均衡选择模型，这些模型将群体决策视为一个核心参与者和 N 个非核心参与者的交易博弈，其目的在于说明群体行为如何影响组织的经营管理效率。

Alback 和 Schultz（1997）运用新古典微观经济学理论与投票理论建立了一个投资模型以研究农业营销合作社的投资决策，结果表明"一人一票"的民主投票方式与效率之间并不相悖，也不会导致营销合作社做出错误的投资决策。如果合作社成员的投资贡献与生产过程是相互独立的，那么合作社能否进行有效率的投资将取决于"农户的规模分布、成本分担规则和投票规则等情况"。作者最后指出，不论选择什么样的投票规则，根据投票者生产经营规模大小来分配投票权是最有效率的。

Bougeon 和 Chambers（1999）利用不对称信息下合作社定价的两段式博弈理论模型，得出一个在那些由"成本效率和讨价还价能力不同的、异质性成员构成的农业合作社中的定价规则"。在博弈的第一阶段，"合作社诱导农户生产短期产品来取得可能的垄断租金"。在第二阶段，"农业合作社通过分配收入以引导成员实现稳定的均衡。能实现的有效定价程度依赖于合作社中各成员群体的相对讨价还价能力"。

Robotka（1947）、Phillips（1953）等将合作社视为企业垂直一体化的一种形式，他们运用新古典经济学理论，构建了一个在垂直一体化条件下合作社如何确定价格和产量的模型，并指出社员是按照其边际成本等于边际收益来经营和决策的。

伴随农业生产社会化的是农业生产经营分工的不断细化与深化，其内在地要求社会为农业生产经营提供专业化、科学化服务，专业化管理与技术人员等进入合作社，合作社内部出现了所谓的"委托－代理"问题。Staatz（1987）认为合作社全体成员是委托人，而理事会或董事会代表全体成员聘任经理，受聘经理扮演代理人的角色并履行代理人的职能。基于"委托－代理"理论，作者从合作社与IOF治理结构的差别出发研究它们内部治理行为模式的差别，指出合作社成员之间以及合作社社员与经理层之间交流信息更容易，但同时合作社的股权不易流动使合作社面临更多的融资困难以及缺少资本市场的信息反馈，这些都会对合作社理事会和经理扮演的角色及其决策效率产生显著影响。

Eilers和Hanf（1999）利用代理理论提出农业合作社中最优合约设计的观点。作者提出了辩证的"委托－代理"关系：当合作社管理者向农场主提供合同时，管理者是委托人，农场主成了代理人；而当农场主向合作社提供合同时，农场主是委托人，而合作社管理者成了代理人。这说明了，虽然"委托－代理"理论很适合用来分析合作社的决策激励问题，但必须对其内部组织构建与机构设置有深入的了解。

Mintzberg（1971）认为，合作社与资本控制企业的经理角色不同主要是两类企业组织形式不同造成的，进而两类企业的经理在经营管理中的行为也截然不同，相对而言，扮演好合作社经理的角色是困难的。

Trechter（1997）通过对美国农业合作社的调查分析，指出合作社经理对合作经营的成败至关重要，但由于其没有剩余索取权，必然影响合作社的经营效益。他通过构建委托－代理模型指出必须依合作社经营绩效给予经理适当补偿。

Vercammen、Fulton和Hyde（1996）用新古典经济学理论建立了一个非线性定价模型，说明营销合作社是如何确定交易价格的。该模型为我们提供了一种利用非均衡定价方案来解决由成员异质、信息不对称等所造成的经济失效问题。

Fulton 和 Giannakas（2000）构建了一个消费者合作社和 IOF 之间价格竞争的两阶段博弈模型，利用该模型来比较两类组织的成员参与管理后，会如何影响产品价格、数量、市场份额、其他厂商的竞争行为以及消费者的福利变化等。

Royer（1999）认为，由于合作社股份不可交易，缺乏股权激励机制，导致合作社内部产生非常严重的委托－代理问题，合作社的市场价值也难以得到评价，同时还导致合作社很难有效监督其管理者的行为。而缺乏股权激励机制将导致合作社很难吸引和留住优秀的管理人员。

Staatz（1987）研究发现：①合作社产权不能流转，管理者的行为不能通过股票市场的价值反馈而得到监督，外部也不存在敌意收购者的挑战，有效的管理很难实现；②合作社缺少二级市场限制了成员——惠顾者优化他们的投资组合方案，因此，合作社成员的行为是风险规避型的；③成员——惠顾者的所有权只有在他们惠顾时才能得到体现。随后 Harte、Sheife 和 Vishny（1997）进一步指出：由于合作社不允许使用股权激励和股权认购的方式酬劳成功的管理者，因此，有效的管理决策很难被制定与高效地执行。

Spear（2004）认为，合作社难以有效地解决委托－代理问题将导致社员权益很难得到有效的保护，合作社内的大股东或谈判实力强的个人或团体，以及外聘的经理人均会损害社员的利益，特别是随着合作社规模的扩大和管理复杂性的增加，管理者将充分利用社员"不断增加的冷漠"（对合作社经营管理的参与度逐步降低、逐步漠不关心）和合作社偏离传统的核心价值观念，来促使合作社由成员控制向管理者控制转变。随后，作者以英国大型合作社为例，说明社员控制弱化、管理者控制强化问题是一个广泛存在的现象。由于内部经营与外部市场信息的渠道被隔断，社员及其他利益相关者几乎不能给管理者有效的监督压力，管理者的自利天性与机会主义行为倾向，可能会导致他们利用对合作社的实际控制权来损害广大社员的利益。

近些年来，合作社内成员的利益冲突问题越来越受到学者关注。Hake-lius（1996）认为，拥有共同利益的同质成员之间的联合与合作是合作社有效运转的基础。随着合作社规模的不断扩大，其成员异质性渐渐增强，不同成员有着不同的利益目标，当目标追求差异大时，他们之间的利益冲突将非常严重。

Connor 和 Thompson（2001）认为，成员的异质性和惠顾者与经营管理者的待遇不同，导致合作社成员与经理层（管理者）的关系紧张。Iliopoulos 和 Cook（1999）指出，异质性导致成员之间的利益冲突不仅存在于合作社成员与管理者之间，也存在于成员与成员之间，例如，成员之间在资源禀赋、受教育程度、年龄、风险偏好等诸多方面存在着差异，因而在合作社治理中各方的利益冲突很难得到协调。

Bijman（2006）认为，合作社的治理结构主要是为了解决协调和保护问题。资产专用性、计量的困难决定了合作社存在协调问题；交易频繁、不确定性和相互依赖决定了合作社存在保护问题。因此，需要通过完善产权制度安排、社会机制和协调机制等来解决上述两个问题。

Condon（1987）认为，合作社成员在生产规模、风险偏好和未来收益的折现率上的不同导致了其利益上的冲突，合作社理事会的一个重要作用就是协调成员的行为以使合作社的决策充分关注长期利益。但是，理事一般是从成员中选出来的，这些成员拥有农业生产方面的专业知识，但处理复杂的管理与经营活动显得能力不足，因此需要聘请拥有专业管理、经营知识的外部理事。美国农业部（2012）的相关研究也认为，随着合作社内、外部环境的变化，出身社员的理事很难管理生产经营不断复杂化的合作社，也很难跟上外部市场的变化，而引入拥有相关知识的外部理事可以在一定程度上解决上述问题，当然也可以通过培训的方式来提高理事的管理、经营能力。

20 世纪 90 年代初，新一代合作社在北美兴起并快速发展，其内部治理与传统合作社有显著差异。Nilsson（1997）认为，新一代合作社由于股份可以交易，未分配的资本通过股份的市场价值而被资本化了，成员"搭便车"行为受到了遏制。相对于传统合作社，新一代合作社所涉及的"代理人问题"要小得多。此外，新一代合作社通过封闭的社员资格制度防止外来者攫取合作社的收益，而且，限制成员资格（restricted membership），社员同质性强，降低了成员之间产生冲突的风险。Tong（2002）认为，施行限制成员资格或封闭的社员资格制度使得新一代合作社的成员数量有限，方便了社员之间的信息交流，增强了他们协同监控管理者的能力，从而有效地解决了合作社运行中的控制难问题。新一代合作社的股份可以在社员之间转让，促使单个社员产生监督合作社经营的动力，同时股份转让增值可为社员带来实实在在的经济利益。

西方大多数学者认为，成员间的相互信任是合作社治理的有效机制。Hakelius（1996）指出，对合作社来说，成员中存在信任、相互理解、产生共同体的感觉等，都有利于成员团结一致，降低成员间的交易成本。Bonus（1998）也认为，合作社的成功得益于成员间的理解和信任，成员除了对合作社正确处理他们的业务感到满意外，还必须感觉合作社是他们可以信赖的组织。作者还进一步引用 Draheim（1952）的观点，即合作社是利用经济和心理因素间的相互作用来进行治理，而心理因素就是合作社的集体主义精神，或者是对合作社的高度信任。

成员承诺是合作社治理中成员与合作社的"黏合剂"（bond），是成员对合作社认同并愿意积极参与其管理活动的表现。合作社如果没有持续稳定的成员承诺，不要说与 IOF 竞争，就连生存都很困难。Fulton（1999）认为，成员间的相互承诺可有效地衡量一个合作社与 IOF 的区别。合作社成员间的相互承诺可加强成员与合作社间的联系。有效承诺将提高成员的同质性、产权明晰度和治理结构的透明度，并且当合作社没有处于某一小团体或管理者控制之下时，成员更愿意向合作社投资、进行交易并积极参与管理。

2.5.1.4　合作社的分配

Helmberger 和 Hoos（1965）利用新古典经济学企业理论研究营销合作社，构建了一个合作社最优生产经营决策模型。该模型假设合作社通过对成员按惠顾量（额）返还收益，来使单位产品价值或平均价格实现最大化。他们利用该模型进行短期和长期决策分析，发现在边际收益递减的情况下，如果合作社试图通过吸收新成员来扩大经营业务，将会越过最佳均衡点，使得已有成员的收入下降。这一结果说明了合作社可以通过限制成员数量来增强现有成员的潜在激励。

Vitaliano（1983）认为，由于分配的封闭性，合作社的剩余分配权不能被开放地交易，成员对合作社也没有独立所有权，所有权不流动，不能带来价格收益，成员只能拥有大致相同份额的货币价值求赎权（redeemable right），这将导致企业失去资本市场对其评价信号的反馈。

Porter 和 Scully（1987）认为，合作社的分配是低效率的，易导致合作社发展产生投资不足、过度使用等问题。由于合作社对剩余索取权转让的限制和产权交换缺少流动性，当投资回报期超出预期的成员资格期时（在即将退休或想离开合作社的成员中极易发生）成员，将不会利用剩余索取权来进行企业专用资产投资，即产生所谓的眼界问题。这种短视情况的存在，使得在合作社的剩余分配中，社员所要求的个人利益与企业所要求的发展之间的矛盾冲突很难避免。由于社员掌握着剩余分配权，他们在剩余分配中将尽可能多地将剩余分到自己名下，而使得合作社积累不足，导致合作社发展缺乏后劲或被过度使用。同时合作社经理没有剩余分配权，其管理工作缺乏内在激励，这将导致管理的低效率。

Munkner（1988）认为分配低效率的根源是信息不对称。这可从两方面解决：一是通过完善制度，有效和充分传递信息，消除信息不对称，使合作社的领导层与社员充分了解各自的需求；二是在社员已对合作社有充分了解的情况下，鼓励其充分有效地参与合作社决策，同时对理事会的工作实施有效监督。

Chaddad（2001）通过面板数据模型分析了美国 1271 个农业合作社自 1991 年至 2000 年的融资情况，认为农业合作社普遍存在融资抑制（financial constraints）问题。其主要原因是分配制度存在缺陷：由于股本金利息收益受限，社员缺少对合作社的投资激励；合作社的剩余分配权受限，企业外的投资者没有剩余分配权，企业资产的积累只能来自成员的惠顾（即主要依靠内部资金积累），企业向外融资手段有限；等等。

2.5.1.5　合作社的绩效

作为一类与 IOF 并存的、特殊的经济组织，合作社的经济绩效及其与 IOF 的比较等问题一直是西方理论界研究的重点。从新制度经济学的理论视野观察，合作社不可能是有效率的，因为合作社的产权界定是模糊的，产权不可交易，成员异质性问题，代理成本过高，农户与合作社的利益时有冲突，不可能最优化利用企业财务资源，公平也难以实现，等等（Fama and Jensen，1983）。

关于产权不清晰和代理成本过高，Porter 和 Scully（1987）的分析较有代表性。他们认为，合作社是低效率的生产经营组织，具体表现在以下方面。①技术低效。由于委托－代理问题及公共积累制度所形成的集体财产产权不清，努力的成果可能会成为全体成员的公共产品，成员们积极参与管理和减少偷懒的激励会逐渐减弱；由于产权不可流动和委托－代理问题的存在，合作社的控制成本较高；还由于没有集中的所有权，改革的内在冲动渐渐减弱。所有这些都使合作社在技术上比未合作时低效。②规模低效。要有足够的成员惠顾，合作社才能获得最低成本的产出规模，但由于控制成本随社员的增加而递增，同时由于合作社与非社员之间的交易业务量在法律上受限制，合作社在经营规模上也可能是低效率的，难以达到最优规模经济。③资源配置低效。由于社员们对长期投资回报的激励被其眼界所限制（不能理解投资所获得边际产出的全部价值），并且合作社拒绝接受旨在避免风险的各种制度调整，不能将合作社的所有权集中在能有效承受经营风险的所有者手中，合作社在资源配置上也是低效率的。

Iliopoulos 和 Cook（1999）认为，由于产权关系不明晰，合作社存在多重"委托－代理"成本，成员利益不一致，惠顾者拥有企业的影响成本过高，从而其绩效要低于同等规模的投资者企业。影响合作社绩效的因素主要包括成员的异质性程度、理事会的规模、资源共享制度以及合作社产权界定的清晰程度等。

由于先前的合作社模型没有清楚地模拟出成员寻找外部机会的可能性，而且假定成员是同质的，为了研究内生的成员关系和成员异质性对合作社的影响，Karantinis 和 Zago（2001）构建了一个博弈模型，比较农户在开放和封闭的组织制度下采取何种策略加入合作社以及合作社的最优规模，并与 IOF 做了对比，认为低效的生产者有选择合作社代替投资者公司的趋势，同时成员的异质性增大还会影响合作社的效率。最后，作者指出合作社应提供各种激励措施来吸引高效率的优质农户，否则开放条件下仅会吸引更多的低效农户加入而导致合作社灭亡。

部分西方研究者另辟蹊径，将"社员的承诺"（member commitment）作为一项重要因素引入对合作社的绩效分析，例如，Fulton（1995）曾分析社员的承诺对合作社行为和绩效的影响。他认为，合作社的构建及其持续发展都离不开社员间的相互承诺，社员的支持使合作社保持着相对于 IOF 的竞争优势，但同时也提高了合作社的支付成本，当合作社面临越来越激烈的市场竞争和消费者的差异化需求而不得不将经营的关注点从社员转向市场和消费者时，社员间相互承诺的成本将会提高，相互承诺的基础就会动摇，因此，合作社必须创新来保留原有社员或吸引新社员加入，例如，北美新一代合作社通过为社员提供向下游投资的机会以提高社员对合作社的承诺。

Mats A. Bergman（1997）利用双寡头（duopoly）垄断理论，考察了 1990~1995 年丹麦、芬兰、法国、德国、荷兰、瑞典和美国 7 国农业合作社的发展情况，认为合作社的绩效高于股份公司的绩效，这是因为合作社拥有反垄断豁免权和其他政策扶持，合作社更具有攻势（价格更低）和能获得更大的市场份额。特别是能进行纵向一体化联合的新一代合作社具有价格歧视（国内价格高于其出口价格）并扩大这种歧视的能力，因而更具竞争力，具有更高的绩效，但同时作者也指出这会造成社会福利的损失。

Karantinis 和 Zago（2001）利用博弈理论建立了一个双寡头垄断理论模型，以研究内生性成员资格和异质性对成员和合作社的影响：由于成员异质性的提高会降低合作社的绩效，因而与封闭成员资格的合作社相比，开放成员资格的合作社可能不占有优势。人们决定是否加入合作社主要取决于合作社能使其获得多大的利润。合作社应仔细甄别成员的不同效率水平，为具有高效率的成员提供激励，否则最后会导致效率更低。

针对 Porter 和 Scully（1987）的结论，Spear（2000）从以下几方面指出合作社的优势：①合作社成员间的信任优势；②合作社成员间的互助优势；③合作社具有参与和合作的价值；④合作社具有关系或社会资本的优势；⑤合作社通过社会利益授权、联结社区等产生正外部性，从而使合作社具有较好的社会效益；⑥合作社在应对市场失灵和政府失效时是有效的，在提供准公共物品以及对社会（区）问题的反应上也是积极的。

Tennbakk（1995）用标准产业组织理论对双寡头私人企业、双寡头合作社和双寡头公共企业的运行绩效进行了比较分析，然后用三类结果与完全竞争市场的结果进行对比分析，指出合作社可以改善市场失灵，增加消费者福利，肯定了合作社的正外部性绩效。

Alback 和 Schultz（1998）进一步运用产业组织理论构建了合作社与 IOF 之间的双寡头垄断竞争模型，合作社为社员（惠顾者）服务的第一宗旨和倾向于横向及纵向一体化扩展，使得合作社的成员将比 IOF 中的农户赚得多，最终合作社将占有很高的市场份额，并将 IOF 赶出市场。

Hendrikse（1998）构造了一个关于投资决策的博弈模型，作者将组织形式选择（合作社或 IOF）作为一个关键性变量引入，结果证明了在农业领域构建合作社是最优的投资决策，说明合作社是一种有效率的组织形式，同时，合作社的民主决策也是合理的，因其能提高合作社的管理效率。

2.5.1.6　合作社的未来

Fulton（1995）认为，社会价值观念和技术的变化将会使传统合作社面临更多的生存困难。在社会价值观念方面，当追求个人主义成为社会的主流，对个人产权的重视将会侵蚀合作社共有产权的基础，许多合作社成员会放弃积累公共财产这一原则。在技术方面，农业产业化将造成两种后果：一是市场越来越多地通过纵向一体化和契约关系联合起来，更看重投资者的剩余索取权，减弱了合作社作为市场竞争标尺的作用；二是在农业生产中，技术控制的广泛应用减小了农产品质量的不稳定性，降低了农场主作为其劳动剩余占有者而建立合作社的必要性。

Kyriakopoulos（1998）认为，随着经营战略由社员导向转向市场导向，合作社需要学会获得和处理更多的市场信息。执行市场导向战略引起了合作社组织结构变化，一定数量的外部专业人员加入到合作社的生产经营中，有的还进入理事会和管理层，并分享合作社的收益。

Fulton（2001）再次基于技术与社会价值观念因素分析，以加拿大的合作社为例，认为其将面临不断减少的支持与保护；对北美的合作社是否可持续发展进行考察，结果发现这一切依赖于制度的支持。最后他指出，生产效率的提高，比较利益的下降，使得农业兼业化进一步发展，农户不得不考虑加入合作社的机会成本，优质农户的流失将导致合作社领导素质下降、成员承诺降低和合作社发展迟缓等问题的产生，这一切都是今后农业合作社发展将面临的障碍。

近20年来，一体化成为农业生产活动中最普遍的现象。外界条件的变化，要求从事农业生产经营的企业（含合作社）加强彼此间的合作（Doney and Cannon，1997）。西方理论界普遍认为，企业在经营活动中应该拥有更多的合作关系，通过合作关系，企业能够相互获得对方财产的使用权或所有权，从而进入对方企业，实现资源共享（Dunning，2002）。

Hart 和 Moore（1998）认为，由于合约的不完备性，事后能够被双方观察到、但无法被第三方证实的事件将会影响交易主体事前的专用性资产投资。交易方在合约签订之后在不同程度上会被套牢，有较多专用性投资一方的一部分准租金会因另一方签约后的机会主义行为而被攫取。同时，由于不可预期、不可合约化可能带来事后以及相应的再谈判等问题，出于风险规避的考虑，交易双方事前的选择会导致一定程度的专业投资不足，因而帕累托最优结果很难实现，而只能实现帕累托改进，即通过权威制度或产权的指定，合约的不完备性就可以降低——这就是纵向一体化过程。

Thompson 和 Sanders（1998）认为，在新经济、技术条件下，合作社加入一体化是必然的趋势，合作社的商业战略将从竞争转向合作，由社员间的相互协作转向与企业的联合，随着实现目标的联合程度和相互承诺的加深，一体化程度将不断深化。

Kyriakos Drivas 和 Konstantinos Giannakas（2010）认为未来合作社成员

积极参与产品质量创新活动可以改变产品差异化和市场结构，提高产品质量和成员福利。成员合作参与的程度取决于成员异质性和创新成本的大小。

Rebelo, J. et al.（2010）以葡萄牙的 Portuguese Douro 葡萄酒合作社为例研究了全球化下传统合作社的发展，认为这些合作社有困难，但如果它们坚持最大化交易额返还、降低经营成本、提高资金利用效率，就可以承受全球葡萄酒市场激烈的市场竞争。

Bijman J., Lindgreen A. 和 Hingley M. K., et al.（2010）认为，在过去的 15~20 年，农场主合作社经历了重大重组过程，这些变化使得合作社更加以市场为导向、更加关注消费者和零售商的需求。

2.5.1.7　简要总结

以上是我们对西方农业合作社理论的演进以及研究的进展所做的简要回顾与综述。自 20 世纪 80 年代以来，西方农业合作社发展中遇到的问题趋于多样化与复杂化，面临的挑战越来越严峻，对农业合作社的研究趋于紧迫，新的经济学理论不断被应用其中，相关研究文献在西方主要学术刊物中呈现"百花齐放、百家争鸣"之势。通过上述对合作社研究文献的回顾，我们可以得到以下几点结论。

（1）新古典经济学视合作社为厂商或企业，认为合作社之所以产生，一是因不完备市场均衡需要，它是一种促进市场完全竞争的重要力量；二是在一些平均成本曲线呈现下降趋势的产业中，农户为获得规模经济而组建合作社。新制度经济学将合作社分别视为单独的厂商、厂商联盟、一体化和经济主体的一系列契约关系联结形成的合约集。虽然观察分析的视角不同，但结论基本一致，即降低内、外交易费用的冲动是合作社产生的根本原因。

（2）建立在新制度经济学产权理论基础之上的合作社产权分析范式，认为传统合作社在发展过程中存在产权不清晰、"搭便车"、投资比例、管理权控制、眼界等问题，产生这些问题主要是因为社员的产权不可流动，缺乏剩余索取权的转让和增值机制，不能带来潜在的收益，而社员只有在惠顾或利用合作社时才能取得，社员无法根据自己的风险偏好调整自己在合作社中的资产投资组合。由于社员从合作社得到的经济回报主要是根据他们利用合作社的程度，因此社员支持那些在短期内能取得最大回报的行为，对长期项目缺乏投资的激励造成行为的短期化而制约了合作社的发展（Fulton 和 Gibbings，2000）。合作社的产权制度安排是低效率的，"不能确保当前社员完全承担他们行为的成本或得到他们创造的完全收益"（Cook，1995）。但另一部分学者（如 R. Srinivasan 和 S. J. Phansalkar，2003）又认为，不清晰的产权、对剩余索取权的转让以及对产权流动性的限制都不是合作社所固有的，关键是要进行合理的制度设计，随后他们提出了部分改进措施。此外，还有一些学者更看重合作社的正外部性，合作社具有克服市场失灵及益贫的功能等，即强调了合作社的经济及社会价值。

（3）对合作社管理的批评集中在民主管理、成员异质性导致集体行动的困境（集体决策的低效率）以及合作社内部的"委托－代理"等问题上。一些学者认为"一人一票"的民主管理制度有缺陷，合作社应按股本金的多少将管理权配置给合作社的投资者、风险最大的承担者或将具体管理权转移给信息的充分掌握者即专业经理，并认为经理层应获得合作社剩余索取权。由于社员存在眼界等问题，同时对经理层的激励欠缺，合作社的经营管理很容易陷入低效率。但另一部分学者则认为"一人一票"的民主管理制度并不必然导致上述问题，成员的同质性高低才是关键。相对于IOF，合作社社员及社员与经理之间更易沟通交流信息，可以通过培养基于认同的信任来克服上述问题的消极影响，合作社还可通过整合的经营管理策略来解决合作社共有产权和眼界等问题。

（4）合作社的分配是低效率的，这源于合作社对剩余索取权转让的限制和产权交易缺少流动性，经理层没有剩余分配权。领导层、经理层与社员信息不对称以及成员开放政策等导致分配的低效率。随后一些学者提出具体应对措施：加强领导层、经理层与社员的信息交流，一定程度上消除信息不对称，适当限制社员人数，等等。

（5）从新制度经济学的理论视野观察，合作社不可能是有效率的。代表性的看法是，因为合作社的产权界定是模糊的；产权不可交易，代理成本过高；农户与合作社的利益时有冲突，不可能最优化利用企业财务资源；公平也难以实现；等等。但部分学者发现，在农业生产经营的部分领域，由于合作社控制了一线生产，IOF竞争不过合作社，并且低效率观点仅观察到其中一面，而忽略了合作社的市场及社会价值。

（6）针对合作社的未来发展，部分研究者认为，合作制度已不能适应现有的竞争环境，这种威胁主要来自技术和社会价值观念（个人主义）的变化、市场导向的战略要求和产权制度以及强劲的农业生产者兼业化发展趋势等，这一切暗示着合作社制度革新势在必行。但更多的研究者认为合作社有强大的生命力，能适应现代农业的发展，同时还提出了许多完善、改革合作社制度的措施。21世纪以来，合作社面临的外部环境发生了深刻变化。随着食品安全的加强以及消费者需求水平的提高，农业生产中精益生产、加工过程全程控制、供应链管理等技术的采用，要求合作社进行一体化生产经营或嵌入供应链以应对上述挑战，而技术的进步为改变传统协作方式提供了契机，助推了合作社一体化生产经营的发展。西方学者认为，一体化中，合作方之间的信任博弈由一次博弈变为重复多次或无限次博弈，合作要成功，合作双方须进行专用性投资并做长期承诺，或者进行股权互持等。此外，发展重视合作的企业文化对一体化中信任的建立也起着至关重要的作用。

（7）从方法论来看，出现相对较早的是运用厂商、联盟或契约理论分析合作社的产生、发展、作用、意义和价值。当前，新制度经济学理论被越来越广泛地应用到合作社问题的研究中。研究者现在越来越关注新经济、技术条件下合作社内部的机会主义行为、控制管理与决策机制、契约安排及互信承诺等一系列制度设计问题。2000年后，更多学者把研究重点放在了合作社治理结构这一内容上，新制度经济学的交易成本理论、投资激励理论、集体行动理论、委托-代理理论、不完全契约理论和博弈理论等的引入，在深度和广度上大大拓展了前人的研究。

当前，欧洲和北美的农业合作理论和实践水平是比较先进的，这与它们在实践中已实现农业现代化紧密相关。但由于受研究理论的局限（如新制度经济学自身的缺陷）以及研究方法的局限（如大多数学者没有将农业特殊的生产方式、农业一线生产纳入其分析框架等），它们的部分结论与现实不完全相符。本研究将在后述每章伊始对西方的研究成果进行甄别分析，以作为每章制度解析的逻辑起点。

2.5.2 国内研究现状述评

国内对西方农业合作社的研究可依研究的理论来源分为三个阶段。第一个阶段是 1949 年新中国建立到 1979 年改革开放前。这一时期的研究基于马克思、恩格斯的合作社理论，介绍了原苏联、东欧社会主义国家的农业合作社构建及其运行状况（由于政治上的原因，我们完全不理会西方发达资本主义国家的农业合作社），合作社理论多是对国外社会主义国家合作社理论的直接引入，如前南斯拉夫的爱德华·卡德尔的《论农业、农村与合作社》[①] 等，目的在于寻找在中国建立社会主义性质的农业合作社的途径。到了后期，由于受政治运动的影响，实践中的农业合作社建设完全脱离了合作社的本质属性以及当时农业生产力发展的内在需求，建立了政社合一的人民公社。

第二个阶段为改革开放后至 20 世纪 90 年代初。人民公社在实践中的失败直至改革开放后的立即消亡，理论与实践的冲突要求人们重新认识合作社，追溯合作社产生与发展的历程，回顾马克思、恩格斯的合作社理论，以正本清源。此外，80 年代中期应市场化、商品化发展要求的农业合作社已在我国经济发达地区出现，这样我们还面临着改革开放后农业合作社如何发展的问题。因而这一时期有关合作社研究方面的文献不仅重新回顾了马克思、恩格斯的合作社理论，还介绍了大量西方资本主义国家农业合作社的发展概况。越来越多的学者着力于论证我国发展农业合作社的重要性和迫切性，同时积极探讨我国农业合作社的发展思路，比较有代表性的有以下几位。

米鸿才（1988）系统阐述了：①马克思、恩格斯、列宁的合作社理论；②140 多年来合作社的产生、发展、原则的建立、内部经济关系等；③几个主要资本主义国家、社会主义国家合作社的历史和现状。

---

① 爱德华·卡德尔：《论农业、农村与合作社》，中国社会科学院农业经济研究所（译），农业出版社，1977。

　　杨坚白（1989）以马克思合作社理论为指导，认为合作社是劳动群众自愿联合起来，使用共同占有的生产资料，共同劳动、生产的劳动集体组织。基于这一定义，他重点讨论了社会主义的合作经济，并以新中国合作运动为例，总结经验教训，提出促进中国特色合作经济形成的建议。

　　秦柳方、陆龙文（1989）按国别介绍了丹麦、法国、意大利、日本、瑞典、英国、美国等国外各种合作社，作为推进我国合作社建设的借鉴。汪政伯、刘淑娟、彭飞（1991），石秀和（1989），徐更生、刘开铭（1986），杨修（1992）等也都出版过类似书籍。

　　徐更生、熊家文（1992）从合作社的发展历程、组建及结构、合作社立法和合作社与社会制度等方面，比较分析了社会主义的生产型合作社与资本主义处于流通领域的服务型合作社的差异、共性以及特点。

　　张晓山、苑鹏等（1991）回顾了合作运动的历史渊源及思想流派，讨论了合作制原则演变以及国家与合作经济组织的关系。

　　樊亢、戎殿新（1994）介绍了美国农业合作社的产生与发展历程，面对的机遇、挑战及今后的发展战略，最后总结了可资借鉴的经验。

　　洪远朋（1996）以马克思合作经济理论为指导，从合作经济的历史、理论、现实三个方面进行讨论，研究了社会主义制度下合作经济的含义（是劳动群众的经济组织，是一种社会运动，是一种经济制度）、性质、运行、所有制形式等规定性。此外，这一时期的类似文献还有陆文强等（1988），张绍俊（1989），蒋玉珉（1989），关锡庚、万水庭（1993），俞家宝（1994），王树桐、戎殿新（1996），等等。

　　第三个阶段为90年代中后期至今，西方经济学（特别是新古典经济学与新制度经济学）的引入，丰富了研究方法，拓展了研究的视野，关注的内容也从对西方农业合作社的描述性介绍、合作社的作用、我国构建和发展合作社的意义与宏观政策措施转移到西方合作社的发展现状分析、制度特征及运作机制研究。这一时期，马克思主义理论已逐渐淡出研究者的研究范式，新制度经济学已经成为国内研究者的主流分析工具。

2.5.2.1　农业合作社的性质

　　90年代中后期，研究者对农业合作社性质的界定完全回归了其本质属性，即认为其是市场经济的产物，强调合作社对农业发展、农户增收的意义和作用。

黄祖辉、徐旭初（2002）认为，农业合作社是农业家庭经营制度下的一种有效经济组织。农业合作社通过农户的联合获得了规模收益，提高了市场谈判能力，削弱了传统体制下的垄断，进而提高了市场体系的运行效率，在一定程度上对市场失灵进行了纠正。

张晓山（2003）认为，农业合作社是应农业产业化发展的内在要求而产生的农户自治组织。农业合作社提高了农户进入市场的组织化程度，使千千万万农户成为市场经济的主体。合作社为农户提供产前、产中、产后服务，降低、减少了农户进入市场的交易费用和获取规模收益的成本，增加了农户的收入。

林坚等（2002）则从另一角度揭示了合作社的性质。合作社是一类兼顾公平与效率的组织。合作社的思想宗旨及其制度安排决定了合作社经营具有社会公平与经济效率的双重目标，在实践中两者不可避免地会产生矛盾，这不利于合作社进行激烈的市场竞争。

牛若峰（2002）认为，合作社是农业一体化经营的重要载体。合作社在组织引导生产和销售、传递市场行情、根据行情指导社员生产等方面有着许多优越性。在西方发达资本主义国家，由合作社牵头组织农业一体化经营的情况已相当普遍，合作社已成为农业一体化经营的重要载体。

杜吟棠（2004）将合作社界定为一种连接农户与市场的现代企业制度。合作社是许多单个农户在家庭农场经营的基础之上，为了增强自身的市场竞争力、取得规模经营效益、扩大盈利空间而横向联合起来从事农产品运销、加工、生产资料采购和资金融通的一种企业制度，是在市场经济条件下，农业走向现代化生产经营方式的必然结果。

2.5.2.2 合作制原则演变的讨论

在近200年的发展历程中，为了适应不断变化的环境，西方合作社的原则经历了多次演变。但其中的"资格开放，社员（劳动者）拥有企业"、"一人一票"和"按惠顾额返利、资金报酬有限"是经典或传统合作社最核心的原则（即三位一体原则），是合作社质的规定性。但近代西方部分国家与地区合作运动的发展已逐渐突破了这种规定性，变得越来越灵活。张晓山（1991）认为，合作制原则将历经罗虚戴尔原则、传统原则、比例原则演变至未来原则，未来原则中"按惠顾额投票"将取代"一人一票"或者是两者进行结合；所有权方面，资产将由惠顾者按惠顾比例提供（不再受限），或根据分红比率调整投资额。在分配方面，他认为"基于成本经营"、"按惠顾额返利"和"资金报酬有限"不会改变。吴志雄（2004）认为，现代合作社的核心原则有三个：加入自愿、民主管理和利益平衡。现代的民主管理并非硬性的"一人一票"制度，遵循协商一致是农户最容易接受的民主方式。利益平衡包含社员之间的利益平衡和合作社与合作企业之间的利益平衡。加拿大、美国一些大的合作社为了适应激烈的市场竞争，开始对外融资，出现了非合作社成员（如企业成员等）的大股东，"一人一票"被淡化。应瑞瑶、何军（2002）认为，在合作社的诸原则中，社员民主管理原则、社员经济参与原则两项是根本性的，但社员的民主管理也不必拘泥于"一人一票"。徐旭初（2003）认为，合作社与其他经济组织的根本区别在于社员与惠顾者身份的同一性，而"按惠顾额分配盈余"和"资本报酬有限"[①]是保证这种身份同一性具有真正经济意义的原则。廖运凤、何军（2004）认为，"从合作社的制度特征出发，它是有自己特定的适用范围的，合作制的本质就是要限制外部资金进入企业并分割企业利润，如果允许大量外部资金进入企业并分享其收益，它就不是合作制而是股份制企业了"。牛若峰（2004）认为，在"一人多票"的情况下，为防止大股东完全控制合作社，要对成员持股额度和股金投票权的比例做上限规定；同时，合作社可以从社会上吸纳资金入股，外部股金持股者可以参与按股份分红，但不得干预合作社的经营业务。

其实，"按惠顾额分配盈余"和"资金报酬有限"同属于合作社的分配制度，它集中体现了构建合作社的思想渊源：限制资金参与合作社的利益分配，即不能让资金转变为剥削劳动的资本，实行按劳分配，严禁按资

---

① 原文为"资本"，实应为"资金"。

分配。而要保证分配制度的顺利施行，合作社在管理制度上就要实行"一人一票"而非"一股一票"，否则就可能滑向按资分配。最后要保证合作社的分配制度、管理制度不发生质变，就要保证劳动者（社员）始终是合作社财产的所有者。

在这里，从"资金报酬有限""按惠顾额分配盈余"（按劳分配）到"资金报酬无限"（按资分配）；从"一人一票"到"一股一票"；从劳动者（社员）拥有企业到资本拥有企业是一个连续的量变到质变的过程，三个原则的演变过程中有各种各样的中间形式，例如，分配比例原则就是一种典型的中间形式。欧美部分农业合作社为吸引投资，允许股金红利随合作社盈利状况在更大的范围内（利率可超过8%）浮动，就属于"资金报酬有限"到"资金报酬无限"的一种中间形式。按交易额比例实行受限的"一人多票"属于从"一人一票"到"一股一票"的中间形式。

对上述这些中间形式的判别、评价，人们的观点各不相同，量变到何种程度属于质变？如何界定合作社质的规定性？不同的价值观念、不同的企业组织发展观点以及人们在两者之间更侧重哪一方？将会有不同的判断结果。

从现有文献来看，无明显证据证明国内学术界有保守派（坚持传统原则）与改革派之分，绝大多数学者对西方合作制原则的演变持肯定态度，只是其演变到何种程度属于质变，各人有不同的观点。

2.5.2.3 农业合作社的制度变迁

自 20 世纪四五十年代以来，西方农业合作社为应对激烈的市场竞争、应对垄断资本向农业生产经营领域的渗透，针对自身缺陷进行了一系列制度革新。

蒋玉珉（1998）分析了当代合作运动发展的特征及趋势，认为"合作社由单一经营转向综合经营，由传统的自我服务为主，转向开放型的经营服务为主，并逐步走向企业化、股份化"。同时，合作社的联合加速，逐渐集团化。农业部农业合作经济培训考察团（1996）对澳大利亚、新西兰农业合作社的考察，中华全国供销合作总社合作经济教育研修团（1997）对意大利和德国合作社的考察，农业部软科学委员会（1999）对法、荷、德三国的考察均注意到了西方合作社为应对内、外部环境的变化而进行了制度变革。随后，国鲁来（2001）以德国合作社为例，具体从产权制度、管理制度、资金构成等方面探讨了其制度安排的缺陷及其企业化变革。

应瑞瑶（2004）从内部治理角度揭示了合作社制度的变化，"①入退社自由向合作社成员资格不开放变化；②绝对的'一人一票'制向承认差别发展；③公共积累的不可分割向产权明晰化方向发展；④严格限制资本报酬率向外来资本实行按股分红方向发展；⑤社员管理合作社被拥有专业知识的职业经理所取代"。

李瑞芬（2005）指出，随着农产品国际市场竞争的加剧，西方农业合作社出现了横向合并、纵向一体化和企业公司化的发展趋势。特别是北美新一代合作社已成为合作社公司化的典型，其"比例原则"取代了传统合作社的"平等原则"。

丁为民（1998）对西方合作社进行了深入细致的研究，全面而深刻地总结了其制度变迁：①从产权制度的客体考察，出现了股金、公积金制度结合资本制度的倾向，从主体考察，出现了合作劳动制度结合雇佣劳动制度的倾向；②从管理制度来看，出现了集体管理制度结合旧式等级管理制度的倾向；③从分配制度来看，出现了社员对自己劳动成果的占有与对雇佣劳动创造的剩余价值的占有相结合的制度。

合作社为什么发生制度变迁？多数学者认为，当外部环境发生变化时，由于合作社本身固有的制度缺陷，合作社不得不进行变革以适应外部环境的变化。丁为民（1998）指出：合作社制度缺陷的本源来自其产权制度"集体自私"的特质；同时，与资本主义企业的竞争也使得"集体自私"的特质得以强化，内、外两方面的因素使合作社发生变异。应瑞瑶（2004）认为，合作社的制度变迁受内、外两方面因素的影响，来自外部的市场竞争压力与来自内部的机会主义行为、追求盈利的目标与服务目标的矛盾、民主管理与专家管理、资金短缺等问题一直困扰合作社的发展，再加上环境的改变，必然促使合作社的制度安排发生变革。

2.5.2.4　农业合作社与政府的关系

农业合作社与政府的关系一直是学术界重点关注的问题，对于西方各国政府对农业合作社的积极扶持政策，多数学者持肯定态度，认为政府对合作社的支持在其发展过程中是十分必要和重要的。近年来，西方合作运动发展实践已证明，农业合作社与政府的关系十分密切，有的甚至已成为国家政策的执行部门（如日本农协）。

蒋玉珉（1998）认为，西方合作社的中立性淡化，其接受政府扶持，将越来越受到政府的控制，成为政府发展经济、稳定社会的重要工具。合作社在经济上、政治上与政府的关系十分密切。现实中，各国政府均加强了对合作社的渗透与控制。一方面，政府建立专门机构或专职人员加强对合作社的领导和管理。另一方面，政府常常通过减免税收，提供优惠贷款，甚至直接投资来支持合作社的发展。

一些学者则强调政府与合作社的关系不应当过密，政府不应当控制合作社，要使合作社真正成为"民有、民管、民受益"的经济组织。应瑞瑶等（2002）指出，政府的作用主要在于立法规范、政策（产业政策、资金政策、税收政策等）扶持和监督管理，要保持合作社的相对独立性。

郭红东（2003）认为，政府的过分参与很容易造成"诺斯悖论"，即一方面国家权力是合作社权力最大和最危险的侵害者（如过度干预、侵害合作社的利益等）；另一方面国家的参与有助于合作社节省组织成本，但过度帮助会促成一种低效率的组织出现。因此，当合作社发展到一定程度时，政府要从直接参与中逐步退出，转而注重从外部环境方面为合作社的发展创造条件，降低其制度创新的成本。

当前，国内对西方合作社与政府关系的研究大多集中在政府对合作社扶持的基本原则及方法的讨论上，而国外的同类研究则早已转向基于市场效率、鼓励集体行动的社会公共政策，以及多种扶持手段的绩效比较分析等方面。

2.5.2.5　简要总结

近年来，国内关于西方合作经济组织的理论探讨日益增多，从回顾历史、总结经验到对合作社质的规定性及其变异的讨论，再到对西方合作经济组织的结构、功能和运行机制的研究等，均有许多成果。但这些研究工作还是初步的、描述性的，应承认，我们的理论研究仍远远落后于西方农业合作化的实践。主要表现在以下方面。

（1）对国外农业合作社的制度分析尚未引起国内学者的关注。在新时期，农业合作社在全国范围内的蓬勃发展中遇到了许多问题，因而这一时期关注的重点是国内农业合作社的发展现状、政府的政策制定等问题。

（2）强调农业合作社的重要性和迫切性，关注介绍西方合作社的经验和做法。近年来，国内学术界关于西方农业合作社的研究文献大多停留在原则性讨论、普及性介绍（甚至有的只是资料的堆积），至多结合国内农业合作社的发展现状，提出改进原则或政策性的意见和措施。当前，对西方农业合作社发展现状、先进经验的介绍已很充分，相对缺少对西方农业合作社产权制度、管理制度、分配制度及绩效等问题的系统分析，也缺少对西方合作社在新经济、技术条件下，面对困境所进行的变革以及未来发展趋势的深入研究。

（3）用马克思主义理论对农业合作社进行制度分析出现了一个"断层"。如前所述，第一、二阶段的文献主要是基于马克思的合作社理论视角，对西方合作社的发展历史进行回顾，对近代西方合作社的成功经验进行介绍，等等。而进入第三阶段，在基于马克思主义理论对西方农业合作社进行制度分析的文献尚未出现时，新制度经济学就已经在国内理论界"大行其道"了（由于西方研究成果大多是运用新制度经济学分析方法获得的，因而国内研究者在翻译和介绍这些成果时也就"遵循其道"，应用新制度经济学分析西方合作社）。为什么当前没有学者沿马克思理论对西方农业合作社进行制度分析？笔者大量阅读文献，就个人感觉，当代学术碰到了一个理论与现实的冲突，即沿马克思合作制度分析的理论思路将遇到这样一些问题：为什么在无产阶级获得政权后，在公有制基础上建立的农业生产合作社依然不能成功？生产资料与劳动者充分结合优越性的存在，为什么没有使合作社成为人类生产经营的主要组织形式？等等。为此许多学者在重新考察合作社的发展历程，回顾马克思、恩格斯的合作社理论，以期获得答案，还有许多工作尚待完成。我相信一定有研究者正在酝酿该课题，这个时候笔者抛出自己的研究结果，未免有些唐突，但笔者的本意在于起到一个抛砖引玉的作用。

第三章　西方农业生产经营组织的发展演进

第一节　从口粮农业到商品农业：农业生产组织演进的历史分析

农业生产经营组织总是伴随着农业的发展而演进，在这一进程中，农业生产力水平起着决定性作用，即农业生产经营组织是随着农业生产力的发展而演变，并受当时特定的社会所有制关系的深刻影响。同时，农业生产经营组织是社会经济关系中的一个有机组成部分，其演变又必然受市场经济发展程度的影响。本章将详细分析西方农业生产经营组织的发展演进，基于历史事实揭示上述规律，并解析合作经济组织作为一类农业生产经营组织是如何产生与发展起来，又是如何演进变化的。

3.1.1　口粮农业时代：从原始农业到封建农业

从原始社会农业到封建社会农业，人们使用的工具仍然是木制或金属工具，依然采用人力、畜力或自然力，农业的生产力水平没有本质的提高，同时商品经济不发达，人们仅为自己的口粮而进行农业生产活动。在口粮农业时代，农业生产组织也随社会发展而演进，其主要经历了以下几种形式。

3.1.1.1　文明社会前的生产组织形式

在史前时代，由于生产工具非常落后，人类的祖先不得不集体进行农业生产和狩猎活动，生产资料也归集体所有。这种农业生产组织是出于生存的本能而自发形成的，成员间一般具有血缘或亲缘关系，没有规范的组织制度安排。这种组织延续了很长时间，是十分落后的组织形式。到新石器时代，人们开始进行植物栽培与动物饲养，并使用简单的石制、骨制等工具，从而开始了原始农业生产。由于生产工具和生产方式依然极为原始，在原始农业生产劳动中，人们必须以集体的方式组织狩猎或生产，以获取有限的生活资料来维持低水平的共同生活。可见，从历史上看，人类最初的农业是集体农业。

原始社会后期，随着劳动工具的改进，特别是金属工具的出现和发展，农业生产力水平日益提高，劳动者生产经验日益丰富，劳动生产率不断提高，剩余产品出现并促进了市场交换的萌芽，私有制产生，随后家庭出现，公有制氏族公社解体，出现了拥有一定生产资料的自耕农。[①]

3.1.1.2　奴隶制下的生产组织形式

由于生产工具的革新，生产力水平的不断提高，农业生产者所生产的产品不但能满足其个人生存的需要，而且还有了剩余，这就为奴隶制度的产生创造了物质前提。为了争夺剩余产品、土地及其他资源，频繁的战争开始了，奴隶主通过暴力将大面积的土地和大量被强迫为奴隶的自耕农占为己有，集中进行农业生产——奴隶垦殖制出现并逐步取代氏族公社或原始群垦殖制，成为主要的农业生产组织形式。[②] 奴隶制消灭了原始社会氏族的小规模、分散化的集体生产组织方式，将大面积的土地和大量奴隶集中进行大规模农业生产，这是人类历史上第一次农业生产资料的大集中。生产中，奴隶们在奴隶主或其代理人的组织管理下，集体进行农业生产活动。这一时期，以奴隶主为单位，强制奴隶集体生产是西方农业生产的主

---

① 格剌斯（N. S. B. Gras）：《欧美农业史（1925）》，万国鼎（译），商务印书馆，1935，第25页。

② 格剌斯（N. S. B. Gras）：《欧美农业史（1925）》，万国鼎（译），商务印书馆，1935，第27～34页。

要组织形式。① 由于生产方式依然落后，再加上奴隶的反抗或消极怠工，将大量奴隶、土地等生产资料集中进行的生产也只是一种投入产出效率低的低水平规模经营。奴隶制中后期，奴隶集体生产的低效率逐渐凸显，同时战争的规模减小、频率下降，能获得的奴隶数量减少，奴隶的价格逐步上升，使用奴隶进行农业生产的成本越来越高，到罗马帝国后期，奴隶垦殖制逐渐衰落。②

3.1.1.3　封建农奴制度下的生产组织形式

随着奴隶垦殖制的衰落，封建农奴制出现并逐步占主导地位，在封建农奴制下，西方中世纪的庄园生产组织形式萌芽并迅速发展。封建农奴制出现的基础是生产工具的进步，奴隶们的集体生产逐步让位于农奴佃户的家庭生产，这种家庭生产要优于奴隶的集体生产，因为农奴在农奴主的庄园内劳动，除向农奴主缴纳既定的赋税外，剩余的农产品基本上归农奴及其家庭所有，这在一定程度上刺激了农奴的劳动积极性，由于与自身的收益密切相关，农奴在生产中对工具有所爱护，再加上生产工具的进步，农业产出有了明显的提高。③ 但是，庄园内的农奴依然受到农奴主的残酷剥削与压迫，封建农奴制度对农奴的剥削与奴隶制没有本质的区别。

随着农业生产力的发展，为了获得更有效率的农业生产者，西欧各国逐步废除了农奴制。④ 原先庄园制下的农奴开始以家庭为单位租种封建领主的土地，他们除了向封建领主缴纳固定地租外，还须担负其他封建义务。⑤

---

① 韦伯（Weber）：《古典西方文明衰落的社会原因》，甘阳（译），生活·读书·新知三联书店，1997，第 19 页。

② 韦伯（Weber）：《古典西方文明衰落的社会原因》，甘阳（译），生活·读书·新知三联书店，1997，第 36 页。

③ 韦伯（Weber）：《古典西方文明衰落的社会原因》，甘阳（译），生活·读书·新知三联书店，1997，第 40 页。

④ 韦伯（Weber）：《古典西方文明衰落的社会原因》，甘阳（译），生活·读书·新知三联书店，1997，第 37 页。

⑤ 韦伯（Weber）：《古典西方文明衰落的社会原因》，甘阳（译），生活·读书·新知三联书店，1997，第 37 页。

3.1.1.4　封建社会至资本主义早期的小生产组织形式

随着生产力的发展，资本主义萌芽，封建农奴制度被逐步废除，西欧多国开始进行土地改革，特别是到了封建社会后期至资产阶级革命初期，许多租种封建领主土地的农户获得了一部分土地成为自耕农。中世纪末，西欧农户基本上已经成为拥有土地的自耕农，有些还另外租入他人的土地进行农业生产。马克思曾论述道："自耕农的这种自有小块土地所有制形式，……是封建土地所有制解体所产生的各种形式之一。英国的自耕农，瑞典的农民，法国和德国西部的农民，都属于这一类。"[①] 相对于农奴，自耕农拥有了更多的人身自由，拥有了自己的私有财产，特别是拥有了土地，劳动生产工具大多也是自己的，这大大地刺激了自耕农的生产积极性，他们对生产工具更加爱护，再加上生产工具的不断进步，其劳动生产率有了很大的提高。这样，过去在封建领主或大庄园主奴役下的农奴佃户生产逐步让位于自耕农户生产。总之，自耕农户生产的出现是农业生产力发展的内在要求，因为自耕农的劳动生产率要远高于庄园内农奴佃户的劳动生产率，同时随着自耕农的劳动生产率提高，部分自耕农还可游离出农业为资本主义作坊或工厂提供廉价劳动力。

至此，从原始社会到资本主义早期，即在口粮农业时代，为了不断提高劳动者的劳动生产率（或者说为了实现生活资料、财富产出的最大化），西方农业生产组织形式逐步由集体生产转变为以家庭为单位的生产，这种转变是由农业生产技术和农业生产的特点共同决定的（说到底是由农业生产力决定的）。人们在反复实践中逐渐认识到，家庭才是农业一线生产效率最高的组织单位，因而在口粮农业时代中后期，农户家庭在农业一线生产中已逐步占据主导地位。但由于当时农业生产力水平低，再加上商品经济不发达，绝大多数农户进行的是自给自足的封闭小生产。随着农业生产力的发展，农业进入了商品农业时代。

这里需要解释何谓小生产经营。[②] 部分学者认为：一方面，农户的小

---

① 马克思：《资本论》（第3卷），人民出版社，1975，第909页。
② 由于本研究后面会多次运用该概念，所以这里做深入辨析。

生产是其上限为经营的土地面积不超过其全家家庭劳动力所能从事劳动的最大量，如果农忙时雇工或与其他家庭换工也仅限于补助家庭短时的季节性劳动力不足；另一方面，其下限为全家经营的农业收入仅足以维持全家生活。我们认为须对这一概念进行商榷。小生产不仅仅是经营规模的概念。当今欧美 3～4 人的家庭农场最大可经营土地面积为 300～400 公顷，不仅足以维持全家生活，而且产品主要是提供给市场，利润最大化是其生产经营的主要目标。

　　关于农业中的小生产，马克思曾论述："劳动者对他的生产资料的私有权是小生产的基础。"[1] 他又说："在这种生产方式中，土地的占有是劳动者对本人的劳动产品拥有所有权的一个条件。"[2] 列宁说："马克思主义者曾经说过，农业中的小生产者……在商品经济发展的条件下，必然是小资产者。"[3] 他又说："当人们谈论小农业的时候，总是指从来都不靠雇佣劳动维持的那种农业。"[4] 可见，"小生产"不仅有量的规定性，即规模的大小，而且还有质的规定性，即生产方式和经济类型方面的规定性。在马克思、恩格斯的研究视野中，农业中的小生产与小农经济几乎等同。对恩格斯论述的理解不能断章取义，不能脱离其描述的特定生产力水平这一前提条件。虽然马克思、恩格斯、列宁在不同场合对小生产（或小农经济）有不同描述，这里不再一一列举，但其基本观点是一致的：小生产是指单个农户家庭在一定程度上占有生产资料，生产经营是以单个农户家庭为单位、依靠自己家庭的劳动力、以手工或"手工＋畜力"劳作为主、运用传统农业技术在小块土地上进行。生产经营是封闭或半封闭的，本质上是为了实现家庭生活的自给自足，形成一种封闭或半封闭的自然经济，与外界的交流极少，其生产的市场化、社会化程度极低。他们即便参与交换，也仅仅是为了换取自己不能生产的生活必需品。这种以农户家庭为基本生产经营单位的小农经济曾广泛存在于中世纪末至 18 世纪中叶的西欧各国，作

---

① 马克思：《资本论》（第 1 卷），人民出版社，1975，第 830 页。
② 马克思：《资本论》（第 3 卷），人民出版社，1975，第 909 页。
③ 《列宁全集》（第 15 卷），人民出版社，1959，第 105 页。
④ 《列宁全集》（第 22 卷），人民出版社，1958，第 59 页。

为小农经济的生产经营组织，它还具有以下一些基本特点。①生产工具主要是铁木农具，畜力已逐渐成为生产的主要动力；生产中的农业技术来自先辈世代传统经验的积累；农业生产社会化程度极低，生产规模小，缺乏社会分工；由于是封闭或是半封闭生产，与其他生产部门（如工业）缺少物质、能量、信息和技术等方面的交流，农业科技进步迟缓，生产效率低下。②家庭成员必须人人参加劳动。极低的生产力水平要求家庭成员必须参加劳动以获得维持生命的口粮。

3.1.2　商品农业时代：农场制的产生与演进

3.1.2.1　农场制的出现

伴随资本主义发展，农场制最先出现在工业革命的发源地——英国，并经历了从雇佣农场制到家庭农场制的转变。16世纪的工业革命带来了纺织业技术的进步、航海技术的提高，在国内外商品市场的刺激和牧羊业高额利润的诱惑下，英国开始了历经100多年的"圈地运动"，大地主强行把大量的土地从自耕农手中收回，消灭小农经济，将自耕农变为无产者。大地主将集中起来的土地划分为大田庄，再将大田庄出租。租赁者又将大田庄分为若干个农场出租给租佃农场主，租佃农场主通过雇佣大量农业工人进行生产，雇佣农场制出现了。可见，由于生产力的进步，英国圈地运动出现，进而消灭了小农经济，催生了雇佣农场制，实现了农业生产的规模经营。但生产组织制度对生产力的适应往往不可能"一蹴而就"。19世纪中叶，情况发生了变化：一是随着工业化进程加速，农业人口转入非农产业，劳动力的短缺使得农业工人的工资持续上升，农场生产经营成本增加；二是雇佣农场制不利于农业生产力发展的弊端加速了其衰落和瓦解；农场主对农业工人的剥削激化了两个阶层的矛盾，农业工人为争取自己的权益进行不懈斗争，消极怠工、破坏工具的事件时有发生，再加上对农业一线生产进行监督管理本来就很困难，这使得雇工多的大农场的管理、经营成本不断上升；三是英国资产阶级政府通过立法手段压制大地主（封建势力）的权益，维护农场主（农业资产阶级）的利益，结果刺激了资本主义自营农场的出现和蓬勃发展，进而促使封建租佃农场的最终消亡。这三方面的变化对规模越大的农场打击越大，大地主不得不把大农场划小，卖给或租给原承租农场的农场主或农业工人家庭耕种，雇佣农场逐渐变为家庭农场。

工业革命后，蒸汽机开始运用于农业。1911年英国出现了能在田间工作的内燃拖拉机。1920年拖拉机与收割机相结合的康备因收割机（Combine harvester）开始被应用。农业机械化的出现与发展大大减少和代替了雇工，农业生产不再需要许多雇工一致协作来完成，农户家庭基本依靠自己的力量就能经营较以前大得多的农场。这样，在生产技术进步的推动下，家庭农场的优越性充分地发挥了出来，同时其作为一线生产单位的地位也得到了巩固。由于生产力水平的提高，耕地大量集中，家庭农场的数量及所占面积的比重不断上升，并逐步占据了主导地位，如图3-1所示。

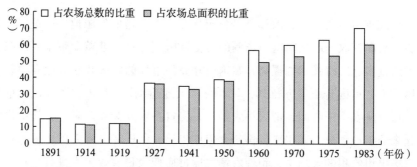

**图3-1　1891～1983年英国家庭农场占农场总数与家庭农场面积
占农场总面积的比重变化情况**

资料来源：David Grigg, *English Agriculture*：*An Historical Perspective*，Oxford，1989，p. 104。

自1891年至1983年，英国家庭农场的数量占比增加了近56个百分点，所占面积比重增加了45个百分点。英国学者布莱克·威尔（Black Well）在《农业政策》一书中曾指出，英国雇工农场数大大减少，家庭农场成为最有效率的经营形式，到20世纪70年代后期英国农场基本上都是家庭在经营。[①] 这时家庭农场的生产经营目标已不是满足成员的基本生存需求，而是逐步转向实现利润最大化。

---

① 布莱克·威尔：《农业政策》，载《农业经济译丛》（第2辑），农业出版社，1985，第126页。

20 世纪英国农场发展的另一个显著特点是农场土地兼并加剧，农场土地日益集中，主要表现在 300 英亩以上的大面积耕地在耕地的地块总数及总面积中所占的比重逐步提高，如图 3 - 2 所示。

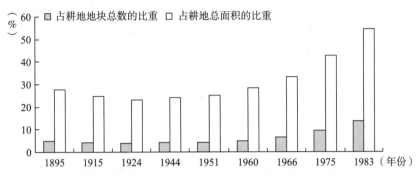

图 3 - 2　1895 ~ 1983 年英国 300 英亩以上的大面积耕地在耕地的地块总数及总面积中所占比重的变化情况

资料来源：Ministry of Agriculture，"Fisheries and Food"，A Century of Agricultural Statistics，Great Britain（1866 - 1966），London 1968；David Grigg，*English Agriculture*：*An Historical Perspective*，Oxford，1989，p. 116。

从 1895 年至 1983 年的 88 年间，英国 300 英亩以上面积的耕地占耕地总数的比重由 4.8% 一路上升至 13.7%，占耕地总面积的比重由 27.8% 上升至 54.3%，表现出土地的大规模集中，意味着为更高程度的农业生产社会化做准备。

美国农场制的发展道路与英国完全不同。英国是靠"圈地运动"建立资本主义农场，而美国则是通过废除英国殖民统治的封建土地关系和美国奴隶庄园制后，将土地卖给农户，让其在市场经济中自主经营、自由发展，进而产生了资本主义农业及其农场。美国农场制的发展道路基本上反映了北美、大洋洲移民国家的农场制的发展模式。

美国独立战争结束后，中北部效忠英国皇室殖民者的大地产被没收并被小块分给农民或出售给私人，于是中北部都是以自耕农家庭农场为主。南北战争后，美国的家庭农场得到迅猛发展，原因有：首先，在南北战争期间，土地被作为报酬来吸引更多的人入伍，这样，战争结束后，获得土地的退伍军人建立了许多家庭农场；其次，为发展资本主义，消灭南部的奴隶制，1862 年美国颁布了《宅地法》，规定每位移民可占有不超过 160 英亩的无证荒地（办证须缴纳 10 美元手续费），荒地开垦 5 年后便可归其所有，这样吸引了更多的民众加入反对南部奴隶制度的行列。南部政权被推翻后，奴隶庄园的土地被划给许多退伍军人、移民或企业，他们建立了农场。[①]《宅地法》的颁布，标志着美国资本主义农场制度的确立，为美国资本主义农场制度的演进和发展铺平了道路。此后，美国平均每个农场规模不断扩大而农场总数却不断下降，同时农业生产率不断提高，如图 3 - 3 所示。

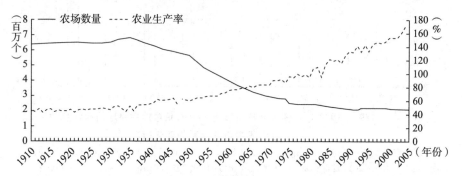

图 3 - 3　美国农场数量与农业生产率变化（1910 ~ 2005 年）

注：①生产率为农场平均每单位产出全要素生产率；②生产率线在 1948 年处中断是因为新估计方法的引入，但这一方法并不影响前后估计的一致性。

资料来源：USDA, Economic Research Service, compiled from National Agricultural Statistics Service annual estimates of the number of farms from the June Agricultural Survey and from ERS estimates of farm productivity. ERS productivity indices prior to 1948 came from Johnson（1990）。

从 1910 年至 2005 年，美国农场数量由 600 多万个下降至 210 万个，而农业生产率增长了近 4 倍。1950 ~ 1999 年，美国家庭农场占农场总数的比重从 77.2% 上升至 95.6%，拥有的耕地面积由 71.8% 上升至 90.4%。2004 年美国家庭农场占农场总数的 97.8%，产值占 84.8%；其中大规模家庭农场（年销售额在 25 万美元及以上的农场）仅占家庭农场总数的 7.7%，而产值却占家庭农场产值的 71%（占全部农场总产值的 60.2%）；非家庭农场占农场总数的 2.2%，产值占 15.2%。[②] 可见，当今美国家庭

①　蓝益江：《论美国家庭农场》，厦门大学出版社，1990，第 6 页。

②　USDA, "Structure and Finances of U. S. Farms-Family Farm Report", 2007 Edition/EIB - 24 Economic Research Service.

农场不论是在数量还是在产值上均处于主导地位。大规模家庭农场是美国农业产值的主要创造者。

在欧美国家和地区的农业资本主义发展过程中，农场制的出现及发展演进道路和形式虽然各有特点，但同时又存在共性。①欧美农场制产生于农业生产经营知识由世代相传的经验向近代科学技术转变的时期，也是农业生产工具由肌肉力直接操作的手工或畜力农具向由蒸汽机、内燃机带动的半机械化、机械化农具转变的时期。因而，没有近代科学技术的进步就没有农场制的出现与发展，当农业生产的主要环节逐步实现半机械化、机械化时，农业生产就不再需要封建农奴或雇农庄园来经营，2~3人再加上少量辅助劳动力，就可以完成原有庄园的所有农活。这样，生产力水平的提高使得农场制出现并可存续下去。随着生产力水平的提高，生产规模还可进一步扩大。②农业发展从来不是孤立的。伴随欧美工业化进程，农业人口向二、三产业转移，农村劳动力紧缺，雇工工资上涨而机器等生产资料价格相对下降，使得农场主宁愿用机器而尽量少用雇工，这样保持了农场生产技术不断提高的趋势。③随着小农经济被消灭，资本主义农业生产关系取代了封建农业生产关系，农业生产资料逐渐集中到具有农业生产禀赋的生产者手中而逐步形成大中型农场，这是农业发展史上农业生产资料的第二次大集中，孕育着资本主义的农业社会化大生产。④各国农场制的出现标志着封建农业向资本主义农业的转变，自给自足的小生产向商品化生产的转变。伴随资本主义革命，传统口粮农业的小农经济被消灭；工业化进程加速，农业生产的社会化分工协作发展起来，大工业生产的产品在农业中的应用日趋广泛，农业生产由自然经济向商品经济、市场经济转变；农业技术进步带来农产品产量的提高，农户由自给自足的小生产经营向商品化的农场制经营转变。

3.1.2.2　农场的基本类型

当代西方国家农场按其经营主体的性质大体可分为三类：家庭农场、合伙农场和公司农场。

3.1.2.2.1　家庭农场（Individual or Family Farms）

家庭农场是以家庭为单位进行生产经营的组织，家庭内部根据成员的年龄、性别、劳动技能、体力强弱等进行分工协作。它是在封建社会解体资本主义兴起时出现的自耕农基础上发展起来的经济组织，并在其后出现的各类农场中一直占据主导地位。以家庭为单位从事农业生产，自原始社会解体以来就一直存在，早期以人力、畜力和手工工具为主，使用传统的耕作方法，从事自给或半自给性生产，经营规模不大（既无能力也没有必要），"这块土地既不大于他以自己全家的力量通常所能耕种的限度，也不小于足以养活他的家口的限度"。[①] 这时的家庭农场依然属于小农经济。伴随着资本主义的发展，家庭农场生产开始采用先进的工具、生产技术和经营管理方法，这样生产经营规模得到了扩大，产量得到了提升，家庭农场逐步由自给自足的小农经济组织转变为从事商品性生产和经营的农业组织。Ladie 在其专著 *Economics For Agriculture* 中定义家庭农场时，认为它是以家庭为核心，少量或没有雇工，经营土地获得农产品以实现利润最大化。

当前，西方发达资本主义国家的家庭农场又可分为三种类型。第一类是大型农场，它广泛分布于新大陆国家。这类国家大多是欧洲移民国家，它们国土辽阔、人口稀少，建国之初有大量未开垦的土地，那里旧制度束缚较少，适合发展较大的家庭农场，如美国、加拿大、澳大利亚、新西兰等。其中美国大型家庭农场的发展较为典型。二战后，美国农业现代化进一步发展，160 英亩的农场已经是小农场了，为了扩大耕地面积，许多家庭农场租赁或购买更多的土地进行经营以获得规模效应。农场的许多工作由场外的社会服务部门（包括农业合作社）来完成。资金很大部分靠贷款，农场产品几乎全部提供给市场，农场家庭的消费品绝大多数由市场购买。2004 年，美国大型家庭农场（年销售额在 25 万美元及以上的农场）的经营规模集中在 530～1055 英亩，数量增加至农场总数的 7.5%，产值占全部农场产值的 60.2%，是美国农业产值的主要创造者。[②] 大型家庭农场几乎没有兼业现象，即农户家庭收入主要靠农场生产经营。

---

① 《马克思恩格斯选集》（第 4 卷），人民出版社，1995，第 486 页。
② 本段数据除特别注明外，均来自：United States Department of Agriculture，"Structure and Finances of U. S. Farms-Family Farm Report"，2007，p. 7。

第二类是中型农场，年销售额在 10 万~25 万（不含 25 万）美元，其经营的土地规模大多不超过 500 英亩①，主要分布于西欧各国，如法国、德国、丹麦等国。法国在大革命后把封建主土地分给农户，普遍建立了大量的、规模较小的自耕农制度，为家庭农场的萌芽创造了条件。经过长期的工业化和农业现代化发展，特别是二战后，许多农民转移到二、三产业，具有农业生产经营禀赋的农户扩大规模建立起以中型农场为主的家庭农场，其中部分中型农场采取了兼业的方式经营。美国也有少数中型农场，2004 年，中型家庭农场占农场总数的 6.3%，产值占全部农场的 10.8%。美国的中型家庭农场兼业现象很普遍。②

第三类是小型农场，以东亚的日本、韩国为代表，其经营的土地规模很小，例如，日本 1985 年的户均耕地面积仅有 1.229 公顷（约 3 英亩）；③韩国 1990 年仅有 1.19 公顷。④ 由于人多地少，其农户的家庭经营规模比美国、西欧的家庭农场经营规模要小得多，但两者的农业生产与管理技术处于同一水平，农业生产关系相同（均是建立在私有制基础之上的家庭经营），农户的家庭生产经营也都实现了现代化和商品化，因而部分学者认为，以日本、韩国为代表的农户家庭经营组织也应被称为"家庭农场"。美国也有小型家庭农场（年销售额在 10 万美元以下），其土地经营规模比日本、韩国要大得多（其经营规模集中在 163~212 英亩）。2004 年，美国小型家庭农场占农场总数的 84%，产值占总产值的 13.8%。大多数小型农场主的家庭收入主要靠兼业。⑤

综上所述，我们得出以下结论。①发达国家的家庭农场均具有以下特征：第一，拥有一定的农业生产资料，如何生产经营独自决定，自己承担经济责任；第二，生产工具已实现机械化与电器化，采用现代农业生产技

① United States Department of Agriculture, "Structure and Finances of U. S. Farms-Family Farm Report", 2007, p. 2.
② United States Department of Agriculture, "Structure and Finances of U. S. Farms-Family Farm Report", 2007, p. 3.
③ 朱道华：《外国农业经济》，中国农业出版社，1998，第 119 页。
④ 朱道华：《外国农业经济》，中国农业出版社，1998，第 336 页。
⑤ United States Department of Agriculture, "Structure and Finances of U. S. Farms-Family Farm Report", 2007, p. 3.

术，甚至涉及基因工程技术等；第三，农场主既是一线劳动者又是经营者和管理者，从事农产品的商品性生产；第四，农场的劳动和管理主要依靠农场主及其家属。②当代西方资本主义国家现代化农业的一线基本生产单位主要是家庭农场。据美国农业部的统计资料，2004 年全美 97.8% 的农场为家庭农场，其中，中、小型家庭农场（年销售额小于 25 万美元）占总数的 90.3%，占农业耕地的 61.3%，其资产占农场总资产的 67.7%；大型家庭农场（年销售额在 25 万美元及以上）占总数的 7.5%，占农业耕地的 31%，资产占农场总资产的 25.2%；公司农场（年销售额超过 50 万美元）占总数的 2.2%，占农业耕地的 7.7%，资产占农场总资产的 7.1%。上述三类农场的产值分别占总产值的 24.6%、60.2%、15.2%。这样家庭农场耕地面积、产值、资产分别占耕地总面积的 92.3%、总产值的 84.8%、总资产的 92.9%。① 可见，家庭农场在美国现代化农业发展进程中，无论是在数量比重、产值比重，还是在资产比重上均占主导地位，其他主要资本主义国家的情况也基本类似。从当代西方资本主义国家的农业现代化发展历程来看，家庭农场制度与资本主义农业现代化的要求是适应的。当前，许多小家庭农场不断破产，余下的家庭农场经营规模不断扩大，大、中型家庭农场逐步增加并相对于其他性质的农场显示出强有力的生命力和竞争优势。这是因为，与小型农场相比，大、中型农场更具规模经济，更易实现农业生产资料在空间与时间上的聚集，更易实现专业化的分工协作，同时其不变成本占总成本的比例要小，这样其单位产品的生产成本较小型农场要低，产品更具竞争优势。

关于家庭农场雇工。据美国 1980 年的资料，年销售额在 5 万美元以下的小型家庭农场几乎没有雇工；5 万~10 万美元的小型家庭农场，平均雇工 1.5~2.5 人；10 万~20 万美元的中型家庭农场，平均雇工 2.5~3.5 人；20 万~75 万美元的中大型家庭农场雇工 3.5~10.5 人；而 75 万美元以上的大型或巨型公司农场雇工均在 10.5 人以上。② 但农场雇工有逐步下

---

① United States Department of Agriculture, "Structure and Finances of U. S. Farms-Family Farm Report", 2007, pp. 2 – 5.

② 朱道华：《外国农业经济》（第 3 版），中国农业出版社，1999，第 59 页。

降的趋势，一是科学技术水平提高所带来的现代化农业机械和生物工程技术的替代作用使得雇工减少；二是大量农村劳动力向二、三产业转移，导致雇工工资不断上升。[①]

关于家庭农场主的性质。首先，家庭农场主是农业生产资料的拥有者；其次，农场主指挥、管理并参加一线劳动，又是劳动者；最后，农场主不是严格意义上的资本家。列宁认为，只要有一定的雇工，就是资本家；而马克思、恩格斯认为，只有不劳动并且使用资本和雇工达到相当数量才能算资本家。考虑到当代使用雇工的家庭农场越来越少，我们倾向于认为，家庭农场主不是严格意义上的资本家。

3.1.2.2.2　合伙农场（Partnership Farms）

合伙农场是指由两家或两家以上的家庭农场在自愿基础上组成，从事联合生产的组织，它们将各自的固定资产折算入股，流动资金则由共同协商来解决。[②] 其特点是生产者和经营者合二为一，而利润并不独享，参加劳动的人按劳动量计算工资，作为入股者又按他的股份来分享盈利。美国合伙农场在农场中所占比重不大，在 20 世纪六七十年代后不断减少[③]，2004 年仅占美国农场总数的 2.1%。[④]

合伙农场常带有一些家庭农场的特点，常以血缘关系为纽带进行合伙经营。[⑤] 例如在欧美，合伙农场是近亲，如父子、兄弟等联合经营的农场。由于联合的人数不多，85% 的合伙农场只有三个以下的合伙人，其经营规模比家庭农场要大。合伙农场实为以某一个家庭为核心的家族农场，是一个大家庭农场，与一般的家庭农场没有本质的区别。[⑥]

[①] 樊亢、戎殿新：《美国农业社会化服务体系——兼论农业合作社》，经济日报出版社，1994，第 286 页。

[②] 朱道华：《外国农业经济》（第 3 版），中国农业出版社，1999，第 62 页。

[③] 刘志雄、卢向虎、沈琼：《美国农场变迁及其给我们的启示》，《调研世界》2005 年第 4 期，34 页。

[④] United States Department of Agriculture, "Structure and Finances of U. S. Farms-Family Farm Report", 2007, p. 6.

[⑤] United States Department of Agriculture, "Structure and Finances of U. S. Farms-Family Farm Report", 2007, p. 6.

[⑥] 文小才：《农业生产方式变革与财税政策》，经济科学出版社，2008，第 122 页。

3.1.2.2.3　公司农场（Company Farms）

公司农场是按现代公司制进行产权组合和经营的农场。它的建立往往分为两种情况。一是资本主义企业建立的农场。其本质上是资本主义工业垄断资本对农业的渗透，这也被认为是垄断资本的农工商联合纵向一体化经营。二是家庭农场为吸引投资（对外融资）扩大生产经营规模，而改制为公司农场。改制后的农场主可发行股票上市融资，一般情况下，农场主夫妇或家庭其他成员拥有超过50%的农场股票。[①]

公司农场采用雇工（雇佣农业工人或租给家庭）经营，生产方式为工厂式（后述）或传统式（生产中，地理、气候等外部条件以及生产对象的生物学特性依然起决定作用的农业生产方式）。其生产的目的是追求利润最大化，产品全部用于销售，生产经营商品化程度高并完全受市场规律的支配。公司农场大多出现在雇工劳动力富余、工资低廉的农村地区。农场的生产主要集中在可以进行标准化作业，雇工的生产易于计量、监督与考核，同时生产风险又相对较小的部门，如机械化的养殖农场等。

公司农场具有以下特征。一是生产经营规模大。美国2004年平均每个公司农场使用的土地面积约为4105.2英亩，是合伙农场的3.6倍，家庭农场的8.1倍。[②] 但这并不意味着公司农场比家庭或合伙农场存在更多的规模经济。[③] 二是它们大多集中在标准化、专业化程度较高的行业，这些行业大多能进行规范化与标准化的生产，如机械化的畜牧、家禽养殖等行业。根据美国农业部2004年公布的数据，公司农场占总农场数的2.2%，拥有的土地面积占总农场土地面积的7.7%，产值占总产值的15.2%。[④]

---

① 文小才：《农业生产方式变革与财税政策》，经济科学出版社，2008，第122页。

② United States Department of Agriculture, "Structure and Finances of U. S. Farms-Family Farm Report", 2007, p. 3.

③ 威尔科斯曾于20世纪70年代研究过美国农场的规模经济。他发现"一个有8套设备，2~3人的农场在经营大约200英亩到800英亩时，每英亩的投资和生产成本两者都在下降，随后成本的下降就少得多，而在规模再大时实际上还会增加。……而规模很大的公司农场是为了获得在销售、价格、税收等方面的好处"。引自威尔科斯《美国农业经济》，商务印书馆，1987，第76~79页。

④ United States Department of Agriculture, "Structure and Finances of U. S. Farms-Family Farm Report", 2007, p. 5.

相对于家庭农场，公司农场在经营中可以减少中间环节，纵向一体化农工商联合（与母公司联合或与公司农场的股票持有公司联合）带来分工协作上的优势有利于技术升级、规模化经营，其分摊的单位产品成本要小于非公司农场。但它的不足也是明显的，"相对于家庭农场，公司制农场内部的工人劳动积极性和生产效率远比不上家庭农场，以至于利润大部分来自于农场产品的后加工过程，公司农场所创造的利润并不多，甚至远赶不上同等规模的家庭农场。……可见，与可以不计人工管理成本或人工管理成本极低的家庭农场竞争，公司农场则必须加强对雇工及经理的科学管理与监督，以降低生产经营成本，尽管这非常困难"。[1] 由于农业生产的特点，家庭在田间生产经营更有效率，以至于在公司农场中，绝大多数是家庭控股的第二类农场，小部分是公司直接投资的第一类农场。例如，美国1982年的公司农场共有2.24万个，其中仅有6000个是第一类农场，仅占总数的26.8%，到2000年，这一数字下降到了11.4%。[2] 这一下降趋势说明，当今即使在农业生产高度现代化的西方，家庭生产经营在农业生产一线仍然具有高效率。此外，由于农业的比较利益偏低，垄断资本只涉足比较利益稍高的养殖业与少数种植业。随着农业的比较利益下降，部分垄断资本撤出农业领域，这也是造成第一类农场所占比重下降的一个重要原因。

从上述分析中还可知：公司农场一般不加入农业合作经济组织，因为公司农场已被"内化"为母公司或控股公司的一部分，其产前、产中服务以及产品的销售加工等均由母公司或控股公司通过内部计划指令或签订契约来完成，公司农场实际上成为母公司或控股公司的一线生产单位，即"第一车间"。真正需要加入农业合作经济组织的是家庭农场和合伙农场，这也就决定了农业合作经济组织一开始就没有资本主义股份制生产关系的侵入，而能接受罗虚戴尔原则。这样，最终家庭农场和合伙农场成为农业合作经济组织的基本（微观）组织单位。农业合作经济组织本质上是家庭

① D. 科尔得兹等：《公司农业——难办的事情》，载《美国农业与农村》，安子平等（译），农业出版社，1984，第142页。
② United States Department of Agriculture，"Structure and Finances of U. S. Farms-Family Farm Report"，2007，p.6.

农场和合伙农场的横向联合、纵向发展，因而农场的生产方式变化对农业合作经济组织的建立有着重要的影响。

3.1.2.3　农场生产方式演进的最新形式：工厂式

工厂式生产是当代西方农业最先进的生产组织方式，出现于20世纪60年代之后。工厂式的主要特点有：①集中劳动、规模化生产；②组织内实行等级化的专业分工协作，领导、管理人员、工人各司其职；③劳动条件和劳动工具标准化；④劳动时间以日、小时为单位计算，在规定的工作时间内，工人按完成产品的数量与质量获得报酬。工厂式组织的建立，需要具备一些必要条件：①技术上可行，拥有相应的设备，并且生产对象能适应工厂式生产；②生产要能进行规范化与标准化的计量，能实行比较固定的专业化分工协作，以方便对生产者的管理、监督与考核；③能实现规模经济；④生产对象的生长过程具有长年连续性，容易采用大批量集中流水线生产方式。以上四点，特别是前三点，是工厂式生产的必备条件。

当前在农业中，这种工厂式生产方式大多出现在养殖部门。20世纪60年代，家禽的杂交技术获得了重大突破，创新的品种可以不再依赖其祖先生存的自然环境，适应了钢筋水泥厂房内的工厂式流水线作业；生长周期也缩短了并适应了配合饲料；劳动生产一线能进行固定的专业化分工协作。新技术的运用使得家禽的单位产品生产成本大大降低（甚至低于某些蔬菜的单位生产成本），具有极强的市场竞争力。结果，技术上的突破引发了生产组织方式的变革，美国原有的家庭家禽农场或合作社纷纷倒闭或转型，取而代之的是工厂式流水线生产组织方式，例如，美国西海岸洛杉矶蛋城的发展就是如此。少数蔬菜、水果、农作物通过杂交技术或基因改良也可进行工厂式生产。对于其他依靠阳光、土地等自然空间资源的动植物生产来说，由于技术上难以突破和其他原因（如部分食品科学学者认为，采用工厂式组织方式进行生产的产品对人体有害，长期以来学界对这一问题一直争论不休），大多数动植物的生产难以被移到厂房内进行流水线作业，即使有规模化、专业化的设备，采用工厂式的组织方式进行生产也很困难。"为什么基于家庭或家族构建的农场能长久生存下来的秘密，就在于农业没有能完成它向完全工业化生产的飞跃。"① 对于依靠自然空间资源的动植物生产经营，由于其在时间上不连续，空间上分散，很难实行比较固定的分工协作。而以现代生物技术为基础的动植物工厂，生产不分季节、时令，劳动可以进行比较严格的分工协作，在小块地面上大批量集中生产产品，只有这种生产单位可以采用工厂式组织方式。在这种组织方式下，资本家通过雇佣劳动进行生产，生产效率得到提高，这些农业工厂最终都演变为股份制公司，甚至成为巨型跨国公司。

实践中只有极少数获得技术突破的农产品实现了工厂式生产，其生产组织形式也由农场制演变为工厂制，由农场制下的简单协作变为工厂制下的专业化分工协作，生产效率大大提高。正如马克思指出的，企业的产生是以其客观的技术条件为前提的，企业的出现、发展演进以及企业以什么样的方式组织生产，技术条件在其中都起了关键性的作用。而当今，在农业领域，大多数生产对象由于生产技术难以突破而走了另外一条路径来实现社会化大生产，这就是由农场制（主要是家庭农场制）演进到合作制，（而不像工业领域的企业，由于生产可进行高度专业化分工协作，其生产组织形式沿简单协作→手工工厂→机器大工厂→股份制企业→垄断公司的路径演进），由农场制下的简单协作变为合作制下的分工协作（其目的就是要保留家庭农场作为农业生产一线高效率的组织单位），同样使农业生产效率得到大幅度提高。从数量上来看，当今西方发达资本主义国家的农业合作社数量远远超过农业工厂，是农业领域最活跃的生产经营组织形式。②

新制度经济学认为，降低交易费用是合作社产生的唯一原因，但其他非合作社组织形式（如农业工厂、股份公司）也可降低交易费用，为什么偏偏采用合作社这种组织形式？合作社的效率要低于股份制企业，那么为什么农业中大量存在了近二百年的合作社没有变为股份制企业？从上述讨论中我们不难发现，新制度经济学的"交易费用起源说"忽略了农业生产

---

① R. 柏巴切、P. 弗林：《农场经营》，载《农业经济译丛》，农业出版社，1982，第99页。
② 娄锋：《农业合作社产生发展原因辨析——兼对"交易费用起源论"的评述》，《经济研究导刊》2013年第5期，第47~48页。

的特点和技术因素，这是由于新制度经济学分析范式从本质上否定科学技术对经济组织发展演进的决定作用，显然这与历史事实不符。

　　人类农业生产组织形式演化到农场组织后产生了分离。农业一线生产工作能够分离、分化进行专业化分工协作的农场逐步演变为农业工厂，进而演化为股份制公司；而农业一线生产工作不能够分离、分化或不能完全分离、分化的农业生产，继续保持家庭农场或合伙农场组织方式，进而在其基础上产生了农业合作经济组织，如图 3-4 所示。

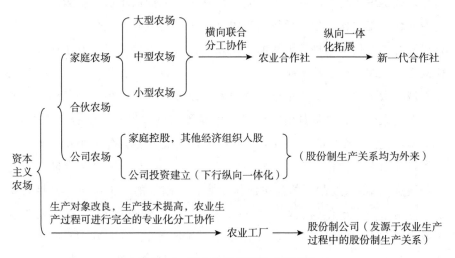

图 3-4　农业生产组织形式的演进

3.1.3　农业合作经济组织的产生与发展

3.1.3.1　英国农业合作社

　　在工业技术革命的推动下，先进技术不断运用于农业领域，使得农业生产力水平大幅提高，农业生产经营进入了商品经济时代。商品经济时代的农场进行横向联合，并在联合生产经营中进行分工协作，农业合作经济组织出现了。

　　英国是近代合作运动的发源地，其罗虚戴尔合作思想被广大劳动者广泛接受。19 世纪中下叶，伴随着雇工大农场的消亡和家庭农场的兴起，农业合作社开始蓬勃发展起来。1867 年罗虚戴尔公平先锋社成员之一——格里宁（Greelyn）组织成立了第一个农业与果树联合会，按消费社的形式向社员供应质量得到保证的化肥与饲料，由于当时不符合标准的产品充斥市场，这使联合会具有很大的吸引力，维持了半个世纪。[①]

1894 年后，全国普遍建立了农业合作社。1901 年农业组织协会（AOS）成立，成员包括所有与土地有关的合作社，1902 年共有 22 个社，还有 11 个牛奶合作社和 6 家农业合作银行。1909 年前合作社所有资金来源依靠自愿缴纳，此后国家农业局每年提供 1200 英镑以扶持小农户的合作组织。[②]

1846 年英国政府废除谷物法。1870～1890 年的欧洲出现农业危机，美洲的廉价谷物大量涌入，结果英国谷物价格大幅度下跌，英国农户不得不调整农业生产结构，提高劳动生产效率；同时，还要自己购买生产资料与销售产品，以便摆脱中间商的盘剥，节省开支，增加收入。而要做到这一切，单个农户，尤其是中小农户，是力不从心的。于是，英国便逐渐开展了以购买与销售为主的合作社运动。当时的购买合作社，主要是购买饲料、肥料和农具向社员供应。销售合作社主要是为社员销售牲畜、畜产品、水果和蔬菜。某些地区的购买合作社也兼营农村生活用品，并与消费合作社有业务联系。[③]

第一次世界大战期间，许多合作社开始合并成立县级联合会。1936 年农业合作社经理联合会成立，成为联系合作社与全国农民联合会的一个重要部门。1945 年全国农民联合会与合作社又一起组织农业合作社联合会，其性质与以前的农业组织协会相仿。[④] 1949 年，英格兰、威尔士、苏格兰、北爱尔兰和爱尔兰共和国 5 个地区的联合社组成了大不列颠及爱尔兰农业合作社联盟，简称 FAC。1955 年家畜销售公司与农民中央组织成立，试图

---

① 秦柳方、陆龙文：《国外各种经济合作社》，社会科学文献出版社，1989，第 106 页。
② 秦柳方、陆龙文：《国外各种经济合作社》，社会科学文献出版社，1989，第 106 页。
③ 王树桐、戎殿新：《世界合作社运动史》，山东大学出版社，1996，第 54 页。
④ 杨培伦：《合作经济大辞典》，安徽人民出版社，1993，第 472 页。

协调全国农民联合会的业务活动。[①] 1956 年，在全国农民联合会的支持下，农业合作社联合会与农民中央组织合并成立农业中央合作社联合会，其任务包括对合作社的法律咨询和与议会的疏通工作，试图使合作社的发展能够部分依靠政府的税收和财政支持。[②] 1962 年，英国政府设立了农业销售与发展委员会，提供资金扶持，促进小规模合作社组织的发展。[③]

总体看来，英国的农业合作社规模小，但数量较多，占全国总人数5%的农户都已加入了一个或几个合作社。[④] 英国农业合作社有一百多年的历史，近年来农业合作社的发展又变得十分迅速，同时合作社不断扩大生产经营业务范围，许多农场的生产资料供给与产品的销售几乎已被几个大型合作社所垄断。目前，英国的农业合作社大致可分为三种类型。一是农业生产资料供应合作社。合作后进行大批量采购的优点是采购范围广，单位生产资料的购入价格低，还可以得到政府的帮助。二是运销合作社。这类合作社帮助社员运输和销售产品，一方面提高了市场谈判地位，有利于提高销售价格；另一方面可以减少单位产品销售费用，实现规模经济。据20 世纪 80 年代初的统计，农业合作社销售的农产品占全国市场的比重，温室蔬菜 19%，土豆 10%，油料 40%，水果 38%，家畜 8%，羊毛39.5%，鸡蛋 29.1%。[⑤] 三是服务合作社。在不列颠地区，由于农场主大多从事多生产对象的混合农业，所以服务合作社最多，其中数量最多的是机械合作社，它将农民联合起来，由全国农会予以协助，以团体信用向有关金融机构借款购买农用机械，然后租给农民使用。[⑥]

3.1.3.2 美国农业合作社

美国是一个移民国家，国民大部分来自欧洲，其不少经济制度都是模仿或移植欧洲的，合作社制度也不例外。欧洲各国的合作运动注重传统，

① 汪政伯等：《国外合作社概况》，中国财政出版社，1991，第 14～15 页。
② 杨培伦：《合作经济大辞典》，安徽人民出版社，1993，第 472 页。
③ 秦柳方、陆龙文：《国外各种经济合作社》，社会科学文献出版社，1989，第 107 页。
④ 汪政伯：《国外合作社概况》，中国财政经济出版社，1991，第 16 页。
⑤ 汪政伯：《国外合作社概况》，中国财政经济出版社，1991，第 17 页。
⑥ 石秀和：《国外合作社简介》，中国商业出版社，1989，第 45 页。

注重合作运动的益贫性，并且或多或少含有改良社会的目的，但美国的合作运动注重效率，目的就是要适应资本主义的体制，不断改善农户的经济状况，毫无改良社会的意图，正如美国学者 Randall E. 指出的，"美国农业合作运动的特征是渗透了实用主义"。①

美国农业合作社中最早出现的是销售合作社。第一个销售合作社成立于 1810 年，随后各种各样的农业合作社蓬勃发展起来。美国建立在家庭或合伙农场基础之上的农业合作社至今已有 200 多年的历史，其间随着农业生产力的发展，美国农业合作社经历了一个产生、发展、整合兼并、数量下降、实力不断增强的过程。依农业生产力发展水平的不同，美国农业合作社发展历程大致可划分为以下几个时期。

第一个时期：1810～1890 年。伴随着美国资本主义初期的发展，农业机械被逐步引入农业生产，农业生产渐渐进入商品化、市场化阶段，农业合作社出现并迅速扩展。随着美国疆界的西移，农业生产也不断向西扩展，农产品产地和消费地之间的距离不断扩大，于是出现了一批为农业服务的公司。在这个潮流中，也有一部分农场主通过集资，组织起合作社为他们的农业生产提供生产资料、农产品加工和销售服务，以此抵制中间商的盘剥。② 据记载，美国最早的一家农业销售合作社是由几家乳业农场主于 1810 年在康涅狄格州成立的，专门从事牛奶的收购、加工和销售。③ 1851 年，纽约建立了第一个奶酪合作加工厂。1856 年，加利福尼亚州的奥兰治建立了第一个黄油合作加工厂。1860 年，第一个水果销售协会在新泽西州的哈蒙顿成立，第一个牲畜拍卖协会在伊利诺伊州的布朗县成立。④ 1863 年，密歇根州通过一项法案，允许用合作的方式买卖物品，合作社组

① Randall E. Torgerson, "Evolution of Cooperative Thought, Theory and Purpose", Presentation of Conference on "Cooperative: Their Importance in the Future of the Food and Agricultural System", Food and Agricultural Marketing Consortium, Las Vegas, NV, January 1997, pp. 16 - 17.

② 秦柳方、陆龙文：《国外各种经济合作社》，社会科学文献出版社，1989，第 110 页。

③ 秦柳方、陆龙文：《国外各种经济合作社》，社会科学文献出版社，1989，第 110 页。

④ Donald L. Vogelsang, John M. Bailey, lloyd C., Biser, E. Eldon Eversull, J. Warren Mather, "Cooperative Organization and Structure", Cooperative Information Report 1, section 6, Rural Business and Cooperative Development Service, USDA, 1988, Reprinted 1993, p. 2.

织的存在才算有了法律依据。这之后，出现合作社的各州相继通过立法，承认并支持合作社的发展。[①]

19 世纪 60 年代中期，美国农业陷入了第一次危机。农产品价格下跌，农业收入下降，农场主陷入困境。同时，铁路公司和中间商趁火打劫，竭力提高运费和压低农产品收购价格，残酷剥削农场主。于是，在美国先后出现了两个维护农场主利益的社团——"格兰其"（Grange）（1867 年成立）和"农场主联盟"（Farmer Union）（1873 年成立），在它们的支持下，全国各地纷纷成立了农场主合作社。但当时的合作社大多由于产权不明、缺乏资金、管理不善和内部分裂而很快失败了，获得成功的极少。[②]

第二个时期：1891～1929 年。美国农业合作社进入规范化发展时期，无论是合作社的数量还是社员数都呈快速上升趋势，这是美国农业合作社的大规模发展期。图 3－5 显示了美国 1913～2006 年农业合作社数量及社员数的变化曲线（美国农业部对农业合作社的普查自 1913 年才开始，之前都没有完整和全面的统计）。

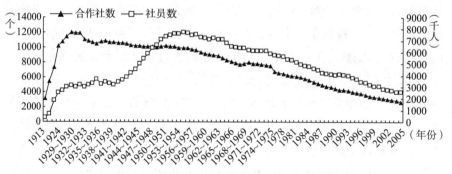

图 3－5　美国农业合作社数量及社员数统计

资料来源：United States Department of Agriculture，"Farm Marketing，Supply and Service Cooperative Historical Statistics"，Cooperative Information Report 1，section 26，2004，pp. 7 - 9. 2003～2006 年的数据根据 Farmer Cooperative Statistics，2003、2004、2005、2006，Rural Development U. S. Department of Agriculture Service Report 收集整理计算。

---

① 秦柳方、陆龙文：《国外各种经济合作社》，社会科学文献出版社，1989，第 110 页。
② 秦柳方、陆龙文：《国外各种经济合作社》，社会科学文献出版社，1989，第 111 页。

如图 3-5 所示：1913~1929 年，合作社的个数与社员数同增。这一时期属于合作社数及社员数的"爆发期"，在短短的 16 年间，合作社的数量增长了近 3 倍，社员数也增加了 8.3 倍。其实这一现象自 1890 年就开始，这是因为在 20 世纪初内燃机逐步被运用于农业领域，农业生产效率不断提升，农场规模不断扩大，专业化、商品化程度不断提高，内在地驱动着农业合作社迅速发展，各地各类专业合作社发展很快。联邦和州政府相继承认合作社的合法性并制定了相应的扶持政策。[1] 构建农业合作社已成为当时美国农业经济发展的一个重要组成部分。这个时期合作社的另一个重要发展是 1913 年威尔逊总统派遣了一个代表团去欧洲考察合作社和农业信贷，最终国会于 1916 年通过《联邦农地押款法》，设立联邦农业贷款局，负责全国农地抵押放款事宜。该法规定全国划分为 12 个农业信用区，每区设一个联邦土地银行，负责按照合理的条件向农场主发放长期不动产抵押贷款。[2] 1923 年美国国会通过《农业信用法》，增设 12 个联邦中间信用银行和 1 家中央合作银行，专门向农业合作社提供融资服务，随后为统一管理农业信贷机构，还成立了联邦农业信贷局。[3] 1933 年，为了应对经济危机对美国农业的影响，国会通过了紧急农场抵押法，以满足农场主迫切需要增加贷款的愿望，同年还修改了《农业信用法》，增设农业生产信用公司和合作银行，二者与原来的联邦土地银行和联邦中间信用银行并立，成为四大农业信用组织，最后发展成为美国目前最大的农业信贷体系。[4]

1920 年末，美国农场主提出了一个新的"有秩序地销售农产品"的口号，即为避免相互间无序竞争、损害各自利益而强调发展农业销售合作社，以统一农场主的销售行为。为达上述目的，律师萨皮罗提出建立一种具有合法垄断权力的合作社，以控制农产品的价格，保护农场主的利益，

---

[1]　汪政伯：《国外合作社概况》，中国财政经济出版社，1991，第 18 页。

[2]　汪政伯：《国外合作社概况》，中国财政经济出版社，1991，第 19 页。

[3]　Donald I. Vogelsang, John M. Bailey, lloyd C, Biser, E. Eldon Eversull, J. Warren Mather, "Cooperative Organization and Structure", Cooperative Information Report1, section 6, Rural Business and Cooperative Development Service, USDA, 1988, Reprinted 1993, p. 4.

[4]　汪政伯：《国外合作社概况》，中国财政经济出版社，1991，第 20 页。

尽管这一努力最终失败，但其影响深远，美国国会于 1922 年通过的合作社反垄断豁免法——《凯波-沃尔斯蒂德法案》或多或少与此有关。[1] 随后，政府又根据 1926 年的合作销售法在农业部内成立了一个合作销售处，帮助全美农业合作社进行销售经营活动；1928 年又根据农产品销售法成立了联邦农场委员会，并在财务上向合作社提供援助。此外，美国合作社在联邦政府的协助下还组建了农业信贷体系以支持合作社的发展。在政府的大力扶持下，这一时期美国农业合作社不论是在数量上还是在人数上均得到了迅猛的发展。[2]

第三个时期：1930~1955 年。先进的内燃机以及化工产品（化肥、农药等）在农业生产领域被大规模使用。这一阶段的特点是合作社开始普遍地集中与联合，提高生产经营效率，走上"质量型"发展的道路。1929 年，美国爆发了历史上最严重的经济危机，合作社的生产经营变得越来越艰难。为了支持合作社的发展，国会通过了农产品销售法并提供资金贷款，以扶持合作社渡过难关。[3] 但是，由于危机加重和后续资金不足，农场局的努力最终失败。[4] 农业合作社不得不转向主要通过提高自身生产经营效率的"质量型"发展道路。如图 3-5 所示，合作社的数量在 1929~1930 年达到历史最高点（1.2 万个）后，在 1930~1955 年，合作社的个数下降了 18%，而社员总人数却增加了 150%，两者呈反向变化。如图 3-6 所示，从 1930 年至 1955 年是美国农业合作社平均社员人数的"爆发期"，每个合作社的平均人数急剧上升。1955 年社员总人数达到了 773.17 万人的历史最高值后开始缓慢下降，而每个合作社的平均人数却在不断上

---

[1] Donald I. Vogelsang, John M. Bailey, lloyd C., Biser, E. Eldon Eversull, J. Warren Mather, "Cooperative Organization and Structure", Cooperative Information Report 1, section 6, Rural Business and Cooperative Development Service, USDA, 1988, Reprinted 1993, p. 4.

[2] 秦柳方、陆龙文：《国外各种经济合作社》，社会科学文献出版社，1989，第 112 页。

[3] Donald L. Vogelsang, John M. Bailey, lloyd C., Biser, E. Eldon Eversull, J. Warren Mather, "Cooperative Organization and Structure," Cooperative Information Report 1, section 6, Rural Business and Cooperative Development Service, USDA, 1988, Reprinted 1993, p. 5.

[4] Donald L. Vogelsang, John M. Bailey, lloyd C., Biser, E. Eldon Eversull, J. Warren Mather, "Cooperative Organization and Structure," Cooperative Information Report 1, section 6, Rural Business and Cooperative Development Service, USDA, 1988, Reprinted 1993, p. 5.

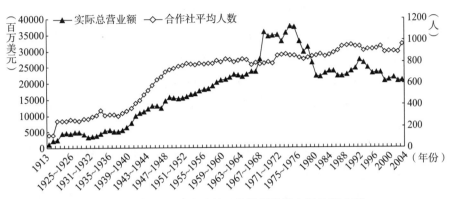

图 3 - 6　美国农业合作社平均社员数及实际总营业额

资料来源：United States Department of Agriculture， "Farm Marketing， Supply and Service Cooperative Historical Statistics"， Cooperative Information Report 1， section 26， 2004， pp. 7 - 9. 2003 ~ 2006 年的数据根据 Farmer Cooperative Statistics，2003、2004、2005、2006，Rural Development U. S. Department of Agriculture Service Report 收集整理计算。

升（因为合作社个数下降的速度要快于社员人数减少的速度）。每个合作社的平均人数不断上升，说明合作社在不断兼并以扩大生产经营规模。1955 年后，由于合作社数下降的速度逐渐减缓，开始与社员数下降的速度接近，因而合作社平均人数上升的速度逐渐下降，至 2006 年底，合作社平均人数尚未上升到 1000 人（图 3 - 6 中右方纵坐标）。实际总营业额（以 1967 年不变价格计算，下同）在 1930 ~ 1955 年也是急剧上升，之后上升速度开始缓慢下降直到 1971 年。这期间，许多合作社和地区性合作联社不断拓展经营业务与服务的范围，开始对农产品进行深加工和精加工。在生产资料供应方面，它们除了转售农业生产的绝大多数生产资料外，还开始生产这些生产资料，如开始建化肥厂和农药厂，开始开采石油并建立石油提炼厂，甚至还建立了各种农机维修厂。[1]　其不断拓展为家庭农场服务的范围，为家庭农场提供从农用物资供应、田间生产到农产品储藏、加工、

---

[1]　Donald L. Vogelsang， John M. Bailey， lloyd C.， Biser， E. Eldon Eversull， J. Warren Mather， "Cooperative Organization and Structure"， Cooperative Information Report 1， section 6， Rural Business and Cooperative Development Service， USDA， 1988， Reprinted 1993， p. 6.

运输、销售等全方位服务,[①] 表现出服务越来越细致,分工协作越来越紧密。此外,这一时期合作社还培养了一大批训练有素的合作社经营管理人才,他们对随后美国农业合作社的发展起了重要的作用。

第四个阶段:1956 年至今。由于农业科技突飞猛进,一体化、大功率、低能耗的农业机械的广泛使用,农业先进知识的广泛传播,以及生物工程技术的引入,使得美国农业在这一时期逐步实现了全机械化和现代化。在这种情形下,农业纵向一体化迅速发展,以获得更多的加工增值收益。收益的提升使得生产和资本集中加速,农业逐步变成了技术和资本密集型产业;农业生产力水平大幅提高,产出经常性地过剩,农业生产已不需要这么多的生产者,农业从业人员大量向二、三产业转移。农业合作社产生、发展的物质和制度基础是大量家庭农场的存在,由于存在上述原因,使得家庭农场的兼业化现象普遍,家庭农场数进一步下降,存活下来的家庭农场不得不更新技术装备,扩大生产经营规模,不断提高生产经营效率,降低单位产品的生产成本以应对不断加剧的市场竞争。与这一趋势相适应,美国农业合作社也不得不寻求质量型、内涵式的发展道路。这一时期的农业合作社出现了以下一系列变化。

(1) 合作社的个数与社员数同减。这是一个相当缓慢的过程,如图3-5 所示,1955~2006 年,51 年间合作社的个数下降了 73% (即 2006 年的合作社个数不到 1955 年的 1/3),平均每年下降 1.43%;而社员数下降了 66.8%,平均每年下降 1.3%,可见,合作社的个数下降得更快,这表现出合作社平均社员数是上升的。如图 3-6 所示,1955 年平均每个农场主合作社拥有社员 781 人,所有合作社的实际总营业额为 15837.905 百万美元 (以 1967 年不变价计算),而 2006 年分别增加到 961 人和 20812.692 百万美元,人均营业额从 1955 年的 2048.438 美元上升至 2006 年的 8099.584 美元,上升了近 3 倍。[②] 这一时期属于合作社及其社员的"质量

---

① Donald L. Vogelsang, John M. Bailey, lloyd C., Biser, E. Eldon Eversull, J. Warren Mather, "Cooperative Organization and Structure", Cooperative Information Report 1, section 6, Rural Business and Cooperative Development Service, USDA, 1988, Reprinted 1993, p. 6.

② Farmer Cooperative Statistics, 2006, Rural Development U. S. Department of Agriculture Service Report 1, Section 2, 2006, pp. 5 - 9.

提高期"。为获得规模经济，增强实力与竞争力，这一时期的合作社主要是进行横向兼并重组，同时发展地区联社。合并后的合作社大多延长了生产链，对农产品进行加工甚至是精加工，以拓展获利空间。此外，许多农场主社员放弃了将农业生产转入二、三产业，把地留给拥有资源禀赋和擅长农业生产的农场主社员，社员的质量得到不断提高。①

1969～2002年，美国共有1668个合作社与其他合作社合并。② 合并后延长了生产链，增加了收益空间，提高了市场竞争力。从每个时期合作社合并的数量来看，农业发展处于困境时合并的多，相反则较少合并。例如，90年代美国发生农业危机，1990～1999年平均每年合作社合并的个数维持在66个以上，而70年代这一数字是32个。当前，美国农业合作社的合并有增加的趋势，例如，70、80、90年代平均每年合并数分别为32、51、66个，其间增加的差额分别为19个和15个，③ 可见合并增加的速度在下降，合并渐趋稳定。

（2）广泛实行一体化服务以提高生产经营效率。这一时期农业生产正逐步实现产供销、农工商一体化经营，其中最典型的例子是著名的"阿格书"。"阿格书"的前身是纽约州中部的"格兰其联盟合作社贸易公司"（Grange Alliance Cooperative Trade Company）。1964年，该公司与东部各州农场主交易所合并，成立"阿格书合作社有限公司"，第二年又与"宾州农场局合作社"（Pennsylvania State Farm Bureau of Cooperatives）合并。"阿格书"通过合并及与非合作社经济实体联合和建设新厂等办法，逐渐形成了一家从事多种经营的大型农场主合作社。这家合作社除在各州设有许多商店之外，还拥有饲料加工厂、肥料加工厂、农药厂、种子站、油井、石油加工厂等，直接生产多种农用物资，供应农场主社员，它的业务范围几

---

① Farmer Cooperative Statistics, 2006, Rural Development U. S. Department of Agriculture Service Report1, Section 2, 2006, pp. 5 - 9.

② United States Department of Agriculture, "Farm Marketing, Supply and Service Cooperative Historical Statistics", Cooperative Information Report 1 Section 26, 2004, p. 70.

③ 根据 Farmer Cooperative Statistics, 2003、2004、2005、2006, Rural Development U. S. Department of Agriculture Service Report 收集整理计算。

乎包括农业生产经营的产前、产中、产后的所有服务。① 1984 年，这家巨型合作社的销售额达 41 亿美元，成为美国第二大农场主合作社［最大的是"农地实业社"（Agland Co-op Inc.），销售额达 52.4 亿美元］。②

（3）市场营销向海外拓展。这一时期由于横向合并与纵向一体化发展，美国农场主合作社的生产经营效率大大提高，国内市场竞争趋于白热化，许多合作社开始向海外拓展，从事农产品及农用物资的进出口业务并且进出口规模越来越大。1991 年美国农业合作社进口额为 4.64 亿美元，其中 33% 的合作社进口额为 1000 万 ~ 2490 万美元，62.2% 在 2500 万美元及以上。③ 出口方面，1997 ~ 2003 年美国农业合作社平均出口总额维持在54 亿美元左右，约占美国农产品出口总额的 10%。④ 2003 年，合作社直接出口的农产品占美国农产品出口总额的 20.5%，其中水果及其制品占48.3%、棉籽占 18.6%、大米占 10.7%。⑤

（4）大规模进行固定资产投资。在新经济、技术及一体化服务要求日益强烈的形势下，为扩大经营规模，提高合作社的生产经营效率、降低成本，提高市场竞争力，合作社进行大规模的固定资产投资，更新现代化的新设备、新设施，以实现生产设备、设施及经营管理的现代化。2006 年美国农业合作社的资产投资总额达 479 亿美元，比 1955 年增加 14 倍。

投资规模的扩大，使得合作社所需资金急剧增长，合作社除向社员发行优先股，进行扩股、增股外，还向合作社外部人员发行债券、优先股等以吸纳资金，同时更多地从融资市场借贷。在新投资中，合作社自有资金的投资比重越来越低，而对外借贷资金的比重逐年提高。由于对外融资（主要是间接融资）不断增加，合作社的总负债不断上升，如图 3 - 7 所示，

---

① 王树桐、戎殿新：《世界合作社运动史》，山东大学出版社，1996，第 192 页。

② 洪远朋：《合作经济的理论与实践》，复旦大学出版社，1996，第 89 页。

③ Karen J. Spatz, "Imports by Cooperatives", 1991, U. S. Department of Agriculture, Agricultural Cooperative Service ACS, Research Report 121, 1993 (9), p. 3.

④ Tracey L. Kennedy, "U. S. Cooperatives in International Trade, 1997 – 2003", Research Report 211, United States Department of Agriculture, 2004 (11), pp. 3 – 17.

⑤ Tracey L. Kennedy, "U. S. Cooperatives in International Trade, 1997 – 2003", Research Report 211, United States Department of Agriculture, 2004 (11), pp. 3 – 17.

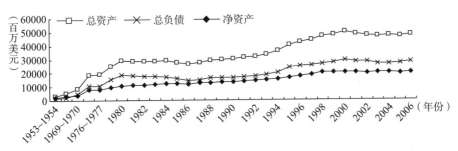

**图 3 - 7　1953 ~ 2006 年美国农业合作社总资产、总负债和
净资产变化**

资料来源: United States Department of Agriculture, "Farm Marketing, Supply and Service Cooperative Historical Statistics", Cooperative Information Report 1, section 26, 2004, p. 80. 2003 ~ 2006 年的数据根据 Farmer Cooperative Statistics, 2003、2004、2005、2006, Rural Development U. S. Department of Agriculture Service Report 收集整理计算。

2006 年，美国农业合作社的总负债为 279.6 亿美元，比 1995 年上升了 19.5 倍；但总资产上升的速度要快于总负债上升的速度，这表现出净资产是持续上升的，即由 1955 年的 19.14 亿美元上升至 2006 年的 199.31 亿美元，上升了 9.4 倍，但就净资产的绝对值变化并不能说明合作社总体的经营状况，还应考察资产负债比（总负债占总资产的比重）和净资产比重（净资产占总资产的比重），如图 3 - 8 所示。

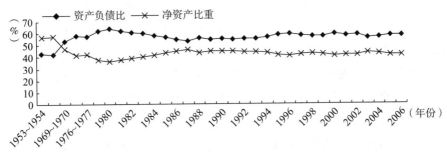

**图 3 - 8　1953 ~ 2006 年美国农业合作社资产负债比和
净资产比重变化**

资料来源: United States Department of Agriculture, "Farm Marketing, Supply and Service Cooperative Historical Statistics", Cooperative Information Report 1, section 26, 2004, p. 80. 2003 ~ 2006 年的数据根据 Farmer Cooperative Statistics, 2003、2004、2005、2006, Rural Development U. S. Department of Agriculture Service Report 收集整理计算。

　　如图 3 - 8 所示，美国农业合作社总资产负债比从 1953 年的 42.88%
一度上升至 1980 年的 64%，随后逐步下降至 2006 年的 58%；对应地，净
资产比重在 1953 年达到 57% 后，在 1980 年下降至 36%，随后长期稳定在
40% ~45% 之间。依据现代财务管理理论，美国农业合作社的资产负债比
过高，理想的企业应维持在 50% 以下，融资手段少，市场竞争压力大，主
要依靠对外间接融资发展，导致合作社负债过重。

　　(5) 与相关单位合作开展科研工作并加强专业培训。在扩大规模进行
综合生产经营时，合作社面临着不少问题，如合作社在新经济、技术条件
下如何发展，生产对象如何改良，生产技术如何提高，市场营销、合资经
营、融资抑制问题如何解决，一体化、联合与兼并重组如何进行，等等。
为解决上述问题，合作社积极与有关科研机构联合研究，并加大了教育培
训投入，使合作社在解决上述问题方面有了明显的改善。参加研究的单
位，除了美国农业部、农场主合作社管理局、各州的有关部门之外，还有
赠地学院和有关研究机构或团体。[1] 为不断适应内、外部环境的新变化、
新发展，合作社加强了与相关单位的合作，合作社生产经营的现代化水平
不断提高，实力及适应能力越来越强。

　　(6) 结构趋于合理，经济效益不断上升。随着美国农业现代化的发
展，经过激烈的市场竞争，一些小型、生产经营技术落后的合作社被淘
汰，生存下来的合作社不断地重组、合并、一体化拓展，实力越来越强，
经济效益不断提高。表 3 - 1、表 3 - 2、表 3 - 3 是从 1975 年至 2006 年中
选取 6 年，分别为 1975 年、1980 年、1987 年、1994 年、2000 年和 2006
年，依营业额（依据 1967 年不变价格整理计算）分组的合作社数量及每
组营业额总和的情况。

　　首先，从合作社的数量变化来看，营业额小于 500 万美元的合作社数
量由 1975 年的 6155 个逐年下降至 2006 年的 1048 个，这些合作社占合作
社总数的比重，6 年的数值分别为 81.69%、66.73%、66.88%、52.16%、
48.30%、39.20%，这说明在日趋激烈的市场竞争中，处于营业额低端的

---

① 王树桐、戎殿新：《世界合作社运动史》，山东大学出版社，1996，第 194 页。

表 3-1　1975 年、1980 年美国农业合作社按营业额分组情况

年份	1975 年				1980 年			
营业额分组（百万美元）	合作社的数量（个）	比重（%）	每组营业额总和（百万美元）	比重（%）	合作社的数量（个）	比重（%）	每组营业额总和（百万美元）	比重（%）
营业额 < 0.10	1497	19.87	75	0.13	663	10.54	9	0.01
0.10～0.9	1660	22.03	815	1.46	900	14.3	490	0.53
1～4.9	2998	39.79	7177	12.86	2636	41.89	6953	7.51
5～9.9	796	10.56	5455	9.77	1080	17.16	7708	8.33
10～24.9	355	4.71	5299	9.49	683	10.85	10044	10.86
25～49.9	129	1.71	5541	9.93	147	2.34	5043	5.45
50～99.9	18	0.24	1520	2.72	69	1.1	5002	5.41
100～199.9	34	0.45	4707	8.43	45	0.72	5917	6.4
200～249.9	15	0.2	3474	6.23	17	0.27	3846	4.16
250～499.9	18	0.24	6965	12.48	27	0.43	9143	9.88
500～999.9	8	0.11	5405	9.68	13	0.21	8744	9.45
营业额 ≥ 1000	7	0.09	9379	16.8	13	0.21	29621	32.02
总计	7535	100	55812	100	6293	100	92520	100

资料来源：根据 United States Department of Agriculture, "Farm Marketing, Supply and Service Cooperative Historical Statistics," Cooperative Information Report 1, section 26, 2004, p. 71 的数据整理计算。

表 3－2　1987 年、1994 年美国农业合作社按营业额分组情况

年份	1987 年				1994 年			
营业额分组（百万美元）	合作社的数量（个）	比重（%）	每组营业额总和（百万美元）	比重（%）	合作社的数量（个）	比重（%）	每组营业额总和（百万美元）	比重（%）
营业额 <5	3417	66.88	6129	8.20	2177	52.16	4193	3.97
5~9.9	893	17.48	6353	8.5	834	19.98	5998	5.68
10~14.9	296	5.79	3588	4.8	345	8.27	4206	3.99
15~24.9	219	4.29	4186	5.6	341	8.17	6545	6.2
25~49.9	135	2.64	4709	6.3	261	6.25	8980	8.51
50~99.9	47	0.92	3288	4.4	93	2.23	6174	5.85
100~199.9	44	0.86	6428	8.6	41	0.98	5917	5.61
200~249.9	6	0.12	1420	1.9	17	0.41	3711	3.52
250~499.9	28	0.55	10015	13.4	29	0.69	10311	9.77
500~999.9	15	0.29	10240	13.7	23	0.55	16291	15.44
营业额 ≥1000	9	0.18	18386	24.6	13	0.31	33214	31.47
总计	5109	100	74742	100	4174	100	105540	100

资料来源：根据 United States Department of Agriculture，"Farm Marketing，Supply and Service Cooperative Historical Statistics"，Cooperative Information Report 1，section 26，2004，pp. 72－75 的数据整理计算。

表 3－3　2000 年、2006 年美国农业合作社按营业额分组情况

年份	2000 年				2006 年			
营业额分组 （百万美元）	合作社的数量 （个）	比重 （%）	每组营业额总和 （百万美元）	比重 （%）	合作社的数量 （个）	比重 （%）	每组营业额总和 （百万美元）	比重 （%）
营业额 <5	1616	48.30	3054	2.53	1048	39.20	1722	1.40
5～9.9	628	18.77	4454	3.69	440	16.40	2917	2.40
10～14.9	299	8.94	3690	3.06	264	9.90	2871	2.30
15～24.9	287	8.58	5566	4.61	268	10.00	4951	4.00
25～49.9	268	8.01	9317	7.72	280	10.50	9060	7.40
50～99.9	133	3.97	9115	7.55	160	6.00	10628	8.70
100～199.9	39	1.17	5535	4.59	133	5.00	11193	9.10
200～499.9	38	1.14	11042	9.15	47	1.80	13964	11.40
500～999.9	20	0.60	13282	11.00	16	0.60	10750	8.80
营业额 ≥1000	18	0.54	55662	46.11	19	0.70	54297	44.40
总计	3346	100.00	120717	100.00	2675	100.00	122353	100.00

资料来源：United States Department of Agriculture，"Farm Marketing，Supply and Service Cooperative Historical Statistics"，Cooperative Information Report 1，section 26，2004，pp. 76～78 的数据整理计算。2006 年数据根据 Katherine C. DeVille，Jacqueline E. Penn and E. Eldon Eversull，*Farmer Cooperative Statistics*，2006；Rural Development U. S. Department of Agriculture Service Report 67，2007（11），p. 18 的数据整理计算。

合作社由于实力弱，有的被兼并重组，有的破产，总数越来越少，而经过兼并重组后的合作社虽然总数下降了，但实力不断增强。1975 年，超过 50% 的合作社营业额在 500 万美元以下，而 2006 年超过 50% 的合作社营业额集中在 500 万美元至 1 亿美元之间，合作社逐渐向营业额的高位组移动，1975 年营业额超过 10 亿美元的仅有 7 个，而 2006 年上升到 19 个。合作社数量不断下降，但经济效益普遍在上升。其次，从合作社每组营业额总和的变化来看，处于营业额低端组的合作社多，但组内营业额之和占合作社总营业额的百分比低，说明大多数合作社营业额低，实力弱小，但随着合作社的发展壮大，这一情形有所好转。1975 年，营业额小于 500 万美元的合作社占 81.69%，这些合作社营业额占该年合作社总营业额的 14.45%，至 2006 年，营业额小于 500 万美元的合作社下降到 39.2%，这些合作社营业额仅仅占该年合作社总营业额的 1.4%，低端组合作社在减少，弱小的合作社已逐步消亡，存活的合作社实力逐步增强，每组营业额总和百分比众数向高端组移动。最后，美国合作社的产值产出主要集中在少数几个大型甚至是巨大型合作社，并逐步向这些合作社集中，表现为这些合作社的营业额比重逐年上升。1975 年，营业额超过 10 亿美元的 7 个合作社占合作社总数的 0.09%，是比重最少的一组，但它们的营业额总和占总营业额的 16.8%，是比重最高的一组。这一情形自 1975 年至 2006 年都未改变。至 2006 年，营业额超过 10 亿美元的 19 个合作社占合作社总数的 0.70%，也是比重最小的一组，但该组的营业额总和占总营业额的比重已高达 44.40%，这说明产值产出逐步向高端组的合作社集中。其他各组的情形也完全相似，说明美国的合作社越来越少，实力越来越强，产值产出越来越集中到这些实力强的合作社。

以上我们分别介绍了英国与美国的情况，从西方其他国家合作社发展情况来看，总的趋势是在发展中不断变革。西方各国在认同国际合作社联盟原则的同时，均因地（时）制宜、不断调整，积极发展适合本国国情的农业合作社，这些合作社大多已进入了质量型、内涵式发展阶段。同时，随着资本主义商品经济的全球化和一体化发展，西方各国农业合作社之间的合作逐渐频繁。

从合作社发展的类型来看，城市消费合作社和工人生产合作社是最早出现的合作社，随后才是农业合作社。但是，农业合作社的发展速度之快、适应力之强是前两类合作社无法比拟的，当前在西方发达国家中，农业合作社在大部分农产品的生产、储存加工、销售以及供应大多数农业生产资料等方面占据了主要份额。农业合作社能成为最成功的合作社之一，有许多原因，其中的一个重要原因就是它有极强的可塑性和适应能力，在激烈的市场竞争中能及时调整发展战略，实现横向兼并重组与纵向一体化拓展。①横向兼并重组。20 世纪 50 年代以来，随着农业生产技术的革新，农产品市场竞争加剧。为不断提高实力与竞争力，应对不断加剧的市场竞争，西方各国的农业合作社开始进行横向兼并重组，先是基层合作社之间通过兼并重组形成地区合作社，地区合作社又通过合并形成更大区域的合作联社直至形成全国性的总社，这样合并的合作社就有较强的能力抢占市场份额甚至对某几种或某几类农产品的供给形成垄断，在拓展利润空间的同时还提高了农户与政府、垄断集团和其他利益集团的谈判能力，维护了广大农户的利益。②纵向一体化拓展。西方农业合作社的纵向一体化通常包括两种类型：第一类是与合作社的各种产前、产后服务商（资本主义企业）建立契约关系，通过供应链实现合作社与服务商的纵向一体化；第二类是合作社基于自身在供应链上的业务向上和向下拓展（实力强的可自己拓展，实力稍弱的可以联合其他合作社进行拓展），实现"从种子、化肥到田间地头再到消费者餐桌"的一体化服务。总之，通过横向合并，合作社扩大了资产规模，延长了生产链，实现了规模化经营，拓展了利润空间，同时精简了人员和机构，从而有效地提高了合作社的生产经营效率，增强了竞争力。

3.1.3.3　农业合作社发展中的"转轮"（或"踏轮"）效应：理论的提出与实证检验——以美国农业合作社为例

下面，我们以美国农业合作社为例，来推理并实证检验农业合作社发展中的"转轮"效应。依前文所述，由于美国农业部对 1913 年前的合作社没有统计数据记载，我们只能利用 1913 年后的数据进行实证分析，这样对前述的四个阶段就只能考察后三个阶段。①1913～1929年，这一时期农业合作社数与社员数同增，每个合作社的平均社员数也增加，属于农业合作社发展初期。合作社的出现使农户切身感受到合作社给其带来的利益，农户大量组建合作社，合作社不断地增加直至达到市场的最大容量，合作社的个数也达到了历史最高值，但这一时期合作社普遍规模小，平均人数也少。②1930～1955年，这一时期合作社数量下降而社员数上升，该时期合作社平均人数增加得最快，属于农业合作社的发展中期。由于激烈的市场竞争，弱小的合作社破产，余下的合作社为生存不得不进行合并以增强实力，这时合作社的数量开始下降，而合作社平均人数增加得最快，合作社的规模在迅速扩大，合作社走上了质量型发展道路。③1956～2006年，这一时期，合作社与社员数都在下降。由于第二个时期的质量型发展，合作社的规模得到了扩大，实力得到了增强，生产效率大大提高，农业生产不需要太多的农户，社员数在达到极大值（1955～1956年）后开始缓慢下降，这一时期虽然合作社数及社员数均在下降，但合作社数下降的速度比社员数减少的速度要快，结果每个合作社的平均人数缓慢上升，但上升速度在三个时期中是最慢的，即合作社平均社员数在三个时期中表现出上升、快速上升和缓慢上升的特征。

就合作社总数与社员总数的变化关系来看：先正向变化（共同增加），后负向变化（一减一增），最后再正向变化（共同减少），两者的关系曲线如一个优美的旋转转轮或踏轮，因而我们将两者的变化规律及其机理命名为"转轮"或"踏轮"效应。

需要验证的"转轮"效应假设：随着农业生产力水平的提高，合作社发展就如同一个被驱动的"转轮"，在转速慢的时期，生产力水平低，将大量的农户"吸入"构建合作社，合作社数与社员数同增；随着转速加快，生产力水平提高，弱小的合作社首先被"甩出"，余下的合作社不得不进行合并重组以应对激烈的市场竞争，合作社的规模扩大，平均社员数增加，实力提高；到了第三个阶段，生产力水平提高到了一定程度，"转轮"转速越来越快，随着合作社的合并重组，社员数在达到极大值后开始下降，即"转轮"将多余的成员"甩出"农业领域，因为合作社的产生、发展壮大，农业生产经营效率不断提高，农业生产已不需要这么多劳动者，多余的社员将会退出农业生产领域而转向二、三产业。合作社的数量从第二阶段就一直在减少，即合作社一直被"甩出"，并且其被"甩出"的速度一直快于社员被"甩出"的速度。"转轮"效应假设期望说明，农业生产力的进步，扩大了合作社的生产经营规模，提高了其生产经营效率，同时减少了合作社的数量，加速了部分社员向二、三产业的转移。无独有偶，日本农协也经历了一个如同"转轮"效应的发展过程。二战失败后，日本开始接受罗虚戴尔原则构建农业合作社（农协），农协的个数由1948年的892个快速升到1954年的35368个，达到历史最高点，随后逐步下降至2006年的3346个；社员数由1948年的730万人上升至1986年的827万人，[①] 随后持续下降至2006年的494.2万人。[②] 农协个数与社员数的变化也经历了三个时期：1948年至1954年，农协的个数与社员数同增；1955年至1986年，农协的个数减少而社员数在增加；1987年至2006年，农协的个数与社员数均在减少，但农协数量下降的速度要快于社员数减少的速度（同样说明了合作社平均社员数增加）。尽管日本农协与美国农业合作社在发展的历史背景、文化、农业生产方式、建立的目的等方面有很大的不同，但其上述变化规律与美国农业合作社的变化规律完全相同。这说明在农业生产力水平不断提高的前提下，合作社的生产经营效率从低→高：合作社必然要经历一个数量从多→少、规模从小→大，社员总数从多→少，合作社平均社员数从少→多的过程。伴随着生产力水平的提高，首先发生变化的是合作社的数量，数量的减少必然伴随着规模的扩大及社员人数的增加，但当生产力达到一定水平时，社员人数将伴随着合作社个数的减少而减少。

基于上述的假设与推理，我们设定因变量有社员数（CP，单位：千人）和合作社数量（CQ，单位：个）。自变量指标有合作社的平均社员数（AP，单位：人）和社员人均实际交易额（APG，单位：美元）。合作社的

---

① 王垣壁、王殿祥：《日本农协》，外文出版社，1993，第60页。
② 农林水产省：《平成18事业年度综合农协一斉调查の概要》（确定值版），经营局协同组织课，2007。

产权制度是建立在股金制度基础之上的社员按份占有和共同共有，因此平均每个合作社社员数的变化反映了合作社股金投入以及社员按份占有和共同共有财产的变化，即该指标可反映合作社总资产（所有者权益）的变化，这里不能使用社员总人数，因为合作社生产经营规模大小差异很大。

交易额的大小反映了合作社生产经营能力的强弱，从一个侧面说明了合作社生产经营效率的高低。由于合作社生产经营规模大小有差异，因此我们选取合作社社员年人均实际交易额作为反映合作社生产经营效率的指标。设定以下多阶段连续回归模型：

$$(1) CP = \alpha_0 + \alpha_1 AP_t + \alpha_2 (AP_t - AP_{t1}) D1 + \alpha_3 (AP_t - AP_{t2}) D2$$
$$+ \alpha_4 APG_t + \alpha_5 (APG_t - APG_{t1}) D1 + \alpha_6 (APG_t - APG_{t2}) D2 + u_t$$

$$(2) CQ = \beta_0 + \beta_1 AP_t + \beta_2 (AP_t - AP_{t1}) D1 + \beta_3 (AP_t - AP_{t2}) D2$$
$$+ \beta_4 APG_t + \beta_5 (APG_t - APG_{t1}) D1 + \beta_6 (APG_t - APG_{t2}) D2 + e_t$$

其中 $D1$ 和 $D2$ 为虚拟变量：

$$D1 = \begin{cases} 0, & (1913 \leq t \leq 1929) \\ 1, & (1929 < t \leq 2006) \end{cases} \quad D2 = \begin{cases} 0, & (1913 \leq t \leq 1955) \\ 1, & (1955 < t \leq 2006) \end{cases}$$

AP_{ti} 表示结构发生变化时的 $t = ti(i = 1, 2)$ 时刻的 AP_t 的值，APG_{ti} 表示结构发生变化时的 $t = ti(i = 1, 2)$ 时刻的 APG_t 的值。

这里 $t1 = 1930$ 年，$t2 = 1956$ 年。令 $S11 = (AP_t - AP_{t1}) D1$，$S12 = (AP_t - AP_{t2}) D2$，$S21 = (APG_t - APG_{t1}) D1$，$S22 = (APG_t - APG_{t2}) D2$。应用美国农业部提供的 1913 年至 2006 年近 100 年的美国农业合作社的统计数据（详见附录），应用 Eviews 5.1 计算方程（1），结果如下：

Dependent Variable：CP
Method：Least Squares
Date：01/08/07　Time：17：43
Sample：1 83
Included observations：83

Variable	Coefficient	Std. Error	t-Statistic	Prob.
C	-3399.072	2644.895	-1.285144	0.2026
AP	21.49140	6.711602	3.202126	0.0020

续表

Variable	Coefficient	Std. Error	t-Statistic	Prob.
APG	0.466032	0.627384	0.742818	0.4599
S11	-12.14520	6.794557	-1.787490	0.0778
S12	-21.19118	1.739855	-12.17986	0.0000
S21	-0.527482	0.682302	-0.773092	0.4419
S22	-0.428816	0.296542	-1.446055	0.1523

R-squared	0.945294	Mean dependent var	4785.469
Adjusted R-squared	0.940976	S. D. dependent var	1803.885
S. E. of regression	438.2528	Akaike info criterion	15.08404
Sum squared resid	14596981	Schwarz criterion	15.28804
Log likelihood	-618.9875	F-statistic	218.8759
Durbin-Watson stat	0.563852	Prob（F-statistic）	0.000000

由于 α_0，即 C 的标准差过大，t 统计量过小（95% 的置信区间），且重要变量 APG 不显著（t 统计量过小），因此舍去 α_0，再次估计结果如下：

Dependent Variable：CP
Method：Least Squares
Date：01/08/07　Time：17：51
Sample：1 83
Included observations：83

Variable	Coefficient	Std. Error	t-Statistic	Prob.
AP	12.96651	1.025821	12.64013	0.0000
APG	-0.320842	0.137391	-2.335243	0.0221
S11	-3.565447	1.268510	-2.810738	0.0063
S12	-21.25091	1.746577	-12.16717	0.0000
S21	0.241742	0.328908	0.734982	0.4646
S22	-0.415500	0.297612	-1.396112	0.1667

R-squared	0.944106	Mean dependent var	4785.469
Adjusted R-squared	0.940476	S. D. dependent var	1803.885
S. E. of regression	440.1032	Akaike info criterion	15.08144

| Sum squared resid | 14914195 | Schwarz criterion | 15. 25629 |
| Log likelihood | – 619. 8797 | Durbin-Watson stat | 0. 605813 |

舍去 α_0 后，AP 与 APG 均显著，R-Squared = 0. 944，估计方程为：

$$\widehat{CP} = 12.967AP - 3.565(AP - 251.046)D1 - 21.251(AP - 775.756)D2$$
$$- 0.321APG + 0.242(APG - 1600)D1 - 0.416(APG - 2161.077)D2$$

按三个时期分解得到的回归方程如下：

$$\widehat{CP} = \begin{cases} 12.967AP - 0.321APG & (1913 \leq t \leq 1929) \\ 507.779 + 9.402AP - 0.079APG & (1929 < t \leq 1955) \\ 17891.602 - 11.849AP - 0.495APG & (1955 < t \leq 2006) \end{cases}$$

观察三个时期的方程，随时间变化，每个合作社的平均社员数（AP，从侧面反映了平均每个合作社的股金投入或资产水平）对合作社的总社员数的影响由正向逐步减弱至负向增强，这说明在合作社发展初期，社员数多的合作社由于股本或资产投入多而实力强，在生产及市场供销过程中获得明显的集体行动优势，这一优势产生的示范效应必然吸引更多的农户加入，即农户更倾向于加入人数多、总资产大的合作社。因而这一时期（1913～1955 年），平均每个合作社的资产投入水平对合作社总社员数的影响是正向的。但随着合作社投入资产增多、生产经营效率不断提高、为成员服务的能力增强，特别是进入 20 世纪 50 年代中后期，美国农业合作社的实力壮大到已能为成员的农场生产经营提供多功能、全方位的服务，[①]农户成员农场的生产经营效率得到很大提高，农业生产已不需要太多的农户，特别是相对低效率的农户，这时合作社的资产投入水平对合作社的社员数产生了负向影响（资产对劳动力的挤出效应），即资产投入水平的进一步提高将使社员总人数减少。反观社员人均实际销售（交易）额（APG，反映了合作社的生产经营效率），其在三个时期对合作社总社员数

① 樊亢、戎殿新：《美国农业社会化服务体系——兼论农业合作社》，经济日报出版社，1994，第 224～229 页。

的影响均为负向，即合作社生产经营效率的提高，无论在哪一个时期均使合作社总社员数下降。这说明，农业生产社会化及合作社生产经营效率的提高必然使直接从事农业生产经营的劳动者人数下降，并且随着农业生产社会化的进一步深化，合作社生产经营效率对合作社总社员数的负向影响越来越强。

我们应用 Eviews 5.1 对美国近百年农业合作社个数的变化进行回归估计，其结果如下：

Dependent Variable：CQ
Method：Least Squares
Date：01/08/07　Time：18：45
Sample：1 83
Included observations：83

Variable	Coefficient	Std. Error	t-Statistic	Prob.
AP	43. 75750	1. 711371	25. 56869	0. 0000
APG	− 0. 179141	0. 229209	− 0. 781562	0. 4369
S11	− 45. 40744	2. 116247	− 21. 45659	0. 0000
S12	− 18. 43725	2. 913804	− 6. 327552	0. 0000
S21	− 0. 200711	0. 548715	− 0. 365784	0. 7155
S22	− 0. 222824	0. 496505	− 0. 448786	0. 6548

R-squared	0. 935365	Mean dependent var		7720. 663
Adjusted R-squared	0. 931168	S. D. dependent var		2798. 545
S. E. of regression	734. 2215	Akaike info criterion		16. 10504
Sum squared resid	41509256	Schwarz criterion		16. 27990
Log likelihood	− 662. 3592	Durbin-Watson stat		1. 273080

由于常数项不显著，我们予以舍去。多阶段连续回归方程如下：

$$\widehat{CQ} = 43.758AP - 45.407(AP - 251.045)D1 - 18.437(AP - 775.756)D2$$
$$- 0.179APG - 0.201(APG - 1600)D1 - 0.223(APG - 2161.077)D2$$

按三个时期分解得到的回归方程如下：

$$\widehat{CQ} = \begin{cases} 43.758AP - 0.179APG & (1913 \leqslant t \leqslant 1929) \\ 11720.8 - 1.649AP - 0.38APG & (1929 < t \leqslant 1955) \\ 26505.333 - 20.086AP - 0.603APG & (1955 < t \leqslant 2006) \end{cases}$$

在第一个时期，平均社员数（AP，从侧面反映了平均每个合作社的资产投入水平）多的合作社由于资产多、实力强，在生产及市场供销过程中获得明显的集体行动优势，这一优势产生的示范效应必然激发更多的农户组建合作社，因而这一时期，平均每个合作社的资产投入水平对合作社个数的增加是一个正向影响。自 20 世纪 30 年代以来，市场竞争加剧，弱小的合作社要么破产，要么苦苦支撑，而一些实力强的大型甚至是巨型合作社不但生存下来，而且在竞争压力下不断增加资产投入，提高生产经营效率，在市场中逐步获得并扩大竞争优势，这样就吸引了弱小的合作社加盟；面对激烈的市场竞争，一些农户放弃了自己组建合作社的想法，转而加入规模大、实力强的合作社。因而，自 20 世纪 30 年代以来，平均每个合作社的资产投入水平对合作社的数量增加有负向影响，表现为弱小合作社纷纷加入规模大、实力强的合作社或被其兼并，合作社的数量下降，而平均每个合作社的资产投入水平不断提高。从整个过程看，合作社资产投入水平的提高对合作社数量的增加起初有一个正向影响，随后则抑制合作社的数量增加，并逐步加强抑制效果（市场竞争加剧，资产投入水平不断提高，农业生产不需要太多的合作社，而是需要进行规模经营、生产效率高、数量少的大型合作社）。

与对合作社社员总数的影响相同，在三个时期，合作社生产经营效率的提高对合作社数量的影响均是负向的，这说明合作社生产力水平的提高对合作社社员总数及合作社个数的影响均是负向的。

在"转轮效应"中，为什么首先表现出农业合作社数量的下降？随后社员数才开始减少？这是因为：生产效率只有提高了，才会导致社员数的下降。农业合作社数量的下降来自两个方面的原因：一是合作社倒闭，二是合作社进行兼并。合作社的倒闭产生"示范效应"，警示存活的合作社应不断提高生产经营效率，以应对日益激烈的市场竞争；合作社进行兼并的目的在于扩大企业资产规模，提高人均资产配备水平，以提高生产效率。伴随着合作社减少的（倒闭或被兼并）是合作社生产经营效率的提高，只有生产经营效率提高了，社员数才会下降（农业生产已不需要太多的人），所以首先是合作社数量下降，而后社员数才开始减少。上述"转轮效应"也证明：合作社数量的下降带来的是生产经营效率的不断提高（即激烈的市场竞争→合作社兼并重组→合作社数量下降，规模扩大→生产经营效率提高→社员数下降），只有生产效率不断提高才能实现社员数的不断下降，即农业生产经营已不需要这么多的生产者就能满足社会的需要，多余的人将转向其他产业。

第二节　农业合作经济组织产生与发展的原因解析：兼对合作经济组织"交易费用起源论"的评述①

新制度经济学将农业合作经济组织的产生归结于"降低交易费用的冲动"。通过上述对农业合作社发展历史轨迹的回顾，我们不禁产生疑问。①合作社为什么出现在资本主义发展之初市场经济逐步确立的阶段，而没有出现在奴隶社会和封建社会的小农经济中？这两个制度下的农户同样需要降低交易费用（这说明农业合作社的出现与农业生产力水平有密切联系）。②新制度经济学理论在市场经济条件下提出合作社与市场可以互相代替。但是从前述人类农业生产经营组织以及合作社产生与发展的历史事实来看，合作社几乎与市场经济同时出现。实际上，在资本主义初期，农业生产力发展到一定程度，有了剩余产品，为了解决"小生产与大市场问题"，农业生产者才组建了合作社，而绝不是"在一个没有合作社存在的市场中，当内化市场部分功能的合作社内部交易能降低农户在市场中的交易费用时，合作社被建立"。③合作社是为了节约交易费用而产生的，但合作社首先是进行生产的组织（合作社一线就是进行农业生产的），为什么合作社偏偏要节约交易费用，而不节约生产费用？（实际上，分工协作后，部分工作，特别是农业生产经营流通领域的工作被分离出去，农户得到合作社的专业服务而节约生产费用，同时农户可集中精力专注于农业一线生产，提高了生产效率。）④新制度经济学理论认为，为降低交易费用

---

① 除特别注明外，本节内容均引自娄锋《农业合作社产生发展原因辨析——兼对"交易费用起源论"的评述》，《经济研究导刊》2013年第5期，第47~49页。

和风险，合作社内化了市场的部分交易，占据了市场的业务，因而两者存在着此消彼长的关系——这与前述历史事实不符。历史事实是：合作社总是伴随着市场经济、商品经济的繁荣而兴旺发达，与市场并未存在着此消彼长的关系。随着合作社的产生和发展，市场交易在内容、形式和总量上没有减少，反而大大地拓展了，这说明合作社和市场不是替代、排斥关系，而是相互刺激、促进，共同发育、发展的关系。

人类农业生产经营组织形式的演进历史证明，作为一种生产组织形式——合作社并不是一开始就出现，它是农业生产力在达到一定水平后才出现的。低生产力水平下的农户生产经营属于小农经济或小生产，而小生产自然排斥市场，排斥商品经济，农户根本不可能有构建合作社的动机。因而合作社这一企业组织的出现首先应归结于农业生产力的发展（农业生产力决定了农业的生产方式，生产方式又决定了农业生产的经营组织形式）。新制度经济学的"交易费用起源论"忽略了农业生产的技术因素，将合作社视为没有生产方式差异的交易或博弈模型，就只能基于成本（风险）－收益视角来分析合作社的产生与发展，这是因为新制度经济学分析范式从本质上否定科学技术对经济组织发展演进的决定作用，这显然与历史事实不符。

关于企业或生产经营组织的产生，马克思曾进行过深入、细致的研究，得出了理论逻辑与历史逻辑相统一的科学结论。在《资本论》第一卷，马克思将企业定义为一种在统一指挥下，劳动者按既定要求，通过分工协作而建立起来的联合性生产经营组织，"工人在同一个资本家的指挥下联合在一个工场里，产品必须经这些工人之手才能最后制成。……他们在那里同时协力地进行劳动。……以后，生产逐渐地分成了各种特殊的操作，其中每一种操作都固定为一个工人的专门职能，全部操作由这些局部工人联合体来完成"。① 同时他指出企业包含着生产力和生产关系两个方面，企业是生产力和生产关系的矛盾对立统一体，但企业首先是生产力发展的产物（从分工－协作的层面来看，企业是生产力发展的产物），生产力在企业发展中起主导作用，同时企业又体现着一定社会制度下的生产关

---

① 马克思：《资本论》（第1卷），人民出版社，2004，第390~391页。

系（从产权－利益的层面来看，企业可被视作生产关系演进的产物），这种生产关系对生产力发展具有反作用，但该作用处于从属地位。从生产力与生产关系对立统一、矛盾运动的视角来看，企业既然是生产力和生产关系的矛盾对立统一体，那说明企业还是生产力与生产关系矛盾运动的产物，随后马克思还将这种矛盾运动置于社会经济发展的历史进程之中进行动态分析，指出企业的产生、发展及演进还受制于其所处的社会总体生产关系的性质（马克思曾以资本主义、社会主义企业为例进行了详细分析），而社会总体生产关系的性质又受制于社会生产力的变化。最后，在企业生产力与生产关系的矛盾运动中，体现出企业生产社会化的趋势。[①]

由于马克思将企业视为一种在分工基础上构建起来的、群体性协作的生产经营组织，即从一般意义上来定义企业并进行研究，因而其对企业产生及发展的理论同样适用于合作社。

3.2.1　生产力视角：分工协作的结果

从合作社产生的历史轨迹来看，其在组织形式上首先是与简单协作相联系的。传统农业生产主要面临自然风险，农户家庭进行个体小生产，生产经营效率难以提高，应对风险的能力自然不足，为提高应对风险的能力，保证一定的产出以维持生存，就要进行简单协作——生产相同或相似农产品的农户联合起来互帮互助，进行不同程度的协助以提高生产效率，共同抵御自然风险。例如，"在许多生产部门都有紧急时期，即由劳动过程的性质本身所决定的一定时期，在这些时期内必须取得一定的劳动成果。例如剪一群羊的羊毛或收割若干摩尔根的谷物，在这种情况下，产品的数量和质量取决于这种操作是否在一定的时间开始并在一定的时间结束。……在这里，能否不失时机地获得成果，取决于是否同时使用许多结合的工作日，成效的大小取决于劳动者人数的多少；但是这种人数总比在同样长的时间内为达到同样效果所需要的单干劳动者的人数要少"。[②] 这种简单协作在家庭作为农业生产的基本单位之后就存在于漫长的历史进程中，不过这种协作大多数仅在具有血

---

① 参见《资本论》第十一、十二、十三章。
② 《马克思恩格斯全集》（第23卷），人民出版社，1972，第364～365页。

缘、亲缘关系的农户间进行。但是，在有了"这种简单协作联合生产的情况下，原来互不依赖的单个家庭劳动一定程度上转化为一个结合的社会劳动"。① 协作拓展了劳动的空间范围；"由于许多人同时作业具有连续性和多面性，激发了个人的竞争心"，② 从而作业效率得以提高；生产资料被多个农户家庭共同协作使用而得到节约，使得单位产品的成本下降；协作减少了生产既定质量产品的劳动时间或人数，提高了生产效率。同单个家庭单门独户的生产相比，多个农户家庭的简单协作对农业生产力的发展起到了推动作用。但是，这是一种简单协作，没有固定的专业化分工，甚至协作的对象、时间都不是固定和长期的，也没有形成一种协作的原则或制度，这种协作对农户提高抵御自然风险能力的作用毕竟有限。

随着社会生产力水平的提高，市场经济萌芽，农户生产逐步趋向于商品化。农户不仅面临自然风险，还面临市场风险；同时，不断增长的市场需求，还要求农户不断提高农业生产率，以提升竞争力，改善收益。为了抵御自然、市场风险和进一步提高劳动生产率以改善收益，要求以分工协作取代简单协作。而这时（资本主义发展之初，市场经济刚刚起步），合作制原则出现。由于合作制按劳动者拥有企业、民主管理企业和劳动者按劳分配的原则实现自我服务，该原则非常符合基于农户（劳动者）家庭农场构建企业组织的内在要求，因而合作制被很快引入农业生产经营领域，农户按合作制原则构建合作社，广大农户能参与分工协作的农业生产经营，分工协作取代了简单协作，农户的劳动生产率得以提高，收益得以改善，这就是合作社产生的原因。这里需要说明，农户的农场生产经营之所以没有沿工厂制→股份制发展，是因为农业的一线生产无法进行专业化分工，这一方面是由农业生产对象——生物的生长、发育等特点所决定的；另一方面是由于实行工厂制生产，技术上难以突破，因而农户的、建立在农场基础之上的生产经营组织沿着另一条路径——合作制发展（因合作制恰好符合了农业生产的技术要求而被引入农业）。因此，农业合作社首先是经济效率的产物，其次才是合作运动的产物。当今发达资本主义国家农

① 马克思：《资本论》（第1卷），人民出版社，1975，第383页。
② 马克思：《资本论》（第1卷），人民出版社，1975，第359页。

业合作社将所有能从农业生产经营中分化出来的工作、工序等都分离了出来，以专业化分工协作来完成，这给人最直观的感觉就是农业合作社的服务非常全面和发达，这说明了农业合作社是农业生产经营组织形式中效率最高的组织形式之一，它是建立在家庭农场这一农业一线生产高效率组织基础之上的又一高效率组织（农业生产的特点及其生产方式决定了家庭农场是农业一线生产高效率的组织，而在家庭农场基础之上不可能建立现代股份制企业，当前生产力水平下合作社已是效率最高的组织了）。而新制度经济学在分析农业合作社时，忽略了农业生产的特点及其生产方式，用工厂式生产、股份制组织的生产效率来与农业合作社对比，得出农业合作社是低效率的结论，显然这一结论是片面和不科学的。总之，农户联合生产经营的组织形式是由农业生产的特点及其生产方式决定的，而合作制的特点恰好符合了这种组织的要求，从这个意义上说，合作制"天生"不在农业领域（最早出现在消费领域），而农户联合组织"天生"就适合遵循合作制。这样，农户利用合作制原则构建了农业合作社，实现了在家庭农场经营基础之上的分工协作，大大提高了劳动生产率。

以分工协作为特征的合作社以其巨大的经济性取代了简单协作：农业生产的产前、产中及产后的产、供、销等服务工作从农业生产经营中分离了出来，由合作社专业人员来完成，这些工作原来是由农户家庭中的任一成员承担，而现在由农户拥有的合作社聘请专业技术人员来完成或者由农户中拥有这方面禀赋（如技术、信息、责任心等）的人脱离田间劳动专门从事（欧洲农业合作社人员大多来自组建合作社的农户，而北美农业合作社则大多外聘专业人员），大大节约了生产经营成本（即降低了农业生产经营的"交易费用"，包括解决"小生产与大市场"等问题的费用，可见，降低这些"交易费用"是合作社产生的结果而不是原因），可以获得分工、协作的规模效益。经过分工协作后，农户可集中资源专门从事农业田间生产，如学习专业的田间生产知识、技能和集中资金购买高性能、专业化的田间生产设备等，这样农户在农场专注于一线生产，分工协作的合作社服务人员使用专用设施或设备为农户服务，农户与服务人员的专业性技术逐步熟练，同时专业化的工具、设备、设施等得以使用。分工协作实现了专业化劳动者运用专门化工具、基于专门技术进行生产，这极大地提高了合作社的生产、服务能力与经营效率，也极大地提高了农户的劳动生产率。这样，不仅相对于单个家庭自给自足的小生产，而且相对于农户间的简单协作来说，基于合作制的分工协作大大地提高了农户的劳动生产率，提高了农户应对自然风险与市场风险的能力。

　　通过上述分析可以看出，合作社是农户在生产经营中联合起来进行分工协作的产物，也是农业生产力发展的产物。新古典经济学机械地理解了亚当·斯密（Smith, A. ）关于"经济可以通过市场和价格机制来实现协调的结论",[①] 并简单地沿着这一结论，将其演化为一门围绕"理性人"进行假设、专门研究市场机制运作的经济学理论。新古典经济学视合作社为一个不可"细分"的经济组织而将其置于市场经济中进行研究，并将农户建立合作社之后的结果视为合作社产生的原因。新制度经济学将制度作为一个变量引入合作社问题进行分析，拓展了新古典经济学的研究方法及视野，批判了新古典经济学将制度视为一个"黑箱"的分析方法（尽管新制度经济学承袭了新古典经济学的分析范式及理论假设前提），进一步探讨了合作社产生的原因。新制度经济学在分析合作社产生的原因时，否认分工协作在技术上及生产关系上对合作社产生的重要作用，无视合作社产生的历史事实。该学派认为，分工导致合作社的产生没有说服力，因为"市场价格机制在资源配置方面是有效率的"，因而价格机制在处理分工方面也是有效率的（或者说市场能有效地组织分工协作）。可见，该学派将市场中的资源配置等同为合作中的分工协作，坚持认为分工协作不是合作社产生的根本原因，进而该学派通过引入交易费用概念，说明合作社出现的原因是：市场的运行是有成本的，通过形成一个组织，并利用层级制度来支配资源，就能节约某些市场运行成本，合作社就产生了（参见西方文献综述部分）；或者说，当构建一个层级制度组织，可以"内化"部分市场功能来降低交易费用时，合作社就产生了。

　　事实上，市场经济体制的形成与发展是劳动方式革命的客观要求，市

---

　　① 亚当·斯密关于"经济可以通过市场和价格机制来实现协调的结论"参见《国民财富的原因与性质问题的研究》第四、五篇。

场本身就是分工发展的产物。而市场经济的形成对劳动方式的革命有着推动作用，农业经济领域简单协作的劳动方式向分工协作的劳动方式转变又与其经济体制的转变紧密相关。分工协作的劳动方式推动了市场经济体制的发展，而市场经济体制的发展反过来促进了分工协作劳动方式的进步。

新制度经济学用交易费用解释合作社产生的原因，颠倒了合作社分工协作进行生产经营与交易费用产生的关系，合作社是先有分工协作进行生产经营，而后才会有所谓交易费用的产生。新制度经济学孤立和片面地强调了节约交易费用对合作社产生的影响，否定分工协作的作用。同样，它将合作社建立之后降低了农户进入市场的风险以及交易费用（含生产经营等费用）视为合作社产生与发展演进的原因也是错误的。

3.2.2　生产关系的视角：产权关系演进的结果

分工并不意味着相互独立的生产者就能够完成整个产品的生产。分工使生产者相互独立，怎样才能使由于分工而彼此独立的农户之间形成协调统一的、密切互助的合作关系，这就需要一种生产经营的组织形式，农业合作社就是应农业生产分工与协作的需要而产生的这样一种生产经营组织形式。但这仅仅是从生产力的角度来解释合作社的起源，合作社既是劳动的技术组织，又是劳动的社会组织。合作社中的农户还须结成某种关系，形成诸如财产所有制、管理制度、分配制度等，来不断地适应或促进分工协作的顺利进行，促进生产经营效率的不断提高，这种关系的总和就是合作社生产关系。从这个意义上说，合作社也是生产关系演化的结果，但这种生产关系的演化是为了适应农业生产力的发展，即合作社的产生根本上还是来自农业生产力发展的内在要求。

从原始农业→封建农业→资本主义农场制，农户的生产工具、方法等不断更新，农业生产资料逐步集中到具有农业生产禀赋的农户手中，但自家庭作为农业一线生产的基本单位以来，农户家庭私有制始终没有改变。量的积累孕育着质的嬗变，生产社会化下农业生产资料进一步集中，大农场兼并小农场，农场数量越来越少，而经营规模越来越大，农户家庭生产与经营大市场的矛盾逐步激化（内在地要求提高生产经营效率），同时为了抵御自然灾害、抵御中间商的盘剥及工业垄断资本向农业的渗透，农户就需要联合起来，出让各自部分财产的所有权或使用权（不可能是大部分甚至是全部财产，如建立人民公社或集体农庄。出让的底线是不可破坏家庭作为农业一线最基本的生产组织单位，这是由农业的生产方式、生产对象生长的特点与现实技术水平共同决定的），按"入股股金 + 共同共有或按份共有"的产权结构组建合作社，这样在农业生产经营组织的演进中，共有财产（按份共有和共同共有）出现了，这一质的改变来自农业生产力发展的内在要求。没有共有财产的出现就没有生产经营的分工协作，也就不可能有合作社的产生。因此，合作社是缓解农业社会化大生产与农户私有制（劳动者个人私有制）两者间矛盾的产物，是合作经济组织共有制（成员共同共有或按份共有，它不同于集体所有制，也不同于公有制，更不同于资本主义私有制，在产权分析一章将有详述）对农户私有制的否定，是农业生产经营组织所有制关系发展演进的里程碑。因此，基于生产关系视角，合作社的产生是家庭农场私有制产权关系发展演进（或者说是家庭农场私有制产权关系自我否定）的结果。

3.2.3 生产力与生产关系矛盾运动的视角：农业生产社会化[①]的结果

什么是生产社会化？马克思在论及资本主义的积累时，提出了其生产

[①] 生产社会化有广义与狭义之分。恩格斯曾经将生产社会化的内容概括为三个方面："（1）生产资料从个人的生产资料变成许多人共同使用的社会化生产资料；（2）生产本身从一系列的个人行动变成一系列的社会行动；（3）产品从个人产品变成社会的产品。"（《马克思恩格斯选集》第 3 卷，第 309 页。）恩格斯在这里主要是指物质生产活动本身的社会化，即从狭义的角度谈生产社会化。随着生产力的发展，资本主义社会进入帝国主义阶段，科学技术得以发展与深化应用，生产社会化程度有了更大的提高。列宁在谈到资本主义生产社会化时进一步指出："竞争转化为垄断。生产的社会化有了巨大的进展。就连技术发明和技术改进的过程也社会化了。"（《列宁选集》第 2 卷，人民出版社，2012，第 592 页。）"资本主义进到帝国主义阶段，就使生产完全达到全面社会化的地步。"（《列宁选集》第 22 卷，人民出版社，1958，第 197 页。）显然，列宁是从广义角度来认识资本主义后期的生产社会化，即将生产社会化理解为全社会的"最全面的社会化"。总之，直接为生产过程的社会化，引起了整个社会经济的巨大变革，形成了最广泛的最全面的社会化。在不特别说明的情况下，本研究的生产社会化均指狭义的概念。

社会化理论。马克思首先是从生产资料使用的社会化和劳动的社会化开始分析生产社会化。"劳动者对他的生产资料的私有权是小生产的基础，……这种生产方式是以土地和其他生产资料的分散为前提的。它排斥协作，排斥同一生产过程内部的分工，排斥对自然的社会统治和社会调节，排斥社会生产力的自由发展。"① 这种个体小生产在社会生产力发展到一定程度时必然被消灭，"一旦资本主义生产方式站稳脚跟，劳动将进一步社会化，……就开始了少数资本家对多数资本家的剥夺。这种剥夺是通过劳动资料的集中进行的。随着这种集中，规模不断扩大的劳动过程的分工协作形式日益发展，科学日益被自觉地应用于技术方面"，② 这样"劳动资料日益转化为只能共同使用的劳动资料，一切生产资料因作为结合的社会劳动的生产资料使用而日益节省"。③ 在这里，根据马克思的论述，生产社会化是一个动态过程：多数人的小财产被剥夺为少数人的大财产，生产资料日益集中，劳动过程的分工协作形式不断发展，劳动日益社会化。从生产力方面来看，劳动过程的专业分工协作形式日益发展，劳动逐步实现了社会化并不断深化；从生产关系的变革来看，生产资料逐渐集中引起生产资料使用的社会化，生产资料逐步转化为"只能共同使用的"资料。在马克思的视野中，生产社会化是一个不断运动的过程，表现出资本主义生产力与生产关系的矛盾运动。

基于马克思的生产社会化思想，恩格斯进一步指出，生产的社会化包括两层含义：一是"生产本身也从一系列的个人行动变成了一系列的社会行动，而产品也从个人的产品变成了社会的产品"，④ 即生产本身的社会化；二是"生产资料从个人的生产资料变为社会化的，即只能由大批人共同使用的生产资料"，⑤ 即生产资料脱离了纯粹的私有属性（起码生产资料的使用权归集体），其使用实现社会化。

可见，生产社会化是指分散的个体小生产在生产力的驱动下，转变为

① 马克思：《资本论》（第 1 卷），人民出版社，2004，第 872 页。
② 马克思：《资本论》（第 1 卷），人民出版社，2004，第 873 ~ 874 页。
③ 马克思：《资本论》（第 1 卷），人民出版社，2004，第 874 页。
④ 《马克思恩格斯选集》（第 3 卷），人民出版社，2012，第 799 页。
⑤ 《马克思恩格斯选集》（第 3 卷），人民出版社，1972，第 309 页。

由社会分工协作联系起来的，共同使用集中起来的、脱离了纯粹私有性的生产资料进行大规模社会生产的过程。资本主义生产方式下的生产社会化通过下述过程表现出来：为适应生产力的发展，资本主义生产关系产生、发展并打破、取代了旧的封建生产关系，多数人的小财产被剥夺为少数人的大财产，劳动力和原先分散、零碎的生产资料突破纯粹私有性，不断地集中到资本主义企业中，企业内的劳动者使用集中起来的生产资料进行分工协作劳动。分工协作以及规模化生产使得企业可以充分利用新技术、新设备，先进的技术与设备取代落后的技术与设备。这样，劳动者使用先进的技术与设备集中起来进行生产，从而生产出来的最终产品变成了劳动者们分工协作的劳动成果。[1] 同时，在生产力发展的驱动下，企业生产经营效率的提高还使得分工协作拓展到企业之外，"社会化分工协作使得新的生产部门不断产生，生产的专业化程度和各生产部门的分工协作日益深化、扩大和加强，……个人的生产变为社会的生产，分散的生产过程变成社会的生产过程，地方市场发展为国内市场和世界市场"。[2]

马克思、恩格斯认为，生产社会化理论同样适用于农业。"小块土地所有制按其性质来说是排斥社会生产力的发展、劳动的社会形式、资本的社会积聚、大规模的畜牧和科学的不断扩大的应用。……生产资料无止境地分散，生产者本身无止境地分离。人力发生巨大的浪费。生产条件日趋恶化和生产资料日益昂贵是小块土地所有制的必然规律。"[3] 因而，小块土地所有制在资本主义发展进程中必然被消灭，取而代之的是农业中的社会化大生产，"大土地占有者比只有一摩尔根土地的人占优势，其结果是：……按弱肉强食的道理，大资本和大土地并吞小资本和小土地……这种财产的集中是一个规律，……是私有制所固有的"。[4] 在这里，"小块土地所有制"是指自给自足的、封闭的小农经济所有制。马克思、恩格斯认

---

① 关于生产社会化的定义，本书引用了《辞海》（经济分册，政治经济学部分）的相关解释。参见《辞海》（经济分册），上海辞书出版社，1999，第3222页。

② 《马克思恩格斯选集》（第3卷），人民出版社，1972，第310页。

③ 马克思：《资本论》（第3卷），人民出版社，2004，第810页。

④ 恩格斯：《政治经济学批判大纲》，载《马克思恩格斯选集》（第1卷），人民出版社，1956，第622页。

为，资本主义农业中的社会化大生产优于小生产，并将"排挤和取代小生产"，这是资本主义农业发展的必然结果，但只有农业发展到运用大机器、实行规模化生产，采用先进的科学技术进行广泛的分工协作阶段，即农业生产力水平发展到一定程度，大生产的优点才能充分体现出来，才能最终消灭并取代小农经济。"我们所具有的科学知识，我们所拥有的进行耕作的技术手段，如机器等，只有在大规模耕种土地时才能有效地加以利用。"①可见，马克思、恩格斯所指的农业大生产即农业的社会化生产，是指农业由自给自足的、封闭与落后的小生产农业，转变为商品化的、开放的、进行社会化分工协作、使用先进技术进行生产的农业的过程（显然，这一过程是由农业生产力与生产关系的矛盾运动引起的）。在这个过程中，农业生产资料逐步集中（生产资料所有者须出让其部分，甚至全部财产的占有权、使用权等权能，这种集中才可能实现），从而使农业生产过程和劳动过程不再完全由个别劳动者及其家庭成员单独完成，而是由社会、由不同的生产组织按与当时生产力水平相适应的联合方式来共同完成，或由不同劳动者在专业化分工与协作的基础上（如构建合作社）共同完成，使农业生产成为社会化生产。不难看出，后者正是农业合作社产生的真实写照。

农业合作社的产生是农业生产关系对农业生产力发展的一种适应性调整。农业生产力水平的提高，促使农业商品经济发展，为提升生产经营效率，增强市场竞争力，农业的生产过程或劳动过程，不可能再由个别劳动者及其家庭单独完成，而是按照适合农户组建企业的组织原则——合作制构建合作社，在分工与协作的基础上共同完成整个农业生产经营，这就内在地要求首先对旧的生产关系进行一系列的调整：众多的农业小生产者出让各自部分甚至全部财产的使用权、管理权等权能，使得农业生产资料逐步集中，"生产资料从个人的生产资料变为社会化的，即只能由大批人共同使用的生产资料"，②这样，农业生产由私人的小生产变为社会化生产，农业合作社产生。在农业合作社的帮助下，农户生产经营的效率得到大幅

---

① 《马克思恩格斯选集》（第2卷），人民出版社，1972，第452页。
② 《马克思恩格斯选集》（第3卷），人民出版社，1972，第309页。

提升，收益也得到明显改善。这时，农业生产将"从一系列的个人行动变成了一系列的社会行动，而产品也从个人的产品变成了社会的产品"。① 可见，从生产力与生产关系矛盾运动的角度来看，农业合作经济组织的出现是农业生产社会化的结果。恩格斯也在《再论蒲鲁东和住宅问题》中清楚地指出："只有在这种巨大规模下，才能应用一切现代辅助工具、机器等等，从而使小农明显地看到基于组合原则的大规模经济的优越性。"②

新制度经济学之所以将农业合作社建立后的结果视为其出现的原因，源于其方法论方面的缺陷。尽管部分研究者运用马克思理论来解释合作社产生的原因，但其结论值得商榷。例如，有的学者认为："资本主义基本矛盾，即资本主义的生产资料私有制与生产的社会化之间的矛盾，是合作经济产生的根源。"③ 此外，还有的学者将合作社产生的根源归结为："资本主义制度发展所带来的两极分化和阶级与社会矛盾。"④ 如果仅从这一结论来分析的话，第一，在当今资本主义国家，合作社就应具有成为生产经营主要形式的趋势，但事实不是；第二，公有财产制度下的人民公社、集体农庄就应该是最优的农业生产组织形式，但事实也不是。

如前所述，我们认为农业合作社的产生根本上来自农业生产力发展的内在要求，然后，从生产关系的视角来看，才是所有制应对生产力发展所做的调整、变革。即在决定合作社产生的问题上，生产力发展是第一位的，第二才是生产力与生产关系之间的矛盾运动。一旦将合作社产生的根源归结于资本主义的生产资料私有制与生产的社会化之间的矛盾，那么调整生产关系就成了重心，我们便可能忽视农业生产力发展的特点，这也正是原苏联集体农庄、中国人民公社失败的一个重要原因。将合作社产生的根源归结于生产关系的调整，而不是农业生产力自身的发展，这将导致我们一旦对农业生产力发展特点及其生产方式的判断失误，那么对农业生产关系的调整可能是灾难性的。

① 《马克思恩格斯选集》（第3卷），人民出版社，1972，第309页。
② 《马克思恩格斯选集》（第2卷），人民出版社，1972，第547页。
③ 周万钧：《合作经济概论》，中国商业出版社，1987，第43页。
④ 康德倌、史生丽：《股份合作制理论与立法的基本问题》，中国检察出版社，2002，第83页。

马克思、恩格斯曾对资本主义发展初期的农业生产经营组织形式做过深入研究。首先，他们认为，当时的农户家庭经营的生产方式是落后的，在资本主义条件下注定要灭亡。对于农户家庭来说，"只要死一头母牛，他就不能按原有的规模来重新开始他的再生产"。[①] "这种土地所有权灭亡"的原因就是："它的正常的补充物即农村家庭工业，由于大工业的发展而破坏；处在这种耕作下的土地已经逐渐贫瘠和枯竭；公有地……已经为大土地所有者霸占；种植园经济或资本主义经营的大农业加入了竞争。农业上的各种改良，一方面降低了土地产品的价格，另一方面要求较大的投资和更多的物质生产条件，这些也促进了上述土地所有权的灭亡。"[②] 其次，他们认为，资本主义农业中大生产优于小生产，并将"排挤和取代农户家庭经营"，农户将会被消灭。马克思指出，"新技术和机器，只有大规模农业才能应用。而只要普遍采用，必然导致资本主义关系的建立和农户的灭亡"，[③] 并预言"大工业在农业领域内所起的最革命的作用，是消灭旧社会的堡垒——'农民'"。[④] 恩格斯也指出："1680 年，小农还是一种常见的生产方式，而大地产只是个别的。今天大规模使用机器耕种土地已成了一种常规，而且日益成了唯一可行的农业生产方式。所以，看来农民在今天是注定要灭亡的。"[⑤] 通过仔细研读我们发现，在马克思、恩格斯对农业生产经营组织形式的研究中，多数场合，"农户家庭"和"小农"是同义词，都是指封闭的、自给自足的小农经济生产方式，而不是指家庭经营本身。马克思、恩格斯以英国、德国十八世纪农村的发展作为其立论的客观事实根据，而当时英、德两国的农户生产是一种典型的自给自足的小农经济生产方式，他们认为这样的农户家庭必然灭亡，事实证明，这样的农户家庭已经灭亡了，取而代之的是在各种各样的社会化服务组织（包括合作社）支持下的，能参与社会化大生产的现代化农业家庭。也就是说，马克思、恩格斯所指的"农户家庭"是有特定性质的，不是泛指所有的农户家庭，

---

① 马克思：《资本论》（第 3 卷），人民出版社，1975，第 678 页。
② 马克思：《资本论》（第 3 卷），人民出版社，1975，第 909～910 页。
③ 《马克思恩格斯选集》（第 2 卷），人民出版社，1972，第 452 页。
④ 马克思：《资本论》（第 3 卷），人民出版社，1975，第 551 页。
⑤ 《马克思恩格斯〈资本论〉书信集》，人民出版社，1975，第 528 页。

也不是指农户家庭本身。显然，消灭农业生产经营的家庭模式，单纯追求"一大二公"的人民公社、集体农庄可能在理论渊源上曲解了马克思、恩格斯所指的"农户家庭"的特定含义。

综上所述，部分研究忽视了农业生产力自身发展的特点及生产方式的特点，而将农业生产关系的适应性调整视为农业合作社产生的根源，并且在一段时期内，将这种调整理解为消灭家庭生产经营单位，建立纯粹的公有制，而且越纯越好。这实际上是对马克思、恩格斯研究背景及原意的理解偏差，消灭家庭作为农业生产经营的基本单位，消灭家庭私有制，追求"一大二公"，这是集体农庄、人民公社产生的一个重要的理论思想根源。建立农业合作社是农业生产力发展的必然，关键是建立具有什么样制度特征的合作社才能适应农业生产力发展的内在要求。当代西方农业现代化发展的历史证明，建立在家庭农场私有制基础之上的、追求生产效率不断提高的农业合作社才能存续并获得成功，否定家庭作为农业生产经营的基本单位，否定合作社追求生产经营效率的属性，在这样的思路下构建的合作社不会获得成功。

3.2.4 合作社是农业领域分布最广泛和最重要的经济组织

为什么合作社是农业中分布最广泛和最重要的经济组织？黄祖辉（2000）认为，农业生产的基本特点——生物性、地域分散性以及规模不均匀性的存在，决定了合作社存在的必然性，也决定了合作社是农业中分布最广泛和最重要的经济组织。[①]

除上述原因外，合作社是农业领域分布最广泛和最重要的经济组织还有以下原因。

第一，农业自身的特点决定其生产经营风险大。农业生产易受土质、温度、气温等外部自然环境的影响，面临极高的自然风险。同时，农产品不易储存，集中上市交易又往往造成"谷贱伤农"，使农业生产面临极大的市场风险。面对双重风险的压力，农户只有自己构建经济组织，依靠集

---

① 黄祖辉：《农民合作：必然性、变革态势与启示》，《中国农村经济》2000 年第 8 期，第 5 页。

体的力量来实现降低生产经营风险的目的（依靠龙头企业是不行的，企业往往会将风险转嫁给农户）。

第二，就农业生产经营的整个过程来看，有许多环节仍然需要集体的力量，如批量购入生产资料、降低生产经营成本，解决小生产与大市场矛盾，农村部分水利灌溉工程、道路等基础设施的兴建等，均需要农户的集体力量才能完成。德国合作社学者对 20 世纪 70 年代德国农民获取农业机械服务的组织形式进行成本比较分析，如果农民自己购买农业机械，每年要多支出 12000 马克，如果通过营利组织，要多支出 1000 马克，如果成立共同使用农机合作社，则多支出 750 马克。[1] 在美国的得克萨斯高原，除规模在 2561 英亩以上的巨型农场外，在一般农场的棉花生产中，相对于直接进入市场，农场主利用合作社的服务可使每磅成本平均节约将近 10 美分；而利用私人服务，每磅成本平均只能节约 2 美分，前者几乎是后者的 5 倍，由此不难看出合作社竞争力量的强大和有效。[2]

综合上述讨论不难发现，农业生产的特点、农业生产力水平、合作社的特殊性质共同决定了合作社是农业领域分布最广的经济组织。

农业生产的特点决定家庭是农业生产一线效率最高的生产经营组织形式，建立在这一高效率组织基础之上的、使农户实现收益最大化的企业组织就只能是农业合作社。合作社是农户社员自己拥有、自己管理，从而完全占有自己剩余劳动的经济组织，这一组织为农户家庭的一线生产服务并谋求农户的收益最大化，是农户获取全面服务和规模化参与市场竞争的重要工具。无论是在社会主义社会还是在资本主义社会，农业以及合作社均具有上述特点，同时任何一个社会的农户均需要解决"小生产与大市场"的矛盾，均需要不断提高农业收入。因而，无论是什么样的社会制度，构建合作社均是广大农户必然的选择。

---

① 国鲁来：《合作社制度及专业协会实践的制度经济学分析》，《中国农村观察》2000 年第 8 期，第 38 页。
② 徐更生、熊家文：《比较合作经济》，中国商业出版社，1992，第 94 页；樊亢、戎殿新：《美国农业社会化服务体系——兼论农业合作社》，经济日报出版社，1994，第 290 页。

第四章　西方农业合作经济组织的
产权制度分析

第一节　产权制度分析的两种范式：兼对新制度
经济学结论的评述

新制度经济学产权理论认为合作社产权制度主要存在两类问题：一是合作社在其发展过程中存在共同共有财产，共同共有财产是一种"天然"的低效率产权制度安排，易激发社员的"搭便车"行为，导致合作社被"过度使用"；二是产权不可流动使得所有权本质上不能带来收益，社员只有在惠顾合作社时才能取得，同时还会导致组合投资问题、眼界问题和控制问题等。这不禁使我们产生疑问：既然共同共有财产会激发社员的"搭便车"行为，形成"公地的悲剧"，那么为什么西方很少有农业合作社会放弃形成共同共有财产的公积金制度（公积金是股东权益的重要内容）？许多有影响力的、成功的合作社集团、合作社，如西班牙的蒙德拉贡合作社集团、美国的"农地实业社"等均未放弃对共同共有财产的积累，恰恰相反，随着合作社的不断发展壮大，共同共有财产将越积越多，实力不断增强，这样合作社才能为成员提供更多、更好、更新的服务；同时合作社在市场中的竞争力也得到增强，甚至跨出了国门。此外，实证研究表明，共同共有财产的增加还有利于合作社解决融资抑制问题。① 对于第二个问

---

① 美国哥伦比亚大学（Columbia University）的 Fabio R. Chaddad 在其博士学位论文《美国农业合作社融资约束理论及来自面板数据的经验证明》中运用 Q 投资理论对 （转下页注）

题，新制度经济学称合作社产权不可流动（Cook，1995）并不准确，流动性是相对的，准确地说应是相对于现代股份制公司（新制度经济学常常将合作社的产权制度安排—绩效与现代股份制公司的产权制度安排—绩效进行对比），其产权流动性要低。但问题的关键是农业合作社的产权制度安排是否可以像现代股份制公司那样，实现全部股权上市流通呢？如果不可以，那就说明新制度经济学对合作社产权制度是低效率的判断是错误的，因为经济发展中根本就不会出现全部股权上市流通的农业合作社，也就不能将这种不存在的合作社与现实合作社进行对比而得出现实合作社是低效率的这一结论。如果可以，那么为什么发展了上百年的许多成功的农业合作社没有变为股份制公司？股份制公司的产权制度安排既然优于合作社，那么为什么股份制公司没有在农业生产经营领域完全取代合作社？如何解释新制度经济学结论与现实的矛盾？

目前，对农业合作社产权制度的研究，学术界主要存在两种分析范式：马克思主义经济学产权理论与新制度经济学产权理论。当前，新制度经济学已成为国内外学术界对农业合作社进行产权制度分析的主流方法，马克思主义经济学的产权理论已被边缘化，甚至已经出现完全退出的趋势。事实上，150 年前，马克思就构建了系统、科学的产权理论。尽管有阶级立场上的不同，西方许多学者仍高度赞扬了马克思的产权理论，例如，西方著名经济学家熊彼特在其《资本主义、社会主义和民主主义》一书中称马克思的产权理论"是以穿透崎岖、不规则的表层，并以深入历史事物的宏伟逻辑的眼光来领会的"。[①]因此，在这里我们首先应将两种理论范式进行比较，揭示新制度经济学对合作社产权分析结论的缺陷，才能深刻领会新制度经济学产权分析结论与现实的矛盾。

（接上页注①）美国 1991～2000 年具有代表性的 1271 家农业合作社进行面板数据模型分析，结果证实美国农业合作社无论在对内还是对外融资上都确实存在融资抑制（financial constraints）问题，并且发现共同共有财产多的合作社的融资抑制要远弱于共同共有财产少的合作社。因此，对共同共有财产是不是一种"天然"的低效率产权制度安排不可绝对地一概而论。

① 熊彼特：《资本主义、社会主义和民主主义》，顾准等（译），商务印书馆，1979，第17 页。

4.1.1 产权本质的两种解读

新制度经济学产权理论的主要代表人物阿尔钦认为，"产权是一个社会所强制实施的选择一种经济品使用的权利，是授予特别个人某种权威的办法，利用这种权威，可以从不被禁止的使用方式中，选择任意一种对特定物品的使用方式"，"私有产权则是将这种权利分配给一个特定的人，它可以同附着在其他物品上的类似权利相交换"。[①] 阿尔钦强调产权是法律或法规明确规定的、社会强制实施的一种权利。诺斯认为，"产权是个人对他们拥有的劳动物品和服务占有的权利"，而"占有是法律规则、组织形式、实施行为及行为规范的函数"，[②] 且"产权本质上是一种排他性权利"。[③] 德姆赛茨指出："产权是一种社会工具，其重要性就在于事实上它们能够帮助一个人形成他与其他人进行交易时的合理预期。"产权可以被用来"界定人们如何受益及如何受损，因而谁必须向谁提供补偿以使他修正人们所采取的行动"。[④] 张五常认为，"产权是由排他性的使用资产权、运用资产获得收益权和资源自由转让权组成。这三种权利就构成了产权制度的核心。除此以外，其他权利都是由这三种权利派生"。[⑤] 张五常还认为组成产权的各项权利可以自由转让而使其所有者获得相应的收益。

由于解析产权的视角不一样，上述经济学家对产权本质的解读并不完全一致，但从他们的表述中还是可以发现共同点：第一，新制度经济学按照主观个体（或个体唯心）主义方法的逻辑（在这一点上与新古典经济学一脉相承），认为产权是法权，是来自法律、法规的约束，是人们社会经济活动的基础性行为规则；第二，产权是个人对财产的一种排他性的占有权利，被用来界定人与人之间对财产的占有关系，这种占有关系既给占有主体带来收益，也给其带来交易费用，占有主体权衡交易费用——收益来决定占有关系的形成与变革；第三，产权是一种权利，由各项权能组成，

---

① 转引自科斯等《财产权利与制度变迁》，上海三联书店，1994，第 166 页。
② 诺斯：《制度、制度变迁与经济绩效》，上海三联书店，1994，第 45 页。
③ 诺斯：《经济史中的结构与变迁》，上海三联书店，1991，第 21 页。
④ 转引自科斯等《财产权利与制度变迁》，上海三联书店，1994，第 97 页。
⑤ 张五常：《中国的前途》，香港信报有限公司，1988，第 6 页。

根据人们的需要，这组权利是可以被分解为各项权能的。新制度经济学产权理论正是从上述产权所包含的基本内涵出发，研究在现实经济活动中人们的各种关系，并由此建立了有关产权理论的分析范式及一套理论分析框架，但这一分析范式及理论分析框架在研究产权时，大多割裂了产权的产生与其发展的历史背景，单纯地就产权谈产权，基于主观唯心主义视角，运用交易费用理论或成本－收益理论、博弈论、委托－代理理论等讨论产权，部分新制度经济学产权经济学家虽然也认识到产权反映了人与人之间的物质利益关系，但他们只是泛泛地谈论一切物品（包括无形物）的产权，他们没有认识到生产资料的所有权（反映生产资料归谁所有）对其他权能的决定性作用，没有从人类生产活动的历史进程来考察产权关系的形成，也没有认识到决定产权关系发展演进的根本原因是生产力，所以他们对产权问题的认识是错误的。

　　经济问题研究的科学方法是要由表及里、去伪存真，这就要求研究者在研究中要持联系、运动、辩证的观点，即要辩证、动态地分析研究对象与相关事物的内在联系，马克思正是基于这一科学原则来研究产权问题。马克思首先将商品及劳动力市场上的法权关系研究作为分析产权关系的切入点。[①] "商品是物，所以不能反抗人。如果它不乐意，人可以使用强力，换句话说，把它拿走。为了使这些物作为商品彼此发生关系，商品监护人必须作为有自己的意志体现在这些物中的人彼此发生关系，因此，一方只有符合另一方的意志，就是说每一方只有通过双方共同一致的意志行为，才能让渡自己的商品，占有别人的商品。可见，他们必须彼此承认对方是私有者。这种具有契约形式的（不管这种契约是不是用法律固定下来的）法权关系，是一种反映着经济关系的意志关系。"[②] 这说明经济关系产生意

---

① 马克思研究资本主义产权关系的逻辑起点是商品理论。马克思经过全面、深入地研究后，即经过从具体到抽象的研究过程以后，认为在资本主义社会，商品生产占统治地位，商品是资本主义生产方式的历史前提；商品是整个资本主义产权关系最一般的形式，商品范畴是资本主义经济关系的最一般的范畴，在其中包含了能够发展成为资本主义矛盾的各种矛盾或矛盾的萌芽，因而马克思将商品（含劳动力商品）的法权关系作为分析产权关系的切入点。

② 马克思：《资本论》（第1卷），人民出版社，2004，第103页。

识关系，意识关系产生法权关系，即人们的经济关系是意识关系的基础，意识关系是法权关系的基础。马克思认为，产权是人们（主体）围绕或通过物质资料或财产（客体）而建立和形成的经济权利关系。在这里产权首先表现为人对物的关系，即一定的主体对物质资料的所有、占有、支配或使用。其次，人们对物质资料行使特定权利时，必然围绕物质资料同周围有关的人发生一定关系或者要以一定的社会关系作为前提，"人们扮演的经济角色不过是经济关系的人格化，人们是作为这种关系的承担者而彼此对立着的"。①

马克思研究产权时，并非泛泛而谈，孤立、封闭地谈产权，就产权的某一外在表现形式谈产权。关于产权，马克思指出："这种具有契约形式的（不管这种契约是不是用法律固定下来的）法权关系，是一种反映着经济关系的意志关系。这种法权关系或意志关系的内容是由这种经济关系本身决定的。"②"财产关系……只是生产关系的法律用语。"③ 这揭示了产权与经济、意志、生产关系之间的内在联系。马克思还揭示了法律中的产权是"一定所有制关系所特有的法的观念"，④ 即法律中的产权是所有制的法律形态。由于法律中的产权是生产资料所有制关系（反映了人与人之间最核心的经济关系）所特有的法的观念，因此生产资料所有制所反映的人们在经济活动中的权益关系，一定会通过法律中的产权关系体现出来，即经济关系（经济基础）决定法权关系（上层建筑）。

新制度经济学将人为制定的法律、法规（主要通过权衡交易费用——收益来制定）看作决定产权关系的基础，这显然违背经济关系决定法权关系的历史事实，表现出其主观的唯心主义方法论。在分析农业合作社产权制度产生时，它认为这一制度的产生是人为地为降低交易费用而选择的一种制度安排。而马克思产权理论认为，法权关系（上层建筑）是由生产过程中的经济关系（经济基础）决定的，因而表现为法权的产权关系从本质

---

① 马克思：《资本论》（第1卷），人民出版社，2004，第104页。
② 马克思：《资本论》（第1卷），人民出版社，2004，第103页。
③ 《马克思恩格斯全集》（第13卷），人民出版社，1962，第8~9页。
④ 《马克思恩格斯全集》（第30卷），人民出版社，1974，第608页。

上说是由经济关系决定的。一种产权关系或产权制度是不能脱离一定的生产力发展水平的，即产权关系或产权制度的产生、发展源于生产力的发展变化。因而我们认为，农业合作社产权制度的产生是农业生产力发展的必然，是农业生产关系应对农业生产力发展而进行的适应性变革，这与前述农业合作社产生的历史逻辑也是一致的。

4.1.2　方法论的分歧

林岗、张宇（2000）指出，马克思产权理论的方法论是唯物辩证法、科学抽象法、理论逻辑与历史一致法、有机整体的方法论。在马克思的分析视野中，社会不是个人的简单加总，社会整体决定了个人的属性，思维的出发点不应是抽象的个人，而是现实的处于社会联系中的个人，人是处在社会整体联系中的，是多种规定性的有机统一。按这种系统、整体、动态的方法论，一定社会的所有制形式和产权结构不是个人之间自由交易和自由契约的结果，而是社会结构的整体即生产力与生产关系、经济基础与上层建筑矛盾运动的产物，不是理性的个人自由选择导致了产权制度的变迁，相反，是社会结构和产权制度的变迁决定个人的行为方式和选择空间。因此，产权制度不是个人之间的一种交易关系，而是不同阶级或不同社会集团之间的一种生产关系。[①]

新制度经济学产权理论采用的是唯心的、个体主义分析方法。它认为：产权关系首先是个人对财产的一种排他性的占有关系，这种占有关系在给经济主体带来利益的同时，也产生交易成本；产权制度的形成和变迁是个人在交易成本约束下追求利益最大化而进行自发交易的产物，[②] 或者说是个人在追求既定利益目标下，实现交易费用最低而进行自发交易的产物，这一产物是一种占有关系的制度安排，这一制度安排能实现个人经济活动中的利益最大化或交易费用最低。可见，西方产权理论对产权问题的分析完全是建立在"以成本收益比较分析决定制度安排"为核心的新古典经济学理性经济人范式基础之上的。因而，新制度经济学在研究农业合作

[①]　林岗、张宇：《产权分析的两种范式》，中国社会科学出版社，2001，第 135 页。
[②]　科斯等：《财产权利与制度变迁》，上海三联书店，1994，第 97 ~ 98 页。

社的产权问题时，是以制度安排－交易成本－收益为主要方法，辅之以均衡分析法和边际替代法来研究的。这种分析范式自然不考虑农业生产的特点及农业生产方式，由于没有将农业生产力及生产方式纳入其分析视野，分析中不考虑农业生产的特殊性，也就不会考虑共同共有财产对农业生产经营的重要性，更不会考虑农业合作社产权流动是否与农业生产方式相矛盾（资本主义股份制企业产生的前提是劳动者被剥夺了生产资料，即生产资料与劳动者相分离，这显然不适合农业生产力发展的特点）。此外，新制度经济学在进行产权制度分析时，将家庭农场主抽象为理性经济人，因而新制度经济学分析范式自然不会将家庭农场纳入农业合作社的制度分析，进而忽视家庭农场在农业生产一线的高效率，最终使得新制度经济学产权理论的分析结论陷入理论与现实的矛盾之中。这也使得新制度经济学产权理论认为农业合作社产权不是在特定的农业生产力水平及其决定的生产关系的基础上、在特定的历史背景下产生的，而是反映理性经济人（农场主）的超历史、超自然的主观选择，这一主观唯心主义的经济学思想完全不符合历史事实，这也就决定了新制度经济学产权理论对农业合作社产权的研究只能是肤浅的，不可能深入地揭示合作社产权的内在本质及其演进规律。

4.1.3　产权与效率关系的不同理解

在马克思的著作中，马克思并没有一般性地肯定公有产权有效率或效率高，也没有一般性地认为私有产权无效率或效率低。马克思考察产权效率问题时，运用了生产力决定生产关系、经济基础决定上层建筑的辩证统一原理，将产权与效率的关系放到一定历史阶段的社会物质生产与再生产过程中加以考察。马克思认为，当包含产权关系在内的法权关系适应了经济基础的发展，并适应生产力发展的时候，该种产权安排就有效率或效率高；当包含产权关系在内的法权关系不适应经济基础的发展，从而不适应生产力发展的时候，该种产权安排就无效率和效率低，进而需要以一种新的产权制度取代落后的产权制度。

与此形成鲜明对比的是，西方产权学家一般性地认为私有产权有效率或效率高，公有产权无效率或效率低。德姆赛茨在《关于产权的理论》一文中指出："产权的宏观结构由共有产权、私有产权和国家产权三种形式组成。判断一种产权结构是否有效率，主要看它能否为人们提供比外部性较大的内在刺激。"他运用这一标准，以土地这一财产为例，分析了三种产权结构的效率，得出结论："只有私有产权才能完成推进市场化和提高经济效率这几项不可或缺的任务。"[1] 西方产权学家关于产权与效率的关系，既经受不起历史的检验，也经受不起实践的检验。真实的历史事实是：奴隶社会和封建社会的私有产权制度，从总体上看经济效率是低下的。因为在奴隶社会、封建社会，自给自足的自然经济占统治地位。奴隶主、封建主对剩余劳动的榨取主要是为了满足自身物质生活需要，生产的直接目的是获得剩余产品的所有权。这种榨取劳动者剩余劳动产品所有权的方式必然受到剥削者自身物质需求和劳动者自身生理条件的限制，同时也会受到劳动者的强烈反抗，劳动生产率难以提高，即这种私有产权制度维护了一种落后的生产方式，阻碍了生产力的发展，因而从总体上看，奴隶社会和封建社会的私有产权制度是低效率的，必然被资本主义产权制度所取代。在资本主义发展初期，这种产权制度的取代对生产力的发展起到了积极的推动作用，是高效率的，但是随着资本主义生产力的发展，社会化大生产的内在要求与资本主义私有产权制度之间矛盾逐渐凸显（自 19世纪 20 年代以来资本主义世界频繁爆发的经济危机使资本主义生产倒退几年，甚至十多年，损失极其惨重，根本就谈不上高效率），资本主义私有产权制度的效率逐步降低，当资本主义私有产权制度不能容纳资本主义生产力发展的时候，生产力必然"突破这个外壳"，激发更高效率的产权制度产生以适应其发展。

德姆赛茨得出私有制是高效的产权制度安排的一个重要理由是：私有产权能够给人们排他性的自由选择的权利，可以使企业主在不受任何束缚的条件下充分发挥其积极性，"私有制则意味着共同体承认所有者有权排除其他人行使所有者的私有权。……如果单个人拥有土地，他将通过考虑

---

① 科斯等：《财产权利与制度变迁》，上海三联书店，1994，第 96 页。

未来某时的收益和成本倾向，并选择他认为能使他的私有土地权利的现期价值最大化的方式"。① 即私有产权能够给人们排他性的自由选择的权利，可以使经济主体在不受任何约束的条件下充分发挥其主观能动性，以实现其投入物现期价值的最大化。德姆赛茨认为，企业只有实行私有产权制度才能真正实现产权明晰化，才能激发企业利益相关方从事经济活动的动机，从而使企业在市场经济中的发展具有最充分的内在动力。

从理论上说，人们从事经济活动的动机及努力程度主要取决于两方面的因素：一是物质利益的因素，二是精神的因素。我们先撇开精神方面的因素，单就物质利益方面的因素来看，只要把物质利益与人们的经济活动紧密地结合起来，就会为人们的经济活动提供充分的动力。这里的经济利益包括财产收入和直接收入两个方面，即当人们的经济活动与其财产利益和直接的收入都能够直接结合起来时，其当然就会对经济活动产生强大的动力。因此，要使经济活动具有强大的动力，关键是要做到这两方面的结合。②

应该看到，在私有产权的条件下，出于财产是私有的，人们的经济活动与财产利益的结合是十分紧密的，因而从财产利益的角度来说，其动力是非常充分的，尤其是在小私有制的条件下，这一点就更为突出。但是，在现代社会化大生产的条件下，社会生产早已突破了个体的局限，社会化大生产已成为生产的主流形式，个体小生产在社会生产中只是起着拾遗补阙的作用。为适应社会生产的这一发展趋势，私有产权的形式已经突破了小私有制的局限，以股份公司为主要形式的私人资本社会化已成为现代社会产权的主要内容。这一变化的实质在于，在股份制的条件下，私人财产与个人的经济活动已经在相当程度上分离了，即财产仍归私人所有，但直接使用这些财产的并不是财产所有者本人，而是其他人。这样，对于财产所有者来说，财产利益与个人的经济活动之间已经不是一种直接结合的关系了，而是使这种结合具有了间接性。从这一点来说，私有制在财产利益

---

① 科斯等：《财产权利与制度变迁》，上海三联书店，1994，第 105～107 页。
② 顾玉民：《马克思主义制度经济学——理论体系·比较研究·运用分析》，复旦大学出版社，2005，第 209 页。

方面对经济活动所产生的动力已经在相当程度上失去了。也就是说，在一个股份公司中，其动力如何主要是取决于公司本身的机制，而不是取决于该公司的股票是掌握在私人手里，还是掌握在集体或国家手中。或者说，该公司的股票在私人、集体、国家之间转移、买卖并不会对公司经营产生直接的影响。这一点正是资本社会化这一现代产权的主要优势所在。[1]　对于这一现象，马克思把股份资本的出现看作对个人私有产权的扬弃，是私有产权向社会资本转变的转折点。这一转变说明，个人私有产权这一形式已经不能适应社会化大生产的客观要求，必须采取社会资本的形式才能更好地符合社会生产发展的要求。而社会资本的出现本身已经包含了在很大程度上对个人私有产权的否定和对资本社会化这一形式的肯定。因此，说私有制具有最充分的动力和最高效率这一观点，至多只能在个体小私有制经济中成立，在现代经济的条件下，由于私有者与经济活动的直接进行者已经实现了分离，所以，从财产利益的角度看，认为私有制具有最充分的动力和最高效率的观点，已经过时了，不符合现代经济发展的实际。如果私有产权不能实现财产利益与个人经济活动的直接结合关系，那么，说私有制具有最充分的动力和最高效率的观点也就不能成立。这样，经济活动的动力就主要取决于直接收入与经济活动的结合了。而这一点私有制企业可以做到，非私有制企业同样也可以做到。非私有制企业对收入分配制度的改革，可以使人们的经济活动状况与收入直接结合起来，这同样能够使经济活动具有充分的动力，进而实现组织高效率地发展。[2]

从实践上看，保证经济组织的发展具有充分动力是一个十分复杂的问题，它取决于多种因素，并不只是单一地由所有制来决定。在私有制经济组织，尤其是在私有的股份制经济组织中，并不能说经济动力的问题就天然地得到解决了，组织就一定能够具有最充分的动力，或者说就一定能够实现经济高效率地发展。低效率的私有制企业到处可见，被市场淘汰的私

---

① 顾玉民：《马克思主义制度经济学——理论体系·比较研究·运用分析》，复旦大学出版社，2005，第210页。
② 顾玉民：《马克思主义制度经济学——理论体系·比较研究·运用分析》，复旦大学出版社，2005，第210页。

有制企业每时每刻都在产生。而在非私有制企业中，同样有许多动力是非常充分的，发展的效率是非常高的。因此，实践并没有证明只有私有制才具有最充分的动力和最高的效率，也没有证明非私有制是不具有动力和效率的。大量的事实说明，无论是在私有制还是在非私有制企业中都会有高效率的情况，也会有低效率的情况。如果只看到私有制中高效率的情况以及非私有制中低效率的情况，而对私有制中低效率的情况和非私有制中高效率的情况视而不见，片面地、简单化地得出只有私有产权才能实现经济高效率发展的结论，这既不能在理论上得到充分的证明，也完全不符合实际。①

　　新制度经济学在论述农业合作社共有产权问题时，引用最多的案例就是"公地的悲剧"这样一个"囚徒困境"博弈：合作社存在没有清晰地界定产权的共有财产部分，即共有财产产权没有细化到个人（社员），② 每个社员均按个人效用最大化来安排其行为，即每个人最大限度地使用或占有共有财产，结果是全体成员选择了一个对全体成员效用最差的结果——合作社因被"过度使用"从而使自身建设得不到关注而破产。在这里，"清晰地界定产权"，即明晰产权是正确的，但是否该消灭共同共有财产？应该承认，上述"囚徒困境"博弈在西方部分传统农业合作社中是存在的。20 世纪 90 年代以来，在北美出现的新一代合作社成功地解决了这一问题，但它们并不是通过消灭共同共有财产来实现的，而是构建"股金－交易额锁定"的产权制度来实现（详见第七章），即社员对合作社如何使用、使用多少等均通过社员购买合作社的交易额（股票，或称交易合同）而事先确定下来，即社员能得到多少合作社的服务已经被社员对合作社的投资事先"锁定"，多投资将多得服务；要想得到更多的服务，就必须通过市场从其他成员手中购买合作社股票，外部人要加入新一代合作社也需从原社员手中购买，③ 这样就明晰了产权，实现了社员权、责、利关系的对等与

———————————

　　① 顾玉民：《马克思主义制度经济学——理论体系·比较研究·运用分析》，复旦大学出版社，2005，第 211 页。

　　② Hardin G. , "The Tragedy of the Commons", Science 1968（162），pp. 1243 - 1248.

　　③ Thomas C. Dorr, "Hearing on New Generation Cooperatives", Congress of the United States House of Representatives Committee on Agriculture, 2003, p. 5.

匹配。可见，共同共有财产的存在与产权不清、低效率之间没有必然的联系，关键在于规则或制度安排。

第二节　西方农业合作经济组织产权制度的基本性质

相对于现代股份制企业，农业合作社的产权流动性要低，这是由农业生产力发展的特点决定的，家庭农场依然是农业一线生产中效率最高的生产经营单位，在家庭农场私有产权制度基础上，不可能建立现代股份公司，这就使得资本主义制度下农业合作社的融资手段相对要少，其手段主要有社员入股股金、公积金、借款、银行贷款、发行债券以及政府支持等，其中又以间接融资为主。在当今西方农业合作经济组织中，直接上市公开发行股票的融资方式大多出现在新一代合作社中，它们往往将合作社股票分为成员股和上市股。典型例子是加拿大萨斯喀彻温省的达喀塔小麦合作社，它于1996年实施A、B股方案。A股为成员股（产权股），它只有农户社员才能拥有。A股赋予了社员对萨省小麦合作社的所有权，包括选举权、被选举权和管理权等，相当于合作社的普通股。A股仅在社区内发行并交易，交易对象仅限于小麦的生产者，且要经过合作社董事会的同意，即合作社产权交易的对象及范围是受限制的。B股为正式上市的股票，通过股市进行交易。[①] 这里需说明的是，合作社发行B股是一种直接借款行为，不是产权交易。B股的拥有者只有在未来某一特定时间获得本金及利息的权力，而没有管理和支配合作社的权力，B股相当于合作社的优先股。假设合作社也将A股上市流通，那么它就完全背离了罗虚戴尔原则，变为股份公司。部分学者认为，农业合作社之所以没有变为股份公司是因为它们不愿意放弃罗虚戴尔原则，由此还推出罗虚戴尔原则需要改进等论断。我们认为，农业合作社没有嬗变根本上来自农业生产力发展的特点，而非主观因素。

农业生产力发展的特点决定了家庭农场是农业一线生产经营效率最高

---

① 邹天敬：《国际合作社的发展趋势及我国的政策选择》，北京师范大学硕士学位论文，2004，第16页。

的组织单位，而基于家庭农场私有制（意味着劳动者与生产资料不可分离，即劳动者必须拥有生产资料）建立的合作社产权制度决定了合作社的产权主体只能是家庭农场主，即家庭农场主拥有合作社生产资料的所有权（狭义）或使用权，他们与没有生产资料、只能出卖劳动力、被资本家剥削的工人不同，他们不可能出卖大部分或完全出卖合作社的产权，① 而让投资者占有他们的剩余劳动。正如联合国粮农组织合作社与农村组织部的官员詹农斯·朱哈斯在《合作社原则与合作社的经营活动》一文中指出的："合作社成员自愿为合作社投资的前提条件是：可获得的服务、对决策过程或投资回报的控制权等，这些条件非常重要。"② 社员是生产主观条件的所有者，更重要的是，还是生产客观条件的所有者，这就决定了他们既不是以奴隶的身份进行农业生产，也不是以劳动能力的出卖者（农业雇佣工人）的身份进行农业生产，而是以生产资料所有者的身份通过构建合作社来进行农业生产，因而他们的劳动成果（包括剩余劳动成果）既不归奴隶主所有也不归资本家所有，而是归联合起来的社员按惠顾额（量）所有，即社员不会出卖合作社产权（普通股）而使投资者获得自己剩余劳动的索取权。这也正是我们在前文提到的，合作制原则经过了100多年的实践演变，其所有权不能上市流通，以及按惠顾额分配盈余（实为劳动者占有自己创造的剩余劳动，即按劳分配）的原则始终未变的根本原因。

家庭农场私有产权制度长期存在，是合作社产权不可流动的根本原因。而家庭农场私有产权制度没有被雇工的公司制农场私有制所取代，或者说，这种古老的生产方式没有退出历史的舞台，是因为当代家庭农场私有产权制度仍然适应现代农业生产力的发展（特别是在农业一线生产中），但是这种适应是有条件的，这就是家庭农场只有在合作社等农业社会化体

---

① 如荷兰的杜梅可（Dumeco）合作社，总资本中合作社占有89%的股份，另外11%为私人企业所有。丹麦的草籽（合作社）公司，96%的股份由合作社所有，4%由科研单位所有。引自邹天敬《国际合作社的发展趋势及我国的政策选择》，北京师范大学硕士学位论文，2004，第16页。
② 詹农斯·朱哈斯：《合作社原则与合作社的经营活动》，载《99农村专业合作经济组织国际研讨会文集》，中国农业科技出版社，2000，第206页。

系的协助下，才能适应，才能进行农业社会化大生产。

从客观上说，家庭农场私有制阻碍了合作社产权的分裂与分化，导致合作社产权流动性低，但家庭农场私有产权制度在农业生产一线仍然能很好地适应现代农业生产力的发展（至今尚未有一种更好的产权制度能够取代），关于这一点前面章节已零星涉及，在这里我们做进一步总结。①农业生产力发展的特点决定家庭农场是农业生产一线高效率的组织。在农业一线生产中，对劳动者劳动的质与量进行时时计量、监督，并依此及时给予相应的激励直接关系到该种生产组织形式的生产经营效率（如果不考虑内部激励和监督问题，集体劳动、雇佣劳动的农场也可能是高效率的）。但在农业一线生产中，对劳动者劳动的质与量进行时时计量、监督是困难的或者计量、监督成本极高，而上述这些困难对于家庭来说却不是问题，因为家庭成员相互间具有利他性，计量、监督成本极低。②农业生产对象及其生长的自然环境复杂多变，要求农业一线生产经营管理要根据生产对象的生长情况随时进行调整，要因时、因地制宜，要及时、要灵活，要对生产对象进行细心的观察，科学管理，及时调整生产进度与作业方式，而只有将农业一线生产经营的管理权、剩余产品收益权分配给一线生产者，才能实现及时与灵活。而要获得一线生产经营管理权、剩余产品收益权，这个生产者就必须是一线生产资料的所有者或占有者。农业一线生产经营的上述特点决定了家庭农场是农业生产一线高效率的生产组织形式。③家庭经营能够适应现代农业技术进步。绝大多数现代农业技术的运用可以由单个人或少数几个人来完成，并且多种技术大多不会被同时使用。现代农业技术的发展趋势是机械化程度越来越高，所需人工投入越来越少，因而现代农业技术的运用大多也不受家庭经营规模的限制。至于生物、化学等技术，其具有较强的可分性，基本不受农场生产经营规模的限制。①

综上所述，家庭农场之所以没有演变为公司制农场并最终成为股份制公司，是因为家庭农场私有产权制度依然适应当代农业生产力的发展。美国农村发展研究所前所长、华盛顿大学教授罗伊·普罗斯特曼指出："从

---

① 林善浪：《中国农村土地制度与效率研究》，经济科学出版社，1999，第 208 页。

实践经验上看，家庭农场的生产效率一般高于公司制大农场。"① 法国马赛大学的教授罗歇·利韦认为："西欧国家采取坚决支持以家庭为单位的农业经营体制的方针，是很有道理的，在现阶段的条件下，还没有其他形式或社会体制能够代替它。"② 美国学者爱斐逊在其《农场经营原理》一书中也指出："从 1900 年到 1950 年美国多数公司大农场成为比家庭农场更无效率的大规模组织，它已被家庭式经营所分割。"③ 到 2000 年，在美国的 12.5 万个公司制农场中，由家庭承租或控股的占 88.6%。20 世纪 80 年代，《纽约时报》发表文章说："由农场主及家人所经营的农场是最有成效的生产单位。在世界各地进行了无数次研究，其结果都支持了这一规律。这条规律一旦遭到破坏，就会引发灾难，伊朗、苏丹、加纳、坦桑尼亚农业计划的失败，都证明了这点。"④ 许多建立在家庭农场基础之上的农业合作社的生产效率甚至超过了农业股份公司，这也是被西方许多学者承认的事实。新制度经济学产权理论一味地认为农业合作社的产权安排是低效率的，这一结论之所以与现实相矛盾，就是因为其交易费用分析范式并不考虑农业生产的特点与生产方式，也没有将高效率的家庭农场的产权制度安排纳入合作社产权制度的分析视野，所以不可能得出科学的结论。

这样，家庭农场私有产权制度依然适应当代农业生产力发展的事实向我们揭示了西方农业合作社产权制度的基本性质：

建立在家庭农场私有制基础之上的农户联合。⑤

这一性质隐含着两层意义。第一，家庭农场私有制属于劳动者个人所有制，即合作者（劳动者）须拥有或掌握一定的能够自由支配的资源，这是形成农业合作制度的前提。除自身劳动力以外，没有任何生产资料的农

---

① 罗伊·普罗斯特曼等《中国农业的规模经营：政策适当吗?》，《中国农村观察》1996 年第 6 期，第 27 页。

② 罗歇·利韦：《法国农业新貌》，农业出版社，1985，第 164 页。

③ 爱斐逊：《农场经营原理（中译本）》，农业出版社，1984，第 97 页。

④ 转引自《越小越好，单干是最适于农场经营的方法》，《参考消息》1982 年 8 月 22 日，第 3 版。

⑤ 这里家庭农场包括合伙农场。如第二章所述，合伙农场本质上是以某个家庭为中心的家族农场，可将其视为一个大家庭农场。

户只能成为农业工人，而不能成为合作社社员。① 第二，合作者及其拥有并可以自由支配的经济资源在一定程度上具有同质性。首先，合作的主体，即合作者必须是从事农业生产或与农业生产经营相关的人，如农场主们或为农场主提供服务的人群等，即合作主体在一定程度上具有同质性（国内外的文献均很强调这一点，成员同质性关系到合作者是否志同道合，下一章将会论及），正所谓"人以群分"；其次，合作者生产经营的对象具有相同性或相似性，如都是生产小麦的农场主构建一个合作社，实践中，成功的合作社大多是生产经营专业性强的合作社——这也决定了合作者投入的资源大体相同或相似，即"物以类聚"；最后，合作要求各合作者同时拥有劳动和资金（或实物资产），并按约定将这些资源集中起来加以合理利用。

家庭农场私有制与农业社会化大生产之间存在矛盾，这一矛盾的调和并不是通过否定高效率的家庭农场私有制来实现，而是在家庭农场私有制基础上建立合作社，这是当代西方农业合作社这一类合作经济组织成功的重要前提。

第三节　西方农业合作经济组织产权制度的基本模式

4.3.1　基本模式 I

合作的形成是以各合作者均拥有一定的资源，且合作者和其拥有并可以自由支配的经济资源在一定程度上具有同质性。部分学者认为，合作社是在"劳动联合基础上的资本（应为资金——笔者注）联合"。而通过上述分析，我们得知，没有物质前提的主观合作行为是不可能实现的，即没有物质条件，劳动的联合不可能形成。即使是所谓的"劳动雇佣资金"，

---

① 如日本农协规定成为农协成员的条件有以下 4 项：第一，生产性土地面积必须在 0.1 公顷以上（包括 0.1 公顷）；第二，拥有 1 头以上耕牛（包括 1 头）；第三，全年从事农业劳动的时间在 90 天以上（包括 90 天）；第四，在农村社区内拥有长期稳定的住所。引自章政《现代日本农协》，中国农业出版社，1998，第 15 页。

也首先要从货币或其他非劳动生产要素所有者那里借入，随后合作生产经营才能够开展。

　　一切合作行为的产生均要有一定的物质基础，即首先要以资金的联合为基础，这就要求每个申请入社者必须缴纳一定的入社费，作为每个成员对合作社最原始的投资，由此形成了合作社最原始的股金，这是西方农业合作社最原始，也是最关键和最重要的产权制度基础。合作社的原始股金具有以下特点：①投资者对股金拥有所有权，退社时可以带走；②许多合作社规定社员可以对这部分股金支付红利，但分红利率受法律限制；③每个社员缴纳的股金有一个最高限额和最低限额，避免社员之间因持股额差别过大而产生等级分化；④合作社进行民主管理，采取"一人一票"制，投票权与股份的多少无关。① 这样的制度安排会产生什么样的股金投资结果？下面我们以两个农场主（甲、乙）组建常见的供销合作社的博弈行为为例来分析。

　　假设农场主甲投入的股金 C_1 有 3 个选择，低水平投入 $C_1^l = 1$，中等水平投入 $C_1^m = 2$，高水平投入 $C_1^h = 3$。农场主乙投入的股金 C_2 有 2 个选择，$C_2^l = 1$，$C_2^h = 2$。这里相当于承认两个农场主的资金实力是有差异的。$G(C_1 + C_2)$ 为资金投入所获得的收益。这里要说明的是合作社组建后，其对成员的服务是无差别的，即不论社员的入社股金是多少，合作社无差别地对待每一个成员的服务要求。但合作社对全体成员服务的水平、质量、范围和种类等，与投入股金的多少有关。这是因为股金总额的多少直接决定了合作社的规模和经营范围的大小等，即决定了服务水平及质量的高低。此外，由于合作社采取"一人一票"制，过多的股金投入不能给投入者带来更多的好处（这指的是传统的，即非异化的合作社）。在这里，不考虑分工协作产生的绩效问题，只考虑股金激励所产生的绩效问题。$G(C_1 + C_2)$ 表明股金投入所获得的服务产出，其数值按资金投入产出边际收益递减的原则设计，$G(1 + 1) = 4 < G(1 + 2) = G(2 + 1) = 5.6 < G(2 + 2) = G(3 + 1) = 6.8 <$

---

① 以上 4 条引自 International Cooperative Alliance, *Statement on the Cooperative Identity*, 1995, p. 1。

$G(3+2)=7.8$，在其他条件不变的情况下，"边际股金产出递减"的假设是一个普遍的事实，它来自投入产出的边际收益递减规律。由于合作社对社员的交易额没有限制，因此每一个社员可以在任何额度上与合作社交易，任何一方均可根据对方的交易情况来调整自己的交易额。合作社对每一个社员的服务无差异，同时，社员一旦入社，不论入股资金多少，均能享受同等待遇（含"一人一票"的投票权），这意味着合作社平等地对待每一位成员，服务、待遇和投票权是平均分配的，即每人获得总服务 $G(\cdot)$（也是合作社的最大经营能力）的一半 $G(\cdot)/2$。第 i（$i=1$，2）个农场主扣除劳动投入后的净收益为 $G(\cdot)/2-C_i$。农场主的目标是追求个人净收益最大化。根据上述分析计算出收益矩阵见表 4-1。

表 4-1　两个农场主（甲、乙）构建合作社博弈的收益矩阵

农场主	乙		
	方案	l	h
甲　l		1, 1	1.8, 0.8
m		0.8, 1.8	1.4, 1.4
h		0.4, 2.4	0.9, 1.9

表中方格内前一位数为甲的净收益，后一位数为乙的净收益。假如合作社最低的入社股金是 1 个单位，不论甲、乙谁先、谁后或同时选，都不难算出纯策略纳什均衡是甲、乙都选择低水平资金投入 $(C_1^l,C_2^l)=(1,1)$，即甲、乙投入同等水平的股金。这时，均衡净收益组合为矩阵左上角 $(1,1)$，总产出 $G(2)=4$，处于最低产出水平。如果将最低入社股金提升到 2 个单位，对于乙来说，他只有一个选择 h，而甲有 m、h 两个选择。由于 $1.4>0.9$，甲选择了与乙最高投入水平相同的中等投入水平，即 2 个单位（等于最低入社股金）。这里，社员入股股金是相等的，从个人理性的角度看，多余的资金投入不会给其带来多余的收益。入股股金虽然是社员自愿投入的，但从运行实践来看，符合上述博弈的结果：基本上是一致等额的，离散程度不大。

对于合作社来说，其追求的是服务量最大化，即最大限度地为股东

（社员）服务，那么最优的结果应该是甲、乙均按各自最大资金投入水平
（$C_1^h = 3$，$C_2^h = 2$）来构建合作社，此时，服务总产出 $G(5) = 7.8$ 最大，净收
益组合为（0.9,1.9）。但是处于此状态时，农场主甲或乙会发现做出其他
某个投资选择可以增加自己的净收益。两个人都选择低水平资金投入时，
其中任何一个人改变投资选择都会降低自己的净收益。服务无差别的平均
主义分配原则使得农场主甲、乙都不愿意做出高水平资金投入，如果一方
做出高水平投入，另一方就会发现选择低水平投入比选择高水平投入要划
算。这样就形成了一个"囚徒困境"博弈，即人人都想以最低的入社费加
入合作社而获得无差异的服务，但其选择最终产生了一个对合作社发展最
差的结果（合作社因缺乏资金而无法为社员提供好的服务，甚至无法运
转，这对每个成员来说是最差的结果）。这一现象在实践中也得到了印证：
合作社不断地提高入股股金的最低限额。例如，瑞典全国消费合作社联合
会规定，入会者须认购 150 克朗的股金，至 20 世纪 50 年代，已上涨至
200 ~ 250 克朗。[①]

　　这样我们得到了博弈分析的结论：第一，在合作社内社员之间持股额
大体均等（集中于某一区间）；第二，入股股金的集中度偏向最低限额。
上述两点意味着传统合作社的制度安排造成了成员的投资约束。美国俄克
拉荷马州立大学的 Hubertus Puaha 在其博士学位论文《农业营销系统内的
一体化联合发展》（*Coalition Development in the Agricultural Marketing System*）
中为我们提供了一个具体的实例——美国俄克拉荷马州小麦生产者组建的
VAP 合作社在没有转变为新一代合作社之前的社员入股股金投入情况（见
表 4 - 2）。

表 4 - 2　VAP 合作社的入股股金投入情况（2001 年）

股份区间（每股 1 美元）	社员持股百分比（%）	社员人数（个）
1000 ~ 3000 股	68.03	217
3001 ~ 5000 股	19.12	61

---

① 刘振邦：《主要资本主义国家合作社章程与法律汇编》，中国社会科学院中国农村经济杂
　志社，1987，第 62 页。

续表

股份区间（每股 1 美元）	社员持股百分比（%）	社员人数（个）
5001～7000 股	2.19	7
7001～10000 股	6.27	20
10001～15000 股	1.57	5
15001～20000 股	2.82	9
合计	100	319

注：最低的入股股金是 1000 股，最高 20000 股。

资料来源：Hubertus Puaha, "Coalition Development in the Agricultural Marketing System", Oklahoma State University, 2002, p.63。

如表 4-2 所示，319 名社员中，超过 2/3 的人数持股额大体集中在 1000 股至 3000 股之间，基本上是均等的。1000 股至 5000 股的社员人数占总人数的 87.15%，超过 5000 股的人数仅占 12.85%，显然，入股股金的集中度偏向最低限额（1000 股），股金制度缺乏内在的激励，这是长期以来融资问题困扰合作社的一个重要原因。

根据上述第一点启示，我们得出农业合作社的产权制度基本模式Ⅰ：

建立在家庭农场私有制基础之上的农户个人在一定范围内资源大体均等的个人所有。

这个基本的模式可以在西方合作社的实践中得到印证，其被以立法的形式规定下来。例如，日本《农业协同组合法》第十三条规定，组合员认股入社，入股额应有上下限之规定。① 针对具体的合作社，中国农业科学院农经所的刘继芬在《德国的农业服务体系及其重要组成部分——农业合作社》一文中提供了资料，德国哈勒农业合作社要求社员入社前购买股金，每股 500 马克，最低 1 股，最高 3 股。

农业合作社的股金集中起来就构成了合作社生产经营活动的基础，它们可能被用来为社员批量购买生产资料，也可能被用来储存、运输、加工农产品，还可能被用来促销社员的农产品，从而使广大社员获得合作的收

① 刘振邦：《主要资本主义国家合作社章程与法律汇编》，中国社会科学院中国农村经济杂志社，1987，第 35～36、490 页。

益。因此，构成这个基础并由此体现的产权制度，就成为西方农业合作社核心的产权制度，我们称之为股金制度。

4.3.2　基本模式Ⅱ

从西方农业合作社产权制度的基本模式Ⅰ中，我们不难发现，西方农业合作社的产权制度首先是建立在"每位社员提供一定数额、大体均等的股金"基础之上的。但是，在资本主义市场经济中，作为社会化大生产中的企业，为了生存、竞争与发展，需要不断增强实力，而仅靠"每位社员提供一定数额、大体均等的股金"作为其生产经营的基础显然是不够的：股金的集聚使合作社能够被建立，但不能保证让合作社正常经营下去。因此，不断筹措资金是合作社生产经营首先要解决的问题。资金筹措有内、外两个渠道。与股份制公司相比，农业合作社在外部融资方面存在较大障碍，因为贷款机构往往认为没有足够的信息对合作社进行评估（如不能通过股票市场对合作社的资产市值进行评价等）。此外，由于农业领域的比较利益偏低，许多贷款机构不愿投资农业领域。因此，合作社只能依靠自己的能力向潜在的投资者和贷款人证明，合作社确实有广阔的发展前景。如果贷款机构根本不熟悉合作社的业务类型，那么它们就更不会提供贷款了。但合作社又不能像股份制公司那样向投资者公开直接融资，这就不得不使合作社更关注内部融资。①

当代西方发达资本主义国家的农业合作社在内部筹措资金的方式有三类。①直接投资（direct investment）。直接投资指社员用现金购买社员资格或普通股，即缴纳入社股金，股金缴纳完后，有的合作社发放的是社员证，有的发放的是普通股股权证。此外，如果需要的话，合作社还会向成员发放优先股。合作社的优先股没有投票权，它仅表明成员对合作社的一种债权关系，而不是所有权关系。②收益留成（retained earnings）。财务年度结束时，合作社将收益按社员与合作社的交易额比例返还给社员（即按

---

① A. Baker, Orlen Grunewald, William D. Gorman, *Introduction to Food and Agribusiness Management*, Tsinghua University Press, 2005, p. 119.

惠顾额返还收益），具体的分配方案由理事会（或董事会）草拟并提交成员大会审议批准后执行。大多数合作社至少有20%的收益以现金的形式返还，还有部分合作社会根据合作社发展的情况将收益全部或部分转增社员的股本，转为社员股本的部分即形成社员对合作社的所有权，可以将余下的部分转为社员的债权或合作社的待分配收益。③单位资金预留（reserved unit fund）。单位资金预留（以下简称资金预留）是指合作社在销售结束后，从销售收入中按一定比例（社员大会民主讨论决定）扣留一部分收益。同收益留成相同，对这部分收益也有四种分配方法，即转增社员股本、社员债权、现金发放或转入待分配收益。如果是转增社员股本或社员债权，往往再将这部分收益按每个社员与合作社的交易额（量）比例转增为每个社员对合作社的股本投资或债权投资。合作社要有剩余才能进行惠顾返还，而社员只要与合作社进行交易就能实现资金预留。因此，合作社不论是否有盈余，均可通过资金预留获得足够的投资以支持其发展。在欧美，收益留成与资金预留的纳税结果不一样，所以这两种方法被广泛应用。① 合作社内部融资种类及收益安排如图4-1所示。

据美国农业部农村商业和合作局（U. S. Rural Business-Cooperative Service）的统计数据，2012年美国前100家规模最大的合作社权益资本②的来源统计如图4-2所示。

如图4-2所示，入社股金最少，仅占权益资本来源的7%（这印证了博弈分析的第二个结论）；发行的优先股占14%；来自收益留成、资金预留以及与非社员交易的待分配收益占18%；来自收益留成、资金预留的有资格投资（形成社员对合作社的产权，被记入合作社的所有者权益账户，增加合作社资产）或无资格投资（形成社员对合作社的债权，被记入合作社的内部债务账户，不增加合作社资产，增加债务）所组成的权益证券占

---

① 三类方式引自 The Cooperatives of United States, "U. S. Rural Business-Cooperative Service Report", 2007, pp. 2 - 17。

② 权益资本是投资者投入的资金，体现出资者权益，形成所有权。其资本的取得主要通过接受投资（合作社不接受非社员投资，即不允许食利者出现）、发行股票（普通股）或内部融资形成。

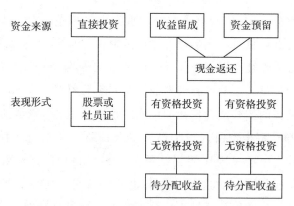

图 4 - 1　合作社内部融资种类及收益安排（美国）

注：①有资格（投票权资格）投资：将收益留成或资金预留按社员与合作社的交易额（惠顾额）分配到社员的资金账户上，作为社员对合作社的股本投资，形成社员对合作社的产权，但社员将使用权、管理权和经营权出让给了集体。

②无资格投资：将收益留成或资金预留按社员与合作社的交易额（惠顾额）分配到社员的债权账户，作为社员对合作社的投资，形成社员对合作社的债权。

③待分配收益被放入专门账户中，最终大多转为公积金。

资料来源：The Cooperatives of United States，"U. S. Rural Business-Cooperative Service Report"，2013，p. 24。

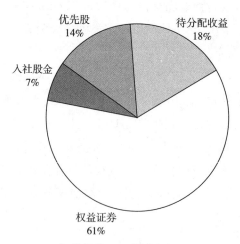

**图 4 - 2　2012 年美国前 100 家规模最大的合作社权益
资本的来源**

资料来源：U. S. Rural Business-Cooperative Service，"Asset Growth for Largest Co-ops Shows Resilience to Declining Revenues"，*Rural Cooperative Magazine*，Jan/Feb，2013，p. 62。

61%。① 可见，合作社与社员交易过程中所产生的收益是合作社融资的主要来源。这里需要说明的是，有资格投资会改变合作社的股权结构，如交易大户的股本金比例会不断上升，合作社正是运用这一手段，增加交易大户的股本金（因为入社股金与成员的交易额没有直接联系，交易额大的农户在交易中要逐步提高其股金比例，达到与交易额或接受的服务相一致。有资格投资形成社员对合作社的普通股权，由于普通股权不能上市流通，所以没有溢价，只有票面价。社员撤股时只能按票面价收回投资）。② 但是，这是一种"只进不出"的方法，当代西方农业合作社通过循环资金融资（revolving fund method of financing）和基本资金计划（basic fund plan）③ 巧妙地解决了这一问题，即合作社董事会会要求社员按计划赎回股本金，使得各成员在合作社中所拥有的股本金与其交易额或接受的服务相一致，达到成员的权、责、利对等与匹配。循环资金融资就是要让合作社现有的使用者为合作社提供权益股金（含普通股和证券）。为了达到这个目的，合作社会将先前发行的或是已经死亡的成员股份赎回，然后再发行新的成员份额。这样，每年通过发行新股票（普通股）或证券，同时赎回旧股票，合作社就可以保证由当前合作社的大多数使用者为合作社提供权益股金。基本资金计划是对循环资金融资方式略微加以改进。合作社要求其成员按照与合作社的交易额投资合作社，使其在合作社的股本金与其交易额成正比例（即使社员在与合作社的交易活动中实现权、责、利关系对等）。每一年，董事会都会判断一下当年合作社的股本需求量，以及每位成员根据其实际交易量应投资合作社的份额，然后再与当前每位成员的实际股本金相比较，多退少补，最终使得每一位成员投资的股本金都与其和合作社的交易量成正比。投资额过高的成员将会被返还一部分股本，对于投资少的要求其补足股份。例如，美国农业部农村商业和合作局提出的基本资金计划（它强调在某一时点，社员在合作社拥有的股金比例应以社员利用合

---

① 各指标内涵参见 A. Baker, Orlen Grunewald, William D. Gorman, *Introduction to Food and Agribusiness Management*, Tsinghua University Press, 2005, p. 120。

② John J. VanSickle and George W. Ladd, "A Model of Cooperative Finance", *American Journal of Agricultural Economics*, 1983, pp. 273 – 281.

③ USDA, "Cooperative Equity Redemption", *Research Report* No. 220, 2010, pp. 1 – 2.

作社的程度即与合作社的交易量为基础）按以下步骤实施：确定一定时期内（一般3~7年）合作社需要的股本总量；根据该时期内社员与合作社的交易量将合作社股本总量分摊到社员户头上；每年合作社根据董事会的要求对股本总量进行调整，对社员股本账户也要做相应的调整；投资不足的社员需要增加其账户上的股本，增股的方法一般是通过当年惠顾返还留成或单位资金预留来实现，社员也可以直接投资；投资已满或超额的社员以当年惠顾返还或单位资金预留的方式获得现金支付，这样投资超额的社员将获得超额部分的退股收入；退社社员的股本比例应按社章规定逐年下降，从其停止惠顾合作社的第二年起的一段时期之后，其在合作社拥有的股本比例应逐步降为零。①

综上所述，社员的入社股金和有资格投资形成了社员对合作社的产权，而社员购买的优先股以及无资格投资形成了社员对合作社的债权。这样我们有了西方农业合作社产权制度基本模式Ⅱ：

建立在家庭农场私有制基础之上，通过股金制度联合起来的劳动者对劳动的个人所有（按份共有）。

其中，按份共有中的"份"是指农户与合作社的交易额占合作社总交易额的比例。

西方农业合作社基本产权制度模式Ⅱ也可以从合作社生产经营的各个阶段的经验资料中得以证明，也就是说，西方农业合作社中有关劳动成果的分配以及再分配制度等都是在这个模式的基础上建立的。

4.3.3　基本模式Ⅲ

西方农业合作社除了向内部融资外，还向外部融资。图4-3是2012年美国前100家规模最大的合作社对外债务的来源统计。

从图中可以看出，合作银行是农业合作社债务融资的主要来源，占41%。如第一章所述，当代合作银行的运行机制与商业银行没有什么两

---

① Robert C. Rathbone and Donald R. Davidson, "Base Capital Financing of Cooperatives", *RBCDS Cooperative Information*, 1995（11）, pp. 2 - 6; The Cooperatives of United States, "U. S. Rural Business-Cooperative Service Report", 2007, p. 26.

样，但由于法律规定，在相同情况下，合作银行应优先提供贷款给合作社。合作社向商业银行融资的比例较小，仅占 11%。此外，大型的合作社聘请投资银行帮助其发行债券，中小型合作社往往无此能力。其他来源主要是政府贷款项目。行业发展债券是来自政府特定机构的信贷支持。可见相对于现代股份制公司，合作社融资要困难，一定程度上需要政府支持。[①]同时，融资手段也少，特别是直接融资手段。[②]

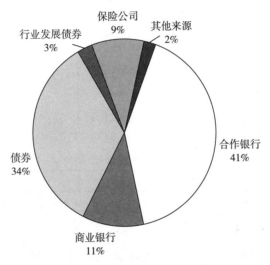

图 4 - 3　2012 年美国前 100 家规模最大的合作社对外债务的来源

资料来源：U. S. Rural Business-Cooperative Service，"Asset Growth for Largest Co-ops Shows Resilience to Declining Revenues"，*Rural Cooperative Magazine*，2013。

---

① 美国哥伦比亚大学（Columbia University）的 Fabio R. Chaddad 在其博士学位论文《美国农业合作社融资约束理论及来自面板数据的经验证明》（*Financial Constraints in U. S. Agricultural Cooperatives Theory and Panel Data Econometric Evidence*，2001）一文中运用 Q 投资理论对美国 1991～2000 年具有代表性的 1271 家农业合作社进行面板数据模型分析，结果证实美国农业合作社无论在对内还是对外融资上确实存在融资约束（financial constraints），即融资困难。并且他发现，人数众多的大的合作社的融资约束要强于人数少的小合作社，共有财产多的合作社的融资约束要弱于共有财产少的合作社。融资约束的产生主要来自合作社产权制度方面的原因（参见文献综述的国外文献部分），短期内难以改变，因而农业合作社的发展需要政府支持。

② U. S. Rural Business-Cooperative Service，"Asset Growth for Largest Co-ops Shows Resilience to Declining Revenues"，*Rural Cooperative Magazine*，2013，p. 22.

1983～1990 年，美国农业部对全美 1337 个不同类别的具有代表性的农业合作社持续进行了专项抽样调查，其融资来源结构如表 4 - 3 所示。

表 4 - 3　1983～1990 年美国各类合作社的融资来源结构

单位：%

年份	合作银行	商业银行	债券与票据	其他（当地合作社或合作社联盟）
1983	77.6	8.95	3.48	9.97
1984	72.98	7.4	4.4	15.22
1985	70.36	7.39	7.22	15.04
1986	71.01	6.18	6.25	16.55
1987	71.12	7.64	7.41	13.83
1988	75.45	6.44	5.14	12.98
1989	65.16	12.29	5.56	16.98
1990	61.32	10.87	6.26	21.54
平均	70.63	8.40	5.72	15.26

资料来源：Rural Business-Cooperative Service, U. S. Department of Agriculture, *Analysis of Balance Sheets of Local Farm Supply and Marketing Cooperatives*, 1995 (1), p. 32。

除债券融资增加外，各合作社的融资来源结构与 2012 年基本一致，美国农业合作社向合作银行融资的比例依然最高，后面依次为：当地合作社或合作社联盟（非金融类）、商业银行。这一顺序在另一份报告"Cooperative Financial Profile"中也得到了印证。

尽管合作社可以向社员、外部债权人融资，但作为资本主义市场经济中进行社会化大生产并与其他资本主义私有企业竞争的企业来说，仅仅只有上述两类资金筹集手段显然是不够的。原因有以下几点。第一，参加农业合作社的人，大多是农业生产者，他们为了维持自己的生存和农业生产经营（在现代化农业生产经营中，这部分资金占的比重较大），只能将一部分甚至是一小部分资金投资到合作社中（将多数资金投入家庭农场），而不像工业领域的生产型合作社，除维持自己的生存外，可将大部分资金转投合作社。第二，股本利息受限，加重合作社的内、外部融资抑制。例如，日本《农业协同组合法》第五十二条规定：股金的股息分配必须在年率8%以下。法国农业信贷社的股金年率不超过5%。美国农场主合作社的有关法律规定：合作社如按股票或社员股金分红，年率不得超过8%。实际上，许多合作社把年率限制在6%、4%甚至2%以下，而有些合作社则完全取消了股金红利。[①] 第三，所谓的"合作社悖论"（cooperatives antinomy）的困扰。现实中的合作社实际上由两个经济利益体组成：一是农户的家庭农场，二是农户组成的合作社部分。农户为了获得集体行动的好处，就要多投资合作社，壮大合作社，而多投资合作社意味着降低对自己农场的投资。这就是所谓的"合作社悖论"。伯纽斯就曾指出："合作社事实上形成了一种利益平衡，一方面，成员们集中资源，通过集体经营获得收益；另一方面，由于经济资源上各自独立，他们又要从经营各自独立的经济资源中获得收益。因此，这些合作社是以'向心'力（即共同经营的利益）与'离心'力（即各自经营的利益）之间存在着一种不稳定的平衡为特征的。"[②] 应该承认，合作社与成员的利益在大多数情况下是一致的，但有时又有冲突，特别是在经济萧条时期，农户急需资金时，这种矛盾更显著、更严重。再加上合作社实行"自愿进出"的原则，一旦矛盾激化，成员可以撤走自己的资产，合作社总资产将会减少，任其发展下去，合作社很可能会解散。这是因为合作社股金划归个人名下，即没有集体产权的共同共有财产，全体社员以集体产权制度为基础的共同利益追求在合作社中难以形成，成员之间缺少一种强有力的利益联结"纽带"。当合作社把其财产全部分到社员个人名下时，这种利益共同体的联合实际上并不稳固，再加上合作社财产的终极所有权与法人产权没有分离，一旦社会经济波动或合作社生产经营遇到困难，社员就可以撤走自己的投资，如果这种行为成为一种普遍现象，合作社就很有可能瓦解直至灭亡。

上述问题，主要是由西方合作社特有的产权制度造成的：主体的资金有限性、投资约束、投资利率受限（加重融资抑制）和投资上限规定，最重要的是没有利益"纽带"联结成员间的共同利益造成了合作社面临生存

---

① 米新丽：《论农业合作社的法律性质》，《法学论坛》2005年第1期，第18页。
② 霍尔格·伯纽斯：《作为商务企业的合作社联盟：交易经济学的研究》，《制度和理论经济学》1986年第8期，第176页。

威胁，① 而设立共同共有财产能在一定程度上解决上述困难和威胁。

在罗虚戴尔原则设立之初就曾出现"关于创立不可分的社有财产"的条款。ICA 在"95 原则"以及 1997 年的修订原则中，也一再强调合作社应创立"不可分割的共有财产"。② 从刘振邦的《主要资本主义国家合作社章程与法律汇编》一书提供的资料来看，在现代西方国家中，合作社从收益中提取公积金，即形成归社员集体所有的基金，已经成为通行的一项制度，并被以法律的形式确定下来。例如，法国、荷兰、丹麦、瑞典的相关农业合作社法规定：合作社应从盈余中提取公积金。多数合作社在税后盈余中按 10% 的比例提取。法国《农业合作社示范章程》规定，合作社经营社外产品或从事社外业务活动所获取的收益，留作公积金，不得将其分配给社员。合作社存续期间，在任何情况下都不得将公积金分配给社员。③此外，2006 年 8 月 14 日最新修订的《德国工商业与经济合作社法》第七条第二款规定：合作社必须从年度结余中提取公积金，而且公积金的提取须达到最低额。④ 西班牙巴斯克地区合作社法（1994 年）第六章中规定：每年可自由支配的净盈余中至少有 20% 被用于强制性储备基金，强制性储备基金是不可分配的。⑤ 日本 1900 年第一次通过的《农业协同组合法》规定：农协规章中应确定准备金额度，要将每次盈利的 1/4 作为积累。⑥ 这样，在西方农业合作中就逐渐形成了一类归全体成员共同共有的资金，该资金不具体划归成员名下，属全体成员集体所有。由此，在西方农业合作

① 美国哥伦比亚大学（Columbia University）博士 Fabio R. Chaddad 在其博士学位论文《美国农业合作社融资约束理论及来自面板数据的经验证明》（*Financial Constraints in U. S. Agricultural Cooperatives Theory and Panel Data Econometric Evidence*，2001）中表明：较多的共同共有财产有助于解决合作社内、外部融资抑制问题（financial constraints），特别是外部融资。

② 张晓山：《合作社的基本原则与中国农村的实践》，载李惠安编《99 农村专业合作经济组织国际研讨会文集》，中国农业科技出版社，2000，第 27～29 页。

③ 刘振邦：《主要资本主义国家合作社章程与法律汇编》，中国社会科学院中国农村经济杂志社，1987，第 427 页。

④ 《德国工商业与经济合作社法》，载《商事法论集》，王东光（译），2007，第 320 页。

⑤ 刘驯刚：《西班牙巴斯克地区合作社法评价（五）》，《中国集体工业》1995 年第 3 期，第 37 页。

⑥ 杜吟棠：《合作社：农业中的现代企业制度》，江西人民出版社，2002，第 221 页。

社财产中出现了一种新的、与入股金性质不同的资金，这样我们就有了西方农业合作社产权制度的扩展模型，即基本模式Ⅲ：

建立在家庭农场私有制基础之上，通过股金制度联合起来的劳动者对劳动的个人所有（按份共有）和集体所有（共同共有），或建立在家庭农场私有制基础之上的股金制度 + 公积金制度。

这里需要注意三点。第一，社员的集体所有与集体所有制企业的成员集体所有是不同的，前者是建立在私有制基础之上，而后者是建立在集体所有制基础之上，这在分配上表现为：对于社员利用集体所有（共同共有）财产所滋生的收益，要按社员的交易（惠顾）额返还给社员，而对于集体所有制企业中集体所有财产所滋生的收益，要将其平均地分给成员或不分配而由企业留存。第二，当代西方农业合作社的公积金制度，已完全放弃空想社会主义的初衷，其是为了合作社的长期发展而扩充其物质基础，改善成员收益，而不是改造资本主义制度。提取公积金，即使它形成不可分割的社有财产，也不能认为公积金与集体所有制有直接的联系。集体所有制企业的性质主要体现在集体股权所占的比重上，公积金能为建立集体股权做准备，但它本身并不能直接说明企业是集体所有制，这就表明，当前理论界部分研究者单凭西方合作社提留了公积金或公益金就判定其为集体所有制或集体所有制新的实现形式，是缺乏充分根据的。更为重要的是，从实际演变来看，西方各国合作社提取公积金只是为了增加合作社的资金基础，预防亏损和维持资金的充实，而不是为了提高集体股权的比重，并且，西方合作社也实行了公积金达到一定数额就不再提取的公司制做法，这与集体所有制已经完全没有关系了。第三，西方农业合作社产权模式向我们揭示，它是建立在资本主义家庭农场私有制基础之上的，因而会生长出资本主义制度的一切缺陷。正如列宁指出的："合作社在资本主义国家条件下是集体的资本主义组织。"[1] "是资本主义的社会机构，这个机构是在'小商店'气氛中生长的，它是用资产阶级政策和资产阶级的世界观精神教育领导者"[2]。（指合作社被资本主义生产关系侵蚀。许多学者

---

① 列宁：《论合作制》，载《列宁选集》（第4卷），人民出版社，1972，第685页。
② 《列宁全集》（第23卷），人民出版社，1972，第457页。

仅从字面理解，断章取义地认为资本主义国家的合作社是资本主义性质的企业，这也是错误的。）此外，西方农业合作社与工人运动中的工人生产合作社也是不同的，工人生产合作社是作为资本主义生产关系的对立面而出现，而资本主义国家的农业合作社仅是资本主义生产关系的补充，是小资产者应对大资产者、中间商和进行激烈市场竞争的一种手段，"是资本主义制度这部机器上的一个小零件"。[①] 这就在本质上为合作社产权制度以后的演变（如向新一代合作社等衍生合作社的产权制度演进）确定了方向。

西方农业合作社产权制度的分析，实质上是从所有者权益构成的角度对合作社内部资源的所属关系进行分析。人类在活动中所使用的经济资源都是有其主体的，因此，任何经济组织又包含和体现着活动中各经济主体之间的关系，各经济主体之间经济关系的不同将会造成经济组织制度性质的改变。西方农业合作社从单个的私有农场主到建立在家庭农场私有制基础之上的农场主联合，最终演进到产权模式Ⅲ的经济联合体，各主体之间的经济关系发生了一系列的变化（由劳动者个人私有一直演进到联合起来的劳动者对劳动的按份共有和共同共有），最终体现出农业合作社的本质规定性。那么这种变化的本质是什么？为什么会发生这样的变化？我们认为这种变化的本质是产权社会化，而驱动产权社会化的根本原因是农业生产的社会化。

第四节　西方农业合作经济组织产权
社会化及其原因

4.4.1　产权社会化的含义

何谓产权社会化？马克思曾论述道："资产阶级要是不把这些有限的生产资料从个人的生产资料变为社会化的，即只能由大批人共同使用的生

---

① 列宁：《苏维埃政权的当前任务》，载《列宁全集》（第27卷），人民出版社，1958，第197页。

产资料，就不能把它们变成强大的生产力。"① 随着生产社会化的发展，"社会的生产和资本主义占有的不相容性，也必然越加鲜明地表现出来"。② 这就迫使资产阶级对资本主义产权关系的实现形式做了社会化的调整，"都使大量生产资料不得不采取像我们在各种股份公司中所遇见的那种社会化形式"。③ 虽然这并不能从根本上解决资本主义的基本矛盾，"但是它包含着解决冲突的形式上的手段，解决冲突的线索"，④ 那就是消灭私有制，实现公有制。这里马克思从资本主义所有制的变迁来论述所有制的实现形式——产权关系的变化，即产权的私人性向社会性转化，是一个必然趋势和过程。可见，产权社会化是指为适应生产社会化的内在要求（或者说在生产社会化的驱动下），私人性产权全部或部分地分裂、分化和重组，分裂、分化和重组后的权能又被社会范围内越来越多的社会成员按社会认可的方式获得、交易并受益的过程。⑤ 这里，"社会化"包含：①由私人的、个别人的变成集体的、多数人共同的；②人们依据各自的分工协作关系，获得不同的产权权能并行使相应的职能。因此，产权社会化的内涵主要有以下两个方面。第一，产权的所有或所属关系社会化。即生产社会化的客观要求，生产资料在空间和时间上的聚集，进行专业化分工协作、规模化经营以提高生产效率，这内在地要求完整的私人个体产权在所属关系上突破原来的私有性，即突破"纯私有制的外壳"，完整的私人个体产权分裂、分化出各项权能，各项权能可以通过社会认同的方式（如合作制、股份制）转为其他主体所有（按份共有或共同共有）。第二，产权的行使不再由某一固定的主体来完成，即产权的"行使社会化"。完整的私人个体产权分裂、分化为各项权能后，这些权能由更多的成员按既定的生产方式，通过分工协作的职能安排来行使，具体的行使者可能是全体成员选举出来的委托代理人（如合作社董事会、监事会等）、经理或者是外部的社

---

① 《马克思恩格斯选集》（第 3 卷），人民出版社，1972，第 43 页。
② 《马克思恩格斯选集》（第 3 卷），人民出版社，1972，第 753 页。
③ 《马克思恩格斯选集》（第 3 卷），人民出版社，1972，第 760 页。
④ 《马克思恩格斯全集》（第 46 卷），人民出版社，1979，第 108 页。
⑤ 娄锋：《试析生产社会化与产权社会化及其实现形式》，《学习与探索》2008 年第 5 期，第 137 页。

会化机构。这样，产权的各项权能由专业化的内、外部人员或机构来行使，这种权能的社会化行使将受到更多的社会化制约，但产权主体的生产力将得到进一步"释放"，生产经营效率将大大提高。

4.4.2　农业合作经济组织产权社会化的含义

在农业合作社产生、发展的进程中，其产权的私人性向社会性转化（财产的所有权[①]归社员，但财产的管理、使用等项权能已被部分或全部出让给合作社集体），是一个必然趋势和过程。首先，这种趋势和过程表现为"私有制在自身性质所允许的范围内对产权关系进行调整"；其次，这个趋势和过程表现出私有制的自我否定、逐步扬弃，但这种否定与扬弃不会改变私有制的根本属性。在这一转化进程中，从宏观上看，合作社产权的私有性逐步向社会性转化。从微观上看，产权逐步由不可分裂、分化，不可交易转向可分裂、分化，可交易，这使得产权的拥有和行使可以由更多的社会成员或机构来完成，产权突破了纯私人性。最终，合作社产权在私有制允许的范围内"从私人性权利逐步演化为社会性权利"。[②]

合作社实现财产产权社会化后具有以下特征。第一，财产产权分裂与分化，即从广义的所有权中分裂、分化出合作社狭义所有权（社员行使，表现为退社时可以抽回股金）、经营权或使用权（由理事会、合作社聘请的经理或雇员来行使）等各项权能，分裂、分化后的各项权能都可以由分工协作的人们按合作社认可的方式来拥有和行使。第二，财产产权主体多元化，即合作社财产产权分裂、分化后，产权的拥有和行使主体的范围扩大，并且可以是分散的、多元的，因为同一财产产权分裂、分化出的各项权能可被不同的主体所拥有和行使。例如，入股财产在所有权上依然归社员"按份"拥有（表现为社员离开合作社时可以带走自己的入股财产），而控制权与管理权则归社员大会。第三，财产产权开放化。由于产权拥有和行使的主体多元化，产权改变了原有封闭的私人性质（即家庭农场主完全拥有），不再是某个主体专有的权利（欲加入合作社者均能以合作社认

---

① 所有权有广义与狭义之分，本研究不在特别说明的情况下指的是所有权的狭义概念。
② 《马克思恩格斯全集》（第46卷），人民出版社，1979，第108页。

可的方式获得这些权利），合作社产权的拥有和行使具有了开放性。④财产产权流动化，即产权甚至产权分裂、分化后的各项权能都可以在一定范围内、不同主体之间自由流转。⑤财产产权商品化，由于产权开放、流动，产权成为商品，可以在一定范围内交易，如新一代合作社。⑥财产产权收益分散化，即产权的收益不再完全由单个私人享有。例如，产权社会化后，合作社的收益由掌握各项权能的主体分享。

综上所述，农业合作社产权社会化的含义是：为适应农业生产社会化的内在要求，人们突破了自给自足生产关系的限制，个人私有产权经过一系列的分裂、分化，并进行重组合并，依次出现"按份共有"和"共同共有"财产，即依产权模式Ⅰ→Ⅱ→Ⅲ演进，并以最终的产权模式占有生产资料，共同支配、控制、管理和经营合作社财产并分享收益，从而使合作社产权关系的社会性在深度（产权分裂、分化的程度）和广度（产权各项权能拥有主体的范围）上得到不断发展的过程〔在产权模式Ⅰ中，合作社财产划归社员名下；在产权模式Ⅱ中，合作社出现的"按份共有"财产，即社员除狭义所有权外出让了自己财产的管理权、使用权等各项权能归合作社集体所有；到了产权模式Ⅲ，出现了不归任何个人所有，只归合作社集体所有的"共同共有"财产，即所有成员拥有了共有财产，可见产权模式的演进是私有制向公有制（"按份共有"与"共同共有"）演变的过程，也是产权关系的社会性获得发展的过程。同时，产权各项权能拥有主体的范围在不断扩大，不再是由单个农场主拥有，这也是产权关系的社会性获得发展的过程〕。合作社的产权社会化，为每一个社会成员或经济主体提供了能参与合作社生产经营、财富分享的制度性安排和条件，使得每个社会成员或经济主体能以合作社认可的方式获得、拥有行使合作社财产产权各项权能的机会，并且据此获得相应的收益。

4.4.3　农业生产社会化是农业合作经济组织产权社会化的根本原因

农业合作社产权社会化的根源为农业生产社会化，很显然，它们之间的本质关系是生产关系与生产力，在矛盾运动中，两者辩证统一。马克思曾指出:"生产社会化及其发展就是由少数人的生产协作到许多人的生产协作以至打破地域界限的社会大协作的发展过程,就是人们共同使用生产资料,进行紧密而广泛的生产协作的社会性生产活动。"① 对于农业合作经济组织来说,成员的生产协作越多,生产协作分工越细,协作就越紧密,协作范围就越广(有更多的成员加入生产序列),这样合作社生产经营的社会化程度就越高,成员在合作社生产经营中所结成的责、权、利关系就会越来越复杂,结合范围越来越广(越来越多的社员成员、经济主体等会加入合作社的生产经营过程),即合作社产权关系的社会性越来越强。

从整个人类社会的发展进程来看,无论是原始社会、奴隶社会,还是封建社会,产权都远未达到开放、流动和可交易的程度,完整的产权也没有分裂与分化,因此还不是社会化产权。产权社会化迅速发展是在生产力水平达到一定程度(即达到资本主义生产力水平),市场经济或商品经济制度逐步确立之后,在市场经济下,生产社会化程度的提高导致产权社会化程度的提高。从农业生产经营组织形式的演进来看,农业生产社会化程度的提高,导致农业生产经营组织的产权社会化程度不断提高:先后经历了自给自足的小生产、农场制、合作制(或自给自足的小生产、农场制、工厂制、股份制,我们这里仅讨论合作制),在这一变化演进过程中,不同生产经营组织形式的产权制度安排有很大的不同,从自给自足的小生产、农场制到合作制,产权制度总的变化趋势是日益社会化。在个人完全占有生产资料、自给自足的小生产和随后的家庭农场中,产权具有极高的私人性,生产资料完整的产权没有实质性地分离、分化,基本上完全集中于财产拥有者之手,生产资料的流动性及可交易性水平也不高。随着生产力的发展和生产技术水平的提高,生产效率得以提升,带来生产商品化程度的提高,生产和管理以及市场营销过程变得越来越复杂,成本与风险也增加了,这要求由私人性的经济主体进行横向联合,并吸引更多的经济主体加入组织,进行专业化分工,共同协作劳动、管理,共同进入市场,降低生产经营成本与市场交易风险,提高竞争力,这内在地要求生产资料使

---

① 《马克思恩格斯选集》(第3卷),人民出版社,1972,第309页。

用权的社会化，即要求农业生产者的财产可流动、可交易，财产产权进行分裂与分化（如要求农场主出让部分甚至全部私有财产的经营决策权给合作社理事会，出让日常管理执行权给合作社经理，出让财产使用权给合作社雇员，等等），即生产社会化推动了产权社会化。合作社正是构建于这种生产资料使用权社会化的基础之上，并继续被生产社会化驱动，向更高层次的产权社会化程度演进。如合作社产权制度模式由Ⅰ→Ⅱ→Ⅲ演进就反映了其产权社会化程度的不断提高。合作社生产经营规模越大，经营管理合作社就会越复杂，制约因素（如专业技能、知识和信息等）就会越多，财产拥有者（社员）自己经营合作社已不可能，提高生产经营效率和市场竞争力，内在地要求由专业化人才来经营管理合作社，这就要求合作社管理权的社会化。此外，为解决融资抑制问题，合作社融资需要采取社会化的方式，例如，西方部分农业合作社出让少部分普通股权给与其有密切经济、技术联系的企业，即实现了合作社所有权的社会化。

在资本主义制度下，相对于股份制企业来说，合作社的产权社会化程度要低，这种差距主要表现在：①合作社产权分离、分裂、分化得不彻底，除财产的狭义所有权与经营管理权分离外，社员入股财产的终极所有权与合作社法人财产所有权没有分离，表现为社员离开合作社时可以带走自己的入股财产（而不是转让股权）；②合作社所有权是不开放的，只针对农业生产经营者且要求具有一定程度的同质性，所有权（普通股）流转的范围小，对象受限（当然这受制于农业生产方式）；③由于合作社法人财产所有权与社员终极所有权没有分离，因而合作社的产权性质仍然是自然人产权，相对于股份制企业，其法人产权不完整，即合作社法人产权是受限的；④合作社的拥有者、经营管理者与使用者，三者身份同一，即只有社员才能使用合作社的生产资料，管理合作社并接受服务，合作社的使用权是"不开放"的（部分合作社也对非社员提供服务，但交易额受到严格限制），管理权也是不开放的；⑤合作社成员入股股金受限制。

尽管农业合作社的出现是在农业生产社会化驱动下农业生产经营组织产权社会化演进的结果，但相对于股份制企业，其产权社会化的水平仍然较低。随着农业生产社会化的推进，合作社的产权社会化水平将会进一步提升，如新一代合作社的出现（后述）。总之，西方农业合作社产权制度是一种建立在劳动者私有制基础之上的复合产权制度，其产权社会化程度相对于现代股份制企业要低。

任何一种企业产权制度建立的基础都受其所处的社会主体制度的深刻影响，也就是说，西方农业合作社产权制度基础受资本主义制度的深刻影响。合作社的产权能否社会化以及社会化得如何，除受生产力的影响外，很大程度上取决于产权制度与主体制度的"融合"程度，与主体制度"融合"得好，就可以在保持其组织性质的情形下，进一步提高产权社会化程度，该类企业就能不断地蔓延、扩张直至茁壮成长。合作社在西方国家没有成为经济组织的主要组织形式，其中一个重要原因就是在资本主义制度下，其产权社会化程度低，而资本主义制度也没有为其提供产权进一步社会化的制度空间。我们知道资本主义生产关系建立的前提是劳动者生产资料所有权（狭义）与使用权相分离，即劳动者的生产资料被剥夺，使其成为只能靠出卖劳动力的劳动者。而合作社产权最根本的特征就是生产资料所有权（狭义）与使用权不分离（这是由农业生产方式决定的），劳动者拥有生产资料才能占有自己的剩余劳动。这样，一些发展得较好的合作社的资产不断增加，服务水平不断提高，当有社员退休时，由于财产的使用权与所有权（狭义）没有分离，新加入的社员就不得不以一个可能是很高的价格去"买"一个身份获得服务，如 Bellas 在 1969 年调查的 Anacortes 合作社。① 该合作社经营得非常成功，但它限制成员数量，想加入者必须从退休或不愿再从事农业生产的成员手中购买合作社股份才能成为社员，该股份既包含转让者累积的股本现值、股本的预期价值，还包含合作社服务的现值和预期价值等（即进入门槛很高，这是该合作社限制成员资格的一种方式；此外还有想加入者的个人信用等）。当合作社的资产积累很多、合作社的服务水平很高时，转让价将非常高且不可分割——这是由成员的所有权与使用权不可分割、必须被一起卖出造成的，这种两权"捆绑"的买卖有时是很难完成的，而资本主义生产关系的基本特征是两权分离，财

---

① Bellas, Carl J., *Democracy and the Farmer-owned Firm*, Praeger Publisher, Inc., 1972, p. 30.

产所有权（狭义）可以通过股票市场流转，资本主义制度没有，也不可能为合作社这类企业的产权转移提供制度空间，因而没有专门的资本主义企业、融资机构等组织为合作社的产权转移提供渠道，资本主义的资本证券市场更不可能。所以，发展得好的合作社最终大多会被资本主义企业兼并，演变为资本主义企业，即使没有完全演变为资本主义企业，也或多或少地渗入了资本主义的因素，如股份投资型合作社、新一代合作社等。同时，它难以与资本主义股份制企业兼容，所以往往被以购买的形式来完成合并。Bellas 认为，Anacortes 合作社被资本主义企业收购是"因为其太成功了"。① 乔伊斯也认为，一些成功的合作社被资本主义企业兼并"正是它自己经济上的成功最终打败了自己"。② 实际上，成功的合作社被资本主义企业兼并的真正原因是：合作社制度与其生存发展的资本主义制度的大背景格格不入，资本主义制度没有为合作社的产权制度发展演进提供制度空间。活跃在西班牙的蒙德拉贡合作社成功的一个重要原因，就是有与之完全兼容的合作银行。例如，针对想加入的成员难以筹足合作社进入费的问题，蒙德拉贡合作社采取了由人民储蓄银行提供部分贷款，入社后，加入者再分期从收入中偿还的办法，这样降低了合作社的进入"门槛"，实现了自由入社。这一办法拓展了合作社产权社会化的空间，并协助其完成产权社会化，使得合作社的产权具有了流动性，防止了合作社的变质。此外，还有合作商店、住房合作社等为之提供服务，这是蒙德拉贡合作社能生存、发展、壮大的一个重要原因。

最后，产权社会化是经济组织生产关系演进的一个重要特征，也是一个发展趋势，但是产权社会化程度的高低与经济组织的生产经营效率以及绩效之间没有必然的联系，也就是说，产权社会化程度高的经济组织并不意味着其生产经营效率和经济绩效高。经济组织的生产经营效率和绩效归根结底是由经济组织的生产力水平决定的，产权的社会化程度与生产力水

---

① Bellas, Carl J., *Democracy and the Farmer-owned Firm*, Praeger Publisher, Inc., 1972, p. 31.

② Rothschild, J., Whitt, J. A., *The Cooperative Workplace*, Cambridge University Press, 1986, p. 181.

平相适应是经济组织经营效率、绩效高的基本条件。例如，无论是在国内还是在国外，我们都能看到某某养禽厂已实现了工厂式生产，在经营管理上已经成为股份制公司（如美国著名的爱维因公司主要从事养禽业，下设上百个养禽工厂），但我们看不到某某小麦、玉米工厂成为股份制公司，这正如我们在第三章指出的，小麦、玉米等农作物不像养禽业已经实现了重大的技术突破，这些农作物不能进行工厂式生产，而以家庭农场的形式组织生产相反是高效率的，这就决定了在农业多数领域，合作社这种生产经营组织形式的生产经营效率是高的，因而合作社这类企业在农业领域获得了成功，也成为农业领域最活跃的生产经营组织形式。可见，产权社会化程度的高低并不能决定企业生产效率以及绩效的高低，关键是产权社会化程度（属于生产关系范畴）要与生产力水平及其决定的生产方式相适应，这样经济组织的生产经营效率及绩效才可能是高的。

第五节　合作社产权社会化演进的梯度分析

农户私人权利向社会权利的转化，即合作社产权制度的建立及其社会化演进需要完成四个层次梯度的转换。

第一，生产资料占有关系的社会化，即"按份共有"与"共同共有"财产的出现。单个农户生产资料的社会权利要摆脱其私人权利属性，首先要脱离单个农户对其部分生产资料完整的私人占有关系，通过私人财产的联合，合作社实现对农户部分生产资料的"按份共有"与"共同共有"，在这种占有关系中，单个农户丧失了对其入股生产资料完整的独立支配权，其私人权利现在反过来必须通过联合生产资料的社会权利来实现，从而为私人权利向社会权利的转化奠定基础。

第二，生产资料控制、治理关系的社会化。随着单个农户的生产资料由私人占有转向合作社的共同占有，单个农户对经营决策和生产过程的控制、治理权将被部分出让（即合作社生产资料控制、治理关系的社会化是建立在生产资料占有关系的社会化基础之上）。从合作社内部来看，由于生产资料占有关系的社会化发展，其所有者（社员）丧失了对其的直接控制权，只能通过"用手投票"的间接方式来对合作社的生产经营管理施加影响。这意味着对生产资料的具体控制权力开始从个人行使转为集体行使，其过程取决于合作社内部的权力安排，即合作社的治理结构；同时，由于农业生产力发展的内在要求，更多的专业技术人员进入合作社，并逐步增加对合作社生产经营过程的影响，合作社的生产经营控制权也开始从社员向决策管理层、技术层部分转移，合作社内部具有专业特长的被雇佣者的地位逐步提高，从而其有更多机会参与管理和决策活动，这表明了合作社生产资料的控制、治理权由私人权利向社会权利的转化。

第三，生产资料占有关系的法人化，即合作社法人财产所有权与社员终极所有权相分离，如新一代合作社。社员离开合作社时，不能带走其投入的资产，只能转让其股票，这样在合作社所处的社区就有了一个小型的股票市场——对合作社经营管理层的外部市场控制机制将逐步形成，合作社经营管理层在行使经营管理权时，除受到社员大会、监事会、社员的监督制约外，还受到市场、社区公众以及其他利益相关者等多方面的影响和制约，从而使合作社的经营管理具有了社会属性。此外，合作社生产资料占有关系的法人化，有利于稳定合作社的法人财产，有利于合作社生产力水平的提高。

第四，收益分配关系的社会化。收益分配关系社会化是产权社会化的最终实现形式，是生产资料占有关系、经营管理关系社会化的必然结果。在生产资料完全私有化的条件下，农户完全支配自己的劳动成果。合作社建立后，随着生产资料占有和经营管理关系的社会化，农户社员已不可能完全控制收益分配。随着经理、技术人员进入合作社，社员（股东）与经理、技术人员阶层之间的委托－代理关系得到发展，收益分配逐渐抛弃了仅由农户社员决定并在农户社员之间实行的情形，社员、经理和技术人员三方经交涉、协商，形成了社员、经理和技术人员三个阶层之间的收益分配关系。同时，合作社外部的其他利益相关人员，因与合作社有经济联系也参与到合作社的收益分配中，由此合作社的收益分配关系具有了社会化属性。由于社员是合作社生产资料的所有者，因而在社员、经理、技术人员之间的收入分配中，按社员惠顾额（量）返还盈余的分配制度仍然处于支配地位。

第五章 西方农业合作经济组织的
管理制度分析

第一节 企业管理制度的产生及管理权归属

马克思认为，首先，管理的产生是由劳动过程的协作性质决定的。管理之所以必须源于结合劳动过程的性质与特点，是因为"一切规模较大的直接社会劳动或共同劳动，都或多或少地需要指挥，以协调个人的活动，并执行生产总体的运动——不同于这一总体的独立器官的运动——所产生的各种一般职能。一个单独的提琴手是自己指挥自己，一个乐队就需要一个乐队指挥"。[①] 这就表明，凡是由许多人进行的结合劳动都少不了以组织、指挥、监督为内容的管理。这种管理既发生于以协作为特征的生产过程，反过来它又使过程中的物质要素和劳动要素能够有效结合，从而保证整个生产过程能够协调、有序地进行。倘若没有管理对过程中诸要素进行组织、指挥和监管，生产要么是无法进行，要么是生产劳动者各行其是，造成人力、物力的巨大浪费。其次，管理的产生是由资本主义生产过程的性质决定的。资本主义生产的绝对规律是价值增值，是尽可能多地剥削劳动力。"随着同是雇佣的工人人数的增加，他们的反抗也加剧了，因此资本为压制这种反抗所施加的压力也必然增加。"[②] 同时，随着同雇佣工人相对立的生产资料规模的扩大，对这些生产资料的合理使用进行监督的必要

---

① 马克思：《资本论》（第1卷），人民出版社，1975，第367页。
② 马克思：《资本论》（第1卷），人民出版社，1975，第368页。

性也增加了。因此，资本必然要对他们进行管理。这就是说，在资本主义条件下，社会劳动过程的联系和统一，与雇佣劳动者相对立的生产资料的合理使用，直接生产者与生产资料所有者之间不可避免的矛盾对抗，决定了资本主义企业管理的产生。

从单纯劳动过程考察的生产劳动，历史上曾经出现两种不同的类型。一类是个体生产者的劳动。在这种劳动过程中，劳动的一切职能都融合于一身，劳动者是一个自我管理者。另一类是许多生产者组成的结合劳动。只要生产力有一定的发展，不仅生产不同使用价值的劳动存在着分工，就是生产同一使用价值的劳动，也会分化成许多不同的独立职能，它们只有结合在一起，才能构成一个完整的生产过程。"在工场手工业中，社会劳动过程的组织纯粹是主观的，是局部工人的结合；在机器体系中，大工业具有完全客观的生产机体，这个机体作为现成的物质生产条件出现在工人面前。……因此，劳动过程的协作性质，现在成了由劳动资料本身的性质所决定的技术上的必要了。"① "整个过程是客观地按其本身的性质分解为各个组成阶段，每个局部过程如何完成和各个局部过程如何结合的问题，由力学、化学等等在技术上的应用来解决。"② 劳动存在着分工，就是生产同一使用价值的劳动，也会分化成许多不同的独立职能。这就客观上要求有一个独立的管理者或部门来计划、协调，将这些独立职能结合在一起，才能构成一个完整的生产过程。

由此可见，资本主义生产条件下，管理的产生既来自劳动过程中分工协作的要求，又来自调和生产资料所有者——资本家与直接生产者——工人之间激烈的、不可避免的矛盾对立与对抗的要求。而对于合作社来说，直接生产者也是生产资料的所有者，由于两者同一，也就没有矛盾对抗需要调和。合作社主要是针对劳动过程中的分工协作进行协调，这就存在着由谁通过客观技术手段来行使这种调和职能的问题，这一问题构成了研究合作社管理制度的核心和关键，也是我们分析该类组织管理制度的逻辑起点。

新制度经济学的合作社理论认为，合作社的管理权应按股本金的多少配

① 马克思：《资本论》（第1卷），人民出版社，1975，第423页。
② 马克思：《资本论》（第1卷），人民出版社，1975，第417页。

置给社员。因为"一人一票"的民主管理制度有缺陷，会向社员发出一个错误的信号，产生所谓的"囚徒困境"博弈结果，从而抑制大股东的资金投入，还会造成"短视行为"；同时，新制度经济学认为合作社风险最大的承担者是股本投资最大的社员，因为投资者向合作社投入了一种抵押品，一旦合作社出现经营不善甚至倒闭，其投入的资产将被"套牢"（trapped），投入的越多损失就可能越大，自然他就有了做出最优决策的积极性和主动性。合作社应按社员承担风险高低的不同（即投资多少的不同）将管理权分配给社员，也就是"按资分配管理权"，否则将导致合作社管理的低效率。

对于新制度经济学的上述结论，我们只要经过仔细分析，就会发现它是站不住脚的。

第一，新制度经济学的合作社理论所指出的融资抑制问题，仅出现在合作社组建之初，入股金的投入上，在合作社的运行中，社员投资并不会出现所谓的"囚徒困境"。这是因为合作社的资金投入是通过有资格投资与无资格投资来完成的，是一种"被动投资行为"，是义务，是强制性的。同时合作社还利用循环资金融资与基本资金计划来动态调整而使社员与合作社间的交易额（惠顾额或接受的服务量）比例与社员在合作社中的股本金比例相当，可见，合作社采取"滞后式"调整方式使得社员与合作社在交易过程中的权、责、利关系一致，解决了所谓的社员投资"囚徒困境"问题，也不会造成合作社被"过度使用"。

第二，通过前面对合作社内部融资结构的分析，我们发现合作社融资的主要来源是有资格投资与无资格投资形成的权益证券，也就是说，对于合作社资产的形成，最重要的是要有社员不断地惠顾来提供劳动产品。这是当今西方农业合作社发展的关键，关系到合作社的生死存亡。联合国粮农组织合作社与农村组织部的官员詹农斯·朱哈斯在《合作社原则与合作社的经营活动》一文中指出："合作社成功运行的重要条件是成员的继续惠顾。合作社是参与性的自助组织，……经验表明合作社失败的一个重要的原因是缺乏成员的惠顾。"[1] 因而对于合作社来说，社员的惠顾比资金投

---

① 李惠安：《99 农村专业合作经济组织国际研讨会文集》，中国农业科技出版社，2000，第198 页。

入更重要。

　　只要有社员惠顾，合作社就有了融资来源渠道，资产也是通过惠顾来不断聚集的。那么，我们是否应将合作社的投票权按社员的股份比例来分配？——这实际上是对股本的民主。我们认为，合作社按社员承担风险高低的不同将管理权分配给社员是对的，合作社与自身利益关联性越大的社员就越有做出最优决策的积极性。但问题的关键是：是社员股本承担的风险高，还是社员投入的其他资源承担的风险高？当今发达资本主义国家农业生产的专业化水平越来越高，这种专业化生产不仅在区域内进行，而且在农业生产的微观部门——农场，特别是家庭农场中进行（大的公司制农场一般是综合性的，由于家庭农场经营规模小，资金、技术力量相对弱，它们的专业化生产往往集中在两三种农产品上），家庭农场的资产专用性也越来越强。

　　随着农业生产力的不断提高，市场经济下的农业社会化大生产代替了自然经济下自给自足的小生产，农业生产经营效率的提高必然以专业分工广泛而深入地推进为基础。因此，可以这样说，家庭农场的资产专用性是农业生产力发展的基本条件，是基础、是前提。同时，农业生产的特点决定了农业生产资料与其所有者不可分离，家庭农场的资产专用性使得农场主的知识、技术等也具有了专业性特征。当农场主将自己的人力资源投入农业这一特定的行业和农业合作社后，它也成为一种投资品，具有了投资风险。两类投资中，农场主对合作社的股本投资可以通过循环资金融资收回，而其对自身人力资源的投资（学习掌握农业生产经营的专业知识，其中包括运作合作社的专业知识）却无法收回，即农场主社员投入的股本与自身专业化人力资源相比较，专业化人力资源承担的风险才是最大的。因为：股本投资可以在一定程度上规避风险，即使股本是专用性资产也比专业化人力资源容易收回，而专业化人力资源与合作社的关系却逐渐直接化和紧密化（如社员随意进入一个不适合自己人力资源专长的合作社，或者退出一个适合自己人力资源专长的合作社，都会对自己农场的生产经营造成巨大的损失），改变人力资源成本极大，风险极高。因此，不是股本，而是专业化人力资源才是合作社风险的最大承担者，进而从理论上讲，合作社应按成员的专业化人力资源来分配投票权。西方现代化国家对从事农场生产经营的人员均有相应的要求与考核，况且合作社在组建时也要求成员是大体同质的，其中包括成员拥有的专业化人力资源也是大体均等的，这就是长期以来西方农业合作社的"一人一票"管理原则（体现了对人的民主）备受西方理论界部分学者的批评，但在实践中许多合作社依然不能放弃基于"一人一票"原则来设计投票制度的根本原因。

新制度经济学对合作社管理制度的批评还集中在合作社内部的"委托－代理"问题上。他们认为，合作社应将管理权配置给充分掌握信息及专业技术的经理人员，这样可以降低合作社的运行成本，从而节约交易费用。但掌握管理权的经理作为理性人，其实现自身收益最大化的目标可能与社员的利益相冲突，因此经理层应获得合作社剩余索取权，使两者的利益相容。关于这个问题我们前面已提及，既然社员是合作社生产资料的拥有者，那么社员就不会出让自己的剩余索取权——对惠顾返还的占有权，让他人占有自己的剩余劳动。对惠顾返还的占有是农场主加入合作社的先决条件，试想一个不能占有自己剩余劳动的农场主会去构建或加入合作社吗？这就是在实践中没有哪一个合作社（包括新一代合作社）会施行让合作社经理拥有剩余索取权的原因。美国学者 Trechter 在 1997 年通过对美国农业合作社的调查发现一个基本事实：合作社的经理都没有剩余索取权。[1]那么为什么新制度经济学的部分学者在有关合作社的研究文献中会反反复复提这一问题？这是因为他们没有把生产资料的所有权关系视为合作社生产关系的核心，也不认为所有权关系决定着其他经济关系。事实上，任何生产经营活动都以物质生产资料的存在为前提。只有首先具备生产资料，才有可能形成真正意义上的生产，因而生产资料的所属关系就成为生产关系的核心。而新制度经济学认为，各种要素（包括生产的客观条件和主观条件）的所有权关系对于经济活动同等重要，各种要素之间的关系是平等的，经济学要解决的问题就是构建何种制度安排可以降低交易费用以实现收益最大化。可见，方法论上的缺陷最终造成新制度经济学合作社理论分

---

[1] David D. Trechter, "Case Studies of Executive Compensation in Agricultural Cooperatives", *Review of Agricultural Economics*, 1997, pp. 492–503.

析结果与现实的冲突。

第二节　西方农业合作经济组织管理 制度的基本模式

马克思认为，体现在管理权上的经济关系的性质最终是由生产资料所有制的性质决定的，这是因为：①生产资料所有制的确立是社会进行生产必不可少的前提和条件，它决定了生产资料与劳动者的不同结合方式、直接生产过程中人们的不同地位和他们的相互关系以及人们在交换和分配中的不同关系，生产资料所有者最有权力、权威决定谁是管理者以及如何管理；②生产资料所有制决定了一定社会的生产目的和社会成员的经济利益关系，从而决定了生产关系的基本特征和本质；③生产资料所有制的变化是生产关系变化的根本原因，一旦生产资料所有制发生了变化，生产关系的其他方面也会随之发生变化。① 因此，要理解合作社企业的管理制度，首先要从分析合作社的产权制度（生产资料所有制的实现形式）开始。

西方农业合作社的产权制度是一种复合产权制度，从而也就决定了其管理制度是一种合作管理制度（后述）。基于前面产权关系的基本模式分析，不难发现合作社的产权制度具有以下几个特点：首先，劳动的联合与财产的联合相统一，即合作社产权的主体是农业生产的劳动者们，而且每一个成员都拥有一部分财产权（既有财产的联合，也有劳动的联合，劳动的联合建立在财产联合的基础之上），这样每个成员对合作社就拥有了管理权；其次，合作社的产权主体是社员个人，所有权主体的个体性要求确保个人对其财产的管理权；再次，合作社的入股金是被限制在一定范围内的，而社员依其交易额确定的有资格投资股本金的范围不限定，但每一个成员都可能成为合作社最大股本金的贡献者，即成为合作社潜在的最多财产的拥有者，所以合作社无差别地对待每一个成员；最后，因为成员的专业化人力资源承担合作社的最大风险，这要求合作社按成员的专业化人力

---

① 吴宣恭等：《产权理论与比较——马克思主义与西方现代产权学派》，经济科学出版社，2000，第54~55页。

资源来分配投票权，而合作社成员的同质性要求使得加入的成员所拥有的专业化人力资源也是大体均等的。基于上述特点的整合，在西方农业合作社内就形成了管理制度模式Ⅰ：

以"一人一票"为基础的合作管理制。①

就其内容来看，这种管理制度反映了每一位社员均享有平等的合作社管理权，体现了合作社在管理制度上对劳动者的民主（资本主义企业管理制度体现的是对资本的民主，所以其管理制度模式是以"一股一票"为基础的等级管理制）。

自20世纪二三十年代以来，农业合作社"一人一票"的合作制管理原则有所突破，特别是欧美遵循"比例原则"的合作社大多施行了受限的"一人多票"制，这是因为随着一些合作社生产经营规模的扩大，社员之间在股本金投入以及对合作社的贡献上差别日益明显，如果不增加他们的权力就可能难以吸引投资和贡献投入，一些合作社对入股金额大、贡献多的社员在"一人一票"的基础上适当增加一定的投票权，但票数有严格的上限限制。据美国合作银行于20世纪30年代对亚利桑那州、犹他州、内华达州和加利福尼亚州的调查，在100个销售合作社中，有58个实行"一人一票"制度，有42个采取"一人多票"制。其中，部分水果合作社规定，只要按最低限额缴纳入股金，就有一票表决权，这是先决条件，此后每交易100箱水果增加一票，最多6票；有的合作酿酒厂规定，每交售10吨葡萄增加一票，最多3票；等等。当前美国约25%的州立法认可社员拥有附加投票权，附加投票权的多少常常由每名社员对合作社的惠顾额（量）来决定，但每名社员的附加投票权份额有2%、3%或5%不等的上限限制，而对于重大事项的表决只能实行"一人一票"制。② 德国《合作社法》第43条规定，社员在表决时，原则上只享有一票表决权，即与各人入社股金、社龄长短和他与合作社间业务往来的范围大小无关。而重要的社员，最多可获得三票表决权。但"一人多票"制只适合简单多数表决

---

① 关于合作管理，我们稍后将进一步说明。

② Henry H. Bakken, M. A. and Marrin A. Shaars, *The Economics of Cooperative Marketing*, McGraw-Hill Book Company, Inc, 1937, p. 155.

制。换言之，当就实行质量多数表决制的事务进行表决时，平时享有多票表决权的社员也只享有一票。①

既承认社员有为合作社创造相同财富的潜能，同时又承认社员能力是有差异的；既要民主，又要公平。这与我们前面的讨论并不矛盾，作为专业化人力资源载体的社员是合作社风险最大的承担者，相对于社员的投资来说，作为农业劳动者的社员对合作社更重要。但社员的能力是有差别的，"一人一票"是在数量上对劳动者的民主，而劳动者的劳动在质上也是有差异的，合作社同时又要满足能力强的社员的现实利益要求，即在质量上实现对劳动者的民主，所以在这里既要坚持"一人一票"制的原则性，同时又要有灵活性，原则性与灵活性在这里实现了辩证统一。这样，我们就有了西方农业合作社管理制度模式Ⅱ：

以"一人一票"为基础的受限附加表决权合作管理制或受限的"一人多票"合作管理制。

以"一人一票"为基础的受限的"一人多票"合作管理制没有从本质上改变合作社的民主管理原则；没有突破合作社"三位一体"的质的规定性，即合作社与"按资投票"是有本质区别的。合作社增加的票数是对高贡献者劳动付出的承认，因为合作社增加的股本金实际上是社员劳动创造的，它不同于资本家对企业的股本投入，前者是为了增强合作社实力从而为成员提供更好的服务，而后者是为了占有更多的工人剩余劳动。但合作社的股本是要支付受限利息的，为了保证利息受限这一原则存续，合作社不会滑向"按资分配"，突破"三位一体"原则，所以要限制投资大的社员的投票权，保证没有任何一个社员能够控制合作社。

---

① 质量多数表决制指表决对象需获得75%或以上票数方可通过。这主要涉及修改社章事务。社章规定在下述情况下，实行90%表决制：要求社员必须利用本社的设施，或购买本社的产品和劳务，或向本社出售产品和劳务。实行75%表决制的情况为：在对改变经营内容，提高股本，实行一人多股办法、社员缴纳追加入股和是否实行"一人多票制"，办理社员退社手续时间超过两年等问题进行表决时社员每人只有一票，而不论其以前的票数是多少。转引自郭国庆《德国〈合作社法〉评介》，《河北法学》1999年第1期，第100页。

投票权的改变是否会对合作社的绩效产生影响？1999 年荷兰学者 Kyriakos Kyriakopoulos、Matthew Meulenberg 和瑞典学者 Jerker Nilsson 联合对遵循传统原则（"一人一票"原则）与比例原则（"一人多票"原则）的荷兰农业合作社（年营业额均在 1 亿欧元以上）进行了一次调查，构建计量模型，以测定两种原则对合作社市场导向[①]（market orientation）与绩效（performance）的影响。[②] 结果如表 5 - 1 所示。

表 5 - 1　合作社内、外各因素对合作社市场导向、绩效的影响

自变量	因变量	
	市场导向	绩效
比例投票	0.17（1.15）	- 0.35（0.25）*
股本金与交易额成正比（明晰产权）	- 0.29（- 1.63）	0.39（2.12）*
企业文化	0.51（3.33）*	0.25（1.9）**
竞争强度	0.01（0.05）	0.14（0.869）
合作社类型（供给、营销或混合）	- 0.20（- 1.28）	- 0.11（0.66）
F 统计量	2.59*（6.32）	2.12**（6.34）
调整的 R^2	0.21	0.15

注：括号中的是 t 统计量；* 为 $P < 0.5$，** 为 $P < 0.1$。

资料来源：Kyriakos Kyriakopoulos，Matthew Meulenberg，Jerker Nilsson，"The Impact of Cooperative Structure and Firm Culture on Market Orientation and Performance"，*Agribusiness*，2004（4），pp. 379 - 396。

结果表明，"一人多票"原则对合作社的绩效影响不显著；而企业文化对企业绩效有显著影响。三位学者通过实地调查发现，大多数合作社交易大户并不将多配给的投票权视为一种对合作社的影响力或是一种可以凌

①　西方合作社理论按服务对象原则将农业合作社分为两类：第一类是社员导向，即以为社员服务为中心，根据社员的生产经营方向提供服务，最大限度地帮助社员营销产品；第二类是以市场为导向，即依据市场的供求情况，为社员生产经营方向提供建议。

②　Kyriakos Kyriakopoulos，Matthew Meulenberg，Jerker Nilsson，"The Impact of Cooperative Structure and Firm Culture on Market Orientation and Performance"，*Agribusiness*，2004（4），pp. 379 - 396.

驾于其他社员意志之上的权力，他们更多的是将其视为一种补偿或者是荣誉。他们认为对合作社来说最重要的是构建一种成员间相互尊重（esteem）和认同（homogeneity）的企业文化（firm culture），这是因为近年来欧洲农产品市场竞争越来越激烈，合作社企业为了生存就必须加强成员间的认同感，构建一种和谐的企业文化，而相对于这种企业文化来说投票权的多少并不重要。这一观点也被学者 Alback 和 Schultz（1997）的一份调查所证实：即使是在一些拥有交易大户的合作社中，"一人一票"的民主原则依然能够导致有效率决策的产生，即投票权如何分配与决策效率没有必然的联系。[①] 这正印证了我们前面的分析结果：人力资源的载体——社员对合作社发展至关重要，成员间相互认同、理解与支持是合作社得以存续和发展的重要因素。

实践中"一人一票"与受限的"一人多票"实施的情况如何？1922年，美国颁布实施的、被称为"合作社大宪章"的《凯波 - 沃尔斯蒂德法案》规定："合作社实行'一人一票'制或者红利分配每年不超过 8%。"其含义是合作社一般可采用"一人一票"制，如按比例原则实行受限的"一人多票"制，则股金红利分配每年不超过 8%。即这两种方法都是不允许绝对控股社员的出现，防止少数社员合谋控制合作社为自己谋利。据 Reynolds、Gray 和 Kraenzle 于 1997 年对美国农业合作社投票制度的调查，93% 的合作社采用"一人一票"制，剩下的 7% 采用受限的"一人多票"制，即接受股金红利分配每年不超过 8%。[②] 澳大利亚合作社法第 176 条规定：投票权与社员资格有关而与所持股份无关；除非本法有特殊规定，每位社员在一次合作社会议上只有一个投票权。加拿大合作社法第 7 条第 1 款规定：每个社员或社员代表仅有一个投票权。德国合作社法第 43 条第 3 款规定：每位社员有一个投票权。章程规定可以赋予复数投票权（plural

---

① Alback, S., Schultz, C., "One Cow, One Vote", *Scandinavian Journal of Economics*, 1999 (4), pp. 597 - 615.

② Reynolds, Gray, Kraenzle, "Evolution of Cooperative Thought, Theory and Purpose", in M. Cook, et al., eds, *Cooperatives: Their Importance in the Future Food and Agricultural System*, Washington D. C.: National Council of Farmers Cooperatives, and Food Agriculture Marketing Consortium, 1997, pp. 3 - 20.

voting rights)。只有那些以特殊方式促进合作社业务的社员才能被授予复数投票权,但每位社员不得享受多于 3 个投票权。当本法要求合作社决议以 3/4 多数或更高比例的票数通过,而章程又不得规定低于法定比例的票数,以及通过的决议涉及有关复数投票权的撤回或限制条款时,每个社员只能有一个投票权,即使其被赋予了复数投票权。欧盟委员会合作社条例(Council Regulation European Co-operative No. 1435,2003)第 59 条规定:①合作社的每个社员不论其持有多少股份都只有一个投票权;②如果欧盟合作社总部所在地国家的法律允许,合作社章程可以基于社员惠顾额而不是其投资向社员提供数个投票权,但每个社员不得拥有超过 5 票和总数的 30% 两者中的最低数。日本农协法第 16 条规定:基层农协每个社员有一个投票权及一个选举行政人员和社员代表的选举权。① 可见"一人一票"制依然是农业合作社的典型投票制度安排。

"一人一票"制是西方农业合作社的管理制度区别于其他非合作社经济组织管理制度的一个重要特征。下面我们将西方农业合作社的管理制度与资本主义企业的管理制度做对比分析,以进一步深化对西方农业合作社管理制度的认识。

第一,合作社与资本主义企业的管理制度有着不同的产权基础。西方农业合作社的管理制度是以其特有的产权制度即股金制度为基础的,表现为劳动的联合对联合劳动收益的按份共有和共同共有,因而管理的基本制度就是劳动者的"一人一票"——对劳动的民主;而资本主义企业的管理制度则是以资本制度为基础的,表现为资本家拥有生产资料,从而占有工人剩余劳动,因而管理的基本制度就是资本的"一股一票"——对资本的民主。产权制度的差别,是造成这种不同的最根本的原因。

第二,合作社与资本主义企业的管理制度有着不同的内涵。资本主义企业是资本家出资组建的企业,资本家是企业的所有者、控制者和工人剩余价值的摄取者,企业建立以及生产经营的主要目的是追求资本家投入收益(剩余价值)的最大化,因此,企业管理制度必然是围绕保障大大小小

① 王洪春:《中外合作制度比较研究》,合肥工业大学出版社,2007,第 256 ~ 258 页。

资本家的投入收益而设计，这种制度设计要体现出资本家平等原则。资本家平等原则的实质是资本的平等（资本家是资本的人格化），资本平等的具体化就是"一股一权利"，进而实现"一股一票"、"一股一收益（风险）"，并且"多入股、多责任（义务）、多收益（风险）"，反之亦然，这是对资本的民主。因而，在资本主义企业中，股东作为自然人，其个人身份并不重要，关键是资本。拥有等质、等量的资本，就拥有相同的权力和利益。

合作社是农业一线生产者（农场主）进行横向联合、自我服务、受益的组织，农场主成立合作社的目的主要是解决"小生产与大市场"矛盾，提高家庭农场的生产经营效率，增强实力，以改变农场主在市场竞争中的不利的地位，因此，合作社的最终目的是为社员提供服务，而不是为社员赚取投资收益。合作社为社员服务的水平提高，会吸引更多的农场主加入，随合作社资产的增加、实力的增强，合作社又能为社员提供更多、更高质量的服务，而这又会吸引更多的农场主加入，形成良性循环。同时，农业一线生产者（农场主）是合作社生产资料的拥有者，合作社在生产经营过程中即使产生了"剩余产品"也会被合作社的股东（农场主）按交易额（量）分配，即按劳分配，这与资本主义企业有很大的不同。资本主义企业是资本家把资本聚集起来用以摄取工人剩余价值的一种组织形式，其最终目的是实现资本投资收益（即摄取剩余价值）的最大化，可见，资本主义企业是为资本服务的，资本在企业生产经营中决定一切。因此，在表决权方面，资本主义企业实行的是"以资为本"的"资本多数决"原则，而合作社实行的是"以人为本"的"社员多数决"原则。

就表决权而言，合作社与资本主义企业一样，都实行民主管理，不过民主管理的对象不同，合作社是劳动者（社员）拥有企业，所以管理制度表现出对人（劳动者）的民主；资本主义企业是资本拥有企业，所以管理制度表现出对资本的民主。随着竞争的日益加剧，各国对合作社的"一人一票"制都有不同程度的突破，在"一人一票"基础上安排了受限附加表决权。附加表决权的多少取决于社员与合作社的交易量，或者是社员对合作社贡献的大小。资本主义企业股东的表决权没有上限限制，完全由其资本投入的多少来决定，实行"一股一票"表决制。

第三，合作社与资本主义企业的管理制度有着不同的管理主体。这里所说的管理者是指企业经济活动的最高管理者，即企业经济活动的最终控制者和决策者。合作社的管理者具有多重身份。

首先，他们是合作社生产资料的拥有者。家庭农场主在未组建或进入合作社之前是其农场资产的拥有（占有）者，如表 5 - 2 所示。

表 5 - 2　美国 2012 年农场数量、产值及资产比重

单位：%

农场类型	农场数量比重	产值比重	农场的资产比重
小型家庭农场（年销售额低于 25 万美元）	90.3	24.6	67.7
大型家庭农场（年销售额高于或等于 25 万美元）	7.5	60.2	25.2
非家庭农场（年销售额超过 50 万美元）	2.2	15.2	7.1

资料来源：*Structure and Finances of U. S. Farms Family Farm Report*，2013，p. 3。

家庭农场主占有 92.9% 的农场资产。家庭农场主是以农业生产资料的拥有者的身份组建或进入合作社的，这就决定了他们与"身无一文"而只能靠出卖劳动力的雇佣工人不同，他们在合作社中不可能是以被管理者的身份出现的，生产资料的所属关系决定了他们是最终的管理者。

其次，他们是农业生产资料的拥有者以及农业生产的特点（即农业生产者与农业生产资料的所有者不可分离，即农业生产者必须拥有生产资料）又决定了他们是农业生产的劳动者和农产品的占有者。

最后，他们是合作社的拥有者又决定了他们是合作社的惠顾者（构建合作社的目的是为自己家庭农场的农业生产经营服务）。因此，社员是合作社的拥有者、管理者和惠顾者，三种身份"合三为一"，但这三种身份不是平行的，第一种身份决定第二、三种身份。

谁拥有生产资料谁就掌握了企业的管理权，在这一点上合作社与资本主义企业没有什么不同，不同点在于前者控制企业是为自己家庭农场的生产经营服务，以占有和获得自己劳动的剩余产品；而后者是为了控制工人，占有和攫取工人创造的剩余价值。

第三节　西方农业合作经济组织的内部治理
结构及制衡机制

5.3.1　西方农业合作社内部治理结构：合作管理结构

马克思指出，由于生产过程本身具有二重性，对生产过程管理的内容也是二重的：一方面是通过组织生产力，对生产或劳动过程进行控制和指挥，使企业生产过程联系为一个统一的整体，这时管理表现出与组织生产力和社会化大生产相联系的自然属性；另一方面是对生产过程中人与人关系的调节，这是与生产关系紧密联系的一种对生产者在分工协作中关系的协调，是对生产者在整个生产过程中的一种控制与监督，这时管理表现出与生产关系和社会制度相联系的社会属性。①

当前西方经济学所说的治理问题实际上是基于上述第二个层次展开讨论的，例如，John（1998）认为："治理是组织利益相关者为保护自身的利益而对内部人和管理部门进行控制。"全球治理委员会在 1995 年发表的《我们的全球伙伴关系：全球治理委员报告》（*Our Global Neighbourhood: The Report of the Commission on Global Governance*）一书中，对治理给出了权威性的定义："治理是各种公共的或私人的机构管理其共同事务的诸多方式的总和，它是使相互冲突的或不同的利益得以调和并且采取联合行动的持续的过程，它既包括有权迫使人们服从的正式制度和规则，也包括各种人们同意或以为符合其利益的非正式之制度安排。"② 学者们进一步给出了企业（公司）治理的定义。Sherriff（1997）认为："企业治理是企业资金提供者确保获得投资回报的手段。如资金所有者如何使管理者将利润的一部分作为回报返还给自己，如何确定管理者是否侵吞他们所提供的资本或将资本投资他处，如何控制管理者等。"Mark D. L.（1998）认为："企业

---

① 马克思、恩格斯：《马克思恩格斯全集》（第 23 卷），人民出版社，1972，第 367～372 页；马克思、恩格斯：《马克思恩格斯全集》（第 25 卷），人民出版社，1972，第 421～432 页。

② 俞可平：《治理与善治》，社会科学文献出版社，2000，第 46 页。

治理是指平衡与协调股东、董事会和高层管理人员之间的关系。"Powys（1998）指出："企业治理是一个机构中控制企业所有者、董事和管理者行为的规则、标准和组织。"Blair（1999）认为："企业治理是法律、文化和制度性安排的有机整合。任何一个企业治理制度内的关键问题是力图使管理人员能够对企业资源贡献者如资本投资者、供应商、员工等负有义不容辞的责任。"国内学者李维安（2005）认为："企业治理则是通过一套包括正式或非正式的内部或外部的制度或机制来协调企业与所有利益相关者之间的利益关系，以保证企业决策的科学化、合理化，从而最终维护企业各方面的利益的一种制度安排。在这种制度安排下，一组联结并规范企业成员、内部组织机构（理事会、监事会、经理等）之间的相互权利和利益关系的制度、组织架构、职权配置等将被构建，以解决企业不同利益主体之间的决策、激励、监督等问题。这种企业治理是企业利益相关者通过一系列的内部和外部机制实施的共同治理。"① 有关企业治理（corporate govern-ance）的概念，西方学者基于不同的视角有着不同的理解，但从总体上看，西方学者对企业治理的界定，主要是从两方面来进行：一是基于如何管理、激励或引导经理层做好经营管理工作，以保护企业所有者利益或实现所有者利益最大化而展开的讨论（包括控制经营管理者论，对经营者的激励论，股东、董事和经理的关系论，等等）；二是基于企业管理如何做好战略决策，以保护包括股东在内的企业利益相关者的利益，或者是实现他们利益的最大化而展开的讨论（包括对经理、董事和所有者的控制论，企业利益相关者之间的相互制衡论，等等）。

伴随着企业治理这一概念的提出，企业治理结构（Corporate govern-ance structure）的概念出现并逐步完善、发展起来。联合国开发计划署（The United Nations Development Programme，简称 UNDP）将治理结构定义为："对组织、社区、社团和国家的社员、公民或居民的行为行使的管辖权、控制权、管理权和支配权。管辖权、控制权、管理权和支配权都是复杂的机制、过程、机构、关系和制度。通过这些复杂的机制、过程、机

---

① 李维安：《公司治理学》，高等教育出版社，2005，第 10~13 页。

构、关系和制度，公民和社会团体可以表达他们的利益愿望、履行他们的权利和义务，调和他们之间的利益冲突。有效治理结构致力于资源分配和管理，解决面临的共同问题。"即治理结构是一种管理和控制的体系，它不仅规定了组织内的各个参与者、机构和其他利害相关者的责任和权利分布，而且明确了决策组织事务时所应遵循的规则和程序。① 钱颖一（1999）认为："企业治理结构是一套制度安排，用于支配若干在企业中有重大利害关系的团体投资者（股东和贷款人）、经理人员、职工之间的关系，并从这种联盟中实现经济利益。企业治理结构包括：如何设置企业内相关机构并配置相应的权力、行使控制权；如何监督和评价董事会、经理人员和职工；如何设计和实施激励机制等。"② 可见，西方的企业（公司）治理及治理结构的理论完全是基于人与人的关系来展开讨论的，而马克思关于企业的管理理论是基于技术与社会（即人与人的关系）两个层次展开的，无论是在内涵、外延还是在理论深度方面都远超西方的企业（公司）治理理论。

　　基于马克思企业管理理论，参考前人的研究成果，我们给出合作社内部治理的定义：合作社为适应农业生产力的发展而对其内部管理进行的一系列制度设计，这种制度设计是合作社为了适应农业社会化大生产，而在其内部构建相应的机构、岗位并配置权力，实现专业化分工协作，以提高合作社生产经营效率的制度安排。这样的制度安排从合作社各相关利益主体间的关系来看，是一组联结并规范和制衡社员、内部组织机构以及外部利益相关者之间的相互权利和利益关系的管理制度安排（本质上反映了合作社生产经营活动中人与人之间的关系）。其具体包括：合作社内部的组织机构、成员（含外聘人员）之间如何分工协作，配置权、责、利关系及如何制衡，即如何通过合理的监督与激励机制以达到提高合作社的生产经营效率、增加成员收益的目的。合作社内部治理实质上是一种为解决合作

---

①　叶祥松：《关于现代公司治理结构的两个基本问题》，《北京大学学报》（哲学社会科学版）2001 年第 4 期，第 47 页。

②　钱颖一：《中国的公司治理结构改革和融资改革》，《经济研究》1995 年第 1 期，第6 页。

社不同利益主体之间的参与、控制、激励、监督等问题，以提高生产经营效率而设计的合作社内部权、责、利分配及其制衡机制的管理制度安排，其中治理结构与制衡机制是内部治理最重要的两项内容。

基于马克思企业管理理论，我们给出合作社内部治理结构的定义：应合作社生产力发展的内在要求，合作社进行产权社会化变革，合作社完整的产权分裂、分离与分化出一系列产权权能，合作社就要设计并构建相应的内部机构，以配置各项权能及相应的权力，并建立一套联结、规范合作社各机构间关系的、系统的制度安排，从而可以明确合作社各利益相关方之间的权、责、利关系，以达到权力制衡从而提高合作社生产经营效率的目的。基于上述定义，下面我们来分析西方农业合作经济组织的内部治理结构。

如图5-1所示，与资本主义企业内部治理结构根本不同的是生产合作社的内部治理结构，特别是工人生产合作社的内部治理结构。在生产合作社中，劳动者（社员）所组成的社员大会是企业的最高权力机构，其取代了资本主义企业的最高权力机构——资本家或股东大会（联合的资本家），并将合作社的其他权力如合作社的生产经营管理权、收益分配权、人事权、审计权等全部置于这个最高权威之下。由此，生产合作社的经理层人员由社员大会选举产生，一些大型合作社由社员大会民主选举理事组成理事会，再由理事会推选经理层人员，但最终要经过社员大会批准。这样，在生产合作社中，社员既是最高决策者，选举（聘请）经理层人员；同时又是合作社的生产劳动者，接受经理层人员的领导和管理，从而形成了经理对社员和社员对经理的双向制约机制，这是一种循环管理结构，如图5-3所示。而农业合作社的内部治理结构与上述两类企业有很大的不同（见图5-2）。这里我们首先要说明，西方农业合作社的内部治理模式可分为两类：封闭型和开放型。合作社在发展初期大多属于封闭型，由于这时其规模、经营范围均小，合作社与社员相互高度依赖，生产经营中不雇佣外部劳动力，而经理也直接从社员中选举产生。开放型合作社出现在合作社发展的中后期，随着生产力的发展，合作社规模和经营范围扩大，内在地需要不断提高产权社会化程度，合作社开始雇佣外部专业技术人员对合作社进行管理。在合作社发展初期，经营管理技术要求不高，同时出于经营成本的考虑，社员可轮流担任合作社的经营管理者（即所有权与管理权统一由社员行使），如同罗虚戴尔公平先锋社组建初期。但当商品经济发展到一定程度，在社会化大生产下，合作社必然要在农业生产经营中进行专业化分工协作，以提高生产效率。同时，作为合作社财产所有者的社员，其生产经营活动（主要是农场生产经营）与合作社自身的生产经营活动并不完全相同，二者对专业管理知识的要求有很大差异。在经营管理专业化及职业化的时代，面对激烈的市场竞争，如要保持全体社员所有权与管理权的统一，合作社必须付出较高的成本使一部分社员放弃自己农场的生产经营活动，成为专业的经营或管理人员，这可能会使社员间原有的矛盾激化。这时，对合作社来说最有效率的选择是进行产权社会化，即将合作社所有权与管理权（即日常生产经营管理权）相分离，将管理权交给受过专业训练的外部职业经理人。下面以开放型农业合作社为例说明其与上述两类企业的异同。

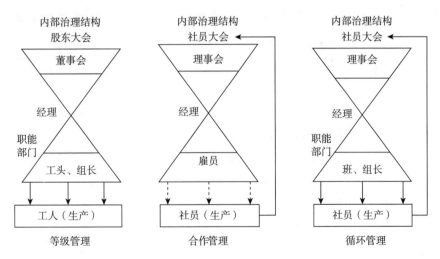

图5-1　资本主义企业　　图5-2　农业合作社内部　　图5-3　生产合作社内部
　　内部治理结构　　　　　　治理结构　　　　　　　治理结构

　　注：①虚线箭头表示一种服务及建设性指导；②三类管理模式是从组织内其他部门、人员与产权主体的关系出发进行分类；③治理结构中没有列出监事会，因其主要职能是监督，而不是直接参与管理工作的规划、决策与执行等。

　　农业合作社、生产合作社与资本主义企业内部治理结构的不同主要表现在以下两个方面：①资本主义企业的投资者进入股东大会是资本的选择，是资本的"择优录取"，而合作社社员进入社员大会是劳动的选择，纯资金投资者一般不能进入，只有劳动者才能成为股东（社员）并进入社员大会，这与生产合作社是相同的；②社员既是合作社的最高决策者，又是合作社的惠顾（使用）者，这又与资本主义企业和生产合作社均不同，后两者的职工和社员不一定是企业的惠顾者。由于农业合作社社员是合作社的惠顾者，因此合作社的管理与资本主义企业内部的专制管理不同，农业合作社中社员与经理存在一种微妙的关系：经理人选由社员决定，而社员惠顾时又不能离开经理的服务。所以在农业合作社中也存在一种双向制约机制，但这种双向制约与生产合作社又不同：经理由社员决定，这一方向的制约是强制约，两类合作社是相同的，而在经理对社员的制约方面，生产合作社是一种强制约，即生产计划一经社员代表大会批准，经理有责任要求社员完成，社员有义务完成。由于农业生产的特点，农业合作社的生产单位（家庭农场）大多是根据自己的情况分散经营，农业生产计划不是在合作社内部完成，而是由农场主各自决定，即使是由合作社来决定，农业生产的特点也决定了农业合作社的经理不可能对社员（农场主）进行强制性管理——由于计量、监督管理费用太高，强制性管理也无法实施。这就决定了农业合作社经理对社员的管理只能是一种服务，即为社员的生产提供产前、产中、产后服务，对于具体的生产活动也只能提供意见或建议。可见，农业合作社也存在一种循环管理，但这种管理在经理对社员控制方向上是一种弱控制（feebly control），① 因此，西方农业合作社是一种以社员为中心的合作管理模式。

---

① 由于农业合作社与社员在生产经营过程中是分离的，因而面临不同的市场供给与需求曲线，合作社与社员的最优决策往往发生冲突，这就涉及农业合作社经理能否对社员的生产经营行为进行强控制（force control）的问题，对这一问题，学者 Clark 与 Arnolds 曾进行过激烈的辩论，许多学者也参与其中。结果大量的实地调查证明：没有足够的证据证明合作社经理能对社员进行强控制。参见 Arnolds P. Aizsilnieks, "A Final Word on Cooperatives", *Journal of Farm Economics*, 1952, pp. 563 – 566。

资本主义企业的经理在管理中对股东没有任何控制力，生产合作社则是强控制，因而从经理在管理中对股东的控制来看，农业合作社的内部治理模式位于上述两类企业之间。所以，从社员（股东）对经理的选用、控制方面来看，三类企业均是由社员（股东）大会，或由社员大会选举出的理事会（或董事会）决定人选并对其管理活动进行监控，均是强控制；而从经理在生产经营管理中对社员（股东）的控制来看，生产合作社最强，资本主义企业基本没有作用，而农业合作社居中。

农业合作社中社员与经理层之间也存在一种委托－代理关系，但这种关系与资本主义企业有明显的不同：前者的权力是由社员集体的权威授予的，他们对全体社员负责；而后者的权力是由资本的权威授予的，他们要对资本家负责。所以，资本主义企业中的经理是资本的代理人，是在资本的委托下监督工人的劳动，以榨取和实现更多的剩余价值。而在农业合作社中，经理的职能主要是为社员提供产前、产中和产后的专业化服务，帮助全体社员最终实现其劳动产品的价值，并在生产经营中协助全体社员进行自我管理和协作劳动，社员与经理之间的联系更紧密，经理对合作社产权主体——社员是一种服务与协助合作的关系。因而我们将农业合作社的管理结构称为合作管理结构，如图 5-2 所示。

5.3.2 农业合作社内部管理的制衡机制

上面我们分析了农业合作社的内部治理结构，下面我们分析合作社内部各机构之间的权力制衡。虽然各国农业合作社的内部组织构成千差万别，名称也各不相同，但最基本的有三个相对独立的机构：社员大会、理事会（北美称董事会）和监事会。这三个机构功能各异，既相互联系又相互制衡。

5.3.2.1 社员大会

社员大会是合作社的最高权力机构，由全体正式成员组成，该机构决定合作社各项重大事项，如章程制定、运营方针、对重要人事的任免以及对外经济活动等。大多数合作社原则上每年举行一次社员大会（一般在一个生产年度末），参加者为农业合作社的所有正式成员，并严格遵循"一人一票"制或受限的"一人多票"制。社员大会对合作社下一年度的生产经营进行战略决策，形成的决议由理事会和监事会具体负责执行、监督。例如，日本《农业协同组合法》规定，[①] 对有关农协的组织机构、运营体制、管理方式、业务规程等涉及农协运营管理的重要事项，必须提请社员大会审议通过，否则不得设立、随意变更或修改。这些内容主要有：①农协章程的变更；②农协的解散和合并；③农协成员的除名；④农协业务规章制度的修改（如信用规章制度、保险规章制度、土地利用制度、农业经营规章制度等）；⑤生产年度计划；⑥农协共同费用的征收标准和办法；⑦农协的经营报告、资产总账、会计报表、利益分配方案、经济损失的处理方案；⑧涉及农协业务的全部或局部的经营管理权的转让；⑨农协成为县一级组织（如县农协中央会、经济联）发起者的决定；⑩农协申请加入或退出县一级联合组织的决定；⑪农协主要干部的任免；⑫农协债务、债权清算代理人的任免。一些涉及农协运营管理的根本性问题，必须在有半数以上的农协正式成员出席并有 2/3 以上的与会者表示同意的情况下才有效。图 5 - 4 是日本基层农协——日本爱知县"安城市农协"的组织结构图。

如图 5 - 4 所示，全体成员（社员）大会是合作社最高权力机构，决定着合作社的各重大事项及重要人选，领导并监督控制合作社的其他部门，如理事会、监事会、监察室等。

5.3.2.2 理事会（董事会）

理事会的成员一般由社员大会从正式社员中民主选举产生，并对社员大会负责。理事会的成员大多有一定的任期，一般不鼓励连任。理事会往往选举产生一名负责人，作为合作社的法人代表。理事会受全体社员的委托，代表合作社的利益，贯彻和执行社员大会所制订的方针和计划（即理事会根据社员大会的决议，制定出进一步贯彻、落实决议的具体措施，并

①　有关日本农协的规定引自章政《现代日本农协》，中国农业出版社，1998，第 31～40 页。

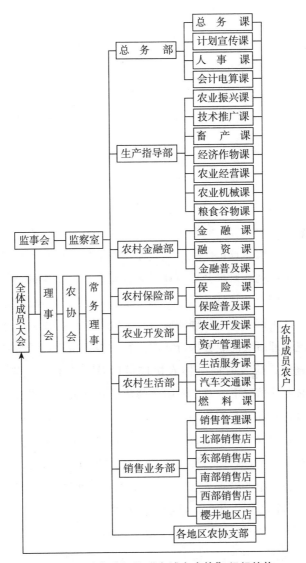

图 5 - 4　日本爱知县"安城市农协"组织结构

资料来源：章政：《现代日本农协》，中国农业出版社，1998，第 32 页。

保证其顺利实施），同时负责合作社的对外经济活动。按照日本农协法规定，理事会的职能就是"制定农协的具体对策，并保证其良好地执行"。①

_____

① 章政：《现代日本农协》，中国农业出版社，1998，第 33 页。

通常，理事会的主要议题是涉及有关农协的日常工作、业务、运营等方面的重要事项。其主要内容有：①农协的业务方针；②农协干部（经理）等的任免和理事之间的工作分工；③固定资产的折旧、更新和报废；④农协的资金借入、贷出及农协债权、债务的处理方式；⑤接受来自行政部门和农协系统内部（如农协中央会）的业务监察，并决定问题的处理方式等。①

5.3.2.3 监事会

为了保证合作社正常有序地进行生产经营活动，保证社员大会决定的战略、方针能被社内各机构正确地执行，同时为了防止有关人员滥用职权，危及合作社、社员和第三方的利益，合作社设立了监事会。监事会成员由社员大会从正式社员中民主选举产生，执行监督职能并对社员大会负责。监事同理事一样也有聘用期。监事会是与理事会（董事会）平级的合作社常设监督机构。监事会的职能是独立地行使对理事会（董事会）、总经理、高级职员以及整个合作社生产经营、管理的监督权。日本农协监事的工作有：①对农协的资产状况和理事会的业务执行状况进行监督、检查；②当发现农协的资产运营有问题时，应及时向全体农协成员以及有关的上级部门进行通报；③在认为有必要的情况下，召集农协全体成员召开大会；④对理事会所提出的各种业务报告（如业务报告书、农协财产目录、资金借贷表、盈亏分析报告、利益分配方案等）进行审查、核实，并提出审查结果。根据农协章程的规定，监事有权列席理事会，并在理事会上陈述自己的意见。同理事一样，监事也是受农协聘用的管理人员，如果监事因失职和过失而造成责任事故，监事本人将承担其责任，并负责赔偿经济损失。②

在合作社的治理结构中，社员大会、理事（董事）会和监事会作为不同产权权能的载体，分工协作，分别拥有合作社的所有权（狭义）、占有支配（或经营管理）权和监督权，它们的产生本身就是产权社会化的结果。①合作社完整的产权分离、分化出经营管理权权能，由理事会来行使。社员大会是委托人，理事是受托人，承担受托责任，负责经营管理合

---

① 章政：《现代日本农协》，中国农业出版社，1998，第34页。

② 章政：《现代日本农协》，中国农业出版社，1998，第35~39页。

作社的法人财产。社员大会与理事会之间形成一种委托－代理关系。一旦
理事会或个别理事徇私舞弊、玩忽职守，社员大会可以依法解散理事会或
解除理事职务直至移送司法机关。②理事会又可以将其权能进一步分解，
分化出具体的日常生产经营管理权，并根据专业技能和工作经验，挑选和
聘任适合的经理人员来行使该项权能。经理人员接受理事会的委托，便有
了对合作社日常生产经营事务的管理权和代理权，但其权力受到理事会委
托范围的限制。这种关系也是一种委托－代理关系。③合作社财产所有权
（狭义）与合作社经营权的分离，与监事会的设置密切相关，在两权分离
和社员大会不可能"事必躬亲"的情况下，为了防止理事会和经理人员滥
用权力，保护合作社、社员及第三方的权益，客观上要求设立监事会对理
事会和经理人员实施监督和制衡，由此合作社完整的产权分离、分化出监
督权权能，由监事会来行使，这实际上是合作社财产所有者——全体社员
委托监事会及其成员代为行使其财产的管理监督权。这样，合作社产权社
会化促使社员大会、理事（董事）会和监事会形成了一种"三权鼎立"的
权力制衡机制，以适应合作社分工协作提高生产力水平的内在要求。

第四节　西方农业合作社管理制度的实现机制

　　西方农业合作社社员作为一个整体有共同的集体目标，但每一个农场
主社员又有各自的利益目标，当个人理性与集体理性发生矛盾时，就有可
能导致部分社员在合作管理中逐渐消极、边缘化，甚至产生过激行为，退
出合作社并带走自己名下的股本，这样必然导致合作社财产的不稳定，影
响合作社正常的生产经营活动。如果社员不打算离开合作社，而是选择通
过谈判来试图改变现状，那么合作社内部将会产生很高的协调管理成本。
Hirschman 将谈判的结果总结为：退出（exit）、表达（voice）和忠心（loy-
alty）。① 林毅夫（2003）总结为：勤勉（assiduity）、偷懒（laze）和退出

① Hirschman, "Exit, Voice and Loyalty", *Responses to Decline in Firms, Organizations and States*, Cambridge, Massachusetts, Harvard University Press, 1970.

（exit）。^① 我们认为，表达、偷懒、忠心和勤勉均是一种愿意继续进行合作管理的行为（合作没有崩溃），而退出是一种非合作管理行为，是社员在合作管理中最强的一种否定意思表达。由于退出表明不再参与合作管理，就谈不上合作管理制度的实现，下面我们分析愿意继续进行合作管理的行为。合作管理又可分为积极合作管理（如忠心和勤勉）与消极合作管理（如偷懒）。为什么合作管理中会产生消极合作管理行为？需要什么样的机制才能遏制或解决这一问题？首先，我们需要解析消极合作管理行为产生的原因。下面以一个博弈模型来进行分析。

假定由两个惠顾额或交易额不同的社员（交易额大的社员简称为大户，交易额小的社员简称为小户）组成合作社，假定两个社员同时进行积极合作管理，努力的结果可以使他们增加 10 个单位的收益。大户采取积极管理行动的成本是 2，小户采取积极管理行动的成本是 4。^② 由于合作社收益分配是按社员的惠顾额比例返还，所以假定大户可以获得总收益的 70%（7 个单位），小户可以获得总收益的 30%（3 个单位）。上述博弈的矩阵表达如表 5 - 3 所示。

表 5 - 3　大户与小户的合作管理博弈

社员	小户		
	策略	积极合作管理	搭便车
大户	积极合作管理	5，-1	5，3
	"搭便车"	7，-1	0，0

用划线法可知该博弈的均衡解为（5，3），即交易额大、实力强的社员承担起主要的管理职能，小户成为"搭便车"者，这就是有名的"智猪博弈"。从一次静态博弈来看，小户由于合作管理成本高、收益有

---

① 林毅夫：《再论制度、技术与中国农业发展》，北京大学出版社，2003，第 214 页。
② 假设大户的管理成本小于小户是因为大户交易额大，其财产在合作社财产中所占份额大，所以大户在合作社生产经营管理活动中对其他成员有一种潜在的影响力（Cook，1995），同时其由于资金实力更易获得合作社管理的相关技术和信息。而小户由于潜在的影响力小，获得相关技术和信息的能力低或业务能力低等，导致其要达到相同管理效果，支付的成本更高。

限而最终放弃积极合作管理；但从无限次博弈来看，只有大户支付成本
进行管理，成本不断累加，而小户搭了大户的便车，只有收益，没有成
本，长此以往，对大户显然是不公平的，也不利于合作管理的实施。
"智猪博弈"的本质是小户的个人理性战胜了集体理性，小户仅考虑个
人利益而忽视了合作社的长远发展，合作社不能健康发展最终也会使小
户遭殃。更有可能出现的情况是：由于小户在合作管理中采取消极行为，
大户逐步控制了合作社，导致大户侵占小户权益的事件发生，最终结果
也是小户遭殃。

"搭便车"现象在不断增加社员数的合作社中会表现得尤为突出，大
多数小户社员仅考虑眼前利益：由于参与合作管理的成本高，自己努力的
成果还可能被均分给每一个成员，付出低于收益，因此其消极对待合作管
理，结果积极参与合作管理的人数比重将随合作社社员数的上升而下降。
表 5-4 中，西方三国合作社积极参与管理的社员数随社员总人数变化的情
况证实了我们的结论。

表 5-4   西方三国合作社社员参与情况

合作社	社员数（万人）	积极参与管理社员数（人）	社员代表数（人）	积极参与管理社员数占总人数的比例（%）
挪威 TINE 合作社	1.85	5000	300	27
丹麦 FDB 合作社	170	170000	—	10
瑞典 KF 合作社	290	6000	101	0.2

资料来源：白立忱等：《丹麦、瑞典、挪威合作社考察报告》，2005。

表 5-4 表明，随着社员人数的增加，积极参与管理的社员人数比例在
下降。越来越多的社员远离合作社管理而搭了积极参与管理成员的便车。
学者 Roger Spear 指出："在 1980 年的瑞典，较小规模的合作社年度社员大
会的参与率是 29.2%，大一点的市级合作社为 7.2%，区域合作社为
5.9%，更大规模的合作社为 3.3%。"[1] 我们认为，这可能是团队生产经营

---

① Roger Spear, "Governance in Democratic Member-based Organizations", *Annals of Publics and Cooperative Economics*, 2004, p. 75.

中监督惩罚（奖励）机制失灵而引发的，即当某一社员减少（增加）管理投入而不会减少（增加）或成比例地减少（增加）其收入时，"搭便车"现象就有可能发生。除"搭便车"外，管理中的机会主义行为还包括合作管理中的"逆向选择"（管理收益的平均分配导致有自利倾向的社员退出积极管理）、"道德风险"（管理失误给大户带来的损失一般高于小户，大户积极参与管理降低失误率，小户观察到这一点，就可能产生退出积极管理的倾向）和管理中的违约行为（表现为对合作社日常运行的消极监督、对信息收集的迟缓，管理中为个人私利而隐瞒和歪曲信息、躲避或不能履行对合作社的承诺或合作义务）等，我们将其统称为"消极合作管理行为"。

消极合作管理行为是西方农业合作社合作管理中面临的最大障碍，因而最大限度地消除该行为是西方农业合作社内部治理的一项重要内容。我们知道，内部治理制度是合作社产权社会化的产物，而完善的内部治理制度又能保证合作管理的顺利进行，从而深化合作社的产权社会化，以顺应生产力发展的内在要求。所以，西方合作社往往从建社伊始就会积极努力构建一个健全、完善的内部治理制度，形成一套有效的治理机制，希望每一位加入的成员一进入合作社就融入合作管理的氛围，从而使消极合作管理思想"无立足之地"；或者是对消极合作管理行为给予及时、有效的相应处罚，对积极合作管理行为给予及时、有效的奖励，以确保合作管理的有效性，提高合作社的生产经营效率。下面我们运用演化博弈理论（Evolutionary Games Theory）来说明这一治理机制是如何实现的。

5.4.1　演化博弈的分析框架[①]

美国普林斯顿大学的著名数学家冯·诺伊曼（John von Neumann）和经济学家摩根斯坦（Oskar Morgenstern）于 1944 年出版了《博弈论及其经

---

① 本部分（5.4.1）所运用的模型、原理、计算方法及其相关说明均引自约翰·梅纳德·史密斯（John Maynard Smith）《演化与博弈论》，潘香阳（译），复旦大学出版社，2000，第 69 ~ 81 页。

济行为》。该书开创性地构建了博弈论的基本理论框架并进行了深入的研究。但早期的博弈模型是以完全信息为基本假设，并且假设参与人是完全理性的，即完全信息下的完全理性人博弈。[①] 1972 年，John Maynard Smith 引进"演化稳定策略"（Evolutionarily Stable Strategy，简称 ESS）概念，出版了《演化与博弈论》一书，书中基于有限理性假设，降低了对博弈者完全理性的要求。John Maynard Smith（1972）认为对理性的要求有三个层面：毫无理性要求的生物意义上的演化机制、理性要求较强的学习机制、理性要求介于上面两者之间的模仿学习机制。其中，演化机制并不强调主观有意识的努力，更多强调自然选择和淘汰的过程，或者个体本能潜意识的选择倾向性，使得较优的策略和行为模式在群体行为频率意义上被更多地采用，从而实现策略的稳定和均衡；学习机制则强调个体理性、个体的主观调整和努力改进，通过有意识地试错就改，不断调整自己的判断和策略，学习包括纵向学习（从自己过去的经验中学习）和横向学习（从其他个体的实际经验中学习）；模仿的学习机制对理性的要求介于演化机制与学习机制之间，更接近经济现实。

演化稳定策略的基本思想是：假设在一个全部选择某一特定策略的大群体中，出现或闯入一个选择不同策略的小群体，如果该小群体在混合群体的博弈中所得到的支付大于原小群体中个体得到的支付，则该小群体能够成功侵入大群体，在侵入、扩散所得支付大于不侵入、不扩散所得支付的条件下，该小群体将会逐渐壮大并取而代之成为大群体；反之，该小群体在演化过程中将自然消亡或被大群体同化。如果一个群体能够消除任何小群体的入侵，意味着该小群体改变策略而选择与大群体一样的策略，那么大群体就达到了一种演化稳定状态，此时该群体所选择的策略就是演化稳定策略。人在处理具体问题时的理性程度，除存在个体差异外，还与问题的复杂程度有关，在处理相对简单的问题时有完全理性的人，在分析比

---

① 完全理性包括理性意识、分析推理能力、识别判断能力、记忆能力和准确行为能力等多方面的完美性要求，其中任何一方面不完美就属于有限理性。这里我们借用西方经济学中常用的"理性"一词，尽管我们认为所谓人的"理性"在企业经济活动中是第二位的，决定管理制度的根本是生产资料的所属关系，并最终归结于生产力，但这里对"理性"的应用并不妨碍我们对问题的分析。

较复杂的问题时就可能存在很大的理性局限。完全理性包括追求最大利益的理性意识、识别判断能力、分析推理能力、记忆能力和准确行为能力等多方面的完美性要求，其中任何一方面不完美就属于有限理性。有限理性意味着博弈方往往不能一开始就找到最优策略，会在博弈过程中学习博弈，会通过试错就改寻找较好的策略，这意味着博弈各方不会采用完全理性的博弈均衡策略，博弈均衡是不断调整和改进而不是一次性选择的结果，而且即使达到了博弈均衡也可能再次偏离（John Maynard Smith, 1972）。

设 $S_K = \{s_1, s_2 \cdots, s_K\}$ 表示群体可供选择的纯策略集；N 表示群体中的总个数；$n_i(t)$ 表示在时刻 t 选择纯策略 s_i 的个体数；$x(x_1, x_2, \cdots, x_k)$ 表示群体在时刻 t 所处的状态，其中，x_i 表示在该时刻选择纯策略 s_i 的人数在群体中所占的比例，即 $x_i(t) = \dfrac{n_i(t)}{N}$；以 $f(s_i, x)$ 表示群体中选择纯策略 s_i 的个体所得期望效用，$f(x, x) = \sum_{i=1}^{k} x_i f(s_i, x)$ 表示群体平均期望效用。假定选择纯策略 s_i 的个体数的增长率等于群体中选择纯策略 s_i 的个体所得期望效用 $f(s_i, x)$，则有 $\dfrac{\frac{dn_i}{dt}}{n_i(t)} = f(s_i, x)$ 又由于 $x_i(t) = \dfrac{n_i(t)}{N}$，及 $N = N(t) = \sum_{i=1}^{k} n_i(t)$，可知

$$\frac{dn_i(t)}{dt} = N(t) \frac{dx_i(t)}{dt} + x_i(t) \frac{dN(t)}{dt} = N(t) \frac{dx_i(t)}{dt} + x_i(t) \sum_{i=1}^{k} \frac{dn_i(t)}{dt}$$

结合上式有：$N(t) \dfrac{dx_i(t)}{dt} = f(s_i, x) n_i(t) - x_i(t) \sum_{i=1}^{k} f(s_i, x) n_i(t)$

即 $\dfrac{dx_i(t)}{dt} = f(s_i, x) \dfrac{n_i(t)}{N(t)} - x_i(t) \sum_{i=1}^{k} f(s_i, x) \dfrac{n_i(t)}{N(t)}$

由 $f(x, x) = \sum_{i=1}^{k} x_i f(s_i, x)$，故有 $\dfrac{dx_i(t)}{dt} = [f(s_i, x) - f(x, x)] x_i$

我们将上式简记为 $\dfrac{dx_i}{dt} = (u_i - \bar{u}) x_i$　　　　　　　　　　　（5-1）

其中 $u_i = f(s_i, x)$，$\overline{u} = f(x, x)$。用使用某种策略的博弈个体在群体中的比例 x_i 随时间的变化率 $\dfrac{\mathrm{d}x_i}{\mathrm{d}t}$ 与该类型博弈方的比例成正比的形式，并且与该类型博弈方的期望效用大于所有博弈方平均效用的幅度 $[f(s_i, x) - f(x, x)]$ 也成正比来刻画（即使用某一策略人数的增长率等于使用该策略时所得的支付和平均支付差与使用该策略人数比例之积）。由于这种动态微分方程与生物演化中描述特定形状个体频数变化自然选择过程的"复制动态方程"形式的一致，将此动态方程称为"复制动态方程"（Replicator Dynamics Equation）。有了复制动态方程，就可以利用复制动态方程来分析演化博弈的演化稳定策略。演化稳定策略均衡点［用 $x_i(t)$ 表示］实际上存在于使复制动态方程等于 0 的位置，即必须满足 $\dfrac{\mathrm{d}x_i(t)}{\mathrm{d}t} = 0$。事实上对于演化稳定策略点，其除了本身必须是均衡点以外，还应该具有纠正偏离该均衡点的作用（即渐进稳定性）。即满足当扰动使 x_i 低于 x_i^* 时，要求 $\dfrac{\mathrm{d}x_i}{\mathrm{d}t} = F(x_i) > 0$；当扰动使 x_i 高于 x_i^* 时，要求 $\dfrac{\mathrm{d}x_i}{\mathrm{d}t} = F(x_i) < 0$。由稳定性理论可知，就是要求在稳定状态 x_i^* 处有 $\dfrac{\mathrm{d}^2 x_i(t)}{\mathrm{d}t^2} < 0$，即 $F'(x_i^*) < 0$，也就是切线斜率为负数点处。当博弈各方达到演化稳定均衡时，群体间的相互学习过程就停止了，有限理性的博弈群体通过学习最终找到了演化稳定均衡，也就是该博弈的纳什均衡（John Maynard Smith，1972）。

5.4.2　农户合作的两阶段演化博弈：合作管理的实现机制①

两个农户甲和乙进行合作管理博弈。在第一阶段博弈中，两农户的策略集合均为（合作，退出），如果他们掌握的信息完全、充分且他们一起进行选择，则完全信息静态博弈矩阵如表 5 - 5 所示。

---

① 本部分（5.4.2）所运用的模型、原理、计算方法及其相关说明、复制动态方程相位图等均引自约翰·梅纳德·史密斯《演化与博弈论》，潘香阳（译），复旦大学出版社，2008，第 69~81 页。

表 5-5　第一阶段博弈矩阵

农户		农户甲	
农户乙	策略	合作管理	退出
	合作管理	C, C（进入第二阶段）	E, E
	退出	E, E	E, E

只有双方在第一阶段都选择了合作管理，第二阶段的博弈才会出现，这时 $C>E$，否则不会出现合作社，也就谈不上合作管理。进入第二阶段后，两农户可以选择积极参与合作管理，也可以选择消极参与合作管理（指"搭便车"等机会主义行为），为了简化分析，同样假设他们均掌握完全、充分的信息并同时选择，这样第二阶段也是一个完全信息静态博弈。由于消极合作管理行为会对合作生产经营产生负面影响，因而农户双方消极参与合作管理的收益将小于积极参与合作管理的收益，但是，单方采取消极策略的农户往往又是有利可图的。因此，对两农户在第二阶段的博弈做出如表 5-6 的假设是合理的。

表 5-6　第二阶段博弈矩阵

农户		农户甲	
农户乙	合作管理策略	积极参与	消极参与
	积极参与	$A=10$, $A=10$	$E=4$, $H=12$
	消极参与	$H=12$, $E=4$	$P=6$, $P=6$

用划线法可知，"消极参与"是双方的占优策略，两农户陷入了"囚徒困境"。[1] "囚徒困境"的本质是个人理性对集体理性的战胜。集体理性的缺失是社员对合作经济组织的理解与认识不足，完全追求个人的暂时私欲导致合作管理的低效率。同时，社员的合作管理经验缺乏，相应管理知识不足，管理中认识到错误并及时修正的能力较差，等等，因而其加入合

---

[1] 这说明在一个大户与一个小户的合作管理博弈中，小户"搭便车"的机会主义行为被大户观察到后，往往会导致大户放弃积极合作管理，因为合作管理所有的成本与风险全由大户承担，而小户可以坐享其成。

作组织及其在组织中的行为策略变化更多的是一种缓慢演化而不是快速学习与迅速调整的过程，即加入的个体通过学习、模仿，缓慢地调整行为以寻求最佳策略（John Maynard Smith，1972）。下面用复制动态机制来研究农民合作管理博弈的演化。紧接着第二阶段的分析，假设在某一时间，在某一区间内，有比例为 x，$1-x(0 \leqslant x \leqslant 1)$ 的农户分别采用了"积极参与""消极参与"的策略。这样采用两种策略农户的期望收益和总体平均期望收益分别为：

$$\text{积极参与的期望收益：} u_1 = x \times A + (1-x) \times E \qquad (5-2)$$

$$\text{消极参与的期望收益：} u_2 = x \times H + (1-x) \times P \qquad (5-3)$$

$$\text{总体平均期望收益：} \overline{u} = x \times u_1 + (1-x) \times u_2 \qquad (5-4)$$

根据上述收益得到复制动态方程：

$$\frac{\mathrm{d}x}{\mathrm{d}t} = x(u_1 - \overline{u}) \qquad (5-5)$$

将（5-2）、（5-3）、（5-4）式代入（5-1）得：

$$\frac{\mathrm{d}x}{\mathrm{d}t} = (u_1 - \overline{u})x = (1-x)[x(A-H) + (1-x)(E-P)]x \qquad (5-6)$$

令 $\frac{\mathrm{d}x}{\mathrm{d}t} = f(x)$，依据 ESS，知 $f(x) = 0$，解出复制动态稳定状态：

$$f(x) = (u_1 - \overline{u})x = (1-x)[x(A-H) + (1-x)(E-P)]x = 0$$

得 $x_1^* = 0$，$x_2^* = \dfrac{P-E}{A-E-H+P}$，$x_3^* = 1$

由于稳定策略点 x^* 需要满足 $\frac{\mathrm{d}x}{\mathrm{d}t} = 0$，如果偶然出现某种错误使博弈方偏离均衡，复制动态依然会使 x 回复到均衡的 x^*。根据微分方程的"稳定性定理"（Stability Theorem），一个演化稳定策略（ESS），即微分方程的稳态点要求 $f'(x^*) < 0$，即 $f'(x^*) = -3x^{*2}(A-H-E+P) + 2x^*(A-H-2E+2P) + E-P < 0(0 \leqslant x^* \leqslant 1)$。下面我们分析不同收益结构下的演化稳定策略，即上述不等式的解。

（1）由于第二阶段的农民合作管理博弈是一个"囚徒困境"，那么就

有 $H > A > P > E$。$f'(0) = E - P < 0$，$f'(1) = H - A > 0$，此时 $x_2^* = $ $\dfrac{P-E}{P-E+A-H}$ 不在（0，1）区间内，因此 $x_1^* = 0$ 是唯一的演化稳定策略。即当共同消极合作管理各自所得的收益 P 大于单方积极管理的收益 E，且采取消极参与合作管理的策略有利可图（H > A）时，合作管理农户选择"消极参与"是演化稳定策略。即便开始有一些农户社员选择了积极参与合作管理策略，但随着时间的推移，他们在群体中不断学习和模仿，其行为最终会向消极合作管理策略收敛（John Maynard Smith，1972）。如图 5 - 5 所示。

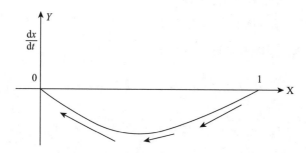

图 5 - 5　x 收敛于 0（消极合作管理策略）复制动态方程相位图

（2）若对采取消极合作管理策略的农户实施惩罚 Q，使得 $H' = H - Q < A$，这时 $A > H'$，则有 $f'(0) = E - P < 0$，$f'(1) = H' - A < 0$，$0 < x_2^* = $ $\dfrac{P-E}{P-E+A-H'} < 1$，这说明在（0,1）内仍有一点 x_2^* 使得 $f(x) = 0$，由于 $f'(x_2^*) > 0$，$x_2^* = \dfrac{P-E}{A-E-H'+P}$ 不是稳态点，即不是博弈的演化稳定策略，但 $x_1^* = 0$，$x_3^* = 1$ 同为演化稳定策略，农民合作管理博弈的演化稳定策略依据初始的 x 所落在的区间决定。如图 5 - 6 所示。

当初始 x 水平落在区间 $\left(0, \dfrac{P-E}{A-E-H'+P}\right)$ 时，复制动态会趋向于稳定状态 $x_1^* = 0$，即成员全部选择消极合作管理策略。而当初始的 x 水平落在区间 $\left(\dfrac{P-E}{A-E-H'+P}, 1\right)$ 时，复制动态会趋向于 $x_3^* = 1$。合作社通过对采取消极合作管理策略的农户成员实施惩罚，从而改变了其收益矩阵，此时合

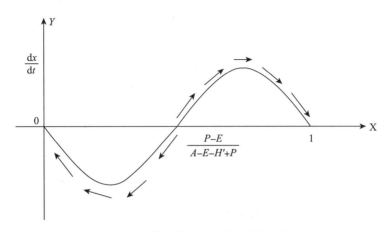

图 5 - 6　两稳定策略复制动态方程相位图

作管理博弈的结果将由初始积极合作管理者在全体成员中的比例来决定，如果选择积极合作管理策略的农户成员比例在区间 $\left(0, \dfrac{P-E}{A-E-H'+P}\right)$，则所有选择积极合作管理策略的农户成员趋向于采取消极合作管理策略；如果选择积极合作管理策略的农户成员比例在区间 $\left(\dfrac{P-E}{A-E-H'+P}, 1\right)$，则所有选择消极合作管理策略的成员趋向于采取积极合作管理策略（John Maynard Smith，1972）。

（3）如果对采取消极合作管理策略的农户实施惩罚 Q 的同时，对采取积极管理策略的农户给予某种物质或精神激励 R，即 $E' = E + R$，使得 $P < E' = E + R$，此时有 $A > H'$，$P < E$，则 $f'(1) = H' - A < 0$，$f'(0) = E' - P > 0$；此时 $x_2^* = \dfrac{P - E'}{A - E' - H' + P}$ 也不在（0，1）区间内，$x_3^* = 1$ 是唯一的演化稳定策略。这表明当共同采取积极合作管理策略的收益 A 大于单独一方采取消极合作管理策略的收益 H'，且单独一方采取积极合作管理策略的收益 E' 大于共同采取消极合作管理策略的收益 P 时，演化稳定策略为积极合作管理策略（John Maynard Smith，1972）。如图 5 - 7 所示。

通过上述分析，我们发现在第一阶段博弈过程中，$C > E$ 是合作管理出现的先决条件。在第二阶段中，如果农户成员的消极合作管理行为没有受到约束或惩罚，那么合作管理在长期的演化过程中必然走向无效率，甚

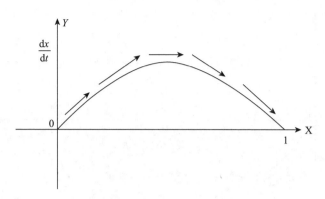

图 5 - 7　收敛于积极合作管理策略的复制动态方程相位图

至最后导致合作社的灭亡。但若对消极合作管理行为进行约束或惩罚，使得 $A > H'$，则博弈演化稳定策略的结果将由初始采取积极合作策略的社员比例决定，即消极合作管理者在一个具有社员高比例参与积极管理的团队中 $\left(\dfrac{P-E}{A-E-H'+P} < x < 1\right)$ 受到惩罚时，他（她）将趋向于采取积极合作管理策略。反之，最终他（她）还将趋向于采取消极合作管理策略。若对采取消极参与策略的社员进行惩罚的同时，对采取积极参与策略的社员给予激励，使得 $P < E'$ 和 $A > H'$，则消极参与合作管理的社员将倾向于放弃原策略，并逐渐趋向于积极参与合作管理的稳定状态。上述分析向我们揭示了西方农业合作社几项重要管理机制设立的根源。

5.4.2.1　教育机制

在第二阶段的静态博弈中，"囚徒困境"是由于社员对合作社的认知不足，即社员仅具有有限理性。此外，在演化博弈过程中社员的"搭便车"等机会主义行为的产生也是社员的有限理性所致。农户的理性程度越高，"囚徒困境"发生的概率就越低，组织中存在的"搭便车"等机会主义行为就越少，集体理性更易战胜个人理性，合作组织的管理就越能达到理想的状态。因此，重视对社员的教育成为西方合作社管理制度中的一个重要特征。

世界公认的合作社成功典范——罗虚戴尔公平先锋社在吸取了以往合作社成功与失败两方面的经验、教训后，深刻地体会到教育对合作的重要性，这一认识充分体现在其成立后对合作教育的重视程度上：每年要从合作社盈利中提取 2.5% 作为社员的教育费用。后来，社员们又捐献了书刊，办起图书室，每周六晚开放。1849 年，其专门成立了教育委员会，先后 4 次拨款 1375 英镑购置图书；1850 年设立了儿童学校；1855 年，增设成人学校，并招收 14~40 岁的学员 20~30 人；到 1862 年，由于书刊增多，设立了专职管理员，每天开放 7 小时；从 1873 年起又开办正式学校，每年拨教育经费 2.5 万英镑。[1]

罗虚戴尔的教育机制在其后的合作运动中得到不断推广，并被国际合作社联盟历届代表大会所肯定。1995 年 9 月，国际合作社联盟通过了"关于合作社特征的宣言"，[2] 其中再次强调了合作运动中教育的重要性：合作社要为社员、选出的社员代表、经理和雇员提供教育和培训，以更好地推动合作社的发展；合作社应向公众特别是年轻人、名流人士宣传有关合作社的性质和益处。[3] 同时它将上述要求列为构建合作社应遵循的一项重要原则，在世界合作运动中推广。

1993 年，美国农业部在全国农业社区对有代表性的 208 家合作社负责人进行了一次问卷调查，关于教育重要性的统计结果如表 5-7 所示。

表 5-7　教育对合作社成功的重要性统计结果

单位：个

合作社的类型	不重要	重要	非常重要
农业营销/供给	0	38	97
农业服务	0	6	21
农业金融	0	7	26
农村消费/住房	0	3	10
总计	0	54	154

资料来源：United States Department of Agriculture，"Cooperative Education Survey：Cooperatives' Version Summary of Findings"，*Agricultural Cooperative Service ACS Research Report* 119，1993，p. 3。

---

[1]　米鸿才：《合作社发展简史》，中共中央党校出版社，1988，第 10 页。

[2]　International Cooperative Alliance，*Statement on the Cooperative Identity*，1995.

[3]　International Cooperative Alliance，*Statement on the Cooperative Identity*，1995.

如表 5 - 7 所示,没有任何一家合作社负责人认为教育不重要,74% 的被访对象认为合作社教育非常重要。

2002 年 11 月,美国农业部组织欧美专家编撰了《21 世纪的农业合作社》,报告开篇就指出:"教育是构建合作社的必备条件,是合作社领导者最重要的工作之一。"[①] "教育年青成员是发展他们管理才能的重要手段,……教育培训对合作成员极其重要,21 世纪合作社的发展,要求他们积极参与管理并掌握必备的合作社管理知识……越来越多的董事需要学习制定相应的政策,以监督管理合作社经理……同时还应学习商业运作及金融方面的知识,学习如何制定合作社的长远发展战略。"[②] "教育对合作社来说是一项重要的投资,应被政策制定者视为合作社的一项重要制度,……教育不仅能提高社员的专业技能,而且能强化他们的合作精神(Cooperative Spirit),……向公众宣传合作社的教育活动同样也是重要的,忽视公众教育是一种短视(Short Sightedness)行为。"[③] 2011 年 9 月,美国农业部公布的研究报告《农场主合作社的自发教育研究》也指出,"有85% 的合作社自己提供教育培训","许多合作社认为应加强教育培训","合作社需要提供更多的案例与实践项目来培训成员","大型合作社相对于小型合作社能提供更多的教育机会","合作社最常用的方法是通过合作社理事会、USDA 和其他合作社来获得教育、培训资料","受访合作社认为对理事融资能力方面的教育培训是最重要的,其次是税收与法律知识、领导与管理能力、理事会的职能等方面的培训,最后是合作社的基本知识培训",等等。[④]

综上,对于合作管理,合作社的教育机制主要有三个方面的功能。

第一,提高社员对合作管理的理性认知和管理技术水平。教育可以提

---

① USDA, *Rural Business Cooperative Service Cooperative Information Report* 60 *Agricultural Cooperatives in the 21st Century*, p. 1.

② USDA, *Rural Business Cooperative Service Cooperative Information Report* 60 *Agricultural Cooperatives in the 21st Century*, p. 29.

③ USDA, *Rural Business Cooperative Service Cooperative Information Report* 60 *Agricultural Cooperatives in the 21st Century*, p. 33.

④ USDA, "Education Initiatives of Farmer Cooperatives", *Research Report* 223, 2011, p. 5.

升社员、社员代表、经理和雇员的合作认知，使之全面理解合作运动的丰富内涵，同时，可以增长知识，提高技能，这是合作社管理的智力保证。前述小户之所以搭大户的便车，一个重要的原因是缺乏必要的管理知识和技能，而不断的教育、培训可以使小户拥有合作社管理所要求的技能，降低其合作管理的成本，以便有效地履行其责任。Viroqua Food Cooperative 是美国威斯康星州（Wisconsin）的一个农业合作社，其负责人 Rasikas 在解释该合作社成功的经验时，特别强调了管理知识教育对合作社发展的重要性："对社员管理知识的培训是对合作社发展最强有力的支持，尽管这样的培训对于我们是很困难的，因为每年要花去 20000~30000 美元，但这样做非常值得。"[1] "Viroqua Food Cooperative 成功的原因之一就在于不断地对教育培训投资，这使得合作社的管理越来越具有效率，销售额稳步增长。"[2] 美国农业部在《农村地区建立食品合作社的成功关键：四个案例研究》中总结合作社成功与失败的经验时指出："许多合作社明显的缺点是集体领导者（董事会——笔者注）没有企业管理知识，越来越多的证据指向，他们往往在瞬息万变的市场中不知所措，内部管理一团糟，这进一步凸显了合作社管理知识对管理层的重要性。"[3]

教育对农业合作社的这些重要性在上述 208 家合作社（519 名受访社员）的调查报告《有关合作社教育的调查：合作社的观点汇总及分析》中也体现出来，如表 5-8 所示。

表 5-8　教育对合作社的重要意义

单位：人

意义/目标	社员数	程度
提升专业技能	194	高
改善成员间关系	121	高

① USDA, *Keys to Success for Food Co-op Start Ups in Rural Areas：Four Case Studies*, 2004, p. 19.

② USDA, *Keys to Success for Food Co-op Start Ups in Rural Areas：Four Case Studies*, 2004, p. 54.

③ USDA, *Keys to Success for Food Co-op Start Ups in Rural Areas：Four Case Studies*, 2004, p. 33.

续表

意义/目标	社员数	程度
理解合作社的原则	77	中
增加营业额	76	中
提高合作社的公众形象	74	中
改善合作氛围	52	低
增加成员	31	低

资料来源：United States Department of Agriculture，"Cooperative Education Survey：Cooperatives' Version Summary of Findings"，*Agricultural Cooperative Service ACS Research Report* 119，1993，p. 4。

由表 5 - 8 可知，受访社员认为提升社员专业技能和改善社员间关系是合作社教育的两个最重要目标（可多选），分别排重要性频次的第一与第二位。提升社员专业技能，其中就包括提高社员参与经营管理能力、对控制技能的完善以及提高对信息的获得与处理的能力等。[1] 改善成员间关系是合作管理的内在要求。现代股份制公司股权极其分散，大多数股东并不参与企业管理，也就没有必要改善成员间关系，而合作管理不同，"一人一票"机制决定了人人都有平等的权利参与，但受信息、技能、个人私利等影响，部分成员对合作管理采取消极态度，这就要求成员间不断改善关系，顺利进行沟通，善意批评，提高对合作管理的认识，让消极者能够理解积极参与管理对集体和对自己的重要性，而不产生对抗心理，最终改变消极态度并积极参与合作管理。

鉴于专业技术知识（包括管理知识）教育对合作社的重要性，美国农业部以及相关的研究所及协会，如（美国）威斯康星大学合作社研究中心（University of Wisconsin Center for Cooperatives，简称 UWCC）、（美国）北方合作社发展基金组织（Northcountry Cooperative Development Fund，简称 NCDF）和（美国）合作社交流中心（Central Co-op Exchange，简称 CCE）都能为合作社社员、董事、经理甚至雇员提供免费的教育培训服务。此外，在一些合作运动比较活跃的西方国家，如法国、荷兰、挪威、瑞典、

---

[1]　United States Department of Agriculture，"Cooperative Education Survey：Cooperatives' Version Summary of Findings"，*Agricultural Cooperative Service ACS Research Report* 119，1993，pp. 4 – 5.

德国等，也都设有全国或地区性的教育培训组织，它们依据当地的不同情况，发展出自己独特的教育制度、教育方针和教学计划。

第二，提高全体成员的思想觉悟，使其积极参与合作管理并维护合作管理制度，提高管理效率。在文献回顾中我们已提到，许多国外学者在对西方农业合作社的实地调查中发现，农业合作社不同程度地存在着机会主义行为（如"搭便车"行为等），这一事实与我们的"智猪博弈"分析结论是一致的。机会主义行为是合作管理效率提高的最大阻碍。合作社教育的目的就是要在社员中努力形成一种诚实、真诚、团结、平等、互助、奉献等高尚的道德氛围，从思想根源上铲除机会主义滋生的土壤，获得集体理性；在合作社成员间创造一种和谐合作的气氛，降低合作社在生产经营中的管理监督费用，提高合作管理的效率。Hassall 和 Associates 于 1997 年对澳大利亚羊毛生产者合作组织进行过一次调查，[①] 结果发现，自 20 世纪 90 年代政府将羊毛业交易放开后，由社员所在的合作社代为销售和社员直接卖给经销商（销售中介）成为两种重要的方式。由于合作社进行盈余返还时要扣除合作社的经营成本，部分合作社返还给社员的盈余不如社员直接卖给经销商获得的收益高，所以一部分社员将羊毛悄悄卖给经销商。这实际上是一种短视行为，合作社不能控制产量、销售，从而不能在与经销商的谈判中抬高价格，到头来吃亏的还是社员。例如，位于新南威尔士州的固尔本（Goulburn）合作社拥有会员 300 多人，羊毛年总产量有 2 万捆，但仅有约 1 万捆通过该合作社出售，其余的被卖给了经销商，即社员没有兑现承诺，合作社内部管理严重失效。这一现象在澳大利亚羊毛主产区很普遍，这使得当地的合作社无法控制供货量，也就无法从经销商那里抬高销售价，进而不能增加盈余返还，社员们成为"一盘散沙"（即个人理性战胜集体理性），社员与合作社之间的互相承诺与风险共担的紧密关系被大大削弱了。Hassall 和 Associates 在总结造成这一恶性循环的一个重要原因时，就指出这是合作社没有建立有效的教育机制所致："一方面合作社没有专门负责教育的人员、部门，也没有专项教育经费。由于宣传教育不

---

① Hassall and Associates, *A Study of Australian Woolgrowers Using Cooperative Selling Schemes*, Australian Wool Research and Promotion Organization, 1997.

充分，羊毛个体生产者（社员）与合作社董事会之间不信任，相互间没有良好的印象或足够的信心，董事会也就无法对社员实施有效的管理，社员也不愿参与管理。"① 该实例表明，教育对提高全体成员的觉悟，实现相互信任，进而维护合作管理制度的正常运行是十分重要的。此外，该实例也反映出社员是重点教育对象，1993 年美国农业部的调查报告也佐证了这一点，如表 5 - 9 所示。

表 5 - 9　合作社教育对象的重要程度

单位：人

教育对象	社员数	程度
合作社经理	36	低
合作社董事	104	高
合作社社员	142	高
合作社雇员	103	高
青年人、学生	59	中
成年人	72	中
公众	46	低
教育家	21	低
潜在的成员或惠顾者	48	低

资料来源：United States Department of Agriculture，"Cooperative Education Survey：Cooperatives' Version Summary of Findings"，*Agricultural Cooperative Service ACS Research Report* 119，1993，p. 8。

如表 5 -9 所示，受访社员认为对合作社社员的教育是最重要的（其出现的频次最高），因为全体社员是合作社管理的最高决策者（拥有"一人一票"的终极表决权）。合作社通过教育，可以提高全体社员的思想觉悟，不断提升其参与合作管理的积极性。此外，对合作社董事的教育也很重要，前述实例也反映了董事会在管理中的一些重要失误，如责任心不强、缺少与社员沟通等。总之，社员与董事是合作社教育最重要的两个对象。对合作社董事和社员教育的重要性也充分体现在 208 家合作社教育经

---

① Hassall and Associates，*A Study of Australian Woolgrowers Using Cooperative Selling Schemes*，Australian Wool Research and Promotion Organization，1997.

费的分布上，如表 5 - 10 所示。

表 5 - 10　合作社教育经费的分布

单位：%

教育对象	其教育经费占总教育经费的比例
董事	24. 2
社员	28. 6
雇员	16. 8
青年人、学生	9. 5
成年人	12. 7
公众	6. 5
其他	1. 7

资料来源：United States Department of Agriculture，"Cooperative Education Survey：Cooperatives' Version Summary of Findings"，*Agricultural Cooperative Service ACS Research Report* 119，1993，p. 8。

如表 5 - 10 所示，对社员教育的投入经费最高（28.6%），其次是董事（24.2%）。美国农业部于 2011 年又对前述 208 家合作社的 519 名社员做了一次回访调查，[①] 如表 5 - 11 所示。

表 5 - 11　认为需要接受教育培训的对象的重要性排序

教育培训对象	重要性（重要性分 1～5 个等级，1 最低，5 最高）
董事	2. 9
社员	3. 3
雇员	3. 0
经理	2. 6
公众	2. 4

资料来源：USDA，"Education Initiatives of Farmer Cooperatives"，*Research Report* 223，2011，p. 15。

经过十几年的发展，社员、董事和雇员的教育重要性程度没有变，依

---

① 有 7 名社员退休或因其他原因离开合作社，他们的问卷由所在合作社负责人代其回答。USDA，"Education Initiatives of Farmer Cooperatives"，*Research Report* 223，2011，p. 14。

然处于重要性的前三位。尽管澳大利亚农业合作社与美国农业合作社的情况不尽相同，但研究者通过对两国合作社的研究均得出了相同的结论，这说明对社员及董事的教育是合作社合作管理制度顺利施行的必要手段和重要保证。前述合作演化博弈中的"囚徒困境"进一步表明，教育是实现集体理性战胜个人理性的一个重要手段，是保证合作社正常运行的内在要求，而不是外在强制。其实质是要创造一种合作社文化，不断提高社员、董事的自身素质、思想觉悟，以便更好地实现社员、董事的自我管理和自我约束，维护合作管理制度，并为不断提高合作管理的效率服务。

　　思想觉悟的提高还有利于社员同质性的提升。同质性是指社员在许多方面相同或具有相似性，如面对共同的问题，有相同或相似的文化，有共同的价值观、合作精神，对合作社公共利益问题的观点一致或相似，等等，这样就可增强成员间的相互信任、相互理解，使他们有共同体的感觉，从而建立一种团结一致、共谋发展的氛围，以降低成员间合作管理的成本，提高合作社的生产经营效率。[①] 正所谓"志同道合"，才能"同舟共济"。与同质性相对的是异质性（heterogeneity）。异质性主要是由社员的价值取向、目标追求等不同而产生的。农业生产经营内、外部环境的变化，不同文化、价值观的侵入，使得社员异质性增强，成员与合作社之间以及成员与成员之间的承诺淡化，成员意见分歧与冲突加剧，合作管理制度的实施将变得困难重重。随着新成员的不断加入，社员的价值取向、目标追求趋于多样化，对合作社的一致认同和承诺可能会逐步淡化，这将使合作社的有效合作管理变得越来越困难。而合作管理的上述困境又会反过来进一步增强社员对合作文化、合作行为和共同价值观的怀疑，这就形成了一个恶性循环。笔者于 2007 年在对云南、四川的农业合作社进行实地调查中，也深感社员的异质性给合作管理带来的困境。价值取向的变化导致合作管理中难以达成一致性意见，[②] 这种冲突在利益分配时会变得更加激

---

① Hakelius, K., "Cooperative Values", *Farmer Cooperatives in the Minds of the Farmers*, Uppsala: Swedish University of Agricultural Sciences, 1996.

② 成员异质性强的合作社，其决策、意见协调和经营管理的成本较高，使得合作社不能对其内外情况的变化做出及时、快速的反应。

烈，部分合作社在面临资金奇缺、濒临倒闭时，最终依然无法调和矛盾，而不得不将利润全部分配给个人，让缺乏积累的合作社自行倒闭。无论合作社在哪一个领域，异质性始终是困扰合作社发展的一个难题。Whyte，W. F. 和 Blasi，J. R. 于 1982 年在《工人所有权，分享与控制：一个理论模型》一文中指出：资本主义企业转变为工人合作制企业，"在所有权转变的那一时刻，在工人获得企业所有权的最初几个月里，企业里总是充满着非常欢欣鼓舞的热烈气氛。但几个月过去后，我们发现一种不满的情绪开始蔓延，有时还会出现严重的对立与冲突"。[①] 作者与许多引用者、研究者均认为，这是工人没有能力或不适应自我管理造成的。而我们认为这一现象的产生是因为资本在购买劳动力进入企业时，并不是根据劳动力的同质性，而是根据劳动力的价格。资本逐利性所产生的后果就是：由于工人的价值取向各不相同，追求的目标也不一致，一旦资本主义企业转为工人合作制企业，严重的冲突就可能会发生。而反观成功的农业合作社：由于当今农业生产经营的专业化，合作社的社员大多生产相同或相近的产品，生产资料的专用性一致或相似，专业性生产经营知识相同或相近，因而社员面临着相同的问题，存在相同的利益追求；同时，社员大多生活在同一社区，更容易形成共同价值观，相互间更容易信任和理解，而只有相互间有共同体感觉的农户才易组成合作社。所以在农业合作社的形成过程中，成员"天然"地具有了同质性，这也是合作社这种生产经营组织形式在农业领域获得最大成功的另一个重要原因。但是，随着合作社的发展壮大，这种同质性需要教育来巩固和加强。

西班牙蒙德拉贡合作社在西欧"一枝独秀"（其他地方生产型合作社不易获得成功）、获得巨大成功的一个重要原因就是在其建立之初社员就具有高同质性，随后它又辅以合作教育，不断巩固和提高同质性。蒙德拉贡合作社的 5 名发起人均来自蒙德拉贡技工学校（1943 年建校），而这所学校的创始人是当时在蒙德拉贡地区大力宣扬合作运动的神父——阿里斯梅迪（Arizmendi），他也是这 5 名发起人的老师。这 5 个学生充分地接受

---

① Whyte，W. F.，Blasi，J. R.，*Worker Ownership，Participation and Control：Toward a Theoretical Model*，1982，p. 14.

了阿里斯梅迪的合作思想教育，使得在合作社建立之初社员就具有了很高的同质性。"成功的合作教育是合作社成功的起点"，[①] 但随着蒙德拉贡合作社规模的扩大及社员人数的不断增加，社员的异质性逐步增强。

异质性问题是合作社发展壮大的一个重要障碍。由于异质性随合作社规模的扩大而增强，合作管理的成本将会上升，潜在的矛盾可能会表面化，甚至产生激烈的矛盾冲突，如蒙德拉贡 1974 年的罢工事件。[②] 这些矛盾冲突表明，如果合作思想的相关教育不能跟上，那么当上升的管理成本超过规模扩大带来的收益时，合作社的规模扩张将受到抑制，这时合作社往往不得不进行企业分立（spin-off）。即随着合作社的发展壮大，成员增加导致成员异质性增强，合作思想受到外部市场主流自利思想的冲击，成员的合作思想动摇，这时合作社内部的某个部分就不得不分离出来成为一个新的、独立的组织。这就是合作社大多不能成为当今世界大型跨国集团的一个重要原因。这一结果的产生除了因为合作思想的相关教育跟不上合作社规模扩张的要求外，还有就是由合作社的产权制度安排造成的。相对于现代股份制公司，合作社的产权社会化程度低，其产权分裂、分化得不彻底、不完全。例如，股份制公司的企业法人所有权与股东的终极所有权已完全分离，各行各业的人均可在股票市场上购买企业股票。当异质股东产生异议，对企业所推行的政策不满时，在"用手投票"无效的情况下，其可卖出该企业股票，即"用脚投票"；而合作社的企业法人所有权与社员的终极所有权没有完全分离（表现为社员离开合作社时可以带走自己的一部分甚至全部投资），合作社成员难以卖出合作社股票〔接受者须进入合作社成为合作社的生产经营者——所有权（占有权）与生产使用权没有分离，说明其产权社会化程度低，而农业生产力发展的特点恰恰要求所有

---

① 汉克·托马斯等：《蒙德拉贡——对现代工人合作制的经济分析》，刘红等（译），上海三联书店，1991，第 23 页。

② 1974 年，蒙德拉贡合作社下属的乌尔格工厂中一部分工人社员反对在生产线上支付差别报酬和在直接生产工人社员中运用考绩制度（Merit Ratings）而进行了一次社员罢工，有414 名社员（占工人总数的 12.7%）参加，罢工持续了 8 天，最后社员大会通过惩罚和开除罢工社员才使罢工结束。此后，为了平息社员间的意见分歧，蒙德拉贡合作社在每一个合作工厂达到一定规模后就要进行分立。引自 William Foote Whyte, Kathleen King Whyte, *Making Mondragon*, Ilr Press Ithaca, New York, 1991, pp. 96-98。

权与生产使用权不能分离，这恰恰是合作社这种生产经营组织形式适合农业的一个重要原因，这是一对矛盾]，在异质性增强，"用手投票"无效，社员又不能"用脚投票"的情况下，罢工将不可避免。为了解决这一问题，合作社采用四个方法。一是进行合作理想教育，蒙德拉贡集团于1997年成立了蒙德拉贡大学，现有4000名学生；蒙德拉贡已经将10%以上的利润投入到教育、文化和福利活动中，还设立了教育与合作社促进基金，2004年基金额达到2530000万欧元。① 不论是何种类型的教育，对合作运动历史、合作社性质、合作思想、品德等的教育都是必有的内容，其目的就在于不断提高成员的思想觉悟，增强同质性。二是加强社员与社会事务委员会以及企业领导层的沟通，让领导层及时了解社员对合作社经营的要求，以便做出改进或提供新服务。三是实行领导轮换制，为更多的社员参与管理提供机会。四是在上述三个方法失效时，那么就只能分立。②

第三，加强宣传，赢得外部人员对合作管理的理解和支持，以促进合作社合作管理效率的提高。许多合作社要求社员向青年人、精神及舆论领袖、政治家、公务员、新闻媒体和教育者宣传关于合作社的性质、特点、特殊的管理方式等。

日本农协将宣传分为对内宣传和对外宣传。对内宣传的主要目的是提高社员对合作经济活动的认识水平，加强其对合作经济组织活动的参与意识，进而保证农协合作管理活动达到预期的目的。对外宣传的主要对象是农村居民、城市市民和一般的非农业生产者。农协开展对外宣传活动的目的是加深整个社会对农业、农村和农协合作经济活动的理解，从而使农协的合作经济活动能够深入人心，得到社会广泛的信赖，进而整个社会可以理解并支持合作社的合作管理（如宣传解释合作社为什么基于"一人一票"的原则设计投票制度，为什么每个社员的投票权受限，合作社为什么与大家常见的股份制企业不同，等等）。1996年日本农协中央会的调查结

---

① 唐冰、宋葛龙：《"蒙德拉贡模式"与现代合作经济》，《中国改革》2006年第9期，第53页。

② William Foote Whyte, Kathleen King Whyte, *Making Mondragon*, Ilr Press Ithaca, New York, 1991, pp. 215–216.

果表明：在当年的基层农协中，把宣传工作作为一项定期的活动，设专门的窗口进行宣传的农协有 547 个，占 49.1%；采用各种集会方式开展宣传活动的农协有 464 个，占 41.6%；通过刊物进行定期宣传的农协有 873 个，占 78.3%；通过新闻媒介开展宣传活动的农协有 105 个，占 9.5%（由于每个农协所开展的活动方式不止一种，故比例中包括重复计算）。除此之外，农协的全国联合机构还拥有自己独立的出版机构（财团法人"家之光"协会）和自己独立的全国性机关报《日本农业新闻》以及农协系统独立的广播机构"农林放送"。日本农协全国性的定期刊物还有《农业协同组合》、《全农通信》、《合作保险通信》、《农林金融》和《农林金融报告》等。①

5.4.2.2 合作社的监督和惩罚机制

前面演化博弈的结果向我们揭示了如果不对合作管理进行监督，不对消极合作管理者的机会主义行为进行惩罚，合作管理最终的结果必然是走向低效率，这时一旦合作的收益低于退出单干（自我管理）的收益，合作社就必然走向崩溃。这也是一个"囚徒困境"，社员都出于私利而追求个人合作管理成本最小，最终选择的结果却是对所有社员最差的结果。为了防止这一现象的出现，西方农业合作社构建了监督（monitoring）和惩罚（punishment）机制。

消极合作管理的机会主义行为可能来自两部分人员：一是合作社理事（董事），二是普通社员。这样合作社的监督也就包含了两方面的内容：一是对合作社中负责经营管理活动的理事会成员的监督，二是对普通社员的监督。对理事会成员的监督主要是由监事会来完成，而对普通社员的监督一般由理事会来完成。

监事会主要是监督理事会成员在生产经营管理活动中是否尽职尽责，是否有消极合作管理的机会主义行为，甚至违规违法行为。监事会监督理事履行职责，可以要求理事定期或不定期汇报经营管理等有关情况，可以

---

① 日本农协的资料引自章政《现代日本农协》，中国农业出版社，1998，第 241~243 页。

对合作社的账目和记录进行检查，并形成检查情况报告（the status report）向社员大会汇报。

合作社经理对社员的管理是一种弱控制，所以对社员的监督一般由理事会来完成。但由于农业生产经营管理活动的空间分散性、生产经营的不连续性和复杂性，理事会不可能事无巨细，因而合作社发展了一种独特的社员相互监督（mutual monitoring）机制。西方农业合作社的实践表明，相互监督机制主要是通过批评与自我批评（mutual and self criticism）来完成的。批评与自我批评的目的是"惩前毖后，治病救人"，因而批评与自我批评是基于平等、公开、公正、客观来进行的，目的在于促使每个成员都能履行好自己的本职工作。批评与自我批评的内容可以涉及合作社生产经营、管理活动的方方面面，可以通过正式、非正式谈话或者召开会议来完成。相互监督机制是在合作社教育机制不能有效地实现社员的自我约束时，作为一种重要的补充机制而出现的。美国西北大学（Northwestern University）的 Ran Abramitzky 为撰写其博士学位论文《受限的公平：对以色列基布兹的经济学分析》，曾到以色列基布兹进行实地调研（见论文致谢部分）。该博士学位论文向我们生动地展示了以色列的基布兹社员在日常生活中是如何相互监督和批评的。[①]

"在基布兹努力与不努力工作是可以观察得到的，因为社员在一起工作，一个社员的同事往往是他（她）的邻居，空间上的近距离确保了信息的快速、准确传输，同时也保证了相互监督（Mutual Monitoring）机制和监督压力（Peer Pressure）机制的顺利实施。机制的运行通过不同的组织来完成，如社员大会的批评与自我批评、在公共大食堂对某人的议论、在每周的读报会上对某人的评价，甚至对某人的闲话或在背后的指指点点等，这样对机会主义者形成了一种极强的舆论压力。同时上述场所也保证了信息的快速传递及信息的准确与公正性。尽管在基布兹成员很少被开除，但严密的相互监督和强有力的监督压力会使得机会主义者无法忍受。"

基布兹社员间的相互监督是全天候的，即不论是在工作、学习中还是

① Ran Abramitzky, "The Limits of Equality: An Economic Analysis of the Israeli Kibbutz", Northwestern University, 2005, pp. 32-33.

在生活中，这种监督随时随地都存在，并已成为每一个社员或即将成为基布兹社员的人所必须具备的品质。基布兹社员自觉地相互监督、批评与自我批评等合作精神的动力来自犹太复国主义思想。在资本主义市场经济发展过程中，在其制度框架内，不会产生基布兹这样的集体所有制的生产合作社。由于基布兹社员自觉地相互监督、批评与自我批评等合作精神的存在，所以尽管当前基布兹遇到了各种困难，但它依然具有顽强的生命力。

惩罚机制与监督机制是相辅相成的，一个有效的监督机制会使得惩罚机制能充分地发挥作用；而一个有力的惩罚机制又会使监督变得更有效。合作社的惩罚不是目的，正如美国《社会新闻》杂志合作社的社员所说的："如果一个成员不能很好地履行其本职，就需要给予批评，只有这样其才能在工作中不断进步。一个集体应帮助其成员变得更好、更有能力。"①

实践中，对消极合作管理等机会主义行为，各国合作社相关的法律、法规所采取的惩罚措施各不相同。例如，德国合作社法第 34 条第 2 款规定，理事会成员在经营管理中疏于履行他们的职责，需要各自并连带地赔偿其对合作社造成的损失。② 日本农协法第 33 条第 2 款规定，如果理事们在管理中疏于履行他们的职责，他们应当共同赔偿合作社的损失；第 3 款又规定，如果理事们在经营管理中履行职责时存在恶意或重大过失，他们应对第三方的损失承担连带责任。③ 加拿大合作社法第 101 条规定：疏于管理，对授权下列任何事项的决议投赞成票或同意的理事们要各自连带地或共同地负责恢复合作社分配或支付的数额：①违反本法回购或取得股份或者偿还社员贷款，②违反本法的委托，③违反本法支付股息、惠顾返还或利息，④违反本法的财政援助，⑤违反本法的支付保证物（indemnity），⑥违反本法的其他任何支付。合作社监事会对上述行为具有监督和审查的义务。④ 西方农业合作社监事会还有权终止理事会成员的职务直到社员大

---

① Rothschild, J., Whitt, J. A., *The Cooperative Workplace*, Cambridge University Press, 1986, p. 85.

② 王洪春：《中外合作制度比较研究》，合肥工业大学出版社，2007，第 261 页。

③ 王洪春：《中外合作制度比较研究》，合肥工业大学出版社，2007，第 261 页。

④ Tore Fjrtof, Ole Gjems, "A New Legislative Foundation for Cooperatives", *Review of International Cooperation*, 2003 (1), pp. 22 – 56.

会做出决定，并且可以采取必要的行动来保证业务的连续。[①] 除政府颁布实施的合作社相关法律、法规外，各国合作社还有自己的相关法规。例如，蒙德拉贡合作社规定：某一社员无故不参加社员大会，将失去下一次大会的投票权；社员犯严重错误，合作社可以开除，但要通过社员大会讨论；开除社员要扣除部分股金，最高不超过本人股金的 30%。[②] 澳大利亚合作社法第 181 条规定，如果社员不积极参与管理，合作社可以剥夺其投票权。以色列学者 Raanan Weitz 在《从农民到农场主——一个发展的革命性战略》一书中，谈到基布兹对消极合作管理行为的惩罚（与其监督机制一脉相承——笔者注）："基布兹一般没有物质惩罚，只有精神手段。一开始大家不理你，然后劳动委员会招你去讲清楚，为什么不积极参与合作社的生产经营管理活动，最后才是开除出社。一般，大家的冷眼就使得懒汉自动离社了。"[③]

5.4.2.3　合作社的激励机制

合作社虽然有了监督和惩罚机制，但合作管理演化博弈收敛的结果依然不能确定，因为团体中进行积极合作管理成员的比例变化情况难以确定，通过激励机制，演化博弈可以收敛于合作管理。

西方农业合作社是农业劳动者自愿组织、拥有并管理、控制的企业，成员间的合作劳动关系是在平等和自愿的基础上结成的，这样才能真正唤起劳动者在经营管理中的自我实现。同时，由于合作社是劳动者——社员自己拥有的企业（社员拥有企业的所有权），因而社员完全占有自己的剩余产品，并且按劳分配，这是激发全体社员积极参与合作管理的基础。但仅有所有权激励是远远不够的，西方合作社对积极参与合作管理的所有成员（包括管理者、普通社员）还有精神激励和物质激励。精神激励是指成员由于积极参与合作管理而得到社区或合作社内其他成员的表彰与赞誉，

---

①　王洪春：《中外合作制度比较研究》，合肥工业大学出版社，2007，第 266 页。

②　中国工合国际委员会代表团：《蒙德拉贡合作社联合体考察报告》，《中国工商管理研究》1994 年第 4 期，第 60 页。

③　Raanan Weitz, *From Peasant to Farmer—A Revolutionary Strategy for Development*, Colombia Press, 1971, p. 11.

提升了自身的形象，在社区及合作社内得到更多人的尊重，同时提升了自己在合作社管理与经营方面的能力，这样积极参与合作管理的成员，其社会资源、人力资源均得到提升。物质激励是指根据积极参与者的工作业绩或贡献给予相应的物质奖励，例如，北美的合作社往往根据积极参与者的工作业绩或贡献来评定其在合作社中相当于哪一级经理或雇员职务（位）的作用，[1] 再根据该职务（位）应得的报酬来决定给予积极参与者相应的奖励，评定工作由理事会（或董事会）来完成，评定报告经监事会审察后报请社员（代表）大会批准执行。[2] 关于合作社内雇员各职务（位）的报酬分配，我们将在下一章做详细论述。

5.4.3　简要结论

西方现代化国家农业合作社内部管理中的治理机制、监督和惩罚机制、激励机制等虽有所不同，但它们普遍建立了规范的法人治理结构及其机制，如构建了成员大会、理事会（董事会）、监事会——"三权分立"并相互制衡的治理结构，在生产经营、管理及监督工作中，各机构均坚持基于"一人一票"的民主管理制，同时各机构还配套建立了治理与监督制度，重视对财务活动的监督管理，多数合作社在内部控制管理中已建立了强行审计制度。此外，它们在管理中高度重视合作教育，同时加强民主治理与控制机制的建设，在生产经营中积极采取措施吸引经营管理方面的专业人才，以不断提高合作社的管理效率。

农业社会化大生产内在地驱动着合作社不断进行产权社会化变革，越

---

① 由于积极参与合作管理是成员的义务、责任，所以对不积极参与者将给予惩罚；而对积极参与者，当其贡献超过积极参与者的平均水平时，合作社相当于多了一个经理或雇员，因而北美合作社以某一级经理或雇员职位的工作量（或贡献）来对积极参与者的贡献进行评定，看其除履行了自己的义务外，多余的工作量相当于哪一级雇员的工作量而给予相应的奖励。引自 Bruce J. Reynolds, "Compensation of Farmer Cooperative Directors—A Statistical Analysis", NCR194, USDA, 2003, pp. 2 - 3; Beverly L. Rotan, "Designing Bonus Inspiritment for Cooperatives", ACS Economist, Agricultural Cooperative Services Division, U. S. Department of Agriculture, 1994, p. 6.

② Bruce J. Reynolds, "Compensation of Farmer Cooperative Directors—A Statistical Analysis", NCR194, USDA, 2003, p. 3.

来越多的合作社开始深化完善治理结构与治理机制。合作社在管理中逐步实现了财产经营管理权与所有权分离；重视物质激励与精神激励相结合，强化合作社的激励与监督机制；注重对合作社管理制度的创新，不再僵化地遵循经典（或 ICA）合作制管理制度，而是在充分尊重各地现实实践的前提下，灵活地掌握与运用经典（或 ICA）合作制管理原则，形成了既大体符合合作制民主控制原则，又顺应合作社产权社会化的治理结构及治理机制，明晰了治理各方的权、责、利关系；惩治合作管理中的"搭便车"等机会主义行为；加强内部管理和合作教育等。这些均对完善我国合作社内部管理具有十分重要的借鉴意义，但我们在学习时，不可照抄、照搬，一定要从我国合作社发展的内、外部现实条件出发，基于我国合作社发展的具体实践，走出一条具有中国特色的合作社管理之路。

第五节　合作管理社会化：从社员中心管理模式到利益相关者管理模式[①]

　　西方农业合作社内部治理模式由封闭型转向开放型，合作社财产的所有权与管理权发生了分离，管理中专业化分工协作进一步深化，这是农业生产社会化发展的内在要求，也是产权社会化的具体表现。随着农业生产社会化的发展，农业生产经营越来越需要生产农户、储运和加工企业与中介经营商之间的纵向协调和一体化，在一体化运作中，加工控制技术被大量采用，合作经济组织被逐步嵌入供应链，这使得合作社的所有权与管理权的分离程度不断加深，管理权逐渐由从社员中选出的管理者转移至合作社聘入的、拥有专业技术知识的管理人员手中，此外合作社还要考虑合作伙伴或股东合作伙伴（如供应链中的一些合作伙伴拥有合作社的少部分股权[②]）的管理建议。这样，以产权社会化为实现前提，从管理的主体来看，当代西方农业合作社的管理模式逐步由以社员为中心的管理模式转向利益

[①]　这里是从社会化的角度来区分、辨析合作社的管理模式。
[②]　USDA Rural Development，"Joint Ventures and Subsidiaries of Agricultural Cooperatives"，*RBS Research Report* 226，2012，p. 4.

相关者管理模式。

合作社进行的是建立在社员生产资料私有制基础上的社会化生产，社员对农业生产经营的"绝对"指挥和协调是合作社管理模式——社员中心管理模式最基本的特征。在合作社发展的早期，这种社员对合作社的权力表现得最为突出，合作社的生产管理，即生产什么和怎样生产完全由社员按"一人一票"制或受限的"一人多票"制来决定，经营管理具有明显的单一性和封闭性，其他专业技术人员、企业、社会组织和政府机构没有参与的权利，这也反映了合作社早期奉行劳动者的"绝对所有权"观念。当生产的社会化程度还处于较低阶段时，这种单一性和封闭性的管理还能够适应生产力发展的需要，[1] 但是，随着农业生产社会化水平的提高，专业化要求越来越高，单纯依靠社员集体的指挥和安排已无法适应生产力发展的内在要求，尤其是在当前新经济、技术条件下，这种依靠社员集体所进行的生产管理已经完全不能满足社会分工发展的需要。在这种情况下，合作社的生产经营管理开始出现明显的社会化趋势，我们将这种趋势概括为三个方面：一是合作社相关的社会性管理专业阶层出现，许多专业管理者、营销经理甚至相关管理组织进入合作社，参与合作社的生产经营管理；二是在一体化、供应链管理经营中，合作社与合作社或合作社与有限责任公司之间生产管理的社会协作性和联系空前加强，各种形式的合资企业、建立完全所有权的附属股份公司以及合作社生产外包、生产性服务外包开始出现，[2] 合作伙伴逐步介入合作社生产经营管理的各个层次，这样合作社不得不调整其管理模式以适应供应链管理和一体化发展趋势；三是国家的市场化管理和调节深入发展，例如，当前西方政府越来越重视市场机制的主导作用，减少优惠的资金支持（如对合作社的补贴），转而加强对合作事业的研究和人员培训，提高农场主的自助能力——这方面的介入越来越深。政府组织相关部门研究合作社的经济、法律、财务、社会环境等方面存在的问题，通过研究分析找出解决问题的新方法，及时公布研究

---

① 李强：《论资本主义财产关系的社会化发展》，中国海洋大学出版社，2010，第138页。

② USDA Rural Development, "Joint Ventures and Subsidiaries of Agricultural Cooperatives", *RBS Research Report* 226, 2012, pp. 2 – 3.

结果并提供各种技术服务，提升合作社的市场竞争力。同时，西方各国农业部、农业合作社的相关管理部门加大教育投入，编制各种培训资料发给合作社，不断提高合作社成员素质，使之逐步适应大型合作社现代化经营的技术要求，进而适应新经济、技术时代的新形势、新变化。上述三个趋势反映出合作社的生产经营管理越来越需要依靠合作伙伴间的分工协作、社会性管理机构的专业化服务以及政府部门的深入干预，合作社之外的相关个人、企业、组织等越来越多地参与到合作社的生产经营管理中，利益相关者管理模式的逐步确立，使得合作社的管理更具开放性和社会性的特征。

利益相关者管理模式由于与较高的产权社会化水平相适应，必然在产权社会化不断发展过程中取得绝对的优势地位。其原因在于，任何特定的合作社管理模式都是特定国家的政治、法律、经济、历史、合作文化等环境因素的产物，只有那种能够最好地适应社会环境变化、平衡各种利益要求的合作社管理模式才能不断发展壮大起来。① 当前西方合作社为适应内、外部环境变化，将生产资料管理权在不同利益相关者之间进行了重新分配，合作社生产资料的管理权并不仅仅由社员分享，更多的组织或个人参与到合作社的经营管理中，合作社的管理权由封闭逐步转向开放，合作社管理模式不断由社员中心管理模式向利益相关者管理模式转变。

---

① 李强：《论资本主义财产关系的社会化发展》，中国海洋大学出版社，2010，第138页。

第六章　西方农业合作经济组织的分配制度分析

第一节　企业分配制度理论：一个比较分析

新制度经济学对合作社分配制度的批评主要来自两方面。一是合作社的经理没有剩余索取权，由于经理缺少一种内在激励，合作社的经营管理效率难以提高，而且会导致所谓的眼界问题的产生。二是合作社的分配制度会导致融资抑制。企业外的投资者不能获得剩余分配权，抑制了企业来自外部的投资；社员投资合作社的入股金利息收益受限。这两方面将同时抑制合作社的内、外融资，导致合作社融资抑制问题的产生。

对于第一个问题，上一章我们已得出结论：合作社社员不可能放弃其剩余索取权。而对于眼界问题，我们更倾向于认为这是信息不对称造成的，这就需要加强对社员的教育，加强社员与经理层之间的理解与沟通，使社员认识到合作社建设与社员农场发展之间相辅相成的关系。对于第二个问题，合作社是社员（劳动者）按份共有和共同共有的企业，他们不可能出让企业股权（普通权）而让企业外的投资者拥有合作社的剩余劳动占有权，同时也是为了保证成员（投资者）的同质性。社员的入股金利息收益受限是合作社与资本主义企业的重要区别之一，它表明前者生产经营的目的是使社员（劳动者）实现其劳动价值，即通过劳动投入获得收益，而不是通过股金投入获得收益，而后者生产经营的目的是通过资本投资而占有工人剩余劳动；前者是劳动者拥有的企业，后者是资本家拥有的企业，资本投资收益自然不会受限。可为什么西方新制度经济学合作社理论会反复地强调除生产者之外的其他要素，特别是投资（来自企业内、外的资金）参与分配的重要性？这是因为在其理论分析范式中，他们认为其他生产要素与劳动"共同"为创造产出（价值、财富或效用）做出了"贡献"，所以其他要素应"公平"地参与分配，否则将导致融资抑制问题的产生，这一认识是错误的。

各经济学派的收入分配理论是建立在其价值理论的基础之上的，即不同的收入分配理论与其价值理论相对应。古典经济学的创始人亚当·斯密在其《国民财富的原因和性质问题的研究》（*An Inquiry into the Causes and Nature of the Wealth of Nations*）一书中至少提出了三种价值理论：第一种是多要素决定论，即工资、利润、地租决定价值；第二种是劳动决定论，即生产中耗费的劳动决定价值；第三种是交换决定论，即交换中购买的劳动（即为社会所承认的劳动）决定价值。[1] 以萨伊（Say, J. B.）为代表的新古典经济学家创立了效用价值论，即在所谓"斯密教条"（工资、利润和地租是一切收入和一切可交换价值的三个根本来源）的基础之上构建了三要素效用价值论，该理论在克拉克（Clark, J. M.）、马歇尔（Marshall, A.）等经济学家那里又得到了进一步完善与发展，最终形成一套完整的所谓"公平合理"的收入分配理论。该理论的观点如下。①企业财富来源于资本、劳动、土地和企业家才能等要素的投入，即这些要素共同创造了财富——这是各要素主体参与分配的基础。各要素在生产中对财富的贡献正好等于各要素的边际产出，每位要素的所有者都有权取得与所拥有要素的边际产出相对应的一份收入。②依据"欧拉定理"，各要素的边际产出决定要素的价格，进而推出：①企业内各要素均为创造产出做出了"贡献"，要素拥有者按要素的边际产出"各得其所"；②各主体参与分配应得的收入是由市场要素供求关系确定的，收入分配的多少实际上是由各生产要素的价格决定的，生产要素的购买者的收入应等于购买生产要素的成本（价

---

[1]　许涤新：《政治经济学辞典》（中册），人民出版社，1980，第427页。

格）加利润。新古典经济学的分配理论从表象上说明了某些要素如劳动、土地、资本等的价格形成过程，以及影响这些要素所有者收益变动的因素。但是，受其方法论的限制，新古典经济学关于企业分配的理论存在着严重的缺陷（下面以资本主义企业为例说明）。第一，边际效用及产出理论能在一定程度上解释使用价值的生产和产品数量的增加，但该理论依然不能解释价值的形成与增值。事实上，资本主义企业的特征是剩余价值的生产以及存在于价值形态上的产品分配，而不是使用价值的生产和分配。第二，把工人的收入称为劳动的价值是错误的。资本主义生产关系下的工人只是劳动能力的所有者，而不是企业生产中劳动的支配主体，在工人与资本家签订劳动合同后，工人劳动能力的支配权和使用权已归属资本家，资本家在合同期内可以自由支配，进而剥夺工人创造的剩余价值。第三，在资本主义企业中，资本家拥有生产资料从而控制企业，因而资本家与工人的产权关系是不对等的，在企业生产经营及管理中工人没有实质上的话语权，进而决定了企业的分配关系也是不平等的，工人不能获得自己创造的剩余价值，其剩余价值被企业所有者——资本家剥夺就是这种不平等分配关系的集中体现。因此，认为资本主义企业的分配是各要素所有者平等参与分配的结果，这是不符合事实的。这样看来，新古典经济学的分配理论是片面的，忽视甚至隐讳财产所有关系，隐讳产权关系对分配关系的决定性作用，自然就不能科学、合理地揭示资本主义企业分配关系的本质，当然就不可能提供一个正确的研究企业分配问题的方法论。

新制度经济学继承了新古典经济学分配理论的分析范式，并认为交易费用决定着劳动者、资本所有者、土地所有者、企业家的收益。其研究交易费用就是为了寻找一种合适的企业分配制度，以降低交易费用从而提高各成员的收益。这样，新制度经济学的交易费用理论在新古典经济学分析范式的基础上拓展了研究视野，不再把企业视为一个"黑箱"，而是深入企业内部，将企业内部成员的收益同企业的交易费用结合起来。成员的收益来自用自己手中的资源与别人或企业进行交易，而交易费用决定了何时交换、能否交换、怎样交换和交换多少等。对交换者来说，如果一项交易的成本、风险大于这项交易可能带来的潜在收益，这项交易就不会发生（新制度经济学将资本主义企业内部工人的收入分配视为资本家与工人"公平"交易的结果），要使交易能够发生或者交易能够继续就必须想办法降低交易成本与风险，交易成本与风险越低的交易者所获得的收益就越高（即认为收入分配的多少是由交易来决定的），反之亦然，当然这就涉及制度设计问题（新制度经济学证明了资本主义分配制度是最优的制度设计，这显然受其阶级立场的影响）。新制度经济学的合作社分配理论没有涉及合作社价值来源问题，也没有追溯要素投入与收益之间的关系，而要说明这些问题又必然回到新古典经济学错误的分配理论。

斯密的价值创造理论是多元的，在为新古典经济学研究收入分配提供理论依据的同时，也为马克思的收入分配论提供了理论之源。马克思从斯密的"生产中耗费的劳动决定价值"出发，将劳动划分为具体劳动（创造使用价值）和抽象劳动（创造价值），创造性地提出了劳动二重性学说及科学的劳动价值理论，并在后者的基础上提出了按劳分配理论。① 马克思认为，应社会化大生产的内在要求，个人消费品的分配方式应当是"等量劳动领取等量产品"。马克思指出："每一个生产者，在作了各项扣除之后，从社会方面正好领回他所给予社会的一切。他所给予社会的，就是他个人的劳动量。……他以一种形式给予社会的劳动量，又以另一种形式全部领回来。"② 1917 年，列宁在其所著的《国家与革命》一书中将这种分配方式称为按劳分配。为实现按劳分配，马克思提出了一种理想的分配模式："……这时和资本主义社会相反，个人的劳动不再经过迂回曲折的道路，而是直接地作为总劳动的构成部分存在着。"③

马克思继承了斯密的劳动创造价值论，构建了科学的按劳分配理论。而西方经济学（新古典经济学与新制度经济学）的收入分配理论从总体上来说是不科学的，这是因为：

（1）西方经济学按要素分配的理论与现实的差距较大。事实上在资本

---

① 参见马克思《资本论》第一篇及《哥达纲领批判》。
② 《马克思恩格斯选集》（第 3 卷），人民出版社，1972，第 10 ~ 11 页。
③ 《马克思恩格斯选集》（第 3 卷），人民出版社，1972，第 10 页。

主义企业中，工人与资本家的地位不平等，产权关系不对等，因而分配关系也不可能是平等的。工人作为劳动力的出卖者进入企业，只是劳动能力的所有者，在工人与资本家签订劳动合同后，工人劳动能力的支配权和使用权已归属资本家，资本家在合同期内可以自由支配，从而攫取工人创造的剩余价值。可见，资本家由于拥有生产资料，就具有了管理和控制工人的权力，从而可以占有工人的剩余劳动，而工人只能得到维持自身及其家庭生存的工资。

（2）新制度经济学用交易费用理论掩盖分配制度的本质。其分配理论没有说明企业的价值来源，也不涉及要素所有者收入的根本来源等问题。事实上，在劳动者使用工具对劳动对象进行生产劳动时，土地、资本等要素只是发生了价值转移（都是通过劳动者的具体劳动一次或逐次地将自身的价值转移到新产品中去），[①] 而没有实现价值增值，生产中只有活劳动才能够创造新价值，即劳动者创造了新价值。

马克思的按劳分配理论是建立在科学的劳动价值理论基础之上的，他首先科学地提出劳动二重性学说及劳动价值理论，论述了价值及使用价值的产生及其决定因素，并以资本主义企业为例来论述其分配理论。马克思首先区别了劳动与劳动力，进而分析了在劳动力成为商品后资本主义企业中资本家与工人的不对等产权关系，这就决定了：第一，既然劳动力成为商品，那么"劳动力的价值或它的所有者（工人）的收入就是由生产再生产这种特殊物品所必需的劳动时间决定的"。[②] 即工人的收入是以劳动力商品的价值为中心上下波动的，这科学地解决了劳动（力）的均衡价格的基础问题，而这一问题长期以来未被西方主流经济学解决。由于劳动力是商品，劳动力的供给方是工人，需求方是资本家，劳动力市场的供求关系变化也必然会影响工人的工资收入。第二，既然资本家是生产资料的所有

---

① 在《资本论》中，马克思指出，在价值的创造中，"只有作为活劳动的物质因素起作用"［马克思：《资本论》（第1卷），人民出版社，2004，第213页］，"生产资料转移给产品的价值只是它作为生产资料而丧失的价值"［马克思：《资本论》（第1卷），人民出版社，2004，第236页］。任何作为生产资料的物化劳动，在生产过程中都是通过工人（劳动者）的具体劳动一次或逐次地将自身的价值转移到新产品中去。

② 马克思：《资本论》（第1卷），人民出版社，1975，第193页。

者，工人是被资本家雇佣的劳动力，那么由工人劳动创造的剩余价值就必然归资本家占有，并且资本家占有的剩余价值还要在利益相关者之间被分配。实际上，马克思在对资本主义企业分配制度的深入解析中，已揭示了企业分配的一般理论，"分配关系和分配方式只是表现为生产要素的背面。……分配的结构完全决定于生产的结构。分配本身是生产的产物"。[①]马克思基于历史角度，从所有制关系的深度对分配理论进行了全面、深刻的研究与阐述。我们认为，马克思的收入分配理论是科学的，而西方经济学按要素分配的理论来自其错误的价值决定论，将劳动与其他要素混淆，仅从边际分析、统计数量与价格关系来抽象地研究收入分配，忽视和割裂了收入分配产生的条件、历史背景及制度环境等，因而不能作为分析西方农业合作社分配制度的理论基础。

第二节　西方农业合作社经理和雇员的收入分配制度

马克思曾指出，资本、工人和地主分别获得剩余价值、工资与地租，完全是由于"资本（包括作为资本的对立物的土地所有权）本身已经以这样一种分配为前提：劳动者被剥夺了劳动条件，这些条件集中在少数个人手中，另外一些个人独占土地所有权"。[②]"工资以雇佣劳动为前提，利润以资本为前提，因此，这些一定的分配形式是以生产条件的一定的社会性质和生产当事人之间的一定的社会关系为前提的。因此，一定的分配关系只是历史规定的生产关系的表现。"[③] 可见，马克思认为，生产资料所有制决定生产经营组织生产活动中生产资料的占有、使用和交换等，进而对分配起着制约作用，即生产资料所有制决定着生产经营组织的利益分配制度或分配结构——这一理论逻辑与前述西方农业生产经营组织发展演进的历史逻辑也是相符的，因而成为我们研究西方合作社分配制度的基本方法。

---

① 《马克思恩格斯全集》（第46卷上），人民出版社，1979，第32页。
② 马克思：《资本论》（第3卷），人民出版社，1975，第994页。
③ 《马克思恩格斯全集》（第25卷），人民出版社，1974，第997页。

在西方农业合作社的生产经营活动中，有不同的利益主体参与其中，他们对生产资料所形成的经济关系各不相同，因而他们在合作社收益分配中的地位及分配方式也不同。

6.2.1 合作社经理和雇员的工资及补贴分配制度

在合作社发展的初期，合作社的经理或雇员等大多由社员轮流担任。例如，罗虚戴尔公平先锋社成立之后，在安排社员轮流义务经营商店的同时，还选出一名有经营经验的社员大卫·布鲁克斯（David Brooks）主要负责合作社的日常经营管理工作，并支付给他每小时 3 便士的报酬，这大体相当或略高于当地其他企业工人的小时工资收入。[①] 当时的农业合作社也如此。但农业生产社会化程度的提高，要求农业生产经营进行专业化分工协作，具有专业化知识或技术的经理或雇员取代了兼职社员，他们的工作对合作社也是一种劳动投入。一般来说，只要经理或雇员向合作社投入了劳动，合作社就要向其支付劳动报酬。这种报酬是经理或雇员向合作社及其成员提供服务后获得的收入，这构成了合作社生产经营中的成本支出，是合作社维持正常生产经营的基础性支出，它是保障合作社正常运转的先决条件，因而我们首先分析这类支出。

由于外聘的经理或雇员不是合作社生产资料的拥有者，他们仅有对合作社生产资料的管理及使用权，同时在资本主义生产关系的背景下，合作社与其经理或雇员之间是一种雇佣与被雇佣的关系，因此合作社对经理或雇员的劳动收入采取了工资的形式。工资量的确定是一项复杂的工作。合作社为了吸引和留住人才，就必须为经理或雇员提供与其能力和经验相称的工资。例如，美国农业合作社将决定经理或雇员工资水平的因素划分为两大类：内部因素和外部因素。[②] 内部因素包括被雇佣者（经理和雇员）的工作岗位的职责（job responsibilities）、工作业绩（performance），被雇佣者的教育背景（employee's educational background）、经历和技能（experi-

① Birchall, J., "Celebratory Keynote Adree", *Review of International Cooperation*, 1995, p. 3.

② Beverly L. Rotan, "Guide to Designing Benefit Packages for Cooperatives", ACS Economist, Agricultural Cooperative Services Division, U. S. Department of Agriculture, 1993, p. 2.

ence and skill），一些工作对身体或体能条件（physical ability）的要求，还有被雇佣者的人数（number of employees）、合作社的管理成本（cost of management）和资金状况（cooperative's financial state）等。外部因素包括国家或地方政府有关劳动用工的法律或法规（country and state government policies and regulations）、劳动力市场（labor market）、竞争环境（competitive environment）、日用品价格（commodity price）和类似企业相同岗位（the same station of similar enterprise）的工资支付情况。内部因素是决定工资的根本，它取决于合作社具有的条件、需要和目标等，不仅仅包括商业运作上需要考虑的各种事项，还包括被雇佣者能力方面的因素。外部因素独立于合作社之外，但对合作社的经营有重要影响，特别是国家和地方政府的相关法律、法规，如有关招聘雇员的法规，维持当地最低生活水平的工资标准，为经理或雇员提供失业、伤残保险和退休金的计划，以及为经理或雇员提供学习机会以提高其工作能力的计划，[①] 等等。影响合作社经理和雇员工资的因素很多、很复杂，并且各个因素的影响程度各不相同。就内因来看，美国农业部曾在1992年对全美农业合作社进行抽样调查，让合作社（共853家）依据经理和雇员不同的工作岗位排列工资影响因素的重要性。结果表明，在美国农业合作社中，各工作岗位的工资首先是根据经过分类的工作职责或责任（job responsibilities）来确定，其次再根据每个人的业绩（performance）及工作中的判断和决策能力（judgement and decisionmaking capabilities）来决定，如表6-1所示。

表6-1　工资决定因素及其重要性排序

	总经理	业务经理	部门经理	专业代理	商品经销代理
工作职责（责任）	1	1	1	1	2
判断及决策能力	2	3	3	3	3

---

① 如美国伊利诺伊州（Illinois）合作社法就要求合作社为经理或雇员提供学习机会。转引自 Herbert G. Henneman，Donald P. Schwab，John A. Fossum，Lee D. Dyer，Richard D. Irwin，*Personnel/Human Resource Management*，Inc.，Homewood，Illinois 60430，p. 36.

续表

	总经理	业务经理	部门经理	专业代理	商品经销代理
业绩	3	2	2	2	1
经验（阅历）	4	4	4	4	4

注（1）：因素重要性从 1 至 4 分四个级别，其中 1 表示最重要，2、3、4 依次表示重要性递减，4 表示最不重要。等级的确定是根据因素出现的频次来决定，例如，所有受访合作社对影响总经理工资的 4 个因素排序，结果工作职责（责任）因素排第一的频次最高，那么对总经理工资影响最重要的因素就是工作职责（责任），该因素的分值就是 1，其他因素依次类推。

（2）：①总经理（General Manager）负责实施董事会（理事会）制定的合作社发展的总目标；②业务经理（Office Manager）及时准确地记录合作社的财务运行状况，并协助董事会（理事会）或总经理实现合作社的发展目标；③部门经理（Division Manager）主要具体地实施总目标下的各个分目标；④专业代理（Field Representative）用专业化的知识和技术指导农户如何有效地耕作和利用土地，为农户购买相关生产资料，并建议农户生产适合市场需求的产品和更新生产技术以提高生产效率和收益；⑤商品经销代理（Sales Representative），为农户推销产品，及时收集市场信息并向农户传达。

资料来源：U. S. Department of Agriculture, Agricultural Cooperative Service, ACS Research Report No. 114, Cooperative Employee Compensation, 1993, p. 6。

表 6-1 表明，除商品经销代理外，对其他岗位工资影响最大的因素是工作职责（责任），其次是业绩和判断及决策能力，对所有岗位工资影响最不重要的是经验（阅历），可见，美国农业合作社注重实际效果。2001 年美国农业部的另一份调查报告《合作社被雇佣者的报酬（2001）》再次印证了这一结论（参见该报告的第 5 页）。[①]

西方农业合作社经理或雇员的工资支付方法主要有小时工资制和年薪制两类，对于临时性用工一般采用小时工资制，表 6-2 是 1992 年美国农业合作社在临时性用工中，对经理和雇员（包括专业代理和商品经销代理）按小时工资计的收入情况。

西方农业合作社首先是根据内部因素来确定受雇者的工资，其次参照同一地区性质类似的合作社或私人企业受雇者工资，以及当地的物价水平等因素进行调整。下面我们以美国农业合作社常用的因素（主要是内部因

---

① United States Department of Agriculture, Rural Business Cooperative Service, RBS Research Report 189, Cooperative Employee Compensation, 2001, p. 5.

表6-2 1992年美国农业合作社按小时工资计各类人员工资收入

单位：美元

职务	总经理	业务经理	部门经理	专业代理	商品经销代理
小时工资	13.65	13.40	11.10	8.65	8.45

资料来源：Beverly L. Rotan，"Guide to Designing Benefit Packages for Cooperatives"，ACS Economist，Agricultural Cooperative Services Division，U. S. Department of Agriculture，1993，p. 7。

素）对比法（factor comparison），[①] 以1992年的小时工资为例，说明其受雇者工资的确定方法。合作社的董事会首先确定合作社应设哪些岗位，然后确定每一个岗位具体应负责哪些工作、承担哪些风险等，实际上就是明确每一个岗位的权、责、利及风险，并综合权、责、利及风险，考虑该岗位工作的难易程度和需要投入的智力、体力、责任心等因素，对各岗位的这些因素进行比较评价，以确定各岗位每小时给予的报酬。因素对比法的小时工资确定如表6-3所示。

表6-3 因素对比法的小时工资确定

单位：美元/小时

岗位	智力要求	技能要求	体能要求	责任心要求	工作条件	汇总的小时工资
总经理	4.00	4.40	1.25	3.00	1.00	13.65
业务经理	3.00	4.40	1.80	2.30	1.90	13.40
部门经理	2.25	3.00	1.80	2.30	1.75	11.10
专业代理	3.00	2.00	0.50	2.15	1.00	8.65
商品经销代理	2.25	1.50	1.70	1.10	1.90	8.45

资料来源：Beverly L. Rotan，"Guide to Designing Benefit Packages for Cooperatives"，ACS Economist，Agricultural Cooperative Services Division，U. S. Department of Agriculture，1993，p. 6。

合作社有智力性要求的工作每小时报酬为2~5美元。如表6-3所示，对各岗位工作的智力性要求对比分析后，将总经理、业务经理、部门经理、专业代理和商品经销代理的智力投入小时工资分别定为4、3、2.25、

① Beverly L. Rotan，"Guide to Designing Benefit Packages for Cooperatives"，ACS Economist，Agricultural Cooperative Services Division，U. S. Department of Agriculture，1993，p. 6。

3、2.25 美元，其他要求的小时工资确定完全类似，如工作条件是总经理和专业代理的最好，其报酬为 1 美元/小时，业务经理和商品经销代理的最差，其报酬为 1.9 美元/小时。总之，工资的确定就是要实现权、责、利相匹配，即有相应的权力就要有对应的责任（风险）以及对应的收入，体现出权力大、责任（风险）大、收入高，反之亦然。上述确定小时工资的因素只是部分内因，实践中为准确地确定小时工资还需要考虑许多外部因素，如相同合作社以及类似私人企业受雇者工资及通货膨胀等因素。

西方农业合作社对签订中、长期（工作期为一年或一年以上）合同的经理和雇员一般适用年薪制。表 6 - 4 是 1992 年和 1999 年美国农业合作社经理和雇员的年薪收入普查情况（原始数据通过向税务部门申报的收入报表获得①）。

如表 6 - 4 所示，从纵向来看，无论是 1992 年还是 1999 年，经理的年工资要明显高于雇员（专业代理和商品经销代理），其中总经理的年工资最高，其次是部门经理和业务经理。年薪的确定实际上是在小时工资制的基础上将时间延长，其余确定方法是相似的。总经理承担的责任范围广、风险大，工作的复杂程度高，因而其年工资相对较高。雇员中从事营销工作的商品经销代理的年工资相对要高一些，年工资最低的是专业代理。专业代理主要从事技术性工作，他们没有经营管理业绩方面的指标要求，工作压力（working press）及紧张程度（tensity）相对要低一些。从横向来看，合作社经理和雇员低、中、高三个档次的平均收入变化情况，1999 年相对于 1992 年均有大幅提高。其中提高幅度最大的是总经理，平均收入相对提高了 56.5%，其次是专业代理、业务经理和部门经理，最小的是商品经销代理。从平均收入之下与平均收入之上的人数比重来看，总经理层的变化也是最大，在平均收入之下的人数比例由 1992 年的 75% 下降至 1999 年的 54%，下降了 21 个百分点，相对应的平均收入之上的人数比重上升了 21 个百分点，变化较小的是部门经理和专业代理。

---

① United States Department of Agriculture, Rural Business Cooperative Service, RBS Research Report 189, Cooperative Employee Compensation, 2001, p. 2.

表 6 - 4　1992、1999 年美国农业合作社经理和雇员年平均收入

工作类别	收入等级（美元）								平均收入增加百分比（%）（以1992年为基期）	平均收入之下人数比重（%）/平均收入之上人数比重（%）	
	低		中		高		平均				
	1992 年	1999 年	1992 年	1999 年	1992 年	1999 年	1992 年	1999 年		1992 年	1999 年
总经理	13200	18000	43260	60000	195252	300000	55711	87187	56.5	75/25	54/46
业务经理	16000	17000	28000	35000	114024	164496	34236	45003	31.4	66/34	75/25
部门经理	13200*	25000	31000	45000	91520	100000	38553	50516	31.0	63/37	67/33
专业代理	16000	25000	25000	35000	50000	65000	28813	38897	35.0	54/46	50/50
商品经销代理	15000	18000	23000	30000	108120	135000	30683	39202	27.8	81/19	71/29

注：对收入等级的划分没有标准规定，这仅是调查者做的一个大概的划分。

* 原文是 3200 美元，可能有误，因与后文的数字无法对应，13200 是修正后的数字；以上工资以 1999 年不变价格计算（下同）。

资料来源：根据 United States Department of Agriculture, Rural Business Cooperative Service, RBS Research Report 189, Cooperative Employee Compensation, 2001, p. 24 所提供的资料整理计算。

工资的性质及提高的原因。从本质上看，西方农业合作社的产权制度是劳动者合作生产经营的复合产权制度，由该产权制度所决定，合作社的管理制度——合作管理制度是基于"一人一票"的民主管理制度，即管理制度实现了对劳动者的民主。基于复合产权制度及其决定下的合作管理制度，合作社内部的经理和雇员与社员劳动者之间已不再是资本主义企业中经理和雇员与工人劳动者之间的支配与被支配、控制与被控制的关系，合作社内部的经理和雇员已不再是资本的代理人和基层管理者，他们是社员劳动的服务者，也是劳动者，有权参与合作社的生产经营与民主管理，因而他们的收入主要是由社会劳动引发的管理和服务性劳动所应得到的报酬（而不是资本统治下监督劳动的补偿），是经理和雇员以工资形式获取的劳动所得。劳动是创造价值的唯一源泉。合作社的经理和雇员也是劳动者，在合作经营管理过程中，他们也付出了劳动，协助社员实现其劳动价值，因而他们工资提高的原因首先要从他们（作为劳动者）自身去寻找。综合统计结果（表 6 – 1）来看，对各岗位工资影响因素的重要性进行排序，依次为：工作职责（责任）、业绩和判断及决策能力。虽然个人的判断及决策能力排第三，但很明显的是：个人能否胜任该岗位的工作、承担该岗位的工作职责以及能否有好的表现（业绩）很大程度上由个人能力来决定的，而这种个人能力的高低又很大程度上由他（她）是否受过相关的专业训练来决定，也就是说，合作社经理和雇员工资提高的一个重要原因是其专业技术水平的提高。我们分别从 1992年、1999 年美国农业合作社工作岗位人员的教育背景变化情况来观察，高学历（大专及以上学历）人员的比重提高了，如表 6 – 5 所示。

表 6 – 5　1992、1999 年美国农业合作社经理与雇员教育背景变化情况

单位：%

教育背景	总经理		业务经理		部门经理		专业代理		商品经销代理	
	1992年	1999年	1992年	1999年	1992年	1999年	1992年	1999年	1992年	1999年
中学	23	16	25	24	28	37	30	26	40	37
专科学校	20	25	24	26	28	21	23	22	20	20
大学本科（学士）	45	51	39	43	39	38	44	51	36	40

续表

教育背景	总经理		业务经理		部门经理		专业代理		商品经销代理	
	1992年	1999年	1992年	1999年	1992年	1999年	1992年	1999年	1992年	1999年
硕士学位	10	8	12	7	5	4	3	1	2	3
博士学位	2	0	0	0	0	0	0	0	2	0

资料来源：根据 U. S. Department of Agriculture，Agricultural Cooperative Service，ACS Research Report No. 114，Cooperative Employee Compensation，1993，p. 2 和另一份调查报告 United States Department of Agriculture，Rural Business Cooperative Service，RBS Research Report 189，Cooperative Employee Compensation，2001，p. 3 所提供的资料整理计算。（表中部分百分比数据累加不等于 100%，这主要是由调查者四舍五入造成的，由于不知具体是哪一个数据多进一位，所以没有做修改，忠实地按原文数据列示。）

　　美国农业合作社的总经理、业务经理、专业代理和商品经销代理的大学专科及专科以上学历人员比重分别由 1992 年的 77%、75%、70% 和 60% 上升到 1999 年的 84%、76%、74% 和 63%。可见，合作社经理和雇员学历的提高是其工资提高的一个重要原因。为了进一步证实我们的推断，我们根据美国农业部的调查报告《合作社被雇佣者的报酬（2001）》所提供的数据进行了汇总，结果如表 6-6 所示。

表 6-6　按合作社经营绩效（营业额）分类的各岗位的教育背景

单位：%

岗位及教育背景 \ 营业额	500 万美元及以下	501 万~1000 万美元（含 1000 万美元）	1001 万~2000 万美元（含 2000 万美元）	2000 万美元以上
总经理				
中学	23	21	13	8
专科学校	22	37	22	21
大学本科（学士）	47	40	65	60
硕士学位	8	2	0	11
业务经理				
中学	36	31	18	15
专科学校	30	29	36	15
大学本科（学士）	33	37	36	57
硕士学位	1	3	10	13

营业额 岗位及教育背景	500 万美元 及以下	501 万～1000 万美元 （含 1000 万美元）	1001 万～2000 万美元 （含 2000 万美元）	2000 万美元 以上
部门经理				
中学	70	59	10	20
专科学校	6	15	25	20
大学本科（学士）	24	26	17	54
硕士学位	0	0	48	6
专业代理				
中学	43	24	30	27
专科学校	0	26	23	19
大学本科（学士）	57	50	40	54
硕士学位	0	0	7	0
商业经销代理				
中学	58	50	28	20
专科学校	20	11	29	19
大学本科（学士）	22	35	43	55
硕士学位	0	4	0	6

资料来源：根据 United States Department of Agriculture，Rural Business Cooperative Service，RBS Research Report 189，Cooperative Employee Compensation，2001，pp. 18－19 所提供的资料整理计算。

按合作社经营绩效（营业额）分类的各岗位年工资收入情况，如表 6－7 所示。

表 6－7　按合作社的经营绩效（营业额）分类的各岗位年工资收入情况

合作社的年营业额及 工作类别	收入等级（美元）				平均收入之下人数比重（％）/ 平均收入之上人数比重（％）
500 万美元及以下	低	中	高	平均	
总经理	18000	40000	68000	40310	56/44
业务经理	8750	24000	51000	25285	55/45
部门经理	25000	32000	45000	33615	54/46
专业代理	22000	46000	45000	32625	38/62
商品经销代理	10750	22000	30000	21660	39/61

续表

合作社的年营业额及 工作类别	收入等级（美元）				平均收入之下人数比重（%）/ 平均收入之上人数比重（%）
501 万 ~ 1000 万美元 （含 1000 万美元）	低	中	高	平均	
总经理	27000	55000	180000	56772	60/40
业务经理	18500	35000	120000	34421	65/35
部门经理	25000	35000	75000	39224	55/45
专业代理	17500	35000	51512	35800	56/44
商品经销代理	18000	46250	60000	31836	50/50
1001 万 ~ 2000 万美元 （含 2000 万美元）	低	中	高	平均	平均收入之下人数比重（%）/ 平均收入之上人数比重（%）
总经理	45000	60000	100000	63573	65/45
业务经理	22000	31500	78000	34345	57/43
部门经理	30000	36644	58000	39797	63/37
专业代理	20000	31000	45000	32133	60/40
商品经销代理	27000	30000	50000	33286	63/37
2000 万美元以上	低	中	高	平均	平均收入之下人数比重（%）/ 平均收入之上人数比重（%）
总经理	40000	105000	600000	134589	66/34
业务经理	20000	51000	164496	60875	60/40
部门经理	25000	42500	135000	61083	59/41
专业代理	30000	40000	100000	45237	72/28
商品经销代理	29500	59250	135000	53156	62/38

资料来源：根据 United States Department of Agriculture，Rural Business Cooperative Service，RBS Research Report 189，Cooperative Employee Compensation，2001，pp. 19 - 21 所提供的资料整理计算。

　　从表 6 - 6 中我们不难发现，随着总经理中大学专科及以上学历人员比重不断上升，从 77%、79%、87% 到 92%，相对应的合作社经营绩效（营业额）也从 500 万美元及以下上升到 2000 万美元以上。而表 6 - 7 又进一步反映了，伴随着合作社经营绩效（营业额）提高的是合作社总经理高、中、低三个档次收入的整体提高，如低水平收入组总经理的收入由 18000 美元上升至 40000 美元；中等水平收入组总经理的收入由 40000 美元上升至 105000 美元；高水平收入组总经理的收入由 68000 美元上升至 600000 美元。平均收入也依经营绩效（营业额）的提高而上升，由 40310 美元上升至 56772 美元、63573 美元，最后至 134589 美元。其余岗位的变化也显现了完全类似的结果。这进一步印证了我们的结论：合作社经理和雇员学历水平（专业技能）的提高使得经营管理的劳动生产率提高，很大程度上使合作社的经营绩效（营业额）提高，[1] 从而实现经理和雇员工资水平的提高。

通过对表 6-5 的观察，我们还可以发现另外的事实：职务的高低与学历层次成正向变化，即工作复杂程度的上升内在地要求工作者的业务素质不断提高。例如，1992 年，从商品经销代理、专业代理、部门经理、业务经理到总经理，随着工作复杂程度的提高，具有大学专科及专科以上学历人员比重依次上升，由 60%、70%、72%、75% 上升至 77%。而表 6-6（1999 年的情况）也表现出：不论合作社经营绩效（营业额）如何，随着合作社工作复杂程度的提高，具有大学专科及专科以上学历人员比重呈上升趋势。同时，随着农业合作社的发展及经营绩效（营业额）的提高，经理和雇员整体学历层次都在上升，没有大学专科及专科以上学历人员的比重越来越低。

随着农业生产社会化的进一步深化，为应对日益激烈的市场竞争，农业合作社对生产经营者的专业化水平和技能的要求越来越高，以使其适应农业现代化的发展。美国许多农业合作社均有教育资助计划（Educational Assistance Plan）以培养具有发展潜力的经理或雇员，资助他们到相关大学、科研院（所）、ICA 以及国家农业部或相关单位学习，提高其专业技术水平，使其更好地为合作社的发展服务。伴随合作社经理和雇员整体学历水平的提高，合作社的个数、社员数以及全职经理和雇员的总人数均在下降，同时总营业额和净营业额则表现出上升的趋势，如表 6-8 所示。

---

① 合作社绩效的不同还有可能与合作社的生产经营规模有关，但这又从另一个方面说明，只有经过高层次专业训练的人员才能胜任更大规模的生产经营和服务。总之，经理和雇员的专业化业务水平是决定合作社绩效以及他们工资的一个重要因素，对专业化业务水平的要求会随着合作社的发展而进一步提高。

表6-8 美国农业合作社个数、营业额、社员数、平均总资产
以及全职经理和雇员人数变化

年份	合作社个数（个）	社员数（千人）	总营业额（百万美元）	净营业额（百万美元）	每个合作社平均总资产（百万美元）	合作社被雇佣者人数（全职经理和雇员，人）
1992	4315	4071.90	93411.20	79283.70	7.41	171737
1993	4244	4023.30	97743.70	82871.50	7.88	172642
1994	4174	3986.00	105539.30	89309.50	8.62	175019
1995	4006	3767.30	112194.70	93818.20	10.05	175399
1996	3884	3663.60	128098.50	106181.60	10.96	174795
1997	3791	3424.20	126672.50	106670.50	11.61	172199
1998	3651	3352.60	120960.90	104666.60	12.75	173791
1999	3466	3173.30	115290.60	99064.30	13.76	172951
2000	3346	3085.10	120719.10	99659.40	14.86	176665
2001	3229	3033.90	123565.80	103268.80	15.01	165666
2002	3140	2793.60	111552.60	96750.40	15.12	166087

注：根据各年度统计资料汇总计算（营业额及总资产以1999年不变价格计算）。

资料来源：United States Department of Agriculture，"Farm Marketing，Supply and Service Cooperative Historical Statistics"，*Cooperative Information Report* 1，Section 26。

上述表象的背后是农业合作社生产经营效率的提高，即经理和雇员专业技术水平的提高使得农业合作社生产经营效率大大提高，合作社已经不需要这么多人从事农业生产了。在当代发达资本主义国家，农业合作社不断增加资产投入（如美国农业合作社2002年的平均总资产是1992年的2倍多），以引进现代农业生产技术，特别是信息技术在农业生产经营中的综合集成应用使得传统的农业产供销及相关的管理服务发生革命性的变革，农业市场供求动态信息服务能以合同订单的方式被确定下来，避免了生产和管理上的盲目性；生产信息服务能够指导作物布局和作物生产中的施肥管理和农药使用，保护和节约资源，减少环境污染，提高农业的综合生产力和经营管理效率，[1] 这就内在地要求农业合

---

① 牛若峰：《当代农业产业—体化经营》，江西人民出版社，2002，第188页。

作社经理和雇员必须了解现代信息技术，同时掌握现代企业的经营管理技术，否则将被市场淘汰。基于上述现实，正是由于学历或能力的提高，快速并熟练掌握专业技术的经理和雇员能大幅降低合作社的生产经营及管理成本、提高生产经营效率而使得经营绩效上升，这样他们报酬的提高才能实现。

从时间发展的纵向来看，合作社经理和雇员工资保持不断上升的趋势。从横向来看，农业合作社经理和雇员与同一领域的私人企业（资本主义企业）相同职位人员的工资水平基本一致。这主要是由一些外部影响因素造成的，合作社做出这样的安排，一方面是为了避免在吸引人才的竞争中处于劣势；另一方面是为了防止负担过高的劳动成本，以便提高产品的价格竞争力。美国农业部调查报告《合作社被雇佣者的报酬（1993）》指出："在过去 5 年中（从 1988 年至 1993 年——笔者注），受访者均承认工资增加了，……导致工资增加的一个重要外因是为了'跟上'同一地区相同领域私人企业的工资上涨，避免人才流失。……导致工资增加的另一个重要外因是物价上涨。"[1] 2001 年的调查报告《合作社被雇佣者的报酬（2001）》也指出："大量的调查显示，美国农业合作社被雇佣人员的工资受到同一地区私人企业的影响，与相同领域私人企业受雇者的工资基本一致。"[2] 另一份调查报告《是什么给了合作社一个坏名声？》也印证了："为了应对激烈的市场竞争，吸引优秀的经理和雇员，同时又不使企业承担过高的经营成本，在确定经理和雇员的工资方面，合作社常常将相同行业、相同规模的 IOF（投资者拥有的企业，即资本主义企业——笔者注）视为其重要的参照物（Reference Object）。"[3]

由于资本主义企业中决定工资水平的根本因素是劳动力的价格，即维持劳动者平均生活需要的生活资料的价格，生活资料价格变动后，企业对

①　U. S. Department of Agriculture, Agricultural Cooperative Service, ACS Research Report No. 114, Cooperative Employee Compensation, 1993, p. 32.

②　United States Department of Agriculture, Rural Business Cooperative Service, Cooperative Employee Compensation, RBS Research Report 189, 2001, p. 20.

③　Bruce L. Anderson, Brian M. Henehan, "What Gives Cooperatives a Bad Name?", For Presentation at the Meeting Kansas City, 2003, p. 3.

劳动者的工资也要做相应调整，因此与之"看齐"的合作社的被雇佣者的工资也会被予以相应的调整。上述 2001 年调查报告《合作社被雇佣者的报酬（2001）》中也指出："工资提高的一个重要原因是生活费用的上升（Cost-of-living Increases）。""受访者中 45% 的人认为工资提高是因为生活费用提高，……参照相似私人企业工资水平进行调整而使合作社在人才市场上更具竞争力。"[①] 西方农业合作社的受雇者工资水平与类似企业的基本保持一致，这说明就工资量的决定来看，西方合作社为其受雇者提供的工资与资本主义企业的基本相同，它们都相当于维持和恢复劳动力再生产所必需的生活资料的价格。但是西方农业合作社，特别是美国农业合作社为了在与相同领域的私人公司进行的人力资源竞争中获得优势，常常在工资之外还进行一系列"隐性工资"支付，即对被雇佣者进行了不同形式的补贴。[②] 这些不同形式的补贴包括定期或不定期提供休假（paid vacations/holidays）、病假期间支付工资（paid sick days）、用合作社的汽车（use of cooperative car）、坐头等舱旅行（first class travel）和给予私车里数津贴（mileage private car，相当于交通补贴）等。表 6-9 是美国被调查合作社（853 家）于 1992 年和 1999 年为经理和雇员提供的各种补贴（以被访者享用补偿项目的百分比计，原始数据来自合作社提供给农业部的商业经营报告）。

表 6-9　1992、1999 年获得各种补贴的经理和雇员人数比重

单位：%

项目	总经理		业务经理		部门经理		专业代理		商品经销代理	
	1999 年	1992 年	1999 年	1992 年	1999 年	1992 年	1999 年	1992 年	1999 年	1992 年
定期或不定期提供休假	100	96	100	97	100	99	100	99	100	98

① United States Department of Agriculture, Rural Business Cooperative Service, Cooperative Employee Compensation, RBS Research Report 189, 2001, p. 23.
② 西方农业合作社除"隐性工资"外，还会支付一些隐性利益，如蒙德拉贡农业合作社就允许受雇人员与社员享受同等的投票权，即"一人一票"。转引自 William Foote Whyte, Kathleen King Whyte, *Making Mondragon*, Ilr Press, Ithaca, New York, 1988, p. 55。

续表

项目	总经理		业务经理		部门经理		专业代理		商品经销代理	
	1999 年	1992 年	1999 年	1992 年	1999 年	1992 年	1999 年	1992 年	1999 年	1992 年
病假期间支付工资	92	93	92	93	97	94	97	97	93	94
用合作社的汽车	59	61	18	21	45	48	60	59	42	48
坐头等舱旅行	12	88	6	5	9	9	5	5	6	4
给予私车里数津贴	73	70	70	71	72	70	68	69	66	73
培训（合作社出全部费用）	78	—	82	—	93	—	96	—	87	—
总计	414	408	368	287	416	320	426	329	394	317

资料来源：根据 U. S. Department of Agriculture, Agricultural Cooperative Service, ACS Research Report No. 114, Cooperative Employee Compensation, 1993, p. 10 和另一份调查报告 United States Department of Agriculture, Rural Business Cooperative Service, RBS Research Report 189, Cooperative Employee Compensation, 2001, p. 7 所提供的资料整理计算。

　　1999 年合作社对所有受雇者提供休假的机会达到了 100%，比 1992 年有所改善，并且增设了培训一项以提高受雇者的专业技术水平，从接受培训的机会来看，96% 的专业代理接受过培训。由于指导社员进行农业生产是其一项重要而复杂的工作，所以专业代理需要不断更新知识以适应农业现代化发展的要求，这样他们接受培训的机会自然最高。经理层享受补贴的人数比例要高于雇员层。上述资料还反映了，1992 年和 1999 年，提供休假机会、病假期间支付工资、用合作社的汽车以及给予经理和雇员私车里数津贴是合作社对其经理和雇员进行补贴的常用方法，其中最主要的两种方法是提供休假机会、病假期间支付工资。

6.2.2　合作社经理和雇员的奖金分配制度

　　由于合作社特殊的产权制度，合作社的经理和雇员没有剩余索取权，为了激励经理和雇员努力工作，同时与私人企业进行人力资源竞争，合作社还有一项重要的分配制度，即奖金制度。美国农业部的调查报告《合作社被雇佣者的报酬（2001）》指出，1999 年对美国农业合作社的抽样调查结果显示，34%的受访者承认，他们所在的合作社对所有的受雇者（经理和雇员）发放奖金。而是否发放奖金以及发放多少分别依据合作社的财务业绩或经济效益和个人业绩（由董事会分析评定并认可）来决定。[①] 合作社的奖金总额占合作社当年净利润的1%～5%不等，财务状况差的合作社没有奖金。[②] 1992 年的统计资料也显示：在被调查的合作社中，48%的部门经理和47%的商品经销代理在该年度得到奖金，其余各岗位也都不同程度地得到奖金激励。[③] 由于1999 年美国农业部没有对合作社奖金的具体发放情况进行调查，所以我们引用了1992 年的抽样调查数据（182 家）。表 6 - 10 是按合作社类型划分的各岗位奖金发放情况。

表 6 - 10　1992 年按合作社类型划分的各岗位奖金发放情况

单位：次

合作社类别 职务	乳品 合作社 （20 家）	水果与蔬菜 合作社 （22 家）	谷物 合作社 （36 家）	供应 合作社 （22 家）	其他 合作社 * （82 家）	累计频次 （按岗位）
总经理	29	37	42	34	43	185
业务经理	12	40	36	37	43	168
部门经理	44	38	45	54	43	224
专业代理	36	33	58	43	20	190
商品经销代理	50	45	54	53	29	231
累计频次 （按合作社）	171	193	235	221	178	998

注：* 包括供销合作社——棉花、牲畜、家禽、豆类、大米、糖、渔业合作社以及其他各种类别的合作社。

资料来源：根据 U. S. Department of Agriculture, Agricultural Cooperative Service, ACS Research Report No. 114, Cooperative Employee Compensation, 1993, p. 12 的数据整理计算。

---

① United States Department of Agriculture, Rural Business Cooperative Service, Cooperative Employee Compensation, RBS Research Report 189, 2001, p. 1.

② United States Department of Agriculture, Rural Business Cooperative Service, Cooperative Employee Compensation, RBS Research Report 189, 2001, p. 15.

③ U. S. Department of Agriculture, Agricultural Cooperative Service, Cooperative Employee Compensation, ACS Research Report No. 114, 1993, p. 3.

　　如表 6 - 10 所示，该年度在 20 家乳品合作社中有 29% 的总经理、
12% 的业务经理、44% 的部门经理、36% 的专业代理和 50% 的商品经销代
理得到奖金激励。以上岗位得到激励的人员比例在谷物和供应合作社中最
高，这说明这两类合作社的经理和雇员普遍得到了奖金激励。其次是水果
与蔬菜合作社和其他合作社，奖金发放面最小的是乳品合作社，奖金激励
频次的高低与该年度该类企业的财务绩效以及个人业绩有关（后详述）。
从岗位来看，接受奖金激励频次最高的是商品经销代理，其次是部门经
理、专业代理和总经理，最低的是业务经理。商品经销代理工作的努力程
度、个人能力的大小以及能力的发挥程度等直接影响合作社的销售额，容
易观察和计量，方便个人利益与集体利益的激励机制的实现，许多合作社
将商品经销代理的奖金与销售额直接挂钩，[1] 激励商品经销代理不断提高
合作社的销售额，而这又反过来刺激合作社不断地向商品经销代理发放奖
金。因而美国农业合作社对商品经销代理的奖金发放频次是最高的。那么
奖金的发放具体由哪些因素决定？通过对调查报告《合作社被雇佣者的报
酬（1993）》的相关数据整理计算，得到按岗位分类的影响奖金各因素的
统计结果，如表 6 - 11 所示。

表 6 - 11　按岗位分类的影响奖金各因素统计

单位：次

因素＼职务	总经理	业务经理	部门经理	专业代理	商品经销代理	因素出现的累计频次
财务绩效 *	66	65	63	33	25	252
总销售额	12	13	10	29	46	110
营业外所得 **	0	3	3	15	0	21
高质量产品的比重 ***	2	0	2	4	0	8
受雇者的业绩	12	13	14	11	14	64
销售上升	0	0	0	4	4	8
单位销售价格上涨	0	0	2	0	4	6

[1]　U. S. Department of Agriculture, Agricultural Cooperative Service, Cooperative Employee Compensation, ACS Research Report No. 114, 1993, p. 12.

续表

职务 因素	总经理	业务 经理	部门 经理	专业 代理	商品经销 代理	因素出现的 累计频次
其他****	8	6	6	4	7	31
总计	100	100	100	100	100	500

注：＊包括边际利润、净收益、收入、总利润和合作社的储蓄；

＊＊国家、州政府的转移支付、补贴、保护价格和收购计划等保护性政策带来的营业外收益；

＊＊＊由自然条件、技术等因素导致高质量农产品比重的增加；

＊＊＊＊包括新成员的加入、新订货或交货合同的签订等。

资料来源：根据 U. S. Department of Agriculture，Agricultural Cooperative Service，ACS Research Report No. 114，Cooperative Employee Compensation，1993，pp. 8 - 10 的数据整理计算。

如表 6 - 11 所示，在全部合作社中，66% 的总经理是因为财务绩效改善而得到奖金激励，12%、2%、12% 和 8% 的人分别是因为总销售额提高、高质量产品比重的提高、受雇者业绩改善和其他因素而得到奖金。相对于雇员层来说，财务绩效对经理层奖金发放的影响要大，其中对总经理的奖金发放影响最大，对商品经销代理的影响最小。前者负责执行社员大会或董事会设定的总目标、方针和政策，并将总目标根据合作社自身及市场等状况进行细化，具体安排合作社各单位部门执行，并监控执行，所以总经理对合作社整体的生产经营状况负有主要责任，承担了主要风险，而生产经营状况最终要体现在合作社的财务绩效上，而且通过财务绩效也易考核总经理的个人业绩，因此财务绩效成为评定总经理奖金发放的最主要因素。而对于专业代理来说，除去财务绩效，影响其奖金发放的最大因素是总销售额。这是由于专业代理帮助社员购买生产资料，社员能在农业生产活动中对其工作成效进行检验，专业代理的工作业绩主要体现在为社员提供符合质与量要求的生产资料，面向社员的销售额就成为考量其工作业绩的重要指标。所以，总销售额成为影响专业代理奖金发放的一个重要指标。总之，影响合作社奖金发放的前三个因素依次为财务绩效、总销售额和受雇者的业绩。下面我们以总销售额为例（4 个档次的划分，仅有 115 家合作社进入[①]），考察其变化对各岗位

---

① U. S. Department of Agriculture，Agricultural Cooperative Service，ACS Research Report No. 114，Cooperative Employee Compensation，1993，p. 28.

获得奖金人数比重的影响（见表 6 - 12）。

表 6 - 12　按合作社总销售额变化的各岗位收到奖金的比重

单位：%

180 万～280 万美元 (16 个合作社)	比重	290 万～880 万美元 (41 个合作社)	比重	890 万～9880 万美元 (33 个合作社)	比重	超过 9900 万美元 (25 个合作社)	比重
总经理	20	总经理	27	总经理	46	总经理	52
业务经理	36	业务经理	17	业务经理	42	业务经理	48
部门经理	45	部门经理	38	部门经理	57	部门经理	50
专业代理	36	专业代理	21	专业代理	44	专业代理	47
商品经销代理	56	商品经销代理	17	商品经销代理	64	商品经销代理	60

注：受访合作社的个数随总销售额的变化而变化。

资料来源：根据 U. S. Department of Agriculture, Agricultural Cooperative Service, ACS Research Report No. 114, Cooperative Employee Compensation, 1993, p. 28 的数据整理计算。

如表 6 - 12 所示，在总销售额为 180 万～280 万美元的 16 个合作社中，20% 的总经理、36% 的业务经理、45% 的部门经理、36% 的专业代理和 56% 的商品经销代理得到了奖金激励。随着合作社销售额的上升，总经理、业务经理、部门经理、专业代理和商品经销代理的获得奖金面分别由 20%、36%、45%、36% 和 56% 提高到 52%、48%、50%、47% 和 60%。合作社经理和雇员努力工作，是合作社销售额上升的一个重要原因，当然应该得到奖金激励，这必然会激发越来越多的经理和雇员努力工作，进而表现出随着合作社总销售额的上升，总经理、业务经理、部门经理、专业代理和商品经销代理的获奖面越来越大。

由于合作社内各岗位工资主要由该岗位的工作职责（责任）决定，工资随合作社的绩效和个人业绩变动的弹性小，对合作社各岗位的激励效应有限，而奖金制的出现强化了激励效应，进一步完善了工资制度激励机制。奖金与财务绩效和总销售额紧密结合起来，特别是与总销售额（也是衡量合作社财务绩效的一项重要指标）结合起来，实际上是把合作社的长远利益与其受雇者的眼前利益结合起来，这样合作社就可应用奖金激励机制引导受雇者努力工作：当合作社总销售额下降时，压低奖金甚至不发奖

金，激励受雇者改进工作方式，提高工作效率，同时还可以降低合作社的
生产经营成本；当总销售额逐步上升时，受雇者的奖金水平将得到提高，
这可以激励受雇者努力工作，使合作社的净利润不断增加，从而受雇者的
奖金水平又能再次得到提高，而这又能再次激励受雇者努力工作。

合作社是社员基于股金制度的劳动联合，是广大社员劳动者抵御中间
商盘剥、解决"小生产与大市场"矛盾、提高社员农场的生产经营效率和
改善收益的自助组织。因而，从理论上讲，合作社不允许雇佣制度的出
现。但是，随着合作社的发展，雇佣关系逐渐出现在农业合作社的经济关
系中。在深入理解这一现象之前，我们首先得给西方农业合作社的属性一
个准确的定位。

正如我们在产权制度分析一章所指出的，西方农业合作社的产权制度
是建立在劳动者个人私有制基础之上的。入股金决定社员的资格，合作社
将除公积金外的财产划归个人名下以及对股本和贷款支付利息等制度本身
就是对个人私有制的承认。因而，与一些研究者的观点不同，我们认为西
方农业合作社不是资本主义企业的对立物，其产权及分配制度（按劳分配
为主的复合分配制度）仅仅是在形式上对资本主义生产关系的否定，而不
是根本否定。实际上我们在第三章已指出，农业合作社是对农业生产领域
资本主义生产关系的一种补充，即对资本主义农业领域其他生产经营组织
形式的一种补充和调整。严格地说，资本主义企业的对立物是社会主义公
有制企业，其产权属性是全民所有或集体所有，企业不能将财产划归成
员，如果以这一标准衡量，资本主义国家的农业合作社（除以色列的基布
兹外①）都不能被称为资本主义企业的对立物，也不能被称为资本主义生
产关系的否定形式。哪类合作社属于资本主义企业的对立物？具体情况还
需具体分析，但基本的要求是：只有不断提留公积金，并让社员逐步赎回
各自股份，使得社员股份在所有者权益中少于公积金提留的集体财产，并
最终使全部所有者权益成为集体所有性质，这类合作社才具有成为资本主
义企业对立物的资格。这样看来，西方农业合作社不是资本主义企业的对

---

① 以色列的基布兹是真正意义上的集体所有制企业，但它不是市场经济的产物，即在资本
主义市场经济条件下，不会出现这种类型的合作社。基布兹是犹太复国主义的产物。

立物（以色列的基布兹除外），所以合作社不可能否定以私有制为基础的商品经济，也不可能否定雇佣劳动，恰恰相反，在资本主义条件下，以私有制为基础的合作社会表现出追逐利润的本性，即通过雇佣劳动来实现本集体社员总收入的最大化，甚至产生通过集体占有他人的剩余劳动来致富的动机（新一代合作社即是，后述）。

经过上述分析，我们认为雇佣劳动关系的出现是在生产社会化下，在私有制范围内的一种产权社会化，即合作社财产的所有权、管理权、经营权和占有权发生了分离，原来社员轮流担任的管理、经营等工作现在由具有专业化知识和技术的经理和雇员来完成，合作社获得必要和稀缺的管理知识、市场营销技术。专业化分工协作的结果是生产效率大大提高——这实际上是合作社在资本主义制度的大环境下，为适应生产社会化，不得不进行的产权社会化调整。

西方合作社中的经理和雇员大多是以年薪制被聘用，此外还有补贴和奖金。他们的工作是为了帮助社员顺利实现其劳动价值，上述收入是他们服务的报酬。外聘的经理和雇员虽然在合作社中没有表决权，但他们凭借社员赋予的管理经营权可以对合作社的生产经营活动产生重大影响，对社员农场的生产经营也会产生重大影响，[①] 因为社员直接接受经理和雇员的服务。总之，合作社与外聘经理和雇员所形成的关系更像是以雇佣关系形式存在的"委托—服务"关系（与资本主义企业资本家和其资本的管理者——经理之间的"委托—代理"关系不同），严格地说，这种关系的出现还不能被认定为改变了我们前述的合作社产权制度模式。

第三节　西方农业合作社的剩余分配制度

在会计年度末，合作社的全部收益减去当年的各种费用与成本（折旧费、原材料耗费、工资、补贴、管理费用、各种保险金等），就构成了西方农业合作社的经济剩余。由于产权制度安排的不同，西方农业合作社与

---

① 虽然有重大影响，但这种影响不是绝对的，因为经理和雇员不是资本的管理者，社员也不是只能出卖劳动力的工人，而是合作社生产资料的所有者。

资本主义企业有着截然不同的剩余分配制度。

6.3.1　西方农业合作社的股本和贷款利息分配制度

正如产权制度分析一章所述，社员的入股股金和有资格投资会形成社员对合作社的股本（金），即形成社员对合作社的产权。股本占合作社总股本的比例大体与社员对合作社的交易额占总交易额的比例相当。此外，社员对合作社的无资格投资或其他形式的借款还会形成对合作社的贷款。因此，社员首先是以合作社的所有者——股东和贷款提供者的身份进入合作生产经营活动中的，这部分收入是社员凭借其投入合作社生产资料所获得的，因而这部分收入可被视为合作社的经济剩余。

股本（金）和贷款的利息分配制度是西方农业合作社按惠顾额分配制的一个重要补充。构建合作社的目的是为社员服务，即协助社员实现其劳动价值，而不是为了股本（金）和贷款的投资收益，但这并不意味着社员对合作社的投资没有收益，因为合作社在生产经营中需要不断地获得投资以支付经营成本和满足持续不断的资金需求，如果投资没有收益将会抑制社员对合作社的投入。为达到一个折中的效果，ICA 在 1995 年制定的合作社原则框架中，认可社员对合作社投资应获得收益，但对收益应予以限制，即所谓投资报酬（股息和贷款利息）有限原则（limited return on investment）。[①] 为了遵守这一原则，各国合作社均将利息率限定在必要的范围内。例如，美国国会 1922 年通过的《凯波 - 沃尔斯蒂德法案》规定：合作社对股本支付的利率不能超过 8%；如果坚持"一人一票"的民主管理制度，上限可由地方或合作社自行规定。纽约州合作社法第 111 条规定，农业合作社坚持"一人一票"，则支付股份（普通股和优先股）和社员的入股金的年股息率不得超过 12%。美国有的地方法律不规定合作社投资的最高返还利率，而是规定返还利息的最高总额比例，例如，美国华盛顿合作社法规定，董事会每年可将不超过 8% 比例的净利润用来支付股本的股

---

① Donald A., Toney Frederick, Gene Ingalsbe, "What are Patronage Refunds?", United States Department of Agriculture, Agricultural Cooperative Service Cooperative Information Report Number 9, 1993, p. 2.

息，同时董事会可以决定这些支付再转为股份或以现金、资产证明书、记入社员和合作社的投资基金等形式进行。[1] 加拿大合作社法规定，在坚持"一人一票"的同时，"任何社员的红利"、"任何社员的贷款利息"和"社员按合作社要求提供的资金所产生的利润"，都"不得超过章程中规定的最大比例"，[2] 该合作社法没有对利率上限进行强制性限定，其只要符合社章（由全体成员民主协商制定）要求即可。这说明在西方，如果合作社坚持"一人一票"的民主控制，那么资金报酬的上限就由合作社民主决定。[3] 也有少部分国家没有"一人一票"的要求，而是将合作社股份及贷款利率的决定权完全赋予合作社，由其章程决定。例如，《德国经营及经济合作社法》第19条中明确规定，"在年度结算中确定的业务年度的盈利或亏损均应向社员分配。在第一个业务年度按社员的入股或贷款出资比例分配，以后各年按业务年度结束时完成盈利结存或亏损扣除后的剩余，按社员的股金或贷款出资比例分配，分配不得超过社章规定的最高的利率限制"。[4] 澳大利亚合作社法第156条规定，"如果合作社出售产品而获得了利润，利润与总资产被重新评估而具有比先前合作社账簿上记载的总资产价值更高的价值，合作社的章程可以授权向社员分配股份红利，但分配不得超过社章规定的最高的利率限制"。即让成员在合作社能正常经营的情况下，尽可能地获得好处，除股份红利由社章规定外，这一规定还体现了合作社按成本经营（service at cost）的原则。[5] 将股份或贷款利率的决定权完全赋予合作社，并不意味着合作社可以"随心所欲"，如股份及贷款利率超过了相关法律、法规的底线。澳大利亚合作社法第33条规定，"合作社的重要分配原则是多数利润要按成员的交易额（量）返还"，这意味着，

---

① 王洪春：《中外合作制度比较研究》，合肥工业大学出版社，2007，第250页。

② 门炜：《新一代合作社中的资本与交易》，《农村经营管理》2008年第9期，第15页。

③ 部分学者的相关研究也支持了该结论，参见徐旭初《中国农民专业合作经济组织的制度分析》，经济科学出版社，2005，第66页。

④ 刘振邦：《农业现代化之路》，中国农业出版社，2006，第204页。

⑤ 按成本经营并不意味着最低的可能价（the lowest possible cost），而是建立在合作社能健康运行的基础之上（operations on a sound basis）。引自 Donald A., Toney Frederick, Gene Ingalsbe, "What are Patronage Refunds?", United States Department of Agriculture, Agricultural Cooperative Service Cooperative Information Report Number 9, 1993, pp. 2 – 3.

如股份或贷款的利息超过了利润的50%，合作社将被视为非合作制企业。[①]

西方农业合作社在会计账务处理中，将股本红利和贷款利息均记入成本，例如，蒙德拉贡合作社就将工资、折旧、红利及利息列入成本。[②] 将贷款利息记入成本是容易理解的，信贷作为合作社的外借资金，其利息作为这种特殊商品的收益表现为资金商品的价格（尽管这种收益在本质上是企业经济剩余的一种特殊转化形式），所以借贷者将这种价格与其他生产要素的价格一起记入成本。

而在股本利息的处理上，合作社却与资本主义企业大相径庭。资本主义企业将股本利息视为投资者的资本投资所带来的收益，因而记入所有者权益，即其属于投资者所有或者说是资本所有。而合作社却将股本利息记入成本，这充分体现了合作社生产经营的最重要原则——使用原则，即投入股本建立合作社的目的是使用（得到好的服务）而不是投资获利。而将股本利息记入成本，从根本上否定了合作社是通过投资而获利的企业，也就是否定了社员对合作社投资向资本（职能资本）的转化。将股本利息记入成本而不是所有者权益，说明这类企业不是追求企业投资收益最大化。正如我们在第四章所指出的，社员对合作社的投资不是资本，而是维持合作社正常生产经营的股金（即社员投资的目的不是获取他人创造的剩余价值，成为"食利者"）。合作社承认社员个人对其缴纳的股本拥有所有权，同时限制股本利率，就是为了保持合作社为社员服务的宗旨不变。可见，这种与资本主义企业内的资本属性完全不同的合作社股本，其目的是维护合作社的宗旨不变，并保证其健康运行，那么将这种股本的租金或价格记入经营成本也就成为必然。

西方农业合作社的社员投入股本形成股权，对合作社贷款形成债权——这与资本主义企业没有什么不同，但是股本与贷款的利息与资本主义企业股本与贷款的利息有着很大的不同。第一，来源不同。合作社的股

---

① 本段所引西方各国合作社法条款或规定，除特别注明外，均引自刘振邦主编《主要资本主义国家合作社的章程与法律汇编》，中国社会科学院中国农村经济杂志社，1987，第422~511页。

② 汉克·托马斯、克里斯·劳甘：《蒙德拉贡——对现代工人合作社的经济分析》，刘红等（译），上海三联书店，1991，第142页。

东是劳动者，他们以自己的劳动所得入股或贷款给合作社，而在资本主义企业中，股东是资本家，股东对企业的入股或贷款是资本家将榨取和剥削他人所得的利润进行再投资。第二，目的不同。社员投资合作社是"作为联合体是他们自己的资本家，也就是说，他们利用生产资料使他们自己的劳动增值"①，而资本家将资本入股或贷出是为了资本增值。第三，社员对合作社贷款或投入股本的利息或利率受限制，一定程度上否定了通过投资获取收益，突出了通过劳动获取收益，而资本主义企业股本及贷款的利率均不受限制。

6.3.2　西方农业合作社的公积金分配制度

总收益（total revenues）减去经营成本、工资和奖金、折旧、其他支出、股息及贷款利息后，形成了合作社的净剩余（net margins）。② 公积金是净剩余中首先要被扣除的项目，由此积累的财产构成了合作社社员共同共有的财产。公积金的分配必须兼顾社员的长远利益与眼前利益及合作社集体的利益与社员个人的利益，这直接关系到合作社的长期生存和发展。从长远利益看，要使合作社具有持续发展和自我更新改造的能力，公共积累将是不可或缺的。合作社有了公共积累，其在发展中的实力才能不断提高，成员才能持久地获得收益。如果轻视公共积累，合作社发展将缺乏后劲，发展进程中合作社实力得不到增强，成员的长远利益将会受损；另外，如果轻视当前利益，则不能充分调动成员参与合作生产经营、管理的积极性，合作社发展同样会缺乏后劲。可见，既要重视长远利益，也要重视眼前利益，两者不可偏废。这样，两种利益（长远利益与眼前利益）与两个主体（合作社与社员）的辩证统一关系要求合作社的公共积累必须维持在一个均衡水平，既能保证调动当前社员参与合作生产经营的积极性，又能保证合作社在未来持续发展中有足够的后劲和抵御风险的能力，这就

---

① 马克思：《资本论》（第 3 卷），人民出版社，1975，第 497 页。

② David Chesnick，"Financial Profile of the 100 Largest Agricultural Cooperatives"，United States Department of Agriculture Research Report 204，2004，p. 2；Katherine C. DeVille，Jacqueline E. Penn，E. Eldon Eversull，"Farmer Cooperative Statistics，2006"，Rural Development U. S. Department of Agriculture，Service Report 67，2007，p. 21.

要求合作社在分配中要权衡利弊、统筹兼顾。西方各国政府均试图为合作社寻找一个合适的均衡点，具体有两种做法。一是对合作社公积金的筹集方式、筹集数额等做出明确而细致的规定，由合作社照章执行。例如，美国华盛顿州合作社法（RCW23.86.160）规定，董事会应从净剩余中提取合理的用于公共目的的公积金。纽约州合作社法第 14 条第 6 款规定，合作社为了实现目标和促进业务应设立公积金，并可将其投资为章程允许的公债或其他类似财产。该法第 113 条规定，除了用于折旧、损耗、退化和呆账的公积金外，农业合作社应当创立并维持最低限度的用于综合目的的公积金，这种公积金应当按期提留直到或至少达到依据下列可供选择的方法计算出的最低总数：以每年不少于总收益的 1% 的 2/5 的比例或其他需要的比例累积到至少前 5 年平均年度总收益的 2%；或者以不少于每年净剩余 10% 的比例或其他需要的比例累积到至少已付的股本或社员资格股本的总数；或者以每年不少于净剩余 10% 的比例或其他需要的比例来创立并维持到至少净资产值的 60%。按照本条创立、积累和维持的、用于综合目的的公积金应当被视为每个农业合作社必需的法定公积金。[①] 欧盟合作社法第 65 条第 2 款规定，如果合作社有剩余（盈余），章程要求在对剩余进行任何其他分配之前提取法定公积金，直到该公积金达到 30000 欧元为止，且盈余减去亏损后用于投入法定公积金的比例不得低于 15%。[②] 1993 年 4 月重新颁布的西班牙巴斯克地区合作社法规定：合作社"要设置强制性公积金，用于合作社的巩固、发展和保障。……每年可自由支配的净剩余中至少有 20% 用于强制性储备基金；社员退社时，对合作社义务捐献的扣除将作为合作社公积金。除该法允许的开支之外，公积金是不可分配的"。[③]

二是由合作社自行决定公积金的数额及筹措方法、方式，自行决定社员长远利益与眼前利益的平衡。例如，德国于 2006 年重新修订了工商业与

① 王洪春：《中外合作制度比较研究》，合肥工业大学出版社，2007，第 252～253 页。
② 王洪春：《中外合作制度比较研究》，合肥工业大学出版社，2007，第 253 页。
③ 刘驯刚：《西班牙巴斯克地区合作社法评价（五）》，《中国集体工业》1995 年第 3 期，第 37 页。

经济合作社法，① 该法第 7 条第 2 款规定："合作社社章应强制性规定用于弥补资产负债表中损失的法定公积金的形成以及形成的方式，特别是从年度净剩余中提取公积金的份额，公积金的提取须达到社章规定的最低额。"该法第 20 条规定："合作社可以自行决定净剩余不分配，用来增加法定公积金和其他盈余公积金。"②

关于合作社的公共积累是否可以被分配或分割，理论界一直未有定论。国际合作社联盟在 1997 年 9 月提交给国际合作社联盟代表大会批准的文件中强调，在合作社的资产中，至少应有一部分是不可分割的公共积累："社员对合作社的资产做出公平的贡献并加以民主的控制，资产至少有一部分通常是作为合作社的共同财产，社员对为其具备社员资格所认缴的股本通常最多只能得到有限的回报。社员按照下列部分或全部的目的来分配剩余：发展其合作社，如设立公积金，其中至少有一部分是不可分割的；按社员与合作社之间交易额比例返还给社员；支持社员（大会）同意的其他活动。"③ 从实践来看，当前多数西方国家都遵循了国际合作社联盟的建议，出台了相应的法律、法规，不允许合作社将公共积累分配到社员个人。公共积累在合作社解散时一般要被赠予当地政府、慈善机构用于公益或合作事业。

6.3.3 西方农业合作社社员的收益分配

西方农业合作社净剩余中扣除公积金后的部分就构成了合作社的净剩余的非公积金，我们称其为社员盈余或社员收益。那么社员盈余如何分配？西方农业合作社不仅以社员提供股金为前提，而且以社员提供劳动为前提（相对于生产合作社来说，西方农业合作社社员的劳动在时间、空间上是分散和分离的，但两者的社员都要为合作社提供劳动，前者的社员是提供劳动产品，而后者的社员是直接提供劳动。在股金制度基础上劳动的

---

① 为与欧洲合作社法接轨和实现合作社法的现代化，德国于 2006 年 8 月 14 日对该法进行了最新修改。

② 《德国工商业与经济合作社法》，王东光（译），载《商事法论集》，法律出版社，2007，第 320～327 页。

③ 转引自张晓山《合作社的基本原则与中国农村的实践》，《农村合作社经营管理》1999 年第 6 期，第 5 页。

有机结合，构成了西方农业合作社一切经济关系的基础，而劳动产品供给是合作社生存的基础）。西方农业合作社特殊的产权制度决定了其劳动剩余成果归社员（劳动者）所有。由于劳动剩余成果归劳动者所有，所以合作社就能按每个人的劳动贡献大小实行按劳分配。西方农业合作社实现按劳分配的具体形式是按惠顾（交易）额返还收益（patronage refunds），[①]即按社员与合作社的交易额（由农产品的数量与质量等因素决定）大小来决定对社员的收益返还，这是因为交易额的基础是交易的产品，而产品凝结了社员的劳动，所以用交易额可以反映出社员劳动的质与量的区别。

　　一般情况下，在每一笔交易结束后，合作社不可能立刻将净收益返还给社员。合作社通常按市场价格向社员出售生产资料和提供农业生产的产前、产中、产后等各项服务，并以优惠的价格收购社员的产品，在市场交易中为社员们争取一个较高的销售价，或者进行产品加工，使成员获得加工增值的收益，在产品销售、加工活动中可以用产品销售收入弥补部分期间费用。在一个会计年度结束时，合作社从出售生产资料收入与销售成员产品收入这两项收入之和中扣除各种服务费用、经营或加工成本以及其他支出（如有资格投资、无资格投资、公积金和税收等）后，计算出经营净收益。根据某年某名社员同合作社的交易额或总交易量（社员劳动产品的数量或价值）占总交易额或总交易量比例的多少，将净收益以现金、债券或股权形式返还给该名社员，这种分配就是按惠顾额返还。[②] 可见，西方农业合作社社员的分配制度是一种建立在股金制度基础之上的按惠顾额（按劳）分配的制度安排。合作社按惠顾额返还盈余实际上是将农业生产资料及农产品（收购）经销商所获得的净剩余（销售净剩余加购买净剩余），减去公积金等费用或支出后再返还给社员，即农户按各自的惠顾额比例获得了生产资料供应商及农产品经销商的中间利润。合作社如提供加

---

①　Donald A. , Toney Frederick, Gene Ingalsbe, "What are Patronage Refunds?", United States Department of Agriculture, Agricultural Cooperative Service Cooperative Information Report Number 9, 1993, pp. 3 – 4.

②　Donald A. , Toney Frederick, Gene Ingalsbe, "What are Patronage Refunds?", United States Department of Agriculture, Agricultural Cooperative Service Cooperative Information Report Number 9, 1993, pp. 3 – 4.

工服务，那么成员还可按各自的惠顾额比例获得产品加工的增值收益。

　　按惠顾额返还又可细分为两种形式。这两种形式分别是由社员对合作社提供的两种劳动供给引起：一是社员向合作社提供资金，委托合作社为其购买各种农业生产资料，甚至是生活资料，如在日本农协，购买的内容非常丰富，除生活资料外，农户还可委托农协购买婚丧嫁娶等方面的所需物品。合作社直接与厂家批量交易，可获得价格及托运等方面的优惠；购买活动中，合作社一般是按市场价向社员收取生产（生活）资料费用，会计年度末，扣除经营成本及其他费用，将剩余按社员个人购买资金占社员购买总资金的比重向社员返还。也有的合作社按厂商批发价再加上经营成本后向社员收取生产（生活）资料费用，这实际上是一种隐性惠顾返还，我们将其称为供给型返还。在美国以该类形式返还的合作社被称为农场供给合作社（Farm Supply Cooperatives）。还有一类合作社与供给合作社类似，但它不是为社员提供生产资料或生活资料，而是提供各种服务，如轧棉花、运输、存储、烘干、家畜的育种等，其惠顾返还类似于供给合作社。这一类合作社被称为服务合作社（Service Cooperatives），[①] 该类合作社的返还本质上也属于供给型返还。

　　二是社员向合作社提供劳动产品，委托合作社为其销售。由于合作社拥有一定量的社员（即控制了一定量的农业生产资源），其作为一个团队，在某一地区控制了一部分农产品的供给，在供给方市场占有了一定的份额，相对于单个农户，其与经销商的谈判能力（bargain competence）大大提高，从而可获得团队行动的优势。对市场的部分垄断、议价能力的提高必然抬高农产品的销售价。会计年度末，扣除经营成本及其他费用，多余的资金又可形成一次对社员的惠顾返还，我们将其称为销售型返还。在美国将从事该类形式返还的合作社称为营销合作社（Marketing Cooperatives）。

　　上述返还是西方农业合作社最基本的两类惠顾返还形式。还有的合作社，特别是合作社联社，大多既从事供给型返还也从事销售型返还，既为社员家庭农场提供产前、产中、产后的生产或生活资料及各种服务，也为

---

　　① Katherine C. DeVille, Jacqueline E. Penn, E. Eldon Eversull, "Farmer Cooperative Statistics, 2006", Rural Development U. S. Department of Agriculture, Service Report 67, 2007, pp. 1 – 2.

社员提供产品销售甚至加工服务。从事这类返还活动的合作社被称为综合型合作社（Combination Cooperatives），我们将这类合作社的返还称为综合型返还。在此基础上还衍生出了契约式返还（contract refunds）：返还通过契约制度实现，以最低的成本价向成员提供生产或生活资料，并以相对稳定的价格或保护价收购组织成员的农产品，利用组织销售网络在成员与合作组织之间建立稳定的购销关系，统一对外销售，在会计年度末进行结算返还[①]（向社员出售生产、生活资料以及收购农产品均没有资金交割，仅记录在册，农产品的销售款减去生产或生活资料费、经营成本等费用后，如有盈余，在会计年度末按交易额一次返还）。

合作社对社员剩余劳动成果按社员对合作社的惠顾额进行返还，这是合作社质的规定性——"三位一体"原则的重要保证之一，也是合作社区别于其他经济组织的重要特征之一。国际合作社联盟在对 1995 年宣言中的"社员经济参与原则"[②] 进行了修订后，进一步强调合作社的剩余除用于不可分割的公积金外，余下的应按"社员与合作社的交易量分红"。[③] 可见其对这一原则的重视。西方各国对合作社这一重要原则均有明确规定。欧盟合作社法序言第 10 款规定："合作社必须遵守的重要原则之一就是剩余应当根据与合作社的交易进行分配。"该法第 66 条规定："章程可以规定按照社员与合作社的交易或对合作社进行的服务支付给社员盈余（Dividend）。"澳大利亚合作社法第 282 条第 1 款第 1 项规定："合作社章程可以授权合作社将其任意年份的营业剩余的一部分或合作社公共积累的一部分按社员与合作社的交易额比例分配给社员。"日本农协法第 52 条规定："（1）农协在弥补亏损，按照第 51 条第 1 款的规定提取公积金和按照第 51 条第 4 款的规定结转剩余后才能支付剩余红利。（2）剩余红利应当依据章程规定，按每个社员与合作社的交易额分配，或按已付股本，以每年不高于年率 8% 的比例，并不得超过'内阁法令'（Cabinet Order）确立的限

① Katherine C. DeVille, Jacqueline E. Penn, E. Eldon Eversull, "Farmer Cooperative Statistics, 2006", Rural Development U. S. Department of Agriculture, Service Report 67, 2007, pp. 1 – 2.
② USDA Rural Development, "The Nature of the Cooperative", Research Report 224, 2012, pp. 10 – 15.
③ 管爱国、符纯华：《现代世界合作社经济》，中国农业出版社，2008，第 12 页。

制，来进行分配。"①

美国农业部于 1999~2002 年连续四年对美国营业收入居前 100 位的农业合作社进行调查，并将其经营情况进行了汇总（见表 6-13）。从中我们可以清楚地看出美国农业合作社是如何计算和分配收益的（包括惠顾返还），印证了我们前述从经理与雇员收入分配至社员收入分配的分析逻辑。

表 6-13　美国 1999~2002 年总营业收入居前 100 位农业合作社的
经营汇总

单位：千美元

年份	1999	2000	2001	2002
收入				
营销农产品收入	49664378	51893235	52936808	48125559
供给生产资料收入	15573040	18818592	15606879	15056957
总销售收入	65237418	70711827	68543687	63182516
其他营业收入	574118	796729	610089	789070
总营业收入	65811536	71508556	69153776	63971586
销售货物的成本	59345306	65132847	63455460	58334487
总剩余	6466230	6375709	5698316	5637099
费用				
营业费用	5721550	5476282	4787397	4983894
营业毛利	744680	899427	910919	653205
其他收入（费用）				
利息支出	-654451	-754924	-715664	-585242
利息收入	68008	94276	127957	85501
其他收入	374942	260288	220446	407386
其他费用	58055	-114055	-103084	-179463
惠顾收入	51481	34855	92173	60398
来自经营的净剩余	526605	419867	532748	441785
非经营收入（+）或支出（-）	470	37184	-25955	-298192

①　王洪春：《中外合作制度比较研究》，合肥工业大学出版社，2007，第 248~249 页。

续表

年份	1999	2000	2001	2002
净剩余	527075	457051	506793	143593
净剩余分配				
未分配剩余	44877	− 24643	− 46073	− 150425
所得税	103496	− 15300	− 14082	45255
现金惠顾返还	169108	220146	234266	194192
惠顾返还保留	145316	210548	276656	39591
无资格惠顾返还保留	19054	19021	16996	4249
股息	45224	47279	39029	10730

　　资料来源：根据 David Chesnick，"Financial Profile of the 100 Largest Agricultural Cooperatives"，2002，2001，2000，United States Department of Agriculture Research Report 204，RBS Research Report 199，RBS Research Report 193，p. 2 提供的数据整理计算。

　　如表 6 – 13 所示，美国农业合作社将收益分配内容分为四个部分：收入、费用、其他收入（费用）和净剩余分配。营销农产品收入＋供给生产资料收入[①] ＝总销售收入，总销售收入与其他营业收入之和是总营业收入，总营业收入－销售货物的成本＝总剩余，总剩余－营业费用＝营业毛利，再加上其他收入并减去其他费用就得到来自经营的净剩余，再加上非经营收入并减去非经营支出，就得到净剩余，净剩余减去税收（所得税负号表示退税，美国为扶持农业合作社的发展，有政策性退税）和未分配剩余（含公积金）[②] 就得到了社员基金。社员基金有四个分配方向：一是现金惠顾返还（惠顾返还以现金的形式支付）；二是惠顾返还保留，该留存往往形成社员对合作社的有资格投资，即按照社员的交易额比例增加社员在合作社的股本；三是无资格惠顾返还保留，即不将其作为总股本分配给社员，这一留存往往形成社员对合作社的贷款；四是为社员的

[①]　即供给成员生产资料所获得的收入。美国多数合作社在帮助成员购买生产资料前要求成员按市场价先支付购买费用。

[②]　一般情况下未分配剩余不能被分到社员个人账户中，主要被用于社员股本赎回计划或公积金。参见 James J. Wadsworth，David S. Chesnick，"Consolidation of Balance Sheet Components During Cooperative Mergers"，U. S. Department of Agriculture Rural Business and Cooperative Development Service，RBCDS Research Report 139，1995，第 5 ~ 29 页。

股本金支付利息。[①] 1999 年至 2002 年上述 100 家合作社的汇总会计报表显示，总计普通股股权占总净资产（所有者权益）的比重分别为 7.24%、7.22%、6.83%、7.15%，股息占总分配额的比重分别为 8.5%、10.3%、7.7%、7.4%，而现金惠顾返还的比重分别为 32.1%、48.2%、46.2%、135%。农业合作社特殊的产权制度决定了其收益是建立在股本和劳动供给的基础之上的，但劳动是创造价值的唯一源泉，因而占了大多数分配份额，这说明美国农业合作社的分配制度是以按劳分配为主体的。

从分配的结构来看，当某一年经营状况较好，合作社将提取较多的未分配剩余，如 1999 年，净剩余为 52707.5 万美元，好于往年，因而合作社提取较多的未分配剩余。当经营状况欠佳时，如 2000、2001 年，合作社就将往年的未分配剩余积累用于弥补现金惠顾返还，使其保持一定的水平，甚至有所增加。对于现金惠顾返还，从其占净剩余的比重来看，摇摆不定，1999 年至 2002 年分别为 32.1%、48.2%、46.2%、135%（2002 年情况特殊，后面说明）。在美国营业额居前 100 位的农业合作社中，往年现金惠顾返还占净剩余的比例变化数据也证实了这一规律，如表 6 - 14 所示。

表 6 - 14 美国农业合作社现金惠顾返还占净剩余的比例变化

单位：%

合作社类型	年份	全部合作社	营业额居前 100 位的合作社
销售合作社	1962	—	68.5
	1970	71.2	78.9
	1976	68.8	76.8
供给合作社	1962	—	35.1
	1970	51.9	57.5
	1976	39.8	44.8

① 美国农业合作社没有将股息列入成本，这是合作制的一个例外。相对于西欧的合作社，美国合作社更注重实效。美国农业合作社将股息列入所有者权益，说明其将社员股息视为社员以股金投资合作社所带来的收益，这样做一是可以吸引更多的投资（坚持"一人一票"可不受 8% 的利息限制）；二是可以得到税收上的优惠（如果将股息列入成本将不会得到所得税上的优惠）。

续表

合作社类型	年份	全部合作社	营业额居前 100 位的合作社
综合（销售/供给）合作社	1962	—	34.2
	1970	41.4	49.1
	1976	33.9	38.6

资料来源：根据 Charles R. Knoeber and David L. Baumer，"Understanding Retained Patronage Refunds in Agricultural Cooperatives"，*American Journal of Agricultural Economics*，1983，p. 34 提供的数据整理计算。

　　在正常情况下，现金惠顾返还占净剩余的比例最低为 30% 左右，最高为 80% 左右。由于合作社是由两个利益体组成——合作社和社员的农场，这样现金返还的多少将由两个因素决定：合作社以及社员农场的发展状况。从净剩余的分割来看，惠顾返还保留和无资格惠顾返还保留的多少将由合作社的发展运行状况决定，而现金惠顾返还和股息返还的多少将由社员的农场发展状况决定。在剩余一定的情况下，一方投入增加则另一方的投入就会减少，但反过来，一方发展较好又会促进另一方获得较好的发展。两者间的辩证统一关系就涉及一个投资组合问题，即两方各投资多少能使得社员的收益最大化。决定如何组合投资的关键因素是两类投资的期望收益率（expected rates of return），而投资的期望收益率又受社员对未来预期的左右。[1] 在汇总合计报表 6-13 中，2002 年现金惠顾返还的超常变化就是一个例子。2002 年，美国颁布了《农业安全与农村投资法案》（*Agricultural Security and Rural Investment Act of* 2002），该法案为期 6 年，使得当今美国的农业政策发生了很大的变化。该农业法背离了 1996 年农业法所包含的许多以市场为导向的理念。新农业法规定将恢复或扩大一些补贴计划，为农户农场提供史无前例的高水平支持。[2] 提供支持的方式有 3 种，一是针对小麦、玉米、大豆和大米等产品，提供自 20 世纪 80 年代中期以来最高水平的价格支持贷款（loan）；二是提供政府担保的年度直接补贴

---

[1]　Charles R. Knoeber and David L. Baumer，"Understanding Retained Patronage Refunds in Agricultural Cooperatives"，*American Journal of Agricultural Economics*，1983，p. 34.

[2]　萧彩凤：《2002 年美国农业改革法案之主要措施及其背景与影响（农委会）》，www.coa.gov.tw/view.php?showtype=pda&catid=4204，2008 年 1 月 19 日。

（direct payments）；三是重新实施目标价格计划，即恢复 1996 年取消的反循环补贴（counter-cyclical payments）。此外，大幅度增加休耕保育经费，以及继续加强推进农产品外销、食物补贴、农村发展、农业科技研究等计划。①

上述方式在以前都曾被试行过，但 2002 年新农业法首次明确提出混合采用这 3 种支持方式，可以说对美国农业生产特别是美国农场农业生产的支持是史无前例的。② 由于农场的投资收益率变得非常高，"挤出效应"使得大量的资金从农业合作社中被抽走，以至于 2002 年美国总营业收入居前 100 位合作社的净剩余仅有 14359.3 万美元，而现金惠顾返还却高达 19419.2 万美元，所得税高达 4525.5 万美元，未分配剩余为负说明以前年度的积累被大量抽走用于社员的现金惠顾返还，转而被投资于社员的农场，这样合作社可以充分获得国家的政策实惠。

对净剩余在合作社与社员农场之间分配的著名研究来自所谓的"沃德效应"。该理论是沃德（Benjamin Ward）于 1958 年提出的，他认为，私人企业以利润最大化为目标，而合作社是以社员收入最大化为目标，因而社员的收入会过度侵占利润，从而造成合作社投资不足，发展与扩展的动力缺失。由于农产品价格弹性低，同时存在投资收益边际递减规律的作用，社员为了实现其收入最大化，更趋向于多占合作社的利润，对合作社少投入、少生产产品，对外部市场的变化反应迟钝，合作社甚至会出现产品价格上升而产量下降的"有违市场常理的供给反应"（perverse supply reaction），这就是所谓的"沃德效应"，其本质就是社员为了追求自己农场收益的最大化而不顾合作社集体的利益。该学说至今被国内学术界广泛引用。但从上述美国 1999~2002 年营业额居前 100 位合作社的净剩余来看，提取用于合作社发展的惠顾返还保留和无资格惠顾返还保留占净剩余的比重分别为 31.2%、50.23%、57.94%、30.53%，保留再投资于合作社发展的资金比重甚至超过了现金惠顾返还的比重，并未出现所谓的"社员收入会过度侵占利润"的现象。通过对美国农业部大量资料的查询，笔者也

---

① 《美国的农业和食品业》，《粮食经济研究》2004 年第 1 期，第 58~59 页。
② 《美国的农业和食品业》，《粮食经济研究》2004 年第 1 期，第 58~59 页。

并未发现"社员收入会过度侵占利润",[①] 恰恰相反，绝大多数社员对农场发展与合作社发展之间的利害攸关非常清楚（这与长期的合作教育密切相关）。惠顾返还保留和无资格惠顾返还保留分别减去有资格投资（按惠顾额分配，形成社员对合作社的股权）和无资格投资（按惠顾额分配，形成社员对合作社的债权）后就形成合作社的未分配权益资本，其还可作为合作社发展的预留资金。表 6 - 15 是美国营业额居前 100 位农业合作社权益资本的来源构成统计结果。

表 6 - 15　美国营业额居前 100 位农业合作社权益资本的来源构成统计

单位：%

成员的权益	2002	2001	2000	1999	1998
优先股	9. 65	9. 01	17. 68	16. 87	14
普通股	7. 15	6. 83	7. 22	7. 24	7
权益证券	69. 90	67. 63	58. 91	57. 20	61
未分配权益资本	13. 29	16. 53	16. 19	18. 69	18
权益资本	100	100	100	100	100

资料来源：根据 David Chesnick，"Financial Profile of the 100 Largest Agricultural Cooperatives"，2002，2001，2000，United States Department of Agriculture Research Report 204，RBS Research Report 199，RBS Research Report 193，p. 7，pp. 6 - 7，pp. 7 - 8 提供的数据整理计算。

表 6 - 15 说明，美国农业合作社的未分配权益资本（含公积金）维持在 13% ~ 19%，即使在 2002 年特殊的历史条件下，未分配权益资本仍然维持在 13. 29%。而且在 2002 年的政策变革中，农业合作社的反应表现得快速而灵活，并未出现"对外部的变化缺乏灵活的反应"的现象。Panu Kalmi 在研究中也表明，美国合作社没有出现产品价格上升而产量下降的局面。[②] 美国农业合作社的现实分配制度没有证实"沃德效应"的存在。

---

① 学者 Charles R. Knoeber 和 David L. Baumer 在对美国农业合作社的研究中也并未发现"社员收入会过度侵占利润"，参见 Charles R. Knoeber and David L. Baumer，"Understanding Retained Patronage Refunds in Agricultural Cooperatives"，*American Journal of Agricultural Economics*，1983，pp. 35 - 36。

② Panu Kalmi，"The Study of Cooperatives in Modern Economics：A Methodological Essay"，Presented at the Congress MCNM，2003.

本章的分析和经验资料表明，美国主要农业合作社社员非常清楚合作社集体与个人农场之间相辅相成、利害攸关的关系（集体理性并未被个人理性击败），在处理收益或利润分配与投资支出的关系时，是具有集体理性的。

6.3.4　简要结论

6.3.4.1　西方农业合作社的分配制度是一种复合分配制度

在考察了西方农业合作社的分配制度后，我们将其与资本主义企业分配制度进行了比较，通过比较分析发现，这两种分配制度在分配主体、分配方式等方面都存在着巨大差别，不仅如此，西方农业合作社的分配制度与生产型合作社的分配制度也不尽相同。这些差异归根到底是由不同性质的生产经营组织的产权制度决定的，因此，不同的产权制度是确定某一分配制度性质并借以划清不同分配制度边界的最主要依据。

现实中，西方农业合作社利益分配的依据是多重的：既有按股本或贷款额分配（如股金利息或贷款利息制度）、按劳动力价格分配（如受雇者的收入或工资分配制度），又有按惠顾额分配（收益返还分配制度，即按劳分配），同时，还允许凭借借贷资本所有权（合作社向外融资形成）参与剩余分配。下面我们以西方农业合作社的全部新增价值①作为分配对象，对比分析各有关生产经营组织的制度安排，如表6-16所示。

西方农业合作社的复合产权制度决定了其分配制度是多重的，在这种多重分配制度中，各种制度安排的轻重又是各不相同的。显然，按社员与合作社的实际交易额（由社员劳动完成的、实际交易的产品的质和量决定）分配在其中处于主导地位，例如，在美国农业合作社权益资本的来源构成统计表中，普通股和权益证券均是按惠顾额比例被分配至社员名下，1998～2002年，两者之和占所有者权益净资产的比重高达68%、64.44%、66.13%、74.46%和77.05%。可见，分配对象的大部分是按社员的实际交易额比例分配的。因此，可以把西方农业合作社分配制度的基本模型概括为：

---

①　新增价值＝受雇者的收入＋股本利息＋对内和对外贷款利息＋公积金＋社员收入。

以按社员劳动完成的、实际交易的产品的质和量（表现为实际交易额）分配为主的复合分配制度。

这种分配制度否定剩余收益分配中的按资分配，从而实现劳动者（社员）收益的最大化目标：从本质上看，社员的收益不再是劳动力的价格（价值）而是社员全部贡献（劳动和股本）的报酬；从量上看，社员的收益不再仅仅表现为新价值减去利润后的余额而是全部新价值。

表6-16显示了各经济组织的分配制度。

表6-16 各经济组织分配制度比较

组织分类	分配对象及根据				
	企业产权	工资	红利、利息	未分配权益	社员收入（待分配净利润）
生产合作社	劳动者拥有	按劳分配	按股本、贷款额，利率受限制	按法定或企业需要与可能	按劳分配或按劳动和股本分配
农业合作社（服务型）	劳动者拥有	按劳动力市场价格	按股本、贷款额，利率受限制	按法定或企业需要与可能	按惠顾额（按劳分配）或按劳动和股本分配
资本主义企业	资本拥有	按劳动力市场价格	按股本、贷款额，利率没有限制	按法定或最大可能留存，进行资本再循环	按资分配

6.3.4.2 西方农业合作社的分配制度是一种效率优先、兼顾公平的分配制度

西方农业合作社分配制度所追求的目标是什么？或者说它是一种什么样的分配制度？要搞清楚这一问题，首先要知道西方农业合作社追求的目标，因为分配制度所追求的目标是该目标在分配领域的具体表现。那么西方农业合作社追求的目标是什么？正如我们在产权制度分析一章所指出的，西方合作社的产权制度仍然以生产资料私有制为核心，并且以社员个人持有股金并依此形成的股金制度为其存在的基础。由合作社股金制度所决定，社员将首先追求个人收益最大化，即首先要追求效率（如外聘雇

员、经理进行专业化分工协作以提高生产经营效率等）；其次，作为劳动者，他也有理由要求劳动收入最大化。在西方农业合作社的实践中，劳动收入最大化是主要的目的，这是因为投资收益最大化既包括股本与贷款利息最大化，也包括服务收益最大化，而且主要是服务收益最大化。西方农业合作社中股本与贷款的利率是受限的，社员投入股本与贷款主要是为了维持合作社的运行（所以股本与贷款利息被记入成本），以便为社员自己提供更好的服务，而不是为了投资获利。[①] 因此说到底，投资收益最大化的主要目的也是实现社员的劳动价值。我们认为，西方农业合作社首先是追求劳动收入最大化，其次才是追求投资收益[②]最大化，这才能解释为什么在实践中，西方农业合作社是基于成本运行的。

综上，我们将农业合作社或者说社员追求的目标定义为：保持合作社在以最低成本健康运行的状态下，以按交易额分配（按劳动分配）为主，受限股金利息以及其他分配方式为辅，实现社员劳动收入最大化的目标。保持合作社以最低的成本健康地运行表明合作社必须追求经营效率，进行专业化分工协作才能提高效率，因而合作社外聘具有专业知识或受过专业化训练的经理和雇员。同时，合作社要实现以按劳分配为基础的社员劳动收入最大化，这说明合作社又是一种自我服务的企业。只有进行专业化分工协作，追求社会化服务，合作社经营才会具有较高的效率，才能基于成本经营，因而合作社外聘经理和雇员，提供相对于资本主义企业具有竞争力的工资、补贴和奖金，不断提高合作社的生产经营效率。既然社员要实现一种自我服务，每一个社员就既是合作社的拥有者，也是劳动者，这种产权制度与劳动者身份的结合，自然形成合作的民主管理制度，按劳动者产品的质与量来公平地分配剩余，就成为这种民主管理制度权力实现过程的结果。因此在合作社中，两类主体的分配制度体现了两种不同的追求目标：受雇者（经理和雇员）的工资、奖金等分配制度体现了合作社追求效

---

① 从美国营业额居前100位农业合作社的汇总会计报表中，我们不难发现：股本和贷款利息在分配中所占的份额非常小。

② 这时包含股本和贷款利息收益最大化。虽然股本和贷款利率受限，但剩余增加也可提高股本和贷款利息。这不是主要的，合作社的主要目的还是实现服务收益最大化，即在一定的成本约束条件下，为社员提供最好、最专业化和最全面的服务。

率的特征（实现基于成本经营）；合作社的所有者（社员、劳动产品提供者）对剩余的按劳分配体现了合作社追求公平的特征（实现按劳分配）。①但先要实现效率目标，有了盈余才可能实现按劳分配。总之，西方农业合作社的分配制度既是一种复合分配制度，也是一种追求效率优先、兼顾公平的分配制度。

第四节　西方农业合作社的分配关系社会化

分配关系是生产关系的重要组成部分，是产权关系在经济上的最终实现形式。产权关系决定分配关系，分配关系的变化反映了产权制度的变革。当代西方农业合作社产权关系社会化发展导致合作社分配关系的社会化。合作社通过对分配关系进行多方面调整，为其生产力的发展不断创造条件。

在合作社生产关系演变过程中，社员完整的产权发生了一系列的分裂与分化，生产资料占有形式逐渐由纯粹的私人（农场主）占有形式向社会占有形式转变，产权关系的私人性质得到了部分扬弃。在委托－代理关系下，越来越多的非社员拥有了合作社生产资料的管理权、经营权、使用权，越来越多的非社员利益相关者或群体有权参与合作社的收益分配，分配范围由封闭的合作社内部逐渐开放，转向合作社外，分配对象由单一的社员转向合作社的利益相关者或群体。特别是利益相关者合作管理模式的出现（例如，在供应链中，合作社与合作社或合作社与有限责任公司之间生产管理的社会性协作和联系空前加强，各种形式的合资或建立完全所有权的附属股份公司以及合作社生产外包、生产性服务外包开始出现等②），进一步使得合作社财产的私人性质被扬弃，社会性质凸显，合作社的收益将被更多的利益相关者、组织或群体分享。由此，产权社会化的发展开始

① 我们这里将公平分配定义为：质与量相同的劳动获得相同的报酬。劳动创造价值，人们应根据劳动贡献的多少来获取报酬，而劳动贡献的大小取决于劳动者投入劳动质和量的多少。

② USDA Rural Development, Business and Cooperative Services, "Joint Ventures and Subsidiaries of Agricultural Coopertives", RBS Research Report 226, 2012, p. 6.

从微观层面扩展至宏观层面，而产权社会化在宏观层面的一个重要表现为分配关系的社会化。

　　所谓合作社分配关系社会化，是指在农业生产社会化驱动下，农业合作社产权社会化导致合作社社员（股东）的收入分配权分裂与分化，非社员利益相关者或经济实体逐渐获得分裂与分化出的各项权力，并依据这些权力获得相应的收益。分配关系社会化导致西方农业合作社的分配关系出现了一些新的趋势，主要表现为：在按交易额（量）返利依然占统治地位的同时，出现了收入分配形式多样化，非社员利益相关者或群体在利益分配中的作用加强；政府通过制定相关的法律、法规，越来越多地介入合作社收入的初次分配和再分配过程；经理与雇员工资由合作社单方决定逐渐转变为双方集体谈判决定；经理与雇员的福利制度日趋完善；等等。① 随着分配关系的社会化发展，非社员利益相关者或群体参与到合作社的利益分配中来，他们利用其专业化知识、技能不断提高合作社的生产经营效率，对当代农业合作社发展产生了巨大的推动作用，这也正是当代西方农业合作经济得以较快增长、合作社竞争力快速提高的重要原因之一。

　　市场经济条件下最基本的收入形式是凭借资本或劳动获取收入，而具体的收入形式则会随着生产力、生产方式的变化而不断改变。在当代资本主义社会，农业技术进步、生产方式的变革使得合作社社员及合作社利益相关者或群体的收入获取方式表现为多元化的特征，而这种多元化的收入获取方式实际上也是合作社分配关系社会化的一种表现形式，如前所述，社员收入除来自按交易额（量）返还和受限股利外，还来自对合作社投入的优先股和债券的收益等，而经理与雇员除了有工资收入外，还有奖金收入、津贴收入、福利收入等。

---

①　USDA Rural Development, Business and Cooperative Services, "Cooperative Employee Compensation", Research Report 228, 2013, pp. 1–7.

第七章　当代西方农业合作经济组织的发展与创新：新一代合作社

农业合作社具有悠久的历史，像其他经济组织一样，在农业生产社会化程度不断提高（表现为农业生产经营市场化、全球化、一体化等不断深化发展）的大背景下，合作社也必须不断地进行组织制度创新，特别是不断地进行产权制度变革以适应生产社会化的发展，拓展生存空间，强化生命力和活力。自 20 世纪 70 年代以来，一种被称为新一代合作社（New Generation Cooperative）的新型合作社在美国出现，并取得了令人瞩目的成绩，随后这一合作形式在加拿大以及欧洲得到了推广。1999 年美国新一代合作社的资产已超过 20 亿美元，[①] 其创造的价值相当于 1000 亿美元。[②]

第一节　新一代合作社的产生及其特征

7.1.1　新一代合作社的出现

新一代合作社最早于 20 世纪 70 年代出现在美国的北达科他州和明尼

---

① Fulton, M., "Traditional Versus New Generation Cooperatives", in Merrett, C. and Walzer, N. eds., *A Cooperative Approach to Local Economic Development*, Westport, Conn: quorum Books, U. S., 2000, p. 2.

② Cook, M. L., C. Iliopoulos, "Inexplicit Property Rights in Collectivity Action: A Case of Agricultural Cooperatives in U. S. A", *American Journal of Agricultural Economics*, 1998 (11), pp. 1153 – 1159.

苏达州，① 80 年代后在美国北部各州和加拿大蓬勃发展起来，随后被逐步推广到欧洲。人们将这种实行封闭成员制（closed membership）、进行纵向一体化拓展、开展农产品加工增值的合作社统称为新一代合作社。②

7.1.2　新一代合作社的特征

新一代合作社具有以下特征。① "投资 – 利润"（investment-profit）取向。③ 合作社成员通过入股集资建厂、购买或控股等方式而拥有农产品加工厂。这时合作社的生产经营转变为加工价值取向，由直接为社员服务，逐步转向直接为市场服务。新一代合作社通常只加工经营一两种农产品，按事先与成员合同约定的产品种类、质量与数量，从成员手中收购后进行加工和销售，让成员充分享受到农产品加工增值的收益。④ 相较于传统合作社，新一代合作社农业生产经营的重心由农业一线生产转向了农产品加工领域，并越来越关注市场。②成员用投资（或称入股金）购买交易额（交易权），产品交易额（product delivery）与投资（净）额（equity contributions）相匹配，⑤

---

① 美国水晶糖业（American Crystal Sugar）是北美第一个新一代合作社，成立于 1973 年，其社员主要是美国明尼苏达州（State of Minnesota）红河谷和北达科他州（State of North Dakota）的甜菜种植农场主。（Fulton, M., "Traditional Versus New Generation Cooperatives", in Merrett, C. and Walzer, N. eds., *A Cooperative Approach to Local Economic Development*, Westport, Conn: quorum Books, U.S., 2000, p. 11.）

② Brian T. Oleson, "New Generation Cooperatives: Their Relevance for Manitoba", Project Applicant, Department of Agricultural Economics, University of Manitoba, Winnipeg, MB R3T 2N, http://www. umanitoba. ca. 1999 – 10 – 02; Brian T. Oleson, "New Generation Cooperatives on Northern Plains", http://www. umanitoba. ca, 2000 – 06 – 02.

③ Michelle Bielik, "Declining Farm Value Share of the Food Dollar", *New Generation Cooperatives on the Northern Plains*, University of Manitoba, 1999, p. 9.

④ 据美国 USDA 在 1998 年提供的调查数据，美国农场收入在国民食品支出中所占的份额自 20 世纪 60 年代末就一直在不断下滑。1980、1987 和 1998 年分别为 37%、30% 和 21%。在 1998 年，消费者每支出的一美元中就有 21% 被支付给了农场，51% 被支付给了农产品的加工过程（包括生产、包装和运输）。农场收入不断下降和加工部门收入不断上升大大激发了传统农业合作社进行纵向一体化扩展，构建或购买农产品加工厂，以期获得高额回报。转引自 Michelle Bielik, "Declining Farm Value Share of the Food Dollar", *New Generation Cooperatives on the Northern Plains*, University of Manitoba, 1999, p. 63。

⑤ Thomas C. Dorr, "Hearing on New Generation Cooperatives", Congress of the United States House of Representatives Committee on Agriculture, 2003, p. 5.

即高投资就有高交易额权。农户要成为合作社成员必须购买交易额，该交易额在合作社组建时，根据当时市场需求确定的、需加工的初级农产品数量和相应所需的资金（或费用）总量分解得到，这样单位交易额代表的资金量也就是加工成员单位产品的费用，这一费用也可被称为单位产品加工权或交易权的价格。① 社员入社时购买交易权（也是缴纳入社股金）与合作社签订交易合同，原来维持社员对合作社的惠顾需要合作文化与合作教育（"软"约束），但现在变成了法律约束（"硬"约束），即到合同约定的时间，社员必须按合同约定向合作社交付既定数量和质量的初级农产品；社员按时交售农产品，并且农产品的数量和质量等符合合同要求，则合作社必须按约定接收。双方任何一方不按合同履行约定，所造成的损失由违约方承担。社员与合作社事先约定交易额，可以约束双方在交易中的机会主义行为（主要是社员的机会主义行为——笔者注），这样可以防止合作社收不到规定质量要求的、足够的初级农产品，生产能力和供给能力过剩从而导致生产规模不经济等问题的出现，但事先约定的合同对成员的入社资格有一定的要求，这使得合作社的开放性程度下降。②③成员入社时购买交易权，这种交易权对双方来说既是一种权利，也是一种义务，并且受法律约束。当初级农产品的合作社收购价与市场价不一致时，双方均必须履行合同，因为任何一方违约都将会受到法律的制裁。当合作社的收购价低于市场价时，社员仍然要履行合同，如不想交售产品，社员就得向其他成员低价卖出自己的股份，卖不出，社员也必须想办法履约，如不履约，则由合作社来完成，社员就要承担相应的法律赔偿责任。社员通过购买交易额（交易权），以法律契约的形式将其与合作社的利益紧密地联系在一起，极大地约束了任何一方的机会主义行为，形成了风险损失与收益共担对等的格局。④交易权权益可以转让（transferable at market value）。社员股份（或交易合同）在得到合作社理事会同意后可以交易，这样就存在

① Duncan Hilchey, "New Generation Cooperatives—Adding Value and Profits", *Small Farm Quarterly*, 2004, p. 25.

② Duncan Hilchey, "New Generation Cooperatives—Adding Value and Profits", *Small Farm Quarterly*, 2004, p. 25.

着一个股份二级市场，它们的市场价值根据当时合作社的绩效以及与合作社绩效有关的前景预期而变动。这与传统合作社股金不能转让或者只能将其转让给本社社员明显不同。① ⑤由于新一代合作社施行延长生产链的战略，需要对生产和销售进行大投入以提高生产经营的附加值，因而在合作社的组建初期，社员须支付较高的首期投资，一般为5000～15000美元（约占总投资的40%～50%，不足部分将向外融资）。此外，合作社还可以通过优先股向非成员募集资金，例如，美国北达科他州明文规定，新一代合作社优先股的股息为8%。⑥盈余按交易额分配与按股分配等价。成员购买股份的多少确定了其与合作社交易额的多少，这样按股分配盈余与按交易额分配盈余等价。⑦社员的终极所有权与合作社的企业法人所有权分离，表现为社员离开合作社时只能转让股票，而不能带走投入的资产，之前的合作社均不具有此特征，这是合作社产权制度上的一个重大突破。作为独立法人的合作社，在一个生产周期内实现了完整的法人产权，社员在生产周期内离开合作社时不能带走投资，维护了合作社法人资产的稳定性。此外，由于合作社延长了生产链，对合作社及其加工企业进行日常生产经营的管理变得日益复杂，需要专业化人员参与来完成，因而合作社的财产产权分离、分化出经营管理权，社员不再直接参与合作社的日常生产经营管理，合作社及其加工企业的日常生产经营管理由理事会聘请的职业经理来完成。⑧建立科学的生产经营及营销方式，具有较强的发展后劲。新一代合作社的组建与发展均有一个详尽的、经专家充分论证的可行性报告与合理的商业计划，因而成功的可能性较大。⑨新一代合作社是以延长生产链、创造农产品附加价值为主要目的，加入新一代合作社意味着农户拓展了其收入空间。②

---

① Thomas C. Dorr, "Hearing on New Generation Cooperatives", Congress of the United States House of Representatives Committee on Agriculture, 2003, p. 5；杰克·尼尔森：《农民的新一代合作社》，杜吟棠（译），《中国农村经济》2000年第2期，第78页；王震江：《美国新一代合作社透视》，《中国农村经济》2003年第11期，第74页。

② Michelle Bielik, "Declining Farm Value Share of the Food Dollar", *New Generation Cooperatives on the Northern Plains*, University of Manitoba, 1999, pp. 28 – 32；Thomas C. Dorr, "Hearing on New Generation Cooperatives", Congress of the United States House of Representatives Committee on Agriculture, 2003, pp. 5 – 9.

新一代合作社与传统合作社的主要区别有以下几点。[①] ①传统合作社往往是以销售初级农产品为主，主要是为社员服务，经营重心在产品流通领域，是"反市场"经营的；而新一代合作社生产经营的重心已转移到初级农产品的深加工阶段，多数建立了"从田间到餐桌"的加工服务模式，甚至已经形成了销售网络［如美国优质牛肉合作社（USPB）不但有自己的加工厂，而且有自己的品牌和销售连锁店[②]］，并根据市场供求关系来调整生产，可见新一代合作社更关注市场，更关注成员收益的改善。②新一代合作社是先投资购买交易额（或交易合同，也是股权），然后按交易合同向合作社交售产品，最后再按交易额分享收益。这一点与传统合作社明显不同，传统合作社的入股金投资只是一种资格投资（获得社员资格）和形成合作社运行的前期投入，不涉及社员能接受多少服务和分享多少收益，这一切只有在社员与合作社交易完成以后才能确定，社员接受合作社的服务所产生的费用是在交易后，通过基本资金计划和循环资金融资完成，即传统合作社是在交易完成之后来调整，使社员的权、责、利关系一致。如果说这是一种"滞后"式调整的话，那么新一代合作社就是一种"提前"式调整，即一旦社员投资合作社，其与合作社的权、责、利关系在其惠顾或交易行为发生前就完全明确了，也就是惠顾前合作社就决定了社员能接受多少服务，按合同规定在什么时间、什么地点，应交售多少数量、何种质量的产品给合作社，也决定了最终社员在合作社利润中能分享的份额，与"滞后"式调整相比，"提前"式调整显然大大降低了合作社与其成员双方的机会主义行为。③新一代合作社大多承认成员表决权的差

---

① 除特别注明外，本段资料均来自 Brian T. Oleson，"New Generation Cooperatives：Their Relevance for Manitoba"，Project Applicant，Department of Agricultural Economics，University of Manitoba，Winnipeg，MB R3T 2N2，http：//www. umanitoba. ca. 2003；USDA，"Agricultural Cooperatives in the 21st Century"，Deputy Administrator for Cooperative Services Rural Business-Cooperative Service USDA Rural Development，2002，pp. 6 - 28；"New Generation Cooperatives on Northern Plains"，http：//www. umanitoba. ca. ；Thomas W. Gray and Charles A. Kraenzle，"Problems and Issues Facing Farmer Cooperatives"，U. S. Department of Rural Development and Rural Business-Cooperative Service，Research Report 192，2002，p. 3.

② A. Baker，Orlen Grunewald，William D. ，*Introduction to Food and Agribusiness Management*，Pearson Education Asia Limited and Tsinghua University Press，2005，p. 36.

异，但有最高限制（如单个成员投票权不超过总投票权的20%）的"比例原则"，也有少部分新一代合作社实行按股投票，即所谓的"按交易额"投票。① 新一代合作社中也有不承认成员表决权差异的，该类合作社在成员大会表决权分配方面严格执行"一人一票"制。② ④合作社大多以现金的形式将收益及时返还成员，留下的较少。合作社若要扩大生产经营规模或开发新产品，可再向成员发行股份融资或向外借贷，以补充新的资金。③ ⑤成员资格具有封闭性。成员资格具有封闭性有两层含义。一是指进出社的机制改变了。一旦合作社股份被全部卖出，新成员想进入合作社就必须从老成员手中购买股票，成员想退出合作社也必须有人来购买其手中的股票。当然，上述交易必须得到合作社董事会的批准。二是并非所有想加入者均能成为新一代合作社的成员。这主要是考虑到新一代合作社要延长生产链，需要成员投入相当多的资金，合作社及成员面临的问题复杂、挑战多且风险大，为避免成员或合作社的利益受损，新一代合作社需要对申请加入者进行考查、甄别，符合条件的才能入社。④ 社员财产所有权与使用权（社员作为劳动者使用财产）不可分，所以要对欲加入者的财产与生产能力进行甄别，此外还要对申请加入者的个人信用、其对合作社的认知等进行考查，西方传统农业合作社也会进行甄别，但要求远远赶不上新一代合作社。成员资格具有封闭性，确保了新一代合作社稳定的产品供给，也保证了合作社具有稳定的股本金，一定程度上降低了生产经营风险。⑥合作社总资产具有稳定性。传统合作社的企业法人所有权与社员终极所有权没有分离，表现为社员退社时可带走个人投资，合作社法人财产不稳定，而新一代合作社的上述两权已分离，使得合作社股份可交易，合作社的法人财产在一定程度上具有了永久性。正因为如此，新一代合作社更容易获

① United States Department of Agriculture, "The Impact of New Generation Cooperatives on Their Communities", Rural Business-Cooperative Service RBS, Research Report 177, 2001, p. 1.

② United States Department of Agriculture, "The Impact of New Generation Cooperatives on Their Communities", Rural Business-Cooperative Service RBS, Research Report 177, 2001, p. 1.

③ Thomas C. Dorr, "Hearing on New Generation Cooperatives", Congress of the United States House of Representatives Committee on Agriculture, 2003, p. 8.

④ Harris, A., B. Stefanson and M. Fulton, "New Generation Cooperatives and Cooperative Theory", *Journal of Cooperatives* 11, 1996, pp. 25 – 28.

得银行的优惠贷款。由于股份可交易且法人财产稳定，合作社中未分配的
基金或财产价值在交易中可以被股份的市场价格资本化（即合作社拥有了
一个市场价值的评估机制——笔者注），"从而未分配盈余部分占全社资产
净值的比重大小已经不再重要"（因为未分配盈余的价值可在合作社股票
价格中被反映出来，所以在合作社的价值估计中"未分配盈余部分占全社
资产净值的比重大小已经不再重要"——笔者注）。① ⑦存在一个合作社股
票买卖的二级市场。经董事会批准社员间可转让股份，也可向合作社外的
生产者转让股份，股票的价格根据合作社的业绩（performance）、获得收
益的潜力（earning potential）、资产、生产加工能力等上下浮动，社员将有
机会获得股票价值的增值收益。② 例如，美国 Northeast Missouri Grain Pro-
cessors（NMGP）是一家加工谷物的新一代合作社，1995 年成立时，发行
了 1632 股，每股 2500 美元。随后，因加工产品的行情看涨，合作社业绩
较好，第二次其又增发 428 股，每股价格涨到 3000 美元。③ ⑧相对于传统
合作社，社员间的入股金高低离差加大。例如，美国俄克拉荷马州（Okla-
homa）的新一代合作社——VAP（一个小麦生产者合作社）在作为传统合
作社时，最低入股金是 120 美元，最高入股金是 1000 美元，离差是 880 美
元，最高入股金是最低入股金的 8.3 倍；而转变为新一代合作社后最低入
股金是 1 万美元，最高入股金是 10 万美元，离差高达 9 万美元，最高入股

① Brian T. Oleson，"New Generation Cooperatives：Their Relevance for Manitoba"，Project Appli-
cant，Department of Agricultural Economics，University of Manitoba，Winnipeg，MB R3T 2N，
http：//www. umanitoba. ca. 1999 - 10 - 02；"New Generation Cooperatives on Northern Plains"，
http：//www. umanitoba. ca. 2000 - 06 - 02；Thomas W. Gray and Charles A. Kraenzle， "Prob-
lems and Issues Facing Farmer Cooperatives"，U. S. Department of Rural Development and Rural
Business-Cooperative Service，Research Report 192，2002.

② 美国 North Dakota State University 的 Alisher Akramovich Umarov 在其硕士学位论文中就专门
考察了决定或影响新一代合作社股票价格的因素，其将文中提到的指标具体化，通过实
地调查收集资料和计量分析，他认为新一代合作社的边际利润（profit margins）和单位资
本销售额（sales capital ratio）对合作社的股票价格影响最大，并有正比例关系。对股票
价格影响最大的负向因素是单位资产负债率（debt equity ratio）。参见 Alisher Akramovich
Umarov，"Equity Valuation for New Generation Cooperatives"，North Dakota State University of
Agriculture and Applied Science，2008，pp. 3 - 4，pp. 165 - 170。

③ Patrick Duffey，"Study Finds That New-generation and Traditional Co-ops Have Major Beneficial
Impacts on Rural Communities"，USDA/RBS Research Report 177，2000，p. 3.

金是最低入股金的 10 倍。[①]

7.1.3　新一代合作社产生的原因

7.1.3.1　新一代合作社产生的外因

新一代合作社从表面上看，产生于美国农场主的自救，但它顺应了当代农业生产力发展的大趋势，这是新一代合作社得以产生、存续并不断巩固壮大的外部原因。新一代合作社产生的背景是，近二三十年来，农业发展逐步进入了后现代化时代，生物基因工程与现代工业技术深入农业生产的各个领域。农业生产力水平不断提高，驱动着农业生产逐步采用工业的产业组织模式和生产方式。Fulton 和 Gibbings（2000）归纳了现代农业生产方式所具有的新特征：①根据农产品原料生产、加工和销售等不同环节而形成一体化经营，农产品被要求按照指定的产品质量和指定的时间交送给商家，农产品交易越来越少地通过传统的中介市场，而是在一体化生产经营中来完成；②生产单位的规模越来越大，资本密集的程度越来越高，生产经营由偏重在流通领域的经营到偏重农产品的加工生产，从偏重关注农户生产的资源禀赋到偏重关注市场的需求，业务量及复杂程度的增加，这些内在地要求生产单位的规模越来越大，资本密集的程度越来越高，这样农业生产资料集中的程度无论是从规模、种类还是数量上来看都是空前的；③在生产及市场交易的各个环节中，相关当事人或主体的决策相互影响，各自独立决策的可能性降低；④更多地关注食品安全，要求食品企业进行全程一体化生产经营管理，降低食品安全风险；⑤政府在农业发展中的作用，无论是直接的价格支持和生产补贴，还是对农业科技创新和基础设施的投资，总的趋势是在减小，以发挥市场机制的作用。这意味着合作社的生存压力越来越大，合作社必须想办法拓展利润空间。[②] 上述变化对

---

① Hubertus Puaha, "Coalition Development in the Agricultural Marketing System", Oklahoma State University, 2002, p. 60.

② Fulton, Gibbings, "Response and Adoption: Canadian Agricultural Cooperatives in the 21st Century", Centre for the Study of Cooperatives, University of Saskatchewan, Canada, 2000, pp. 12 – 15.

农业生产的组织方式产生了很大影响，要求农业生产不断延长生产链，进行生产的纵向一体化拓展，并加强对纵向一体化的控制、协调与管理，这样不但可以有效地提高最终产品的质量与安全性，还可以降低生产者的经营管理成本及生产成本，对合作社来说，还可降低农场主社员的经营风险，使其获得农产品加工增值的收益。[1]

7.1.3.2 新一代合作社产生的内因

新制度经济学派沿用交易费用范畴，说明新一代合作社产生的内因：由于市场与合作社执行的是相同职能，因而市场与合作社可以相互替代，但是市场与合作社来协调分工的成本是不一样的，如果新一代合作社"内化"部分市场交易能降低整个产品生产与交易过程的交易费用，降低农户专用性资产及"频繁交易"的风险，那么新一代合作社就会产生。[2] 新一代合作社对市场的"内化"并不会无限扩张，即合作社的纵向一体化拓展是有边界的，这是因为新一代合作社的科层管理、组织运行及扩张是有成本的。如果合作社"内化"部分市场交易（例如，原来合作社与企业签订合同进行农产品加工、与商店签订合同进行农产品销售等改由合作社来完成加工与销售）所花费的成本小于市场机制组织这些交易的成本，则这些交易就应被"内化"到合作社，即由合作社来组织完成，这样新一代合作社就产生了，[3] 直到新一代合作社"内化"一项市场交易所花费的成本大于市场机制组织这项交易的成本，新一代合作社的纵向一体化扩张才停止，而这项交易还由市场组织来完成。

新制度经济学认为，降低交易费用是新一代合作社产生的根本原因，依其逻辑，两个外部市场相同或相似，专用性资产、生产经营所产生的交

---

① Brenda Stefanson, Murray Fulton, "New Generation Cooperatives Responding to Changes in Agriculture", Centre for the Study of Cooperatives, University of Saskatchewan, 1997, p. 4.

② Fulton, M., "Traditional Versus New Generation Cooperatives" in Merrett, C. and Walzer, N. eds., *A Cooperative Approach to Local Economic Development*, Westport, Conn: quorum Books, U. S. A., 2000.

③ Chaddad, F. R., Cook, M. L., "Understanding New Cooperative Models: An Ownership-Control Rights Typology", *Forthcoming in the Review of Agricultural Economics*, 2003.

易费用也相同或相近的传统合作社，就应该扩张为新一代合作社，但事实并非如此，许多在同一个地区，拥有相同的专用性资产，生产经营所产生的交易费用相同或相近的传统合作社并没有完全扩张为新一代合作社。现实是，在生产经营同一种农产品的同一个市场内既有传统合作社，也有新一代合作社，其规模也有大有小，参差不齐。这就说明交易费用不是决定新一代合作社产生的根本原因。从前文新一代合作社产生的历史事实中我们不难发现，其产生首先是因为农业生产技术进步（即加工技术能进入传统合作社以改变其传统的生产经营方式），传统合作社纵向一体化才能进行。新一代合作社产生的本质是农产品加工技术进入合作社，这种进入从外部看是消费者对食品种类多样性和品质提出更高要求造成的，从内部看是社员不断追求合作社生产经营效率的提升，以满足收益不断提高的要求所导致的，其中内部因素更重要，因为新一代合作社首先是一个生产性组织，延长生产链以获得加工增值收益是其主要目标，分工协作下生产经营效率的提高所产生的生产费用节约远比合作社纵向一体化所产生的交易费用节约更重要。为了获得加工增值收益和节约生产费用，相应的技术进步、分工协作首先要能实现，从这个意义上说，生产中的技术进步、分工协作对合作社纵向一体化扩张起着决定性的作用。

马克思从历史和逻辑相统一的角度，对企业的规模扩张进行了科学的论述。马克思把企业的规模变化视为企业为不断提高劳动生产率、追求利润而做出的适应性调整，其本质上是企业生产关系为适应生产力发展所做的调整。

依据马克思的分析范式，我们认为劳动生产率的提高是新一代合作社产生的根本原因。合作社是效率的产物，其在生产经营中又不断追求效率。在激烈的市场竞争中，合作社之间以及合作社与非合作社企业之间的优胜劣汰主要取决于合作社各自生产经营效率的高低，而生产经营效率又在很大程度上由合作社的生产经营规模来决定（马克思将这一规律称为企业的效率与企业的规模之间存在着函数关系），因为合作社主要是通过采用先进的农业生产技术和有效地组织分工协作来提高其生产经营效率，而引进先进的生产技术，进行科学、合理的组织分工协作又是以单个股本的增大和合作社规模的扩张为基本条件的。同时，合作社规模的扩张、实力的提升还有利于合作社融资、股票上市流通、产品市场营销及品牌建设等，给合作社带来进一步增加收益的机遇，因此，新一代合作社是农业劳动生产率不断提高的产物。

农业劳动生产率的提高是农业生产力发展的内在规定性，其结果就是农业生产活动的进一步社会化。新一代合作社入股金门槛的大幅度提高以及外来投资者的入股使得农业生产资料在更广的范围内和更高的程度上得到集中，随着生产资料的积聚，"规模不断扩大的农业生产劳动过程的分工协作形式日益发展，……劳动资料日益转化为只能共同使用的劳动资料"，① 越来越多的人加入了农业——食品生产经营活动。"生产资料从个人的生产资料变为社会的，即只能由一批人共同使用的生产资料，……生产本身也从一系列的个人行动变成了一系列的社会行动，而产品也从个人的产品变成了社会的产品。"②

第二节　新一代合作社的制度分析

7.2.1　新一代合作社的产权制度分析

当今北美的新一代合作社是合作社演进的最新形式，与传统合作社相比，其产权制度发生了一系列变革。①"股金－交易额锁定"制度的确立。新一代合作社成员用入股金购买交易额（交易权），交易额与入股金相匹配，即高入股金获得高交易额。由于盈余按交易额分配，所以，入股金不但确定了交易额，同时也确定了盈余中的分配比例。第四章博弈模型的第二个结论为入股金的集中度偏向最低限额，就是因为入股金仅仅实现社员身份和完成第一笔合作社生产资料投资，它与合作社对社员的服务没有直接联系，也就是说，按入股金最低限额缴纳股金的成员，可能是交易额最大的社员，即享受合作社服务最多的人，这就给机会主义行为以可乘

---

① 马克思：《资本论》（第1卷），人民出版社，2004，第874页。
② 《马克思恩格斯选集》（第3卷），人民出版社，1995，第619页。

之机。而新一代合作社完全杜绝了这一问题，因为成员的交易额（服务量）和收益比例已被其缴纳的入股金事先确定了，想多享受服务就必须到股份二级市场向其他成员购买交易权。传统合作社是在合作社运营中来处理机会主义行为的，即强制性有资格投资与无资格投资将社员的收益按其交易比例留存在合作社中，并通过循环资金融资和基本资金计划进行动态调整，使得每一位成员在合作社中的所有者权益与其交易额相一致，即交易额高者，其股本金就高。而新一代合作社没有强制性有资格投资与无资格投资计划，也没有循环资金融资和基本资金计划，因为在成员加入合作社时，其入股金的高低就已经事先确定了交易额的多少。因此，在新一代合作社的产权结构中，没有产权制度基本模式Ⅱ中的所有者权益。在新一代合作社的利益分配上，按惠顾量（额）分红和按股分红是一回事（即统一了），不存在要确定按惠顾量（额）分红（即盈余返还）与按股分红比例的问题。②新一代合作社实施纵向一体化发展战略，其在生产和产品销售过程中需要大量资金，因此加入者必须承购大量入股股金，通常每个社员承购的股金为 5000～15000 美元，有上限要求是因为新一代合作社同样不允许少数人控股局面的形成。[①] ③新一代合作社奉行"投资－利润"的农产品加工价值取向，即延长生产链，使农产品在加工中不断增值，并让成员分享增值的收益。这样新一代合作社不再是一个单纯地处于流通领域的企业，它拥有了自己的加工厂，成员将大部分资金都投向了加工企业。例如，加拿大著名的 Leroy 合作社（经营养殖以及土豆和玉米淀粉生产等），作为传统合作社时，其入股金仅为 1000～2000 加元，转为新一代合作社时，其最低入股金就达 2 万加元，其多出部分大多被用来投资建农产品加工厂。作为新一代合作社，该合作社第一次发行 100 股，由于其前景被看好，股票在 2 天之内就被 87 名社员抢购一空。[②] 安大略省的快乐食品合作社（Gay Lea Foods Cooperative limited）根据市场情况转变为新一代合作社，投资 4500 万加元建立北美最先进的奶粉加工自动化生产线，

---

① Jerker Nilsson, "New Generation Farmer Cooperatives", *ICA Review*, 1997, pp. 32－38.

② 韩俊：《可持续发展的加拿大农民合作社》，上海远东出版社，2007，第 176 页。

日处理鲜奶量可达 100 万升，全职生产工人有 2 名。[①] 美国 South Dakota Soybean Processors（SDSP）新一代合作社是一个大豆加工合作社（将大豆加工为大豆油和大豆面粉），于 1996 年成立，两年后社员发展到 2029 人，总资产为 4840 万美元，其中加工厂的资产有 2920 万美元，每天的加工能力为 7 万蒲式耳（Bushels）。1998 年，在其 850 万美元的净收益中，68% 被用于现金惠顾返还。加工厂共有 70 名全职生产工人、9 名专职管理人员，1998 年的全部工资支付为 200 万美元。美国 Northeast Missouri Grain Processors（NMGP）是一家加工谷物的新一代合作社，1995 年成立，每年的加工能力为 600 万蒲式耳，311 个农场主入股 560 万美元，共筹集 2350 万美元建立了该合作社，其加工厂有 30 个全职工人，2 名专职管理人员。[②] Southern Minnesota Beet Sugar Cooperative 新一代合作社于 1971 年建立，拥有 465 名社员，11 名专职管理人员，250 名全日制工人，农忙时工人会增加到 350 人，每年的工资及奖金支付达 1000 万美元。[③] 可见，这时农场主的身份已发生了变化，其既是农业生产劳动者，同时也成为资本家，成为新一代合作社内雇工加工厂的股东，占有加工厂工人的剩余劳动，并且，农场主们是按照每个人与合作社的交易额比例占有工人创造的全部剩余劳动。[④] 由于新一代合作社没有强制性有资格投资与无资格投资计划，也没有循环资金融资和基本资金计划，因此，当合作社要扩大生产规模时，其就得发行新股票以集资，首先是卖给自己的社员，其次再卖给其他农场主或社区居民。[⑤] 按照西方公司法及相关合作社的法律、法规，新一代合作社必须提取盈余公积金，这将形成农场主的共同共有财产。[⑥] 合作社法人产权与社员终极所有权完全分离，企业股本（财产）具有了稳定性。新一代合作社出入社机制发生了改变，成员不能随意抽走股金，股权需通过股票市场转让，这样合作社的全部股本（合作社财产）具有了稳定性。新一

① 苑鹏：《加拿大新农业时代催生新一代农民合作社》，《中国合作经济》2007 年第 7 期，第 59 页。

② Patrick Duffey，"Study Finds That New-generation and Traditional Co-ops Have Major Beneficial Impacts on Rural Communities"，USDA/RBS Research Report 177，p. 4.

③ Brenda Stefanson，Murray Fulton，"New Generation Cooperatives Responding to Changes in Agriculture"，Agriculture Institute of Management in Saskatchewan，Inc，1997，pp. 10 - 11.

代合作社社员的终极所有权与合作社法人产权相分离，合作社法人财产的所有权与经营管理权（专职管理人员获得）分离，就这两点看，它与股份公司很相似。⑦由于延长了农产品的加工生产链，新一代合作社在社会化大生产中与一些经济组织、企事业单位形成了强利益关系，如一体化等，它们可能会拥有新一代合作社的股份，如荷兰的杜梅可（Dumeco）合作社，总资产中合作社占有89%的股份，另外11%为私人企业（生产经营的合作伙伴）所有。丹麦的草籽（Grass Seed）合作社，其96%的股份由合作社自身所有，4%由科研单位所有。①⑧社员购买交易额（合同）的股金投资可在理论上被划分为两部分，一部分可被视为传统合作社的入股金（获得社员资格和提供合作社的初始运行费用），另一部分可被视为股份公司或资本主义企业的股份或资本投资，②即社员的入股金一部分被用来协助社员实现其劳动价值（确定劳动产品交易量和盈余返还的比例），而另一部分转变为资本用于摄取加工厂工人创造的剩余价值。至此，资本主义雇佣劳动关系在农业合作社中出现了。新一代合作社既是一个农业劳动者的企业，又是一个农业资本家的企业，社员的身份具有了双重性。成员购买交易额等于向合作社投资入股，按交易额分配剩余也就是按成员的股份分配（对工人剩余劳动的占有也是按成员的股份分配），剩余中既包含社员自己的剩余劳动，也包含工人的剩余劳动，社员劳动权益与资本权益在这里实现了结合。③这样，我们有了新一代合作社的产权模式：

建立在家庭农场私有制基础之上，通过"股金－交易额锁定"制度与公积金制度联合起来的农户对投资（包括个人劳动与资本投资）的个人所有（包括个人劳动成果与对工人剩余劳动的占有）和集体所有④＋外来投资者所有。

---

① 邹天敬：《国际合作社的发展趋势与我国的政策选择》，硕士学位论文，北京师范大学，2004，第16页。

② Randall E. Torgerson，"A Critical Look at New-generation Cooperatives"，*Rural Cooperatives*，USDA Rural Business-Cooperative Service，2001，p. 17.

③ 由于新一代合作社追求投资回报以及剥削制度的出现，ICA至今不认可它。其在坚持传统合作社思想的部分欧洲国家也得不到认可。Randall E. Torgerson，"A Critical Look at New-generation Cooperatives"，*Rural Cooperatives*，USDA Rural Business-Cooperative Service，2001，pp. 2 - 3.

④ 包括加工企业的资产、合作社的固定资产以及少量公积金等。

上述产权模式在理论上可以分解为两部分：①建立在家庭农场私有制基础之上，通过"股金－交易额锁定"制度联合起来的农户对劳动的个人所有（按份共有）和集体所有；②建立在家庭农场私有制基础之上，通过"股金－交易额锁定"制度联合起来的农户对由资本投资所获的工人剩余劳动的按份（交易额比例）占有＋外来投资者所有。

前者是传统合作社的产权模式，后者具有了资本主义企业的产权制度特征。可见，新一代合作社是一类特殊的企业，这种特殊性就表现在其产权制度上，即它是一种建立在私有制基础上的具有部分传统合作社产权性质，又具有部分股份制企业产权性质的一种"多重复合产权"制度，这种"多重复合产权"已经带有资本主义企业的特征，如表7－1所示。

表7－1　新一代合作社的制度特征

产权制度		管理制度	分配制度
从主体考察	从客体考察	合作管理制度＋等级管理制度	对自己劳动成果的按劳（交易额）分配制度＋对雇佣劳动创造的剩余价值按交易额分配制度
劳动联合制度＋雇佣劳动制度	股金制度＋公积金制度＋资本制度		

新一代合作社的产权模式显示，它与传统的合作社已经有了很大不同，它拥有传统合作社与现代股份制企业的双重特征。由于产权制度上的差异，新一代合作社在生产经营活动中表现出了与传统合作社不同的经济行为，如发行股票、投资开办加工厂、雇佣工人、按股本数额（也是投资额或交易额）分配剩余，这使其分配既可以被理解为传统合作社的按产品交易额分配，也可以被理解为按社员的股份投资额分配，即新一代合作社既可以按社员的股本投资额比例分配剩余，也可以按社员的产品交易额比例分配剩余，因这两个比例是一样的，所以其有了股份公司的特点。① 国内理论界将新一代合作社称为传统合作社的公司化，② 但我们认为准确地

---

① Randall E. Torgerson, "A Critical Look at New-generation Cooperatives", *Rural Cooperatives*, USDA Rural Business-Cooperative Service, 2001, p. 18.

② 郭富青：《西方国家合作社公司化趋向与我国农民专业合作社法的回应》，《农业经济问题》2007年第6期，第5～6页。

说是资本化，公司化是一种表象性描述。传统合作社中社员投资是一种自我服务行为，是为了占有和实现自己的剩余劳动价值，其产权制度的基础——股金制度是一种私有产权制度，但没有雇佣劳动制度，不具有资本主义企业产权制度的特点。而新一代合作社的股金制度部分带有资本主义企业的性质，雇佣劳动制度在合作社中出现了，即有一部分股金变为了资本，这样其股金制度就部分地具有了资本主义企业产权制度的特点。一旦合作社雇佣外部工人，合作社的部分生产资料就变为了资本，合作社则获得了一种通过占有他人剩余劳动来实现利润最大化的途径。所以，新一代合作社实际上是传统合作社的资本化。但为了不造成称谓上的混乱，我们还是沿用当前理论界的称呼。

尽管已经资本化，但新一代合作社仍保持了传统合作社的四个特征：第一，它仍然是服务对象——农业生产者（劳动者）投资并拥有的企业，在这里，社员既是合作社的所有者、劳动者与被服务对象（惠顾者），同时也是合作社的投资者；第二，合作社惠顾者持有股份；第三，新一代合作社不允许少数人拥有多数股份，进而避免了完全控制合作社的情况出现；第四，盈余按交易额分配，当然也是按持股额分配。

传统合作社是劳动者，即合作社的使用者（惠顾者）拥有的企业，而资本主义企业是资本拥有的企业；传统合作社不允许雇佣劳动关系出现，而资本主义企业是资本雇佣劳动并无偿占有劳动创造的剩余价值。可见传统合作社是私有制企业，但不是资本主义性质的企业。[①] 而新一代合作社与上述两类企业均不同，它既有传统合作社的特征，又有资本主义企业的特征。那么，新一代合作社是否还属于合作社？国内学术界对此百家争鸣（请参见文献综述国内部分），他们大多集中在新一代合作社是否加入和退出自由、是否民主管理、是否按交易额分配等表象性标准上，大多没有考虑新一代合作社进行了纵向一体化拓展以及加工厂的建立和雇佣劳动制度的出现使其产权制度发生了变化。部分学者仅根据新一代合作社的表象性

---

① 有学者认为："合作社是资本主义经济体系的组成部分，所以，它也是资本主义性质的企业。"参见米鸿才《合作社发展简史》，中共中央党校出版社，1988，第13页。我们认为这一结论待商榷，原因如文中所述。

特征推定新一代合作社还属于合作社或者不属于合作社是不够深刻的。

有的研究者认为，新一代合作社是完全异化了的合作社，[①]甚至还有的研究者提出要对新一代合作社的异化进行矫正。我们认为，与其说它是异化的合作社，不如准确地说它是变革的合作社，以生产力标准来看，它是合作社生产关系的一种进步。马克思在《资本论》第 1 卷提出了所有制的"否定之否定"规律："个人的、以自己劳动为基础的私有制"否定了"原始社会公有制"；"资本主义私有制"否定了"个人的、以自己劳动为基础的私有制"，资本主义发展中生产力与生产关系的矛盾又造成资本主义制度的自我否定。这一系列的否定是生产力发展的内在要求，以生产力标准来衡量，每一次否定都是一种进步。在论及公有制对资本主义私有制的否定时，马克思使用了"重建个人所有制"一词，许多学者将传统合作社的所有制理解为是在"资本主义私有制"基础之上的"重建个人所有制"。"重建个人所有制"不是指重建劳动者生产资料的个人所有制，而是重建劳动者共同共有的生产资料公有制，即社会主义公有制，以后者来衡量，传统农业合作社的所有制远不够格，同时产权制度分析一章也揭示了：传统合作社的产权制度本质上属于"个人的、以自己劳动为基础的私有制"，而新一代合作社的产权制度介于"个人的、以自己劳动为基础的私有制"与"资本主义私有制"之间，是传统合作社产权社会化的深化，是资本主义制度下合作社生产关系对资本主义生产力发展的一种适应性变革，是一种进步。

以合作社"三位一体"质的规定性原则来衡量，新一代合作社依然可被划入合作社范畴。如前所述，第一，合作社的所有者依然是农业劳动者，即合作社生产资料依然归农业一线生产者（农场主）所有，合作社投资者、合作社所有者、合作社的惠顾者三者身份同一；第二，绝大多数新一代合作社实行"一人一票"制或受限的"一人多票"制；第三，新一代合作社遵循"按惠顾额分配盈余、资金报酬有限"（如美国新一代合作社规定股金利率不得超过 8%）的分配原则，并且不允许少数成员通过拥有

[①]　应瑞瑶：《合作社的异化与异化的合作社——兼论中国农业合作社的定位》，《江海学刊》2006 年第 6 期，第 70~78 页。

多数股而控制合作社。从上述这些特征来看，新一代合作社依然属于合作社。但另一方面，它又具有了一些传统合作社没有的特征，而使其远离了真正意义上的传统合作社：第一，新一代合作社的劳动者除社员外，还有雇佣工人，但他们不是合作社的拥有者；第二，新一代合作社虽然实行"一人一票"制或受限的"一人多票"制，但这种投票权是建立在股金制度基础之上的，作为劳动者的雇佣工人没有股金投入，自然就没有投票权；第三，新一代合作社表面上是按交易额（惠顾额）分配的，但实际上也可以被理解为按股分配，并且在社员得到的分配收益中，除自己劳动所得外，还有其股金投入获得的雇佣工人所创造的剩余价值，即社员既有劳动投入的收益，也有资本投入的收益。可见，新一代合作社是否属于合作社，关键在于"三位一体"原则中的劳动者是否包括工人，即劳动主体界定的范围是关键，如界定的范围不包括工人，新一代合作社就属于合作社范畴，反之，则不属于合作社，这里我们使用了前一个范围界定新一代合作社。此外，我们的这一界定还基于新一代合作社是传统合作社向股份制企业变化[①]的一个量变状态：农业生产一线的劳动者（社员或农场主）依然拥有企业，而不是企业完全被资本拥有。所以，我们仍然将这种"投资－利润"取向的企业冠以"合作社"之名。这样，将合作社含义的外延扩大，使其也能包括新一代合作社。

总之，新一代合作社同时具有合作制与股份制的特点，介于两类企业形态之间，是传统合作社的资本化。从产权制度上看，它既是劳动者（社员）拥有的企业，也是资本拥有的企业，这是因为新一代合作社是"投资－利润"取向的，社员投资既为了实现自己的劳动价值，占有自己的剩余劳动，同时也为了占有加工厂工人创造的剩余劳动。

---

① "1995 年，澳大利亚有 49 家新一代合作社转型为股份制公司，但这些转型的新一代合作社在合作社中的比例微乎其微。"参见李瑞芬《国外农业合作社的发展趋势及其对我国农民合作组织发展的启示》，载《和谐社会与农村发展》，农业出版社，2005，第 171～172 页。我们将传统合作社完全放弃合作制原则而转变为股份制企业称为质变，将传统合作社与股份制企业之间的任何一个状态都视为量变。当然，新一代合作社也能收购股份公司（如后面我们将提到的 DGPC 新一代合作社收购 Primo Piatto 股份公司），对被收购的股份公司而言，这又是朝传统合作社方向的量变。

　　西方学者 Torgerson 、Reynolds 和 Gray（1998）根据经济组织追求的目标，将其分为三类，即利润型、服务型和理想型。他们认为，新一代合作社是一种以营利为目标的农户拥有的企业（Farmer-owned Firms），在目标上它靠近投资者拥有企业（Investor-owned Firms），因而新一代合作社既追求服务目标，也追求利润目标，如图 7-1 所示。

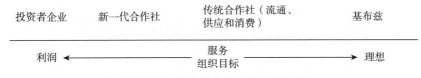

图 7-1　新一代合作社的组织形式

　　资料来源：Torgerson，Reynolds，Gray，"Evaluation of Cooperative Thought，Theory and Purpose"，*Journal of Cooperative*，1998（13），pp. 1-20。

　　上述学者认为，新一代合作社介于传统合作社与资本主义企业之间，这与我们的看法是一致的。但我们并不赞同其分类方法，企业形态的不同绝对不是追求目标的不同造成的，正如我们在第三章指出的，企业形态的不同以及企业形态的演进是由社会生产力水平决定的，具体地说是社会专业化分工协作程度、水平的不同造成的，当然还受社会主体生产关系、市场发育程度等的影响，但归根到底还是受社会生产力的影响。[①]

　　传统合作社演进到新一代合作社，其产权制度发生了一系列变化，这种演变的本质是什么？在自给自足的家庭农场生产经营中，生产资料的产权不分化、不分离、不可交易，产权具有极高私人性。随着市场经济的出现与发展，家庭农场主需要扩大生产经营规模以提高生产经营效率，有效解决小生产与大市场的矛盾，这就要求更多的农业劳动者聚集在一起进行分工协作、共同劳动，实现农业生产的社会化。而农业生产社会化内在地要求农场主们把个人生产资料集中在一起，出让各自生产资料的占有、使用和经营权，即逐步实现生产资料的产权社会化。在传统合作社中，合作社资产由社员按份共有和共同共有，并共同经营、管理、使用，按惠顾额（量）的不同分享剩余。合作社的成员已不可能像单个农场主那样，完全

---

　　① 生产力的发展状况还决定了企业的产权关系，进而决定了企业的形态。

拥有和自由行使自己入股生产资料的各项产权权能，而要受到其他成员的制约，控制权、经营权、使用权被分配到不同成员手中，使其生产资料产权具有了一定的社会性。但由于其生产资料产权分化程度及可交易性程度还是很低，合作社产权的社会化水平不高，而到了新一代合作社，其产权社会化程度才得到了提高。①传统合作社的企业法人产权与社员（股东）的所有权没有分离，而新一代合作社与股份公司相似，它们的企业法人产权与股东的所有权已分离，表现为股东离开企业时不能带走企业的财产，只能通过资本市场转让股权，这在一定程度上保证了合作社法人财产的稳定性。此外，经营权与使用权等权能分离出来，分别由专业人员获得，如经营权由外聘经理获得，使用权由工人获得等。②新一代合作社的产权主体范围扩大。传统合作社的股东全部是社员（农业生产者），而新一代合作社的股东中包括非社员，即外部投资者，如战略联盟、转包合同和特许经营的合作伙伴等。③相对于传统合作社，新一代合作社的所有权开放程度要高。新一代合作社的股票存在一个二级市场，投资者可以通过该市场交易合作社的股票所有权，合作社所有权在一定程度上具有了流动性。④更多人共同控制、管理和使用合作社的生产资料，合作社生产资料的控制、管理和使用权具有了开放性，任何个人（含雇佣劳动者）或经济主体均可以通过合作社认可的方式进入合作社，行使生产资料的控制、管理和使用权并分享收益。可见，传统合作社演进到新一代合作社的本质是合作社产权的社会化，即相对于传统合作社，新一代合作社的产权社会化程度提高了。

但相对于现代股份公司，新一代合作社的产权社会化程度要低，表现为以下方面。①从产权和主体范围来看，首先，对于股份公司，符合国家及企业相关法律、法规的任何人（包括法人）通过购买股票均可成为其股东。而新一代合作社中，只有合作社的农产品的提供者（惠顾者），甚至是农业直接生产者（农场主）才有资格购买合作社股份而成为社员。其次，股份公司所有权的主体很分散，而新一代合作社所有权的主体相对集中，往往是某一地区，甚至是某一社区的农业生产者。最后，股份公司对所有权主体没有同质性要求，股东异质性对组织的内部治理不会产生太大负面影响。① 由于合作社治理的内在要求，传统合作社要求社员间具有较高的同质性。新一代合作社社员往往也是生产相同或相似产品的农业生产者，在面对分歧"用手投票"无效时，可以在一定范围内"用脚投票"（卖出股票），而传统合作社社员在"用手投票"无效时，只能带走自己的投资，在保证合作社法人财产稳定性的前提下，新一代合作社对社员异质的兼容性要强于传统合作社。这样，新一代合作社对其产权主体的同质性要求界于传统合作社与股份公司之间。②从所有权的内容来看，新一代合作社成员既拥有剩余控制权，也拥有剩余索取权，两权没有分离，这与股份公司存在明显区别。③从所有权的范畴来看，股份公司财产所有者（股东）的终极所有权与公司的经营管理权完全分离，这样股东在公司内部治理中不能采用直接的、内化的所有权约束，而只能在股东大会和股票市场采取间接的、外部化、社会化、机制化的所有权约束，这就是公司所谓的"用手投票"和"用脚投票"的两种治理机制，这种所有权约束方式是与社会化大生产下的专业化分工协作相适应的。而新一代合作社的产权是由内部所有者——社员按份共有和共同共有，新一代合作社虽然有外部产权，但所占比例还很小，产权社会化程度低，内部治理的社会化程度也不及股份公司。

总之，西方农业合作社产权制度演变的本质是合作社的产权社会化。这种产权社会化演进是合作社生产社会化发展的内在要求。从产权社会化程度来看，新一代合作社介于传统合作社与股份公司之间。尽管股份公司的产权社会化高于新一代合作社，但并不意味着股份公司更适合农业，也并不意味着合作社会全部发展为股份公司，农业以什么样的生产关系来构建其生产经营组织形式，是由农业生产力发展的水平来决定的（参见第三章）。同时，这也不意味着股份公司是企业产权社会化的最高形式，西方20世纪五六十年代兴起的职工持股计划（ESOP）是股份公司产权社会化进一步深化的体现：相对于没有职工持股计划的股份公司，其产权主体范围由"外部人"扩展到"内部人"——企业职工，其产权模式、内容以及

① Alisher Akramovich Umarov, *Equity Valuation for New Generation Cooperatives*, North Dakota State University of Agriculture and Applied Science, 2008, pp. 3 - 4.

产权结构等发生了一系列变化，这已经超出了本研究的范围。但有一点是
可以肯定的：从传统合作社演进到新一代合作社，由股份公司演进到职工
持股的股份公司，是两类企业产权社会化的表现。但其产权社会化演进的
路径不同：前者由内部人持股向外部人持股扩展，后者由外部人持股向内
部人持股扩展。两类企业产权社会化的根本动力均源于生产社会化，且分
别按各自的社会化逻辑演进。农业合作社产权社会化演进的历史轨迹和内
在逻辑以及股份公司职工持股制度的出现，都向我们揭示了：从传统合作
社到新一代合作社，从股份公司到职工持股的股份公司分别是在不同的生
产方式下，企业产权社会化演进的不同路径和不同形式，它们分别适应不
同领域的生产力发展特点，从长期来看，它们这种适应都是暂时的，随着
生产社会化的进一步发展，产权社会化必然会出现更高级的实现形式。①

7.2.2　新一代合作社的管理制度分析

新一代合作社继承了传统合作社以"一人一票"制为基础的管理原
则。虽然有受限的"一人多票"制，但新一代合作社社员的表决票数离差
增大。例如，在美国，传统合作社社员的最高票数大多不会超过总票数的
5%，② 而新一代合作社大多承认成员表决权的差异，提高了最高限额，如
超过一票以上的票数按"比例原则"增加，单个成员投票权不超过总投票
权的20%，建立了受限"一人多票"的差额表决权机制。当然，新一代合
作社中也有不少不承认成员表决权差异的，该类合作社严格执行"一人一
票"制。新一代合作社的投票制度受合作社内、外两类因素的影响。内因
主要是指合作社的生产经营状况，一般来说，惠顾少、融资困难或急需扩
大生产经营规模的新一代合作社更倾向于"一人多票"制。从外部影响因

---

① 部分研究者观察到传统合作社的公司化倾向、现代股份公司的职工持股计划，就认为两
类经济组织出现了产权制度"趋同"，甚至"融合"的趋势，我们认为这一观点值得商
榷，不可从外部表象来判断。实际上，两类组织产权社会化的内在逻辑完全不一样，演
进的路径也不一样，但这已超出了本书的研究，这里不再赘述。

② United States Department of Agriculture, "The Impact of New Generation Cooperatives on Their
Communities", Rural Business-Cooperative Service RBS, Research Report 177, 2001, p. 1.

素来看，新一代合作社同样受制于《凯波－沃尔斯蒂德法案》。此外，其还受各州法律的影响，如美国明尼苏达州 2003 年 8 月 1 日前的合作社法（Minn. Stat. 308A）规定新一代合作社必须严格执行"一人一票"制，而之后却允许新一代合作社不再执行"一人一票"制，甚至可以执行"一股一票"制（Minn. Stat. 308B. 551, subd. 1），但这一情况在新一代合作社中极少出现。[①] 总之，新一代合作社的主流表决机制还是"一人一票"制和受限的"一人多票"制。[②]

由于增加了管理对象（加工厂工人），新一代合作社的内部治理结构与传统合作社相比，也发生了一些变化，如图 7 - 2、图 7 - 3 所示。

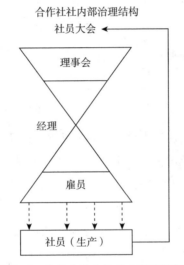

图 7 - 2　传统农业合作社内部治理结构

注：虚箭头表示弱控制，实箭头表示强控制。

---

① Steven Jerry Holland, "Investment in a Thin and Uncertain Market: A Dynamic Study of the Formation and Stability of New Generation Cooperatives", University of Minnesota, 2004, p. 97.

② 参见 Michelle Schank, Graduate Research Assistant, Joan Fulton, "New Generation Cooperatives: What, Why, Where and How", *New Ventures in Food Agriculture*, Indiana Purdue University; "New Generation Cooperatives - 10 Things You Need to Know", http://www1. agric. gov. ab. ca/ $ department/deptdocs. nsf/all/bmi6646#1; USDA, "Agricultural Cooperatives in the 21st Century", Deputy Administrator for Cooperative Services Rural Business-Cooperative Service USDA Rural Development, 2002, p. 25.

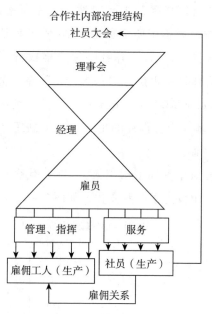

图 7-3 新一代农业合作社内部治理结构

在两类合作社中，社员大会是最高权力机关，理事会（董事会）成员从社员中选举产生，经理由理事会（董事会）聘请，这些都是相同的。但合作社的内部治理发生了一些变化。传统合作社中社员对经理的强控制和经理对社员的弱控制在新一代合作社中变为社员与经理之间的双向强控制（由于有交易合同契约约束），社员与经理之间形成了一种循环控制的治理结构。同时，新一代合作社中又形成社员通过加工厂经理（经理也分化为服务部门经理和加工部门经理）对工人进行等级控制的治理结构，社员与合作社加工厂工人之间是一种雇佣与被雇佣的关系，社员与加工厂经理之间是一种"委托－代理"关系。这样，新一代合作社中存在循环控制和等级控制两种治理结构，这是一种复合治理结构，因而新一代合作社的管理模式是：

以社员（股东）"一人一票"为基础的循环控制（双向强控制）＋等级控制的复合管理制。

在这种复合治理结构中，社员和加工厂工人之间的雇佣关系与资本主义企业无异。正如列宁指出的，在资本主义生产关系下，"合作社是一种纯商业性的机构，由于竞争条件的压迫，便具有变为资产阶级股份公司的倾向"。① 在西方农业合作社与资本主义企业的竞争中，资本主义生产关系在潜移默化地影响着合作社。为了在竞争中生存，合作社必须不断扩大自身积累，借鉴资本主义的管理方式以增强实力、提高竞争力。同时，与资本主义企业相比，合作社难以直接从资本市场融资，而不得不主要采用贷款的形式，为了减轻还贷压力，需要通过其他渠道来增加收益，而通过雇佣劳动获得利润显然是资本主义企业"现成"的经验，雇佣劳动是符合外部制度环境的、可资利用的"现成"资源。正因为存在与资本主义企业的竞争压力，再加上融资难的因素，合作社最终演化为"集体资本主义组织"，并按资本主义企业的管理方式对加工厂进行管理。

7.2.3　新一代合作社的分配制度分析

新一代合作社中有四类主体：社员（股东）、经理、雇员和合作社加工厂的工人。新一代合作社是以社员提供入股金为前提的，社员是企业的拥有者，正如我们在分配制度分析一章中所指出的：生产资料所有制决定了企业的分配结构和分配制度。合作社中的经理、雇员和合作社加工厂的工人都是企业的受雇者，他们的劳动参与产品分配的方式都表现为工资。但是经理和雇员与工人的工资分配有所不同，经理和雇员是合作社聘请来的，合作社的主要目的是得到必要而合作社自身又稀缺的管理及市场营销、加工技术的知识和经验，他们主要从事合作社的日常管理、加工厂的生产经营管理、信息收集、市场营销和技术指导等服务，合作社对其工资发放大多采取年薪制。社员与他们的关系更类似于资本主义企业中的资本家与经理间的委托－代理关系。此外，新一代合作社中的经理、雇员在生产经营活动中凭借社员赋予的管理指挥权可以对合作社的生产经营活动以及社员的经济行为产生重大影响（因新一代合作社非常重视经理、雇员的市场营销及加工技术等专业知识）。从新一代合作社中经理和雇员的工资量以及工资的决定因素来看，其与传统合作社基本相同。

---

① 《列宁全集》（第4卷），人民出版社，1959，第343页。

合作社加工厂工人没有生产资料所有权而必须出卖劳动力，在资本主义生产关系占主导地位的制度环境下，社员与工人之间的关系就是一种雇佣与被雇佣的关系，因而工人的收入主要表现为工资。合作社的加工厂实质上就是一个资本主义企业，合作社主要通过两种方式获得加工厂：① 一是按资本主义企业的模式自建，二是购买资本主义企业（完全控股和部分控股）。② 工人工资的多少及其决定因素，完全由资本主义生产关系下资本雇佣劳动的规律决定，即工人的工资由劳动力价格决定，它相当于维持和恢复劳动力再生产所必需的生活资料的价格。这样，我们得到了新一代合作社的分配制度模型：

建立在股金制度基础之上的社员按劳和按资相结合的分配制度 + 合作社经理、雇员和加工厂工人的工资分配制度 + 公积金制度。

新一代合作社的分配制度也是一种多重复合分配制度，这种多重复合分配制度是由新一代合作社的多重复合产权制度决定的，即传统合作社与资本主义企业的多重复合产权制度，使得新一代合作社的分配制度既有传统合作社的分配制度特征，也有资本主义企业的分配制度特征，其中，社员的利润分配是主体。首先，新一代合作社的建立根本上就是为了利润，或者说剩余价值，否则就建立传统合作社了。其次，从分配的比例来看，据美国农业部 1999 年提供的调查资料，新一代合作社的社员收入中，21% 来自合作社营销部分，而 51% 来自加工增值部分，即来自加工厂的利润。③ 新一代合作社的强制性积累制度——公积金分配制度与传统合作社相同，均遵循各国或地区的相关法律、法规。

在新一代合作社中，经济剩余的一部分甚至大部分以惠顾返还的形式归社员所有，返还中有一部分是现金支付（如美国部分州规定最低不可低于 20%），一部分是增发普通股和优先股，少部分作为强制性公积金积累。生产周期内，社员在离开合作社时不能带走投入的资产，只可转让股票；

---

① Brenda Stefanson, Murray Fulton, "New Generation Cooperatives Responding to Changes in Agriculture", Centre for the Study of Cooperatives, University of Saskatchewan, 1997, pp. 7 - 12.

② 在资本主义生产关系的大背景下，合作社不可能像蒙德拉贡合作企业集团内的农业合作社，构建合作制的加工企业。

③ Elitzak, *Agriculture Fact Book* 1998, USDA, 1999 (9), p. 37.

与传统合作社相同，社员也不能带走自己在公共积累中的部分。但由于产权制度的革新，社员的那一部分"公积金贡献"已体现在其股票的价格中，显然，在其他条件相同的情况下，公共积累多的新一代合作社，其股票价格要高。此外，股票价格还综合反映了新一代合作社的现实生产经营状况、发展前景等，其包含的合作社经济活动及实力的信息是最全面的。反观传统合作社，同样经济剩余的一部分甚至大部分以惠顾返还的形式归社员所有，但社员离开合作社时可以带走自己投入的资产，这必然导致合作社总资产不稳定，甚至引发经济震荡，并且，社员大多只能按原始价带走自己投入和累积的资产，不能获得溢价收益。总之，新一代合作社在产权制度上的革新弥补了传统合作社在分配制度上的缺陷，特别是大大降低了社员离开合作社时所引发的经济震荡。

第三节　新一代合作社的绩效评价

在研究西方农业合作社的制度时，经济绩效（economic performance）分析也是制度分析一个重要的、必不可少的研究内容。在"经济绩效"一词中，单纯从字面理解，"绩"就是成绩，"效"就是效率。Bernardin 等（1995）在《绩效评价——评估人在工作中的行为》一书中将经济绩效定义为"在特定的时间内，由特定的工作职能或活动产生的产出记录"。[①]Campbell 等（1993）认为"经济绩效不仅是行动的经济后果或结果，还包括与组织目标有关的，可以按照个体的能力进行测量的行动和行为"。[②] 而马克思主义经济学的文献通常将单位劳动的增加值（具体以劳动生产率衡量）视为与生产经营组织经济绩效同义，也将其作为评价生产经营组织经济绩效的重要指标。可见，经济绩效的概念较宽泛。由于人们观察问题的视角不同、追求的目标不同，因此就有着不同的经济绩效（后文简称为绩

---

① 李树丞、乐国玲：《企业知识型员工绩效特征及其影响因素分析》，《湘潭大学学报》（哲学社会科学版）2004 年第 7 期，第 37 页。

② 李树丞、乐国玲：《企业知识型员工绩效特征及其影响因素分析》，《湘潭大学学报》（哲学社会科学版）2004 年第 7 期，第 37 页。

效）定义。现代股份制企业以股东及利益相关者利润最大化为目标，将绩效视为"可量化的利润"，因而利润最大化就成为衡量股份制企业经济绩效的主要指标；而合作社是社员拥有的自助组织，其以合作社利益最大化为直接目标、社员利益最大化为终极目标（两者相辅相成，合作社利益最大化为社员利益最大化服务），这暗示我们在考察合作社的绩效时，既要考察合作社自身的绩效，也要考察社员的收益。因此，可将合作社的绩效评价定义为：基于合作社的可持续发展，立足效率原则，以合作社运行的有效性、组织功能的实现度、合作社社员的劳动生产率、社会和环境目标等的实现能力为衡量指标，对合作社的运营效果和功能发挥进行综合性的评价、衡量。

绩效在一定程度上反映了经济组织的生产力水平，体现了该组织的竞争力与生命力，甚至可决定该组织的兴衰。依传统合作制构建的农业合作社已经越来越不适应现代农业的发展[1]，正如 1995 年国际合作社联盟 100 周年代表大会上代表们重新修改合作社原则时指出的，"市场经济在世界范围得到迅猛发展，对多年来农业合作社所依附并在其中发挥作用的经济体制产生了冲击。传统农业合作社面临更加严峻的挑战。合作社为了发展，就不得不审视它们如何适应这些变化"。[2] 可见现代经济的发展使得传统意义上的合作社面临生存压力，ICA 不得不重新修订合作社原则。美国农业部在 1998 年召集美国和西欧农业经济方面的权威专家对世界农业合作社的发展进行了研究，并于 2002 年发布了研究报告——《21 世纪的农业合作社》（*Agricultural Cooperatives in the 21st Century*）。该报告指出："传统合作社必须改革以适应现代农业的发展，特别是后现代化农业的发展，否则面临的形势将会越来越严峻。"[3] 报告进一步说明，随着农业现代化的发

---

[1] 以西方传统合作社为蓝本进行研究是必要的，当今所有衍生或异化的合作社（包括新一代合作社）都是以传统合作社为制度"母板"演化而来的，只有对传统合作社进行深入细致的制度分析，我们才能对新一代合作社等衍生或异化的合作社给予一个深刻的制度解说。

[2] 转引自管爱国、符纯华《现代世界合作社经济》，中国农业出版社，2000，第 4～6 页。

[3] USDA, *Agricultural Cooperatives in the 21st Century*, Deputy Administrator for Cooperative Services Rural Business-Cooperative Service USDA Rural Development, 2002, p. 17.

展，传统意义上的合作社越来越不适应后现代化农业的发展，传统农业合作社需要改革。新一代合作社就是这种改进中的杰出代表。基于上述理由，本研究不再分析传统合作社的绩效，转而分析新一代合作社的绩效，并与相同领域的资本主义企业的绩效进行对比分析。国内学术界没有十分关注新一代合作社的绩效分析，而国外对新一代合作社的绩效分析文献已有不少，但运用的方法是西方经济学，特别是新制度经济学。本研究运用马克思主义政治经济学，并吸收借鉴新制度经济学的研究成果，期望对西方新一代合作社做一次深入的绩效分析。下面我们以新一代合作社成功的典范——美国 Dakota Growers Pasta Company（DGPC）合作社为例，对其进行产权制度的绩效分析，并与相同领域的资本主义企业进行对比。

7.3.1 产权制度对绩效的影响：一个案例分析①

美国新一代合作社 Dakota Growers Pasta Company（DGPC）是一个小麦加工合作社，主要是将社员的小麦加工为面粉和各种面制品。该合作社于1991 年 12 月 16 日成立，到 1998 年已成为美国第三大面食制品商，它拥有 1100 多个成员，分布于北达科他州、明尼苏达州和蒙大拿州。该合作社是 20 世纪 90 年代新一代合作社成功的典范，激励着许多传统合作社以其为模板变革为新一代合作社。

1998 年美国农业部报告国内的面食消费在过去 10 年中以每年 2% ~ 3% 的速度增长。从销售渠道上看，面制品有三个流向：零售业、精加工食品工业和食品服务业。大概有 63% 的面制品流向零售业，24% 流向精加工食品工业，13% 直接进入食品服务业。食品服务业部门包括餐馆、酒店等。据美国农业部的调查，1996 年美国消费者将食品支出的 46% 用于外出就餐，而 1980 年这一数字仅为 39%，这为面食制品业的发展提供了契机。但面食制品业是一个竞争非常激烈的行业，面食制品者在成本上升时也很难提高价格，因此，谁能控制成本甚至降低成本，谁就具有竞争力。自 20

① 以下案例资料来自 Michelle Bielik，*New Generation Cooperatives on the Northern Plains*，Department of Agricultural Economics and Farm Management Faculty of Agricultural and Food Sciences，University of Manitoba，2001，pp. 63 – 73。

世纪 60 年代以来，面食制品业发生了一系列的变化，在这之前，该行业主要由当地的家族企业经营。20 世纪 60～70 年代，这些企业开始兼并和改组，形成了几个著名的现代股份公司，如 Hershey、General Foods 和 Pillsbury 等。又经过几年的兼并、出售和重组等，这些公司最后形成了一些大型公司，包括 Hershey Pasta 和 Borden 公司。1997 年 Hershey Pasta 公司成为美国最大的面食生产商。

20 世纪 70～80 年代北美面粉加工与食品制造一体化的综合企业还很少。1980 年，一个叫 Leonard Gasparre 的人在北达科他州建立了两个一体化的综合企业，并向当地的农场主收购小麦，由于在当地是买入方控制市场，而向外地运输的运费又昂贵，农场主往往只能将小麦销售给这两家企业，所获得的收益几乎不能支付成本。如 1990 年，收购价仅为每蒲式耳2.5 美元，还不足以抵补农场的固定成本，农场主需要寻找一条新的出路来增加他们的收益。Bill Patrie 是当地一个有威望的农场主，于 1990 年 8月召集了部分农场主讨论建立农业合作社事宜，他们的这一想法很快得到了北达科他州经济发展委员会（The North Dakota Economic Development Commission）的支持。随后 5 个人组建了 DGPC 成立委员会，他们分别是Bill Patrie、John Rice、Bob Spencer、Eugene Nicholas 和 Jack Dalrymple。其中 John Rice 是北达科他州前小麦种植者协会（一个传统合作社）的董事。他们吸取了北达科他州前小麦种植者协会失败的经验，认为首先应建立一个与传统合作社不同的，能代表每一个小麦农场主利益的，并被农场主拥有的合作社；其次，成员的交货权和义务要由成员对合作社的所有权来决定，成员应该严格履行自己的义务；最后，合作社的收益分配应由成员对合作社的所有权（交货权）来决定，即由成员的入股金（交货权）份额决定。紧接着的工作是可行性论证并成立发起委员会。农场主们的集资加上北达科他州农产品协会（The North Dakota Agricultural Products Utilization Commission）的资助费共计 3 万美元，成为发起委员会的第一笔资金。发起委员会拟订计划并经专家论证，认为构建一个新一代合作社的计划是可行的，并具有一定的优势，每年可返回投资的 15%。

1991 年 12 月，合作社设立了企业章程并拿到营业执照。Jack Dalrymple 被选举为董事长。随后，合作社聘请了律师、会计、营销人员，同时还收到了北达科他州农产品协会的第二笔资助，共 15 万美元。合作社进而聘请了 Tim Dodd 作为合作社的首席执行官（CEO），Tim Dodd 来自美国意大利面食制品公司（北美第二大面食制造商），他是该公司的副总经理，同时他还带来了该公司的零售主管 Gary Mackintosh 和技术主管 David Tressler。

1992 年 1 月，合作社召集董事、经理以及全体社员，根据当时的市场及农场生产状况，制订了一个发展计划，决定建立一个面食加工厂，每年的加工能力大约为 300 万蒲式耳，合作社自筹建厂及经营费用的 35% 计算下来每股价值 3.85 美元，合作社共向成员发行了 15000 股。恰恰在这时，Leonard Gasparre 在当地的新闻媒体上说："农民是笨的和懒惰的，办加工厂是异想天开。"这导致为其提供小麦的农场主转而加入合作社，使合作社的社员增加到 1042 人，随后有 1200 个农场主提供总计 15 万美元贷款资助该合作社，使合作社的资产扩充到 1250 万美元，平均每个成员持有资产1.2 万美元。合作社规定，入社时成员须缴纳 125 美元的社员资格费，成为社员后，每人只有一票表决权，不论其持股多少。随后合作社又从 St. Paul Bank for Cooperatives 和 Bank of North Dakota 两家银行分别获得了 2000 万美元和 650 万美元的贷款。1992 年 6 月加工厂正式动工建立，设计加工能力为每年 320 万蒲式耳、1.2 亿磅面食成品。1994 年 1 月工厂开始生产，第一年赤字，第二年即获得了利润。当时工厂有 180 名工人，仅有4 种产品。随着生产经营的成功，到 1995 年 10 月，工厂已满负荷运行。

由于营销的成功，合作社的产品供不应求，1996 年合作社宣布要扩大其生产能力，目标是占领国内 6% 的市场份额。为了筹集扩建资金，合作社将股票增发至 178.8 万股，由于合作社经营的成功，股票价格不但没有下降，相反还由每股 3.85 美元上涨到每股 5.5 美元。1997 年 7 月，合作社投资 550 万美元又增加了一条新型生产线，增加了每年 3 亿磅的生产能力。1997 年 8 月，合作社董事会投票表决通过 2 分 3 的分股决定，后经社员大会通过以增加社员对合作社的小麦供给。到 1997 年末，合作社的生产能力已经增加了一倍，拥有 6 条生产线和 60 多种不同的面食制品。尽管合作社在不断地扩大其生产能力，但由于产品质量好以及市场营销的成功，产品依然有市场。1998年一名社员为合作社提供了一条重要信息，位于明尼苏达州的 Primo Piatto 食品公司决定出售，合作社立即派人与该公司协商，最终以2420万美元买下了该公司。这家公司拥有两个面食加工厂，共10条生产线，年生产能力为2亿磅，此外还拥有一个配发中心和72家零售店，这样合作社的生产销售就扩张到了明尼苏达州。收购了 Primo Piatto 公司后，合作社成为美国第三大面食生产企业。1998年末，合作社已经能生产80多种面食制品，拥有493名全日制工人。20世纪90年代中期，一些食品制造公司开始重组和转移它们的经营战略方向。1997年 Borden 公司宣布其将关闭北美10个加工厂中的5个。1998年，Hershey Pasta 公司宣布它将卖掉其面食品加工产业，以集中精力经营其核心产业：糖果和百货业。这就为 DGPC 合作社的进一步发展提供了机遇，合作社迅速增加了在北美市场的份额。

1998年底，合作社又增发了股票并优先发给原有成员，每股7.5美元，而对于新加入者则是每股11美元，合作社共增发了300万股，收到了2400万美元。

20世纪90年代，美国面食制品业竞争非常激烈并经历了各种各样的变化。1998年 DGPC 合作社的主要竞争对手有 Borden 公司、Hershey Pasta 公司和 American Italian Pasta 公司。其中 Hershey Pasta 公司在北达科他州和明尼苏达州开设有食品加工厂（当时拥有全美23%的面食制品市场份额），是 DGPC 合作社最主要的竞争对手。由于 DGPC 合作社具有垂直一体化（vertically integrated）控制优势，即控制了两州大多数生产小麦的农场主，Hershey Pasta 公司在两个州的加工厂不得不从其他州购入小麦，由于运费不断上涨，同时合作社还有税收方面的优惠政策，Hershey Pasta 公司的单位生产成本高于 DGPC 合作社，在面食制品的价格战中，Hershey Pasta 公司渐渐处于劣势。1998年，Hershey Pasta 公司不得不宣布进行生产结构调整，关闭了其在北美10个加工厂中的5个，DGPC 合作社占有了该公司退出后的大部分市场份额。当时北美大多数食品加工企业均从外部购买粗加工的小麦粉，而 DGPC 合作社很有远见地进行垂直一体化拓展，建立了一体化加工企业，实现了从田间到最终成品的完整生产经营。American Italian Pasta 公司也曾试图建立垂直一体化生产经营模式，该公司先后购买和租用了 1200 万英亩的土地，雇用农业工人生产小麦，但由于农场经营费用特别是监督管理费用居高不下，公司不得不放弃雇工经营，转而将土地出租给十几个家庭来经营。

为了降低小麦生产的风险，合作社决定为社员提供良种、化肥以及土壤改良、病虫防治等服务。社员拥有小麦的所有权，管理生产的全过程，按照交货的小麦数量、质量获取合同规定价格（扣除合作社投入费用）的净收入。合作社引入了风险分担机制，实行小麦价格与关键投入品价格相关联的价格机制，降低了社员生产小麦的风险，而对于没有加入合作社的小麦农场主来说，个人要承担生产小麦的全部风险。

在总结经验时，DGPC 合作社认为有 3 个因素影响合作社的生存：①社员间的相互信任，包括对经理、雇员和工人的尊重；②及时公开信息，社员积极参与合作社的生产经营活动；③重视教育，建立企业的合作文化，通过教育不断提高生产技术水平，始终保持较高的生产效率。有 5 个因素影响竞争力水平：①原料（小麦）的价格；②产品成本；③对消费者的服务；④工业生产的利用能力；⑤保证产品质量。其中最重要的是小麦的价格。由于合作社的股东就是小麦生产者，他们控制了小麦的生产（大多数食品公司与小麦农场主是两个经济实体，公司只能通过市场与小麦生产者进行交易而无法控制他们的生产），合作社可以根据市场情况提前或推后支付小麦的生产成本，可调整小麦生产成本使得合作社在市场上具有极强的竞争力。

从建立当年起至 1997 年底，合作社的产量以年均 38% 的速度增长。1995～1998 年，合作社净收益环比增长率分别为 20%、38% 和 61%。合作社从开始生产经营之时，就不断地开拓销售市场，不断地增加多样化服务。1995 年，合作社与两个最大的食品批发商顾主的交易量占合作社产量的 25%，而 1999 年这一数字不到 10%，随着合作社生产能力的提高及产品品种与产量的增加，交易的对象也在不断增加。生产领域的成功，驱动合作社开始进入食品销售的终端领域。由于当时美国消费者外出就餐的比例在不断上升，DGPC 合作社建立了 Olive Garden 和 T. G. I. Friday's 两个食品连锁店，尝试直接向消费者销售产品。合作社第一次进行惠顾返还是在 1995 年 11 月，分配了该年的收益并于 1998 年进行第四次分配，将净收益的 70% 分配给了社员。

表 7-2 显示了 DGPC 生产经营绩效的部分指标。

表 7-2　DGPC 生产经营绩效的部分指标

指标	1994 年	1995 年	1996 年	1997 年	1998 年	1999 年
总收入（千美元）	20008	41239	50494	70702	119621	124869
净收入（千美元）	-249	1394	2579	6890	9359	4416
总资产（千美元）	45215	47842	49894	68739	124537	127411
长期负债（千美元）	12477	24822	18860	27131	66056	70246
运营资本（千美元）	2001	2400	8184	6329	22813	23412
成员投资（千美元）	12107	13497	24866	29956	36875	40986
每股惠顾返还（美元）	—	2.0	3.2	6.5	10.00	8.00
每蒲式耳收购价（美元）	5.95	5.8	6.52	6.74	6.64	7.00
每股利息（美元）	—	0.3	0.46	0.94	1.27	0.91
收益留存（%）	-1.7	10.4	13.9	25.1	27.9	—

资料来源：①表中 1~7 行数据根据 U. S. Securities and Exchange Commission，1998 和 Randall E. Torgerson，"The Impact of New Generation Cooperatives on Their Communities"，Rural Business-Cooperative Service，RBS Research Report 177，USDA，2001，p. 62 的相关数据整理计算；②第 8~10 行数据根据 Dakota Growers Pasta Company 1998 Annual Report，Pre-Effective Amendment No. 2 to Form S-1 Filing with the Securities and Exchange Commission，1998 和 Dakota Growers Pasta Company 1999 Annual Report Form 10-K Filing with the Securities and Exchange Commission 的相关数据整理计算（按 1998 年不变价格）。

当前，DGPC 合作社已成为美国面食制品行业中举足轻重的企业，它的成功可归因于以下几个因素：具有奉献精神的领导者、专业的管理者和团结一致的成员，合作社能紧紧抓住发展机遇，进行稳定的初级产品供给，勇敢地开拓专业市场和适应多变的消费环境。一个普遍的共识是：合作社成功的根源是它的领导者和企业管理。它的领导者团结合作，为共同的目标而奋斗。合作社的经理、技术人员以及营销人员大多来自食品股份公司，如 Borden 公司和 American Italian Pasta 公司。他们在来合作社之前就具有丰富的企业管理、技术和市场营销经验，这是 DGPC 合作社成功的一个重要原因。合作社成员的支持是合作社成功的另一个重要原因，例如，即使农业生产经历困难时期，社员依然支持1997年的合作社股票分股计划。合作社的 CEO Tim Dodd 深有感触地说："社员的支持使他对合作社充满信心。社员越来越具有商业眼光，……DGPC 将会有一个美好的未来。"① 当然，合作社成功的最重要原因是它的产权制度安排，社员通过购买交易额权（股票），以确定其交售小麦的数量和质量，这样就保证了合作社有一个稳定的供给，以满足其计划生产能力。此外，合作社保证其生产设备在北达科他州和明尼苏达州始终是一流的，合作社使用的面食生产设备均是最好的，并不断地更新，使生产效率不断提高、生产成本不断下降，并保证生产一流的产品。

新一代合作社的产权制度是由"股金－交易额锁定"制度和公积金制度构成的，其中"股金－交易额锁定"制度是合作社产权制度的基础，同时也是合作社管理、分配制度安排的依据。因此，从广义上说，"股金－交易额锁定"制度对合作社的整个绩效有着直接的影响。下面我们考察"股金－交易额锁定"制度对合作社绩效的影响，并与资本主义企业进行对比分析。

第一，新一代合作社的"股金－交易额锁定"产权制度使得小麦生产与加工环节更具利益相容性，即缓解了利益冲突。农业生产中的纵向一体化拓展有两种形式：一是加工企业以契约的形式与生产小麦的农场主联合；二是生产小麦的农场主横向联合，再向下游纵向拓展，建立产品加工企业，即构建新一代合作社以实现农业生产的纵向一体化。第一种形式是两个经济主体的联合，由于二者有着不同的利益追求（目标均是各自的利益最大化），在联合进入市场后，会为各自的利益而博弈，甚至会出现利用自身各种资源优势或对方的劣势（如高投入的专用性资产）向对方转嫁成本和风险的机会主义行为，特别是在联合体的内、外部环境变化比较大

---

① Michelle Bielik, *New Generation Cooperatives on the Northern Plains*, Department of Agricultural Economics and Farm Management Faculty of Agricultural and Food Sciences, University of Manitoba, 2001, p. 73.

的情况下，这种利益冲突将趋于激烈。而在第二种形式中，农场主通过构建新一代合作社实现了农业生产的纵向一体化拓展，在"股金－交易额锁定"的产权制度下，农业一线生产部门与农产品加工部门统一在一个经济主体（新一代合作社）的控制之下，合作社的所有者、惠顾者、生产者、投资者四者的身份同一，成员的目标具有高度的利益相容性，使组织内参与主体间产生激励相容①行为，从而提高了各主体参与生产经营活动的积极性和主动性，提升了劳动生产经营效率。利益相容性激发了社员对合作社的责任感，促使他们改变原来的思维方式，更具有商业眼光。在没有成立 DGPC 前，农场主更关注天气和政府对农业的支持计划，成立 DGPC 后，农场主关注的是市场变化、消费者的嗜好等。在新一代合作社的产权制度下，社员（小麦生产者）不仅关心自己农场的小麦生产，而且关心自己的小麦加工企业，社员甚至为了加工企业的利益，可以暂时放弃农场的利益，如在与 Hershey Pasta 公司的价格战中，合作社就同意推后支付社员农场的生产成本，以压低产品价格。社员清楚合作社的利润主要来自加工部分，因而对合作社的加工厂积极支持，如 1997 年 DGPC 社员对合作社分股计划的支持，由于资金很快到位，加工厂生产设备得以及时更新，生产能力得到扩充，劳动生产率也大大提高了，所以合作社在市场竞争中始终保持极强的竞争力。Kyriakos Kyriakopoulos 等学者的研究结果也证明："股金－交易额锁定"的产权制度对合作社的绩效有显著的正向影响。②

第二，相对于资本主义企业，新一代合作社的制度安排大大降低了农业一线生产的管理、监督成本。农场主是以先期性大额抵押投资的方式构建合作社的，农场主在成为合作社投资者、所有者的同时，也是农业生产者、合作社管理者与惠顾者，多重身份的同一形成了高度的利益相容性，在共同利益的驱动下，新一代合作社的所有者——农场主股东们既关心加工企业建设，也关心农业一线生产，而对于通过契约与农场主联合的资本

---

① 激励相容是指由于利益相容，参与生产经营活动的不同协作者努力的目标一致。

② Kyriakos Kyriakopoulos, Matthew Meulenberg, Jerker Nilsson, "The Impact of Cooperative Structure and Firm Culture on Market Orientation and Performance", *Agribusiness*, 2004, pp. 379 – 396.

主义企业来说，其对农场主生产经营行为的观察、监督将使企业花费巨大的成本，如 American Italian Pasta 公司曾雇佣劳动力来生产小麦，但最终因管理成本高而放弃。这是因为加工企业面对的是大量分散的雇佣劳动者。农业生产对象及生产方式的特殊性，使得农业生产过程及劳动质量不易管理、监督。而在新一代合作社的产权制度下，小麦生产者通过抵押性的先期投资成为合作社的投资者与所有者，小麦生产者可获得合作社的剩余产品。小麦生产者在农业一线生产的努力行为与获得合作社加工增值收益之间存在直接的利益联系，利益高度兼容形成了统一为一体的利益共享、风险共担机制，最大限度地调动了农场主成员一线生产的积极性，对合作社来说，农业一线生产几乎没有管理、监督成本。此外，所有者（社员）更有动力去了解市场，更新设备（如 DGPC 总是不断更新设备，以保持一流的生产能力），从而提高劳动生产率。如表 7－2 所示，1994 年当地小麦的市场收购价是 2.5～2.9 美元/蒲式耳，这一价格几乎不能弥补农场的生产成本，董事会经过与社员协商，将收购价提高到 5.95 美元/蒲式耳，并随生产资料价格的上升而逐年提高收购价（1998 年收购价推后支付，1999 年提高收购价进行补偿），使社员的农场生产有一个正常的收益，以保证小麦农场健康、正常地运行，同时也保证了有一个高品质的小麦供给。

　　第三，新一代合作社"股金－交易额锁定"产权制度的股金投入相对于传统合作社来说要高得多，如 DGPC 人均约 1.2 万美元。股金投入使每一个社员对合作社的资源都有一定的所有权。这一制度的直接结果就是明显增强了社员对合作社的认同感和责任感，减少了社员的流动性（1991 年至 1999 年仅有两名社员因特殊情况退出），保证了小麦的有效供给，并在一定程度上控制了当地的小麦供应，最终将资本主义企业挤出市场。

　　第四，新一代合作社的产权制度一定程度上解决了合作制企业的融资抑制问题。"股金－交易额锁定"的产权制度在利益相容性和激励相容性方面创造了资本主义企业的产权制度不具备的优势，同时相对于传统合作社的产权制度，其在解决融资抑制问题方面有了一些进步。由于资本主义企业的产权社会化程度高于传统合作社，因此资本主义企业可以迅速聚集资本进行扩大再生产。而传统合作社产权制度的特点不允许其通过资本市场公开发行股票筹集资金，大多数情况下其只能靠成员投入的股金融资，但多数情况下入股金仅仅表明成员具有惠顾权或交易权，导致成员入股金大多"扎堆"在最低入股金门槛附近，融资中的机会主义行为难以遏制，再加上传统合作社的入股金较低，导致传统合作社产生严重的融资抑制问题。在传统合作社的产权制度安排下，合作社要扩大再生，除不断增加自身积累和对外贷款融资外，就只能通过不断吸收新成员来增加资金总量，但这同时又增加了经营、管理成本，消耗了更多资金，甚至入不敷出。总之，在入股金与交易额脱节的情况下，不可能有效地解决融资抑制问题。而在生产社会化的驱动下，新一代合作社是在传统合作社的基础上进行的产权社会化。企业法人所有权与社员终极所有权的分离使得合作社可以公开发行股票，并可在一定范围内转让，合作社融资手段增加了。成员入股金与其交易额事先挂钩，并与合作社的生产经营规模有了直接关联，成员多生产、多惠顾交易就要多投入股金，极大地遏制了融资中的机会主义行为，同时大幅提高了入股金门槛。当经营中需要增加资金投入时，合作社主要是通过增发股票、分股和吸收新成员等方法来实现。产权制度的变革使合作社顽固的融资抑制问题得到了很大改善。[1] 但相对于资本主义的股份公司，新一代合作社产权社会化程度要低（主要表现在股票发行的对象及范围受到限制，主要是针对当地的农业生产者），其融资手段及融资工具相对较少。

与传统合作社相同，新一代合作社主要是通过借贷（间接）融资。但相对于传统合作社，融资机构更愿意对新一代合作社发放贷款。首先，传统合作社没有公开发行的股票，融资机构无法知晓企业的市值，也就难以进行放贷的可行性分析。其次，传统合作社产业链短，其收益大多来自其批量经营过程，利润空间有限，因而无力借入太多的贷款。最后，由于实行成员开放制度，传统合作社的财产不稳定。由于产权制度上的变革，新一代合作社在相当程度上克服了上述问题，融资机构更愿意向其放贷。

---

[1] Cook, M. L., C. Iliopoulos, "Inexplicit Property Rights in Collectivity Action: A Case of Agricultural Cooperatives in U. S. A.", *American Journal of Agricultural Economics*, 1998 (11), pp. 1153 – 1159.

　　相对于资本主义企业，新一代合作社在贷款融资方面似乎更容易，这主要是因为：新一代合作社是由当地的农场主构建，他们往往垄断了当地初级农产品的供给，同时合作社还具有利益相容性和激励相容性方面的优势，使得新一代合作社的绩效表现往往好于同等规模的资本主义企业。此外，新一代合作社能得到政府相关部门的支持（包括政策支持和资金支持），融资机构（如上例中的 St. Paul Bank for Cooperatives 和 Bank of North Dakota 两家银行）认为放贷给 DGPC 合作社风险更小。[1]

　　第五，新一代合作社的产权结构提高了社员对合作社的投资积极性，并通过资本投入的变化影响生产率的提高。内部融资难问题一直困扰着传统合作社的发展，[2] 主要原因是社员存在机会主义行为，西方学术界依行为表现将其分为三类："搭便车"、眼界问题和资产组合问题（Cook，1995）。传统合作社的"搭便车"又可分为内部和外部。外部"搭便车"是指非社员搭了合作社的便车，例如，一个水果农场主拒绝加入一个水果合作社，却获得了该合作社与水果加工企业谈判所确定的价格。内部"搭便车"是指社员搭其他社员的便车，此类问题表现为新社员以较低的入股金即可享受老社员积累的财富，获得与现有社员一样的服务和剩余索取权，并对每单位惠顾享有相同的报酬。眼界问题是指社员缺乏在长期项目上进行投资的激励。这一现象在即将退休的社员中极普遍，当这些社员对合作社投资收益拥有剩余索取权的时间短于该投资的使用年限就会产生所谓的眼界问题，这时即将退休的社员更倾向于支持增加惠顾返还比例，降低公共积累，以尽快收回投资。关于眼界问题，除信息不对称外，我们认为造成这一现象的另一个重要原因是社员在合作社投资资产的产权不可流动以及缺乏对这些权利进行转让的二级市场。社员在合作社的产权不可流

①　Michelle Bielik, *New Generation Cooperatives on the Northern Plains*, Department of Agricultural Economics and Farm Management Faculty of Agricultural and Food Sciences, University of Manitoba, 2001, p. 71.

②　Hansmann, H., *The Ownership of Enterprise*, Cambridge, MA: Belknap Press of Harvard University Press, 1996, p. 23; Hart, O. and J. Moore, "Cooperative vs Outside Ownership", London, Canada: Discussion Paper No. TE/98/346, Theoretical Economics Workshop, Suntory Centre, photocopy, 1998, pp. 115 – 118.

动又引发了第三个问题，即所谓的资产组合问题，也就是社员不能根据自己的计划调整在合作社的资产组合（普通股、优先股和贷款的比例）。而新一代合作社的产权制度变革不同程度地解决了上述问题，提高了合作社的绩效。新一代合作社经过纵向一体化拓展，将加工企业"内化"为合作社的一个部门，消除了外部"搭便车"行为。新成员要加入合作社有两个渠道：在资本市场上从合作社或老社员手中购买股票，如 DGPC 合作社。市场会综合地评定合作社的股票价值，从而消除了内部"搭便车"行为。由于存在一个合作社股票二级市场，眼界问题也可以在很大程度上得到解决。由于普通股、优先股甚至贷款票据可以在二级市场上被买卖，社员就可以根据自己的计划调整在合作社的资产组合。最终，社员对合作社的投资积极性提高了，如 DGPC 社员对合作社增发股票和分股计划的支持，由于有了这些支持，资本投入增加了，合作社的绩效提高了，而传统合作社在这些方面是很难做到的。美国学者 Cook 和 Iliopoulos 于 1996 年对美国127 个农业合作社（包括传统合作社和新一代合作社，127 个合作社占该年美国农业合作社总销售额的 75%）按传统合作社与新一代合作社类别分组，进行对比研究，以测定新一代合作社产权制度的变革对合作社绩效的影响。产权制度的变革因素包括社员资格政策（MEMBPOL，持开放政策的合作社取值为 1，社员资格受到限制或封闭式的合作社取值为 0）、股金是否决定交易额或社员是否签订了出售协议（MKTGAGR，设定股金决定交易额和社员与合作社间签订了出售协议的，取值为 1，否则为 0）、股份能否转让（TRANSFER，设定可转让的取值为 1，否则为 0）、分散的资本联盟（SEPKPOOL，即社员的股本是否被分配到了分散的互不相连的控制和监督账户中，即社员的股权是否已明晰，设定已明晰的取值为 1，否则为0）。采用结构方程模型估计，最终结果如表 7 - 3 所示。

表 7 - 3　制度变迁的模型估计结果

参数	估计系数	标准差	t 值
MEMBPOL	- 0.54	0.13	- 4.81
MKTGAGR	0.41	0.15	2.81

续表

参数	估计系数	标准差	t 值
TRANSFER	0.17	0.11	1.52
SEPKPOOL	−0.02	0.07	−0.36

注：$\chi^2 = 9.38$，χ^2 的临界值 = 11.070（5%），d.f. = 5，P = 0.09467，RMSEA = 0.083。

资料来源：Cook, M. L. and C. Iliopoulos, "Inexplicit Property Rights in Collectivity Action: A Case of Agricultural Cooperatives in U. S. A. ", *American Journal of Agricultural Economics*, 1998 (11), pp. 1153 – 1159。

　　社员资格政策对合作社的绩效影响最大，传统合作社的开放政策对合作社绩效有负向影响，并且影响显著。这反过来说明，通过资本市场购买股票成为社员，而不是通过交一份很少的且与成员使用合作社无关，并与合作社业绩没有多少关系的入股金成为社员的社员资格政策，对合作社的绩效有显著的正效应。股金决定交易额或社员与合作社签订了出售协议对合作社绩效有显著的正效应，很显然，出售协议稳定了合作社的供货量，有利于合作社的经营与计划，有利于合作社绩效的提高，刺激了社员的投资，这与 DGPC 合作社的实际情况也是相符的。合作社的股份及交货权的可转让和可增值是改善眼界问题的重要工具，[1] 结果表明，*TRANSFER* 对合作社的绩效有一个正向影响。*SEPKPOOL* 可以改善社员的投资组合，进而提高绩效，但由于样本中仅有少量合作社采用了分散的资本联盟，因而无法观察到正效应，而且变量也不显著。总之，上述两位学者的研究表明，新一代合作社投资中的资本构成比远高于传统合作社，即社员明显增加了对合作社的投资，在其他条件不变的情况下，这会导致合作社生产效率大幅提高（作者认为新一代合作社也是资本稀缺的，少量的社员资本投入就会导致大量的产出——笔者注），其经济绩效也要明显高于传统合作社。

　　第六，新一代合作社与传统合作社最明显的不同是，社员增加了对合作社的投入，合作社的产出有了大幅提高，社员收入水平也有了明显的改善。新一代合作社通过产权制度变革，拓展了融资渠道，增加了股份，延

---

[1]　Condon, A. M., *Property Rights and the Investment Behavior of U. S. A. Agricultural Cooperatives*, Virginia Polytechnic Institute and State University, 1990.

长了生产链，使成员获得了农产品加工增值的收益从而改善了收入。据美国农业部对合作社的年度统计，2005 年受调查的 2896 个新一代合作社为它们的社员实现了约 20 亿美元的加工增值收益①。

7.3.2 公积金制度对绩效的影响

合作社公积金制度源于其股金制度，是对股金制度私有性的扬弃，因而在合作社产权制度中占有重要地位。由于合作社公积金是共同共有财产，所以西方学者将其产权概括为公共产权或不明晰产权，之所以将其称为不明晰产权，是因为其产权没有被划归到个人名下，② 会产生机会主义行为，但我们认为机会主义行为的产生主要是生产经营活动中监督计量工作不完善、机制不健全造成的（如以色列的基布兹 100% 的集体产权，但也曾有效地抑制了机会主义行为③）。对新一代合作社来说，公积金制度的作用是积极的，例如，从 1994 年至 1999 年，DGPC 合作社的公积金收益留存从 10.4% 上升至27.9%，其有效地支持了合作社的扩大再生产，可见公积金对新一代合作社的发展与壮大很重要。公积金对经济绩效的作用主要表现在以下几个方面。

第一，它为合作社的劳动者素质的提高和技术改造提供了一定的物质保证。从前面对新一代合作社的产权制度和分配制度的分析中得知，新一代合作社的财产积累主要来源于公积金。随着合作社的发展壮大以及技术革新的需要，公积金的提取有增加的趋势，例如，DGPC 合作社不断增加公积金提取比例，就是为了收购其他公司以壮大企业，同时进行生产技术革新，提高生产率、降低成本，从而获得竞争优势。由于公积金是合作社成员的共同共有财产，合作社在整个生产经营过程中可以根据需要或用于设备更新、人才引进和生产技术改造，或用于进入新的行业，或用于职工

① Farmer Cooperative Statistics, 2005, http://www. rurdev. usda. gov/rbs/pub/sr65. Pdf。1992 ~ 2005 年美国农民合作社年度统计公报见 http://www. rurdev. usda. gov/RBS/pub/service. Htm。

② Cook, M. L. and C. Iliopoulos, "Inexplicit Property Rights in Collectivity Action: A Case of Agricultural Cooperatives in U. S. A.", *American Journal of Agricultural Economics*, 1998 (11), pp. 1153 – 1159.

③ Ran Abramitzky, "The Limits of Equality: An Economic Analysis of the Israeli Kibbutz", Northwestern University, 2005, p. 33.

的培训，等等，因此，它在一定程度上弥补了合作社生产经营与发展资金的不足，克服了股金制度的局限性，增强了合作社的实力，拓展了其生存空间。从这个意义上说，它对生产率的作用是积极的。下面以教育公积金为例说明。表 7 - 4 是美国俄克拉荷马州新一代合作社——VAP 合作社（一个小麦生产者合作社）社员与该州非社员农场主对新一代合作社认识情况的调查统计结果。

表 7 - 4　对新一代合作社认知的比重

单位：%

认知水平（分 5 个等级）	新一代合作社社员（N = 321）	非社员农场主（N = 280）
不熟悉（1 级）	0.62	47.5
小于中等程度熟悉（2 级）	7.17	22.14
中等程度熟悉（3 级）	43.3	21.07
大于中等程度熟悉（4 级）	25.86	5.36
非常熟悉（5 级）	23.05	3.93

资料来源：Hubertus Puaha，"Coalition Development in the Agricultural Marketing System"，Oklahoma State University，2002，p. 58。

如表 7 - 4 所示，社员对新一代合作社的认知水平远远高于非社员，并且对新一代合作社认知水平越高的社员对合作社的投资总额越大，如图 7 - 4 所示。

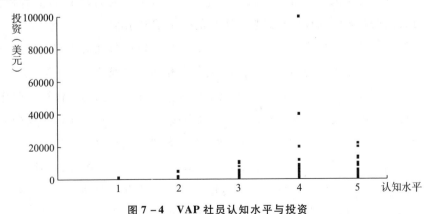

图 7 - 4　VAP 社员认知水平与投资

资料来源：Hubertus Puaha，"Coalition Development in the Agricultural Marketing System"，Oklahoma State University，2002，p. 60。

社员对新一代合作社的认知大多来自合作社的教育，如表 7 - 5 所示。

表 7 - 5　社员认知新一代合作社的途径分布情况

单位：%，人

学习的渠道	比重	人数
社内教育：出席社员大会或工作例会	61.3	197
从报刊中获得	10.2	33
从电视新闻中获得	0	0
从与其他农场主的谈论中获得	17.4	56
其他渠道	11.1	39
合计	100	325

资料来源：Hubertus Puaha，"Coalition Development in the Agricultural Marketing System"，Oklahoma State University，2002，p. 61。

从上述三个连续的分析图表中我们可以发现，构建新一代合作社的社员往往对新一代合作社的认知程度高；更重要的是，对新一代合作社投资高的社员又是在社员中对新一代合作社认知程度高的成员；而最后一个表证明，社员对新一代合作社的认知有 61.3% 来自合作社的教育，可见教育对合作社这种生产经营组织形式是十分重要的，管理制度分析一章对合作社教育机能的分析也证明了这一点，教育是合作社的生命源泉之一。而合作社的教育经费大多来自公共积累的公积金，这也就是绝大多数国家将合作社提取公积金以法律的形式规定下来的一个重要原因。

第二，公积金制度可以在一定程度上增强合作社与社员之间、社员与社员之间的相互承诺与信任，从而稳定合作社的生产经营活动。当社员把自己的一部分资金（或资产）作为股本投入合作社时，就同合作社及合作社中的其他成员建立了一种经济利益联结关系，这样，社员同合作社中的其他成员成为一个相互承诺和依赖的"经济利益共同体"。但是，这种"经济利益共同体"关系仅仅是建立在个人"按份共有"的股金制度基础之上的，当合作社将一部分净剩余转化为"共同共有"财产后，合作社有了稳定的法人财产，成员间形成了强而有力的经济利益连接"纽带"，不仅提高了合作社的稳固性，同时也增强了社员的集体责任感，强化了社员与合作社以及社员与社员之间的相互承诺与信任。由于新一代合作社有加工企业，其公积金财产积累要高于传统合作社，这也就意味着成员间的经济利益连接"纽带"更强，这显然有利于合作社绩效的提高。

第三，公积金制度在对促进合作社稳定、提高生产率方面发挥着积极作用的同时也有着负面的影响。因为它减少社员的现期收入，降低社员参与合作社生产经营的积极性；另外，公积金的产权是一种公共产权，如果传统合作社监督管理不善，这种公共产权很可能会激发社员的机会主义行为。这是因为，虽然传统合作社用有资格投资、无资格投资以及循环资金融资和基本资金计划来进行"置后"型的责、权、利关系调整，但由于存在时滞，仍然不能杜绝机会主义行为，这也是一部分西方学者反对公积金制度的重要原因（参看文献综述一章）。但新一代合作社则不存在这种情况，因为社员对公积金财产的使用是通过"提前"购买交易额（交易权）来确定的，多购买多使用，责、权、利关系在交易前就已经明晰（对公积金财产的使用完全依据社员投入的多少来决定），这抑制了社员的机会主义行为。可见，共同共有产权并不必然导致低效率，关键在于规则。

总之，不论是否会引发社员的机会主义行为，公积金制度对于合作社的存在和发展是重要的，否则西方各国不会以法律的形式将其强制规定下来，这也被许多研究者证实。例如，美国哥伦比亚大学（Columbia University）的 Fabio R. Chaddad 在其博士学位论文《美国农业合作社融资约束理论及来自面板数据的经验证明》中运用 Q 投资理论对美国 1991～2000 年具有代表性的 1271 家农业合作社（含新一代合作社）进行面板数据模型分析，结果证实公共积累多的合作社的融资约束要小于公共积累少的合作社，资金流相对更稳定，而且公共积累多的合作社往往是一些发展得较好、存续时间长的合作社。可见，尽管可能会引发机会主义行为，但公积金制度的作用更多的是表现在维护与实现合作社持续、稳定的发展方面。

7.3.3　管理制度对绩效的影响

作为企业生产关系重要组成部分的管理制度，对提高企业生产率水平的作用主要表现在以下两方面：①对生产经营活动的主体进行管理，即对人的管理，以激励其增强劳动积极性，不断提高生产技术水平与产出；②对生产经营活动的客体进行管理，即对企业的各种生产要素进行科学、合理的配置和使用，提高品质，增加产量，降低单位产品成本，同时，在健全的机构、完善的机制下形成正确的决策，为生产率的提高确定方向和提供条件，实现不断提高生产经营效率、拓展收益空间、提升经济绩效的目的。

新一代合作社的管理制度以集体管理制度（基于"一人一票"制）为基本特征，以循环控制为基本治理结构，以教育、监督、惩罚、激励（奖励）制度为主要实现机制。

7.3.3.1 集体管理制度对绩效的影响

首先，合作社的集体管理制度有利于企业形成一种相互信任、相互协作的企业文化。成员间的异质性会对合作社的集体管理、决策产生一定的影响。但在集体管理过程中，合作社成员大多来自相同地域，相互熟悉；其生产对象及生产方式相同或相似以及加入合作社后身份的一致性、职业认同感等因素的增强所形成的信任、承诺和相互支持、理解等，为激励合作社进行集体决策提供了重要的动力；反过来，合作社的集体管理制度又会强化成员间的相互承诺、支持和理解，有利于合作社形成一种相互信任、相互协作的企业文化。DGPC 的社员表示，多次参加集体管理、决策后，即使有权去参加一些会议（如审查董事会的业务记录及账目），他也不会去，因为相互信任的企业文化已形成，他不想让董事会觉得他们不被信任。这种态度意味着对合法知情权的放弃，当然我们不主张放弃对合作社生产经营管理各环节的监督，但从 DGPC 社员的反应我们可以感觉到，集体管理制度对提高管理效率，如提高决策的有效性和即时性，以应对瞬息万变的市场，提高生产经营效率及绩效水平，增强成员与董事之间的相互信任以及促进企业信任文化的形成是何等重要。合作社的集体管理制度使社员既关注物质性激励，又关注相互承诺、相互信任、信誉、道德信念等非物质性激励，这些非物质性的激励往往会升华为合作社的企业文化，这种企业文化在集体管理中约束了每一个成员的不合作行为或机会主义行为等，即使没有书面合同的约束，每个成员也会努力完成企业文化、信念驱动下的无形合同，使自己的实际活动合乎集体管理的行为准则，有力地促进了合作社绩效水平的提升。①

其次，集体管理制度有利于快速地收集和传递信息，有利于合作社做出正确的决策并高效地实施。信息是一切决策的基础，而信息收集主体的积极性和效率对信息的收集和传送，进而对合作社的绩效有着重要影响。新一代合作社的产权、分配制度安排为每一个成员主动去收集信息提供了强而有力的内在激励；同时，集体管理制度又能使合作社及时得到充分、全面的信息，为合作社进行科学、合理的决策提供了有利的条件。因此，与相同规模的资本主义企业相比较，在信息收集的全面性、充分性等方面，新一代合作社有着一定的优势。在 DGPC 收购 Primo Piatto 食品公司时就是一名社员提供了重要信息，使得合作社在一个恰当的时候、以一个优惠的价格买下了该公司。

最后，还应该注意到集体管理制度可能增加决策成本，拖延决策时间，降低决策效率，但新一代合作社的情况要好于传统合作社。第一，由于传统合作社实施开放政策，入股金的"门槛"较低，相对于新一代合作社，其总股本少而人数多，由于每个社员所占股本份额低，社员努力的收益与承担的成本、风险不对等，且社员担心努力的收益被均分，导致他们没有内在激励积极参与集体管理，在社员多的传统合作社中这一现象尤为明显。第二，传统合作社社员的股份不可流动，造成社员不能根据自己的前景预期及时地调整持股比例，由于不能"用脚投票"，成员有异议时，就会在社员大会上倾向于按自己的前景预期投票，再加上是基于"一人一票"的投票原则，这必然增加了集体管理、决策的难度，降低了决策效率。第三，由于传统合作社没有交易权合同的约束，因而管理层对社员生产经营的专业化指导与管理处于弱势，当合作社成员异质性强时，管理层要使社员各方意见达成一致是很困难的，这导致

---

① Kyriakos Kyriakopoulos, Matthew Meulenberg, Jerker Nilsson, "The Impact of Cooperative Structure and Firm Culture on Market Orientation and Performance", *Agribusiness*, 2004, pp. 379 – 396.

集体管理难度增大，管理效率低下。

对于新一代合作社来说，提高了入股金的"门槛"，合作社人数相对较少，但仍然有部分社员缺乏参与管理的积极性，但由于人数少，投资大，合作社与社员利益攸关，其情况比传统合作社要好。例如，美国俄克拉荷马州立大学的 Hubertus Puaha 在对新一代合作社 VAP（712 名社员）调查时发现，62% 的社员表示会积极参加合作社的例行会议，仅有 8 % 的社员明确表示不参加，而传统合作社是很难达到这一水平的。[①] 同时，新一代合作社的股份可以被转让，社员可以根据自己的前景预期和风险偏好来调整持股比例，例如，当集体决策使自己的风险增加或不能满足期望收益时，社员可以"用脚投票"，即转让股权。虽然这是一种激烈的反对意见表示，但起码社员不会在集体决策中人为地制造干扰或障碍。由于合作制的特点，新一代合作社与传统合作社同样受到社员异质性的困扰，但由于社员人数相对要少以及有契约约束，社员异质性对新一代合作社的影响相对要小。新一代合作社一般在确保每个社员享有一票表决权的基础上，再允许社员按交易额行使表决权，但表决权设有最高限制，与传统合作社相同，具体的受限票数依据国家或当地的相关法律、法规执行。新一代合作社成员需要购买交易合同，按合同约定向合作社交售特定质量与数量的产品，由于有合同的法律约束，社员与管理层之间是双向强约束，这大大降低了集体管理的成本，提高了管理效率。

总之，与传统合作社相同，对于绩效的变动，新一代合作社的集体管理制度对绩效有正向和负向的双重作用，正、负向作用相互抵消后的影响是正是负，很大程度上取决于这个合作社的规模：随着合作社规模的扩大和人数的增多，集体管理制度的积极（正向）影响作用可能会降低。此外，新一代合作社的具体制度安排也可能产生积极影响（如预先投入股金购买交易合同），在不同程度上抵消企业规模变大而在管理上暴露出的消极作用（如社员的机会主义行为）。因此，从总体来看，新一代合作社集体管理制度的绩效要强于传统合作社。

① Hubertus Puaha, "Coalition Development in the Agricultural Marketing System", Oklahoma State University, 2002, p. 66.

7.3.3.2　循环控制的治理结构对绩效的影响①

新一代合作社的循环控制治理结构是与其集体管理制度相适应的。第一，集体管理制度是建立在民主与平等的合作理念基础之上的，而循环控制治理结构就是要使这种民主与平等的集体管理制度得以顺利实施，从而提高合作社的绩效。第二，循环控制治理结构能最大限度地处理好合作社生产经营过程中广大社员同合作社管理层之间的关系。这一治理结构的主要特点是，合作社的股东——社员作为整体（社员大会）控制管理层的行为，而合作社的管理层又控制着每个社员的生产经营活动，基于社员与合作社签订的契约，这是一种双向强控制的治理结构，相对于传统合作社，它更有利于促进生产力发展和提高合作社的绩效。正如我们在新一代合作社管理制度分析一节中指出的：新一代合作社中社员与经理的关系由传统合作社的经理对社员的弱控制（实为一种服务和建设性指导）、社员对经理的强控制，转变为经理（不论经理是外聘还是从社员中产生）与社员之间的双向强控制，这是因为社员一旦向合作社投入了股金，即购买了交易合同，这就严格明确了双方的权、责、利关系，这种权、责、利关系不仅建立在个人名誉、信用基础之上，更重要的是建立在国家法律基础之上，即双方都有可能要承担违约的法律责任，这有利于新一代合作社的组织纪律建设：一旦合同签订，到期时双方均必须履约，这避免了传统合作社中部分社员因外部市场价格上升而放弃惠顾合作社的现象发生，稳定了合作社的供货，从而有利于合作社对市场价格的控制，为合作社提升绩效创造了条件。

7.3.4　分配制度对绩效的影响

合作社的分配制度对提高其绩效的作用主要体现在它可以为合作社内的劳动者和管理者提供必要的激励，并为合作社的持续发展提供积累。下

---

① 合作社社员对合作社加工厂工人的管理与资本主义企业股东对工人的管理（主要表现为借助与经理层之间的委托－代理关系来对工人的生产活动进行管理）没有本质区别，因而本研究不再分析，而重点分析合作社的循环管理部分。

面我们分别从合作社经理、雇员、工人的工资分配制度和社员的剩余分配制度来分析它们对合作社绩效的影响。

其一，工资分配制度对绩效的影响。

首先，在新一代合作社外聘经理、雇员的情况下（新一代合作社外聘的经理、雇员大多数在加工厂从事生产经营管理工作，因为农场主们对农产品加工及产成品营销更陌生[①]），经理、雇员是受雇者，由于他们是新一代合作社与资本主义企业"通用"的，所以其收入水平主要是由市场机制决定，新一代合作社社员或资本主义企业中的所有者主要是按各自企业对经理、雇员的需求状况，岗位职责与对应的岗位工资，经理、雇员市场的供给状况等确定受雇人员的工资收入标准，因此两类企业中经理、雇员的工资既包括他们为企业服务（生产经营管理和对工人的监督管理及产成品营销）的收入，还包括当企业急需专业经理、雇员时提供的高于其职位平均工资的收入；其次，新一代合作社的加工企业与资本主义企业没有什么不同，工人的工资是由劳动力的价值即维持劳动者平均生活需要的生活资料的价值或价格决定，并受工人的劳动力市场价上下浮动的影响。可见，新一代合作社与在同一市场中，加工相同或相似农产品的资本主义企业相比，他们的经理、雇员和工人的工资分配在量上没有太大的差别，如果合作社的经理、雇员和工人与资本主义企业中的相同职位的人员对工资激励的反应是一致的（如在一定限度内，工资对受雇人员均有正向激励），那么，新一代合作社的经理、雇员和工人的工资分配制度对他们的激励与资本主义企业就没有本质的不同。

其二，剩余分配制度对绩效的影响。

无论是传统合作社还是新一代合作社，剩余分配制度在整个分配制度中均处于核心地位，同时它又是合作社产权制度在利益分配上的重要体现。

如分配制度分析一章所述，传统合作社剩余分配制度最大的特点就是以按惠顾额（量）分配为主，严格限制股本利息、贷款利息收入，这充分

---

① Hubertus Puaha, "Coalition Development in the Agricultural Marketing System", Oklahoma State University, 2002, p. 73.

体现合作社为劳动者服务的宗旨。而新一代合作社在分配制度上有了很大不同，新一代合作社也限制社员的股本利息和贷款利息，但从对资本投资收益进行严格限制这一要求来看，其没有实质的意义，因为在社员惠顾返还中有一部分是资本投资收益（工人的剩余劳动），这部分收益没有上限，这时社员是以农业生产一线生产者和加工厂资本家的双重身份进入剩余分配过程，凭借劳动量与资本投入取得剩余收入（劳动量与资本投入两者是一致的，即生产交售的劳动产品越多，对产品进行加工处理的资本投入就越高，获得加工厂工人创造的剩余价值也就越多）。

剩余分配制度对绩效的影响首先来自剩余分配制度对社员的激励作用。新一代合作社中社员具有双重身份，既是劳动者，又是资本家，这就决定了剩余分配制度对社员具有双重激励：作为劳动者，社员可以占有自己的剩余劳动，作为资本家，社员可以占有工人的剩余劳动。因此，在这种双重激励下，与传统合作社最明显的不同是，新一代合作社社员明显增加了对合作社的投入。如前所述，DGPC 合作社的可分配净收入由 1994 年的 -24.9 万美元转变为 1998 年的 935.9 万美元；每股惠顾返还由 1994 年的没有返还到 1998 年的每股 10 美元的返还；每股的红利也由 1994 年的没有利息到 1998 年的每股有 1.27 美元的红利支付；每蒲式耳小麦的收购价由 1994 年的 5.95 美元升至 1998 年的 6.64 美元，进而激励了社员对增发股票和分股计划的积极支持，社员的总投资由 1995 年的 1349.7 万美元增加到 1999 年的 4098.6 万美元，4 年间就增加了 2 倍，而在未成立新一代合作社之前，DGPC 社员的总投资从未超过 100 万美元，投资的增长幅度从未超过 10%。由于投资的增加，合作社的产出有了大幅提高，从建立当年起至 1999 年底，合作社的产量以每年平均 35% 的速度增长。1998 年收购了 Primo Piatto 公司后，它已成为美国第三大面食制品商，每年的加工能力近 800 万蒲式耳，5 亿磅面食成品，而这一切反过来又使得社员的收入不断增加，可见，新一代合作社的剩余分配刺激了投资，从而提高了企业的绩效。不仅仅 DGPC 合作社是这样，美国伊利诺伊州农村事务所 1999 年对新一代合作社做的一份抽样调查也证实：社员对合作社增加投资主要是为了获得加工增值利润，如表 7 - 6 所示。

表 7-6 新一代合作社社员增加投资的主要原因

原因	重要性
在农村社区创造更多的就业机会	3.118
获得加工增值利润	4.914
替代已倒闭的加工者	1.500
先前新一代合作社的经验	2.588
实现市场营销全球化	2.594
产品生产的纵向联合	4.242
日益激烈的竞争	3.206
不断降低农村家庭的失业率	2.909
农场支持的日益削减	4.156
技术成本的不断增加	2.939
为了获得税收优惠	2.886

说明：1 = 不重要，3 = 中等重要，5 = 非常重要，$N = 60$

资料来源：IIRA，Questionnaire for New Generation Cooperatives or Limited Liability Cooperatives，1999，p. 80。

如表 7-6 所示，新一代合作社社员增加投入的最重要原因（4.914）是为了获得加工增值利润，这种利润分配的内在激励使得社员加大投资，进行了农产品加工的纵向联合（重要性位居第二），提高了合作社的绩效水平。俄克拉荷马州立大学的 Hubertus Puaha 在其博士学位论文《农产品市场系统的一体化发展》中以 VAP 合作社为例，分析了该合作社转变为新一代合作社后影响社员投资的因素。该论文前半部分运用新制度经济学分析了有哪些因素影响社员投资，后半部分用收集的数据构建多元回归模型，测定了影响因素的显著性及其程度，最后分析评述。作者认为影响因素有以下几个（见表 7-7）。

表 7-7 影响因素及其含义

影响因素	期望符号	因素的含义
DISTANCE	−	距加工厂远近
YEAR	−	农场主的年龄

影响因素	期望符号	因素的含义
FAMILIAR	+	对新一代合作社的认知水平
FAIRNESS	+	惠顾返还分配
CONTRACT	+	股金－交易额锁定制度
RISK1	+	偏好风险
RISK2	－	厌恶风险
SOCIAL	+	社会或非物质收益
RATE	－	高利率回报要求
WORK	－	兼业化程度
TAX	+	对俄克拉荷马州新一代合作社所得税减免了解的程度

资料来源：Hubertus Puaha，"Coalition Development in the Agricultural Marketing System"，Oklahoma State University，2002，p. 74。

估计结果如表7－8所示。

表7－8　估计结果

常量/自变量	参数估计值	标准差
常量	－ 119. 478	1982. 426
DISTANCE*	－ 9. 1412	3. 5079
YEAR	－ 20. 6991	15. 4161
FAMILIAR*	1525. 417	244. 2891
FAIRNESS	125. 9939	238. 9985
CONTRACT	41. 5314	163. 6396
RISK1	77. 4709	198. 3475
RISK2	－ 407. 616	246. 7011
SOCIAL*	962. 052	245. 496
RATE	－ 6. 3523	212. 3705
WORK	－ 1072. 84	528. 447
TAX	518. 5784	257. 4294

注：*为1%的显著性水平，其余为5%的显著性水平。

资料来源：Hubertus Puaha，"Coalition Development in the Agricultural Marketing System"，Oklahoma State University，2002，p. 77。

如表 7 - 8 所示，*FAIRNESS* 的系数为正，这说明合作社的剩余分配制度对社员投资有一个正向激励，这再次印证了我们的上述结论。同时，上述两个表还显示出新一代合作社的产权制度的基础——"股金 - 交易额锁定"制度激发了社员对合作社的投资（*CONTRACT* 符号为正），这与 Cook 和 Iliopoulos 的结论一致。此外，还有其他变量与投资之间的关系，如对合作社社员加强教育、提高社员对新一代合作社的认知水平对合作社的投资也有一个正向的激励作用；年纪越大的社员越不愿意增加投资；距加工厂越远的社员越不愿意增加投资；等等。总之，社员不断增加投资的内在激励是来自对加工增值利润的追求，加工增值利润的分配对社员（作为企业的所有者、投资者和惠顾者）的激励作用在剩余分配制度的绩效影响中处于主导和支配地位。

此外，新一代合作社的剩余分配制度提高了社员对合作管理的参与率，这主要是由于社员对合作社的投资很大，社员收入大多来自合作社的剩余（包括加工厂工人创造的剩余）分配。例如，VAP 合作社 97% 的社员认为，自己对新一代合作社的投资是很大的，65% 的社员认为没有其他可选投资，可见社员的收入很大程度上依赖于合作社，他们必然加强对合作社的承诺和对合作社目标的认同，这样会激发他们积极参与合作社的经营管理活动。在 VAP 合作社社员被问及"作为投资者是否每年都积极参加社员大会"时，62% 的社员明确表示积极参与，30% 的社员不能确定，只有 8% 的社员表示不参与。此外，剩余分配不仅与他们的劳动投入相关，而且与他们的资本投入密切相关。VAP 合作社中大多数社员认为"投资新一代合作社比投资农场风险要高"，同时也有 57% 的社员认为惠顾返还能带来更高的收益，高风险、高收益，这两重作用的结果就是 82% 的社员肯定"VAP 合作社对我是很重要的"，并且 72% 的社员认可投资新一代合作社能大幅增加收入，98.8% 的社员认为收入以惠顾返还的形式分配是公平合理的，[①] 这样我们就不难理解为什么新一代合作社社员的参与程度比传统合作社要高得多。

---

① 本段有关 VAP 合作社的资料来自 Hubertus Puaha，"Coalition Development in the Agricultural Marketing System"，Oklahoma State University，2002，p. 66。

最后，新一代合作社的剩余分配制度改变了社员的经济行为。如前所述，传统合作社的剩余分配权（索取权）是不可流动的。剩余索取权仅仅是一种惠顾完成后的交易权，在这样的产权制度安排下，社员追求的是以最低的价格购入生产（生活）资料，以最高的价格出售产品，两项差额积累从而获得最高的惠顾返还，可见社员本质上是追求与合作社的交易最大化或者称服务收益最大化，因此，许多学者认为传统合作社是"逆市场"的，即社员不是根据市场的供求状况来决定生产与交易。而新一代合作社的剩余索取权是可以流动的，社员可以根据加工产品的市场供求情况、自己农场的生产经营状况等因素来调整手中的股票，其中市场供求情况对这种调整起着决定性作用，因为加工增值部分带来的利润最大。这样，当一种食品在市场上供不应求时，用来生产该食品的原料农产品的交易权证（股票）的价格就会上涨，反之亦然。剩余分配权制度的变革改变了社员的经济行为，社员由"逆市场"行为转变为更加关心市场，并根据市场的情况来安排农场生产。总之，新一代合作社社员的收入主要来自加工增值部分，而加工产品的市场供求情况又在很大程度上决定了社员的加工增值收益预期能否实现，这也促使社员更加关心市场，关心消费者饮食嗜好的变化。学者 Salvatore、Melinda 和 Charles 应用两阶段柯布 – 道格拉斯估计法进行面板数据模型分析，以测定意大利南部新一代合作社的增加对小麦种植品种多样性以及小麦产量增加的影响。[①] 第一方程为：

$$D = a_0 + a_1 C + V_{it}$$

其中 D 表示小麦品种的多样性指数（Diversity Index），C 表示新一代合作社分布的密度（Cooperative Density，单位为个/公顷）。第二方程为：

$$Y = A \prod_{i=1}^{n} X_i^{\alpha_i}, 其中 \alpha_i > 0, \forall i = 1, \cdots, n$$

式中 Y 是小麦产量（吨），X 是影响产量的各个因素。估计结果如

① Salvatore Di Falco, Melinda Smale, Charles Perrings, "The Role of Agricultural Cooperatives in Sustaining the Wheat Diversity and Productivity: The Case of Southern Italy", *Environ Resource Econ*, 2008 (39), pp. 161 – 174.

表 7 - 9 所示。

表 7 - 9　两阶段柯布 - 道格拉斯估计结果

量及单位	系数	标准差
第一方程：		
常数项	0.4	0.28
新一代合作社的密度（个/公顷）	1.2 ***	0.22
第二方程：		
常数项	- 0.49 ***	0.12
小麦的多样性指数	1.2 ***	0.18
雨量（毫米/年平均）	0.0003	0.078
杀虫剂（100 公斤/公顷）	0.21 ***	0.092
劳动力（个/公顷）	0.15 **	0.071

注：第一方程的 $R^2 = 0.4$，F-test = 47.9，第二方程的 $R^2 = 0.73$，F-test = 31.27；显著性水平为 *** = 1%，** = 5%；小麦多样性指数来自第一阶段估计的调整。

资料来源：Salvatore Di Falco, Melinda Smale, Charles Perrings, "The Role of Agricultural Cooperatives in Sustaining the Wheat Diversity and Productivity: The Case of Southern Italy", *Environ Resource Econ*, 2008 (39), pp. 161 - 174。

从第一估计结果来看，新一代合作社的增加对小麦品种的多样性有显著的正向影响；从第二估计结果来看，小麦品种的增加对小麦产量也有一个正向影响。作者认为新一代合作社降低了农场主的市场交易费用（marketing transaction costs），为追求收益最大化，农场主增加了小麦品种和提高了产量。我们不否认农场主通过新一代合作社直接进入食品消费市场在一定程度上降低了其生产经营费用，但这不是主要的原因。我们认为主要原因是：生产力发展的内在要求激发了企业追求加工增值收益分配最大化，企业进行了纵向一体化拓展，农场主由原来的间接变为直接进入食品消费市场，直接与消费者打交道，了解了消费者饮食偏好的多样性（作者在文中提到了一个重要的细节，"农场主越来越像商人一样地关注市场消费"①），因而增加了小

---

① Salvatore Di Falco, Melinda Smale, Charles Perrings, "The Role of Agricultural Cooperatives in Sustaining the Wheat Diversity and Productivity: The Case of Southern Italy", *Environ Resource Econ*, 2008 (39), p. 170.

麦的品种，同时也可分散生产经营风险。小麦总产量的增加是由于小麦品种的增加，同时为了巩固已获得的市场份额，农场主们就必须不断地提高小麦产量。

7.3.5　简要总结

（1）传统合作社向新一代合作社的制度变革大大提高了社员的主观能动性，形成了一种强烈的内在激励，激发社员提高生产经营效率，使企业的绩效水平不断提升。相对于传统合作社，新一代合作社投资大、风险大、收益高，新一代合作社的产权制度设计使合作社的收益不但关系到社员自我劳动价值的实现，还关系到社员资本利润的实现，这将有助于社员将自身利益与合作社的利益紧密地联系在一起，同时新一代合作社坚持了传统合作制的民主管理制度，最终使得新一代合作社的社员在生产经营管理过程中的参与率远高于传统合作社。

（2）传统合作社向新一代合作社的制度变革使合作社生产经营效率及绩效水平均得到提高。这主要表现为新一代合作社的"股金－交易额锁定"制度为其引进加工技术与设备、延长生产链、提高生产效率、拓展利润空间提供了必需的物质条件，而其分配制度和公积金制度又加固了这一条件。更为重要的有以下几点。①新一代合作社扬弃了传统合作社的产权制度。新一代合作社承续了传统合作社在生产一线的高效率产权制度安排——家庭农场制产权制度安排，变革了传统合作社流通部分的产权制度。传统合作社的产权制度基础——股金制度仅表明社员有权与合作社交易并有权参与会计年度末的惠顾返还，社员与合作社在经济活动中的权、责、利关系的调整是一种滞后型调整；而新一代合作社的"股金－交易额"一经确定，在尚未交易前，社员与合作社的权、责、利关系就明确了，这有利于绩效的提高。②新一代合作社的法人产权与社员的终极所有权分离，生产周期内，社员离开合作社不能带走自己的资产，保证了合作社法人财产的稳定性。同时由于合作社股票二级市场的存在，股票的价格随合作社的生产经营状况、市场供求以及合作社发展前景等因素上下浮动，股价作为新一代合作社的晴雨表，最全面地揭示了合作社的信息，这种晴雨表很大程度上反映了社员、经理等成员的生产经营管理成果，外在地给他们一种市场压力，激励着他们不断提高合作社的生产经营效率。③新一代合作社继承了传统合作社在培养和吸收人才方面的优势。新一代合作社同样重视教育，这有利于内部人才的培养和其作用的发挥，同时还积极吸纳外部专业人才，这些均有利于合作社生产经营效率的提高。

基于以上的分析可知：由于新一代合作社提供了延长生产链、扩大生产规模的物质基础，并通过各种制度安排稳定和强化了这一基础，制度安排还特别突出地调动了成员踊跃投资和积极参与管理的主动性，因而其在资本主义市场经济中有着顽强的生命力和极强的竞争力（如 DGPC 合作社）。西方一些研究者的分析也从不同角度证实了这一结论。

美国加利福尼亚州立大学的 Himawan Hariyoga 在其博士学位论文《导致农业供销合作社破产原因的经济学分析：Tri Valley Growers 合作社的破产案例分析》中，以美国西太平洋有名的 Tri Valley Growers 合作社（一个传统的水果合作社，曾在 20 世纪七八十年代几乎垄断了美国西太平洋沿岸的水果市场）破产案（2000 年 7 月）为例，深入分析了传统合作社的制度缺陷（与股份制企业对比），然后与新一代水果合作社进行了比较制度分析，说明新一代合作社在绩效上不但强于传统合作社，甚至强于股份公司。① 此外，还有其他研究者的观点（见表 7－10）。

表 7－10　西方部分学者对传统合作社、新一代合作社与股份公司绩效比较研究的概要总结

行业	作者	结论
水果、蔬菜行业	Lerman and Parliament（1990）	传统合作社的绩效略低于股份公司的绩效；单位资产收益率和资产负债率相当；传统合作社产权不可流动，单位固定资产销售额低和存货周转率低

---

① Himawan Hariyoga, "An Economic Analysis of Factors Affecting the Failure of an Agricultural Marketing Cooperative: The Bankruptcy of Tri Valley Growers", University of California, 2004, p. 330.

续表

行业	作者	结论
水果、蔬菜行业	Himawan Hariyoga（2004）	作者以 Tri Valley Growers 的破产为例，说明传统合作社绩效低于股份公司绩效：①低收益率；②较高的营业成本；③现金流问题；④融资结构不合理与杠杆作用低效；⑤总资产不稳定；⑥融资困难，偿付能力有限。而新一代合作社能不同程度地缓解甚至消除上述问题
谷物行业	Parliament and Hertel（1992） Schrader，Babb，Boynton and Lang（1985）	传统合作社绩效比股份公司绩效低。传统合作社往往投入不足，经营效率低
电力行业	Hollas and Stansell（1988）	股份公司比传统合作社更有效率，绩效水平高
棉花生产行业	Sexton，Wilson and Wann（1989） Caputo and Lynch（1992）	传统合作社显示出价格无效（不是按边际成本＝边际收益来确定价格、产量），产权制度安排的低效率激发机会主义行为，导致企业资产被过度使用。传统合作社是低效率的，技术上的低效率是主要原因
乳品加工业（新一代合作社与处于该行业的相同规模股份公司对比）	Babb and Boynton（1981）	新一代合作社比股份公司更有效率：①更高的资本利用率；②每单位产出的劳动力成本低；③每单位产出的总成本也低
	Porter and Scully（1987）利用1972 年的数据	新一代合作社是低效率的，能生存是因为有政府支持。（1972 年，新一代合作社在美国刚出现，数量不多且很弱小——笔者注）
	Ferrier and Porter（1991）利用Porter and Scully 1972 年的数据	新一代合作社绩效比股份公司绩效低
	Parliament，Lerman and Fulton（1990）	新一代合作社绩效高：①与股份公司有相同的利润返还；②较低的资产负债率；③资金周转率快；④单位总资产销售率高
	Haller（1993）	新一代合作社的效率高于股份公司的效率，因为销售价格更低，其占有更多的市场份额
综合考察：谷物、肉类、奶制品、水果和蔬菜	Mats A. Bergman（1997）利用两寡头（duopoly）模型理论。作者仅考察 1990～1995 年丹麦、芬兰、法国、德国、荷兰、瑞典和美国 7 国的情况	传统合作社绩效高于股份公司绩效，这是因为合作社拥有反垄断豁免权和其他政策扶持，更具有攻势（价格更低）和能获得更大的市场份额。特别是能进行纵向一体化联合的新一代合作社具有价格歧视（国内价格高于其出口价格）

行业	作者	结论
		并加强这种歧视的能力，因而更具竞争力，具有更高的绩效，但同时作者也指出这造成社会福利损失

资料来源：Mats A. Bergman，"Antitrust，Marketing Cooperatives，and Market Power"，*European Journal of Law and Economics*，1997（4），pp. 73 – 92。

　　美国俄克拉荷马州立大学的 Jared Garfield Carlberg 在其博士学位论文《牛肉食品生产行业中价格发现的选择方法与新一代合作社的成功因素》中，对美国的牛肉食品生产行业中的新一代合作社与股份公司（从肉牛饲养到加工、销售的一体化企业）的绩效进行对比分析，认为新一代合作社要强于股份公司，这主要是由于社员与合作社之间的信息交流更快捷和通畅，这有利于合作社制订详细、全面的发展计划；社员经营管理的参与率高；董事会成员由社员民主选举产生，同时有交易合同约束，新一代合作社的董事会管理更有力、有效；由于与自身利益紧密联系，新一代合作社社员更关心产品质量（product quality）、消费者服务（customer service）、产品的独特性（product uniqueness）、技术整合（technology incorporated）以及品牌意识（brand recognition）等。[1]

　　美国明尼苏达州立大学的 Steven Jerry Holland 在其博士学位论文《在低收益和不确定市场中的投资：对新一代合作社的产生及稳健运行的动态研究》中，分析了美国生物酒精制造行业中的新一代合作社与股份公司的绩效，认为新一代合作社的绩效有条件地强于股份公司，这些条件是：世界能源（特别是石油）价格或者玉米价格和酒精价格继续走高；政策支持，这样新一代合作社在激烈的市场竞争中可以维持自己的股票价格；不断扩大融资对象，解决融资抑制问题；领导、立法支持和积极的拥护者也是关键；最后，需要一个肯奉献的团结的生产者群体，包括那些有领导技能、知识渊博并愿传授知识的能人，成功有效的管理，一个强大的商业计

---

[1] Jared Garfield Carlberg，"Beef Packer Conduct Alternative Approaches to Price Discovery and Success Factors for New Generation Cooperatives"，Oklahoma State University，2002，pp. 80 – 108.

划，一个稳定的市场和金融机构。[1]

　　总之，在笔者所能穷尽的西方文献中，并没有形成一个普遍的共识：合作制企业（含新一代合作社与传统合作社）的绩效就一定比股份制企业差。不同的研究者处于不同的角度，应用不同的方法，收集不同的数据，会得出不同的结果。但从出现结果的频率来看，当前西方大多数研究者认为，传统合作社的绩效要普遍低于相同领域、相同规模的股份制企业的绩效，当然也有部分比股份制企业强的传统合作社；而新一代合作社的绩效普遍高于相同领域、相同规模的股份制企业的绩效，当然也有部分新一代合作社的绩效低于股份制企业的绩效。绝大多数研究者认同，新一代合作的强势主要来自三个方面：一是新一代合作社在一定程度上垄断了初级农产品的供给市场；二是成员投资及参与生产经营管理的积极性高；三是政策支持，如获得反垄断豁免权及政策性贷款等。

---

[1]　Steven Jerry Holland，"Investment in a Thin and Uncertain Market：A Dynamic Study of the Formation and Stability of New Generation Cooperatives"，University of Minnesota，2004，pp. 159 – 163.

第八章　政府在农业合作经济组织
发展中的作用

　　西方合作运动初期，合作社的组建大多是资本主义制度下社会底层劳动者自愿组织起来为实现自我权益的一种抗争。但随着资本主义市场经济的发展，合作社要在激烈的市场竞争中生存与发展，就不得不借助一些外部力量，而在这些外部力量中最强而有力的就是政府的力量。现代合作社理论认为，合作社追求的目标与接受政府的支持并不矛盾，甚至是相容的。因此，合作社可以向政府寻求帮助，并通过各种立法来保证自身的合法权益不受侵害。

　　从政府方面来看，在合作运动发展初期，西方资本主义国家把合作社视为与资本主义格格不入的"另类"企业，常常把它与社会主义或共产主义思想联系在一起，冷漠处之，对合作社不屑一顾、敌视甚至抵制合作运动。随着合作运动的发展，资本主义国家政府渐渐认识到，资本主义制度下的农业合作社虽然抵制剥削，维护农户的利益，但不危及资本主义制度和资产阶级的根本利益，没有动摇资本主义根基，相反还能改善贫困人口的生活条件、缓和日益尖锐的阶级矛盾、稳定资本主义社会和提高全社会福利水平，同时还有充当竞争尺度的作用。最终，西方各资本主义国家政府开始转向支持和提倡合作运动，积极扶持合作社的发展。

　　对广泛分布于全社会各行各业的合作社，西方资本主义政府都给予了或多或少的支持，但是，没有任何一个行业或领域的合作社会像农业合作社一样，得到政府最大限度的关注和帮助。可以说，在当代资本主义国家农业合作社（这里依然是指传统合作社，论及新一代合作社时，我们会做特别说明）的建立和发展过程中，政府支持是合作社取得成功的最重要的外部因素。当代资本主义国家的政府无一例外地参与农业合作社事务，有的政府甚至直接参与农业合作社的构建并大力扶持其发展，例如，日本和韩国的农协就是在政府的大力扶持下建立起来的。

第一节　西方各国政府参与农业合作经济的原因

各国政府为何如此重视农业合作社，并在其建立和发展的进程中积极参与，大力扶持？说到底这是由农业与合作经济两者的性质决定的。从笔者所掌握的西方文献来看，政府关注并积极支持农业合作社是政府发展农业并进行农业宏观调控的一个重要手段，同时还将农业合作社视为维护农业生产者利益，巩固农业的基础地位，保证国家粮食安全、食品安全的一支重要力量。因此，西方资本主义国家政府积极扶持农业合作社的发展是必然的。

8.1.1　农业的弱质性决定政府扶持的重要性

相对于其他产业，农业具有弱质性，这种弱质性主要表现在以下方面。首先，由于农业的生产对象和生产过程对自然环境高度依赖，因而其生产的自然风险高。其次，市场风险高。农业主要为人们提供生存必需的食品，这意味着农产品的需求刚性强，消费者在既定时间内对食品的消费量是稳定的，不会随收入水平的变化而大幅度改变，随着农业生产效率的提高，产出增加经常导致产品过剩。同时，大多数农产品不易长期保存或者保存、储藏的费用高。最后，农业生产的比较利益较低，这主要是由于农业生产对象的特点及农业生产方式造成农业生产的周期长、资金周转速度慢。总之，弱质性使农业投资不能获得全社会的平均利润率，因而为了维持农业正常生产以保证食品供给，国家就需要对农业合作社进行扶持。例如，2003 年，日本农协社员收入总额中有近 60% 来自政府补贴。①

---

① 盛立中：《西方农业生产者的天堂》，看世界网站，http://qkzz. net/magazine/1006 - 0936/2004/05/10 1227_2. htm，最后访问日期：2006 年 4 月 1 日。

补贴的获得一方面是因为政府对农业的重视，另一方面是因为各国农业合作社联盟积极主动争取。几乎所有发达资本主义国家的全国农业合作社联盟都拥有一个院外游说集团。"在英国，超过 80% 的农场主属于全国农民联合会（NFU）。全国农民联合会在地方和全国层次上拥有一支训练有素的工作队伍，并在英国政策讨论中有特殊的地位。……美国农场主合作联盟（FECUA）在美国政治中具有明显的重要影响。"①

农业具有天然弱质性，如果仅凭市场机制来实现资源的优化配置，各种资源将会流出农业，从而动摇农业的基础地位。考虑到农业在国民经济中的重要性及其社会功能（国家安全）和生态功能方面的正外部性，政府必须进行扶持，否则农业生产（其中包括农业合作社生产）就会萎缩。美国学者 Porter 和 Scully 认为，由于农业合作社的运行成本太高，生产经营效率低，所以国家需要对其进行补贴、税收减免和免费提供服务等，这样就等于将公共资源用于培养一种低效率的组织，扭曲农产品价格，降低公共资源的配置效率。② 但我们认为，首先，农业合作社不是一种低效率的组织，他们的分析忽略了农业一线生产经营的效率问题；其次，这一观点忽视了合作社对文化、环境、社会等的正外部性影响。农业合作社是农业领域重要的组织形式，是强化农业基础地位的重要工具和手段，不能低估其作用，要采取综合积极的措施保护农业合作社的健康成长，实践也证明，当代没有任何一个发达国家会无视农业合作社的发展，它们无一例外地采用各种手段扶持其发展，维护农业生产者的利益，以强化和巩固农业的基础地位。可见，从本质上看，支持农业合作社是国家出于发展战略及安全的考虑，当然也与合作社的院外游说密切相关。此外，农业的可持续发展也要求国家重视农业合作社，积极扶持农业合作社的发展，这对于增加农户收入和减少农村穷困人口具有十分重要的意义。

总之，由于农业的弱质性，政府积极参与农业合作经济就是为了实现

---

① A. J. 雷纳、D. 科尔曼：《农业经济学前沿问题》，唐忠等（译），中国税务出版社，2000，第 28~29 页。

② Porter, P. K., Scully, G. W., "Economic Efficiency in Cooperatives", *Journal of Law and Economics*, 1987 (30), pp. 489–512.

对农业发展进行扶持和宏观调控管理，维护农业生产者的利益，满足其部分甚至全部要求，以巩固农业在国民经济发展中的基础地位，实现农业的可持续发展。

8.1.2 农业中合作经济发展的特点决定了政府扶持的必要性

农业中合作经济发展的特点又决定了政府给予扶持的必要性。

第一，农业中合作经济的发展有利于保护农户的利益。在一个完全商品化、完全竞争的市场中，农业技术进步通过产品市场对生产产生一种特殊的影响："当技术进步造成的供给增加导致生产价格下降时，农户就试图通过引进新技术来降低生产成本。创新的早期，利用者享有技术革新后的利润。但是，随着创新的扩散，农产品总供给又会再次增加，从而导致价格的下降和超额利润的消失。为免受损失，农户不得不又被迫采用更新的技术。"[1] 这样循环往复，导致农产品价格不断下降，农业收入被压榨出来以利于城市消费者，这一过程被威拉德·科克伦（Willard Cochrane）称为农产品市场的"踏车效应"（Treadmill Effect）[2]（"踏车效应"只是一个表象，其深刻的本质是农业生产力与农业生产关系之间矛盾运动的结果）。农业生产中"踏车效应"的存在，使得农产品的生产往往供过于求，农产品价格呈现不断下降的趋势，因而农户需要构建一个组织并设计相应的制度，通过联合行动来控制农产品的供给，以稳定价格，防止收益流失。萨皮罗从现实中也观察到技术进步导致农产品供给过度，造成其价格的长期下降趋势。他认为："如果按照商品类别来组建合作社，通过掌握绝大部分的市场份额并且通过产品分级和储藏技术的使用，可以避免大部分商品同时上市带来的价格损失，从而纠正生产者面临的不公平的贸易条件。"[3] 20 世纪 20 年代至 50 年代，在美国发展农业合作社最有力的理由就是进行

---

① 威拉德·科克伦：《农业价格，神话与现实》，转引自速水佑次郎、Ruttan，V. W. 等《农业发展的国际分析》，郭熙保等（译），中国社会科学出版社，2000，第 418 ~ 419 页。

② 威拉德·科克伦：《农业价格，神话与现实》，转引自速水佑次郎、Ruttan，V. W. 等《农业发展的国际分析》，郭熙保等（译），中国社会科学出版社，2000，第 418 ~ 419 页。

③ 转引自张晓山、苑鹏《合作经济理论与实践》，中国城市出版社，1991，第 6 页。

供给管理和价格控制，以保护农户的利益，防止农业生产萎缩。

第二，完善市场机制和提高农户进入市场的能力。诺斯的"竞争标尺"理论认为，合作社的存在可以促进市场的有效竞争，使市场机制变得更有效率。他指出："合作社可以作为一个市场竞争的标尺，通过它，可以衡量销售中其他企业的竞争力，为其他企业的生产经营提供一个参照系，从而促使它们的生产经营变得更有效率。同时，通过这一标尺还可以实现农产品市场的充分竞争，从而保持市场体制的诚实性来改善农户的市场进入和提高他们的收益，而这是其他经济组织无法办到的。"①

第三，合作社有利于促进农村发展。农业比较利益偏低，在资本主义市场经济条件下，以营利为目的的私人企业通常不愿涉足农业，而农业资本常常会从农村地区流向非农产业，任由市场机制自发调节，其结果就是农业萎缩，农村衰落。为了巩固农业的基础地位，在市场调节无效、政府无暇顾及时，发展合作社将是一种必要和有力的选择。合作社能为政府承担一部分改善农户收入、繁荣农村经济、发展现代化农业的义务，在很大程度上减轻了政府在这方面的负担。在20世纪三四十年代的美国农村，随着农业生产力的发展，广大农户对金融、电力等服务的需求量越来越大，但由于投资农村风险大，盈利空间十分有限，所以涉及这些服务领域的私人企业转向有更多盈利机会的城市，如果这一情况长期发展下去，必然导致农业萎缩，农村衰落，而广大农户建立的合作社在解决上述服务问题方面发挥了不可替代的作用，正是基于这一原因，美国农业部曾在20世纪40年代大力支持美国农村电力和电话合作社的发展。

第四，合作社扶持弱者，追求社会公平。合作社是一种非营利的组织，不以追求利润为目的，它们主要是为社会上的某一部分人（绝大多数是弱者）提供免费或只收取成本费用的服务，追求社员的服务收益最大化。国际合作社联盟认为合作社价值观念的基础是："自助、民主、平等和团结，合作社社员相信诚实、公开性、社会责任感和关心他人这些信条所具有的伦理价值。"② 在实践中合作社也被人们认为是一个非营利的民主

---

① Thomas P. Schomisch, Edwing G. Nourse, UCC Occasional Paper No. 2, 1979, p. 11.
② 转引自慕永太《合作社理论与实践》，中国农业出版社，2001，第58页。

组织，是弱者的联合体，它同时追求经济效率和公平的双重目标。2004 年美国全国合作社商会舆论调查组（Opinion Research Corporation National Cooperative Business Association）抽样调查了 2031 名成年人，结果显示：66% 的人认为一个企业如果被使用者或购买其产品者拥有，就比较可信或非常可信；79% 的人认为合作社致力于向它们的顾客提供最高质量的服务，而这一数据在私人企业是 58%；78% 的人认为合作社致力于或热衷于它们的社区，这一数据在于私人企业是 53%；76% 的人认为合作社用诚信的方式进行管理，这一数据在于私人企业是 53%；68% 的人认为合作社的管理符合道德规范，这一数据在于私人企业是 45%。[①] 显然，资本主义政府不会无视合作社在人们心目中的地位，积极支持合作社的建设，可以树立其在公众中的形象。

第五，合作经济在资本主义国家经济发展中起着重要的作用。构建和发展合作社的主体是劳动大众和一部分中小企业主，合作社的产权制度属于劳动者的个人私有制，在资本主义制度的大环境下，合作社的规模不会太大，但是它们的存在有助于劳动者追求社会公平，改善生存状况，同时促进社会经济的发展。特别是农村地区各种农业合作社的发展，不仅大大提高了家庭农场主农业生产经营的效率、改善了他们的经济状况、提高了其政治地位，而且为农村劳动力的转移创造了有利条件，为农业现代化及农村经济的发展做出了重要贡献。但是，由于合作社的性质决定了其积累缓慢，其实力与竞争力需要较长的时间才能得到根本性的提高，因此一般来说，它们的发展需要政府的支持。北欧社会民主党早期领导人伯恩施坦（Edward Bernstein）在《社会主义的前提和社会民主党的任务》一书中谈到社会民主党对合作社的态度时特别强调指出，"它（指社会民主党——笔者注）的任务是把阻碍合作社运动的立法障碍清除掉"，又说"社会民主党在具备建立合作社的经济和立法的先决条件的地方可以放心地看着它们建立，而且它对表示充分的好意和尽力促进它们，将是有好处的"。[②] 可

---

① 转引自王洪春《中外合作制度比较研究》，合肥工业大学出版社，2007，第 208～209 页。
② 爱德华·伯恩施坦：《社会主义的前提和社会民主党的任务》（中译版），殷叙彝（译），华夏出版社，1982，第 222～223 页。

见，一些政党已经充分认识到合作社在国民经济发展中的重要作用，公开并大力主张为发展合作社创造一切有利条件，以支持合作社（包括农业合作社）事业的发展。

第二节　西方各国政府参与农业合作社建设的形式及内容

资本主义各国政府支持农业合作社发展，首先体现在法律保护方面，其次体现在为合作社提供各种优惠政策，并根据相关的法律、法规为合作社的生产经营和管理提供监督服务。

8.2.1　法律支持与保护

发达资本主义国家针对合作社发展均制定了相应的法律、法规。利用法律保护合作社的发展是各国政府参与和支持农业合作经济的最主要内容，具体有两种形式：一是适用于特定类型合作社的合作社法，或者是适用于各种类型合作社的合作社总法，不论何种形式，其均是政府将合作社视为一类特殊的企业制定的专门的法律、法规，如日本、韩国、德国等；二是不将合作社视为一类特殊的企业，在企业相关的法律、法规中制定关于合作社的专门条款或章节，在专门条款或章节中再对农业合作社做专门的规定或说明，如美国、加拿大等国。农业合作社立法在内容上主要是对合作社的法律地位、经营范围、管理原则、组织机构、分配标准等一系列问题进行明确规定，具有强制性，协调了国家和农业合作社之间的关系，为农业合作社的发展创造了必要的内部条件和外部环境。从我们在前面进行的产权、管理、分配制度以及绩效分析中就可以观察到，发达资本主义国家针对农业合作社的法律、法规制定可以说"细致入微"，其不但制定了农业合作社的基本法，还针对农业合作社的内部管理、运行以及财务审计等制定了专门的法律，即为农业合作社的构建及发展制定了全面、完善的法律、法规体系，并在其中突出了国家对农业合作经济的支持和保护。例如，日本几乎所有农民都加入了农协，日本政府不仅将农协看作提供食品、生物类原材料的部门，而且认为农协是执行农业政策、保护国土、改善社会生态环境的主力军。国会和地方议会都从立法上保护和促进其发展，并把农协作为发展农业、团结和保护农民的组织。二战后，日本根据新颁布的《日本宪法》，制定了与农协生产经营相关的《农地法》《农业改良助长法》《农林渔业资金融通法》《农林渔业组合重新整备法》等一系列法律、法规。[①] 这些法律、法规在条款和解释上互相衔接，形成了一个完整的保护和发展农业、支持农协，保护农协成员利益的法律、法规体系；特别是又专门制定了《农业协同组合法》，对农协组织的名称、目标、法人资格、课税特例、事业内容、章程的要点，以及政府对农协组织的登记管理办法都做了明确、详尽的规定。[②]

　　最大力度的法律支持与保护，莫过于给予农业合作社"反托拉斯法"（即反垄断法）豁免权。反垄断法豁免是对某些领域内的某些企业的适度垄断给予许可和保护，即不禁止所有的限制竞争行为。将反垄断法豁免权授予合作社，有利也有弊，当利大于弊时就可以给予合作社豁免权。在农业领域允许从事弱质产业生产经营的合作社存在合理、适度的垄断，可以在一定程度上避免无序竞争所带来的资源浪费，有利于保护农业生产者的利益，巩固农业的基础地位，有利于社会经济发展。由于拥有反垄断法豁免权，合作社不受反垄断法的限制而得到自由发展，许多资本主义国家的全国农业合作联社之所以能成立并顺利运行，很大程度上都是得益于这一豁免权。美国国会在 1890 年通过了《谢尔曼反托拉斯法》（*Sherman Antitrust Act*），禁止限制自由贸易和垄断贸易与商业的行为。当时这一法律针对所有企业，其中也包括合作社。但当时大多数农业合作社很弱小，并没有切身感受到反垄断法的限制，而且当时农场主还积极拥护该法，他们希望利用这个法律来限制工业托拉斯资本向农业领域的渗透。然而，反垄断法通过 20 年后，农业合作社已发展到了相当大的规模，农业合作社常常遭到私人企业的反垄断诉讼，《谢尔曼反托拉斯法》对"联合行动"（act

---

① 刘登高：《日本的农业协同组合制度》，《世界农业》1995 年第 8 期，第 34 页。
② 刘登高：《日本的农业协同组合制度》，《世界农业》1995 年第 8 期，第 34 页。

together)① 的解释妨碍了合作社的发展。因此 1914 年国会通过的《克雷顿反托拉斯法案》（Clayton Anti-trust Act）第 6 条规定："人的劳动不是商品或商业交易物品。反托拉斯法不限制那些为了相互帮助、没有资本（根据上下文，这里指的是不仅仅以投入资金的形式获得收益，并且不发行股票——笔者注）和不以营利为目的的劳动者组织、农业和园艺协会的存在与活动，也不禁止或限制其成员合法地实现该组织贸易目标的联合行动或共谋。"② 依据该法律条文的表述，豁免权只适用于非股份制合作社，而且条文没有明确合作社可以从事的合法业务种类，也未指出何谓合法的"联合行动"，司法实践中法院往往判定它们是非法的联合。因此，美国国会在 1922 年的《凯波－沃尔斯蒂德法案》中明确规定，凡是依据"使用者拥有、使用者控制和使用者受益"的经营原则，参与农业生产的各类农业生产者（也是合作社的使用者——笔者注）都可以按股份制或非股份制组建合作社，联合从事农产品的生产加工、营销准备、处置（储藏、运输等）和市场营销等活动，并且对"营销"做了最宽泛的理解，认为它包含了被社员合理期待的所有服务，这些服务几乎涉及了农户生产经营中的所有业务。并且，合作社在从事这些营销服务时可以实施"最小化的集体行动"（a minimum of collective activity）。③ 例如，合作社可确定一个社员交易终止的最低价格，或者合并整个销售链；多个合作社可以拥有共同的销售代理；不同合作社的农户可以组成联盟或为了完成共同的销售目标而实现联合行动；等等。④ 同时，《凯波－沃尔斯蒂德法案》对适用上述"最小化的集体行动"的合作社做了限制性规定，即合作社可以有条件地获得反垄断豁免权，条件要求有：第一，经营活动必须是以成员互助为目的；第

---

① David Volkin, "Understanding Capper-Volstead", U. S. A. Department of Agriculture, Rural Business and Cooperative Development Service, Cooperative Information Report 35, 1995, pp. 1 – 2.

② David Volkin, "Understanding Capper-Volstead", U. S. A. Department of Agriculture, Rural Business and Cooperative Development Service, Cooperative Information Report 35, 1995, p. 3.

③ David Volkin, "Understanding Capper-Volstead", U. S. A. Department of Agriculture, Rural Business and Cooperative Development Service, Cooperative Information Report 35, 1995, p. 3.

④ David Volkin, "Understanding Capper-Volstead", U. S. A. Department of Agriculture, Rural Business and Cooperative Development Service, Cooperative Information Report 35, 1995, p. 3.

二，社员不能因为他（她）在合作社里拥有更多的股权而获得一票以上的投票权（任何一个社员，不论在合作社从事什么样的工作，均无例外，即要求严格遵守"一人一票"制——笔者注），或者合作社每年按股分配的红利不得超过8%（即两者取其一——笔者注）；第三，合作社与非成员之间农产品交易的价值总和不得超过与所有社员交易的价值总和。① 所谓"有条件"即意味着合作社的豁免权是有底线的，当合作社或合作社联盟进行掠夺性交易、价格歧视、勾结第三方（非合作社）操控市场价格时，其同样会受到反垄断法的处罚。《凯波－沃尔斯蒂德法案》设立了一个程序，如果农业大臣有理由确认农业合作社在州际或国际商务中有上述行为，他就可以发布终止命令。如果合作社拒不执行，农业大臣可以向公诉人提请由地方法院强制执行。② 尽管如此，相对于私人企业，《凯波－沃尔斯蒂德法案》给予了农业合作社很大的反垄断豁免空间，③ 这一豁免对美国合作社，特别是对大型合作社的发展具有深远的意义。总之，美国给予其农业合作社相当大的反垄断豁免权，不仅允许合作社联合或以协会形式联合行动，而且允许合作社联合定价（定合理的价格而不是操控价格），此外，还允许非成员的交易盈余可用于成员的惠顾返还等。

对于农业合作社，大多数西方国家均根据本国的具体情况设立了反垄断豁免的相关法律规定。纵观西方各国对农业合作社的反垄断豁免的政策支持，大体可分为三类：第一，在原有的反垄断法中设置专项条款或者与合作社法中的专项条款相结合进行规定；第二，制定独立的合作社反垄断豁免法规；第三，在专门的合作社法或其他法律、法规中规定合作社反垄断豁免的条款。

---

① 第一至第三均引自David Volkin，"Understanding Capper-Volstead"，U. S. Department of Agriculture，Rural Business and Cooperative Development Service，Cooperative Information Report 35，1995，pp. 4 - 5；Donald A. Frederick，"Managing Cooperative Antitrust Risk"，USDA Cooperative Information Report 38，1989，pp. 14 - 15。

② David Volkin，"Understanding Capper-Volstead"，U. S. Department of Agriculture，Rural Business and Cooperative Development Service，Cooperative Information Report 35，1995，p. 6.

③ Martin A. Abrahamson，J. Warren Mather，James R. Baarda，"Cooperative Principles and Legal Foundations"，USDA Cooperative Information Report 1，1977，Reprinted 1993，p. 16.

8.2.2 设立专门机构管理和服务农村合作经济

当代发达资本主义国家均设有专门的行政管理部门，对农村合作经济进行宏观管理。这一部门大多被设在农业部，如美国农业部就下设一个"农村发展处"（Rural Development）二级机构，该机构再设一个"合作社规划机构"（Cooperatives Program Organization），合作社规划机构按其职能又可分为不同的局，如图 8-1 所示。

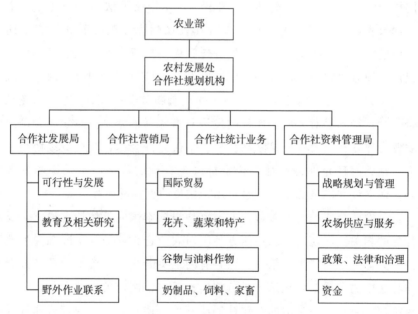

图 8-1 美国农业部合作社事务管理机构

资料来源：美国农业部网站，http://www.usda.gov/wps/portal/! ut/p/_s.7_0_A/ 7_0_1OB?contentidonly = true& contented = RD Agency，2015-4-16。

美国为农业合作社提供服务的机构主要分为国家级和州级。根据美国农业部发展局公布的资料，国家级主要有 28 个服务机构，其中 6 个为政府机构，其余 22 个为非政府机构。这些机构主要负责宏观方面的事务。各州仅有州农业厅一个政府机构，然后是 6 个非政府服务机构。这些机构在协助组建与管理合作社、合作社的合并以及合作社的金融、保险、对外贸易、农业技术、农场生产经营管理等多方面提供专业服务。非政府机构有高度的财政和人事自主权，其成员通过既定的民主程序选举产生董事会，董事会主要负责机构运行的决策与管理。非政府机构以营利为目的，机构运转的资金主要来自会员（大多为合作社）缴纳的会费和对外服务收取的相关服务费。[1] 由于拥有完全的经营自主权，这些服务机构在激烈的市场竞争中不断提高服务水平，服务方式趋于灵活多样，服务范围几乎涵盖了农业合作社生产经营所涉及的所有领域。此外，还有一些大学和科学研究机构也为农业合作社提供服务，如开展培训工作、提供技术咨询服务等。

日本政府法定农业部门为农业合作社的行政管理机构。农林水产省（即农业部）设有经营管理局，下设农协课，各都、道、府、县、农政部也设有农协课，负责对农协实行指导、管理和监督、监察，并通过各级农业行政机关对农协实施登记审核、检查监督、指导管理等，以加强农协对农业和农村政策的全面贯彻实施，并保障农协的健全运营。农协也将社员的愿望和意见及时反馈给农林水产省，使政府能够适时调整或修改农业政策，并根据实际情况在资金、技术、物资、信息等方面对农协予以支持。[2]

8.2.3　扶持和协助农业合作社的组建

协助组建是指政府帮助那些有建立合作社愿望的农户去构建合作社。发达资本主义国家的农业合作社首先是随着商品经济的发展而自发产生的，但农户在组建合作社的过程中可能并不顺利，这就需要得到政府的扶持。事实上，有些国家的农业合作社是政府部门直接帮助建立的，其中最典型的例子是日本农协。

二战日本投降后，其政府在占领军委员会的协调监督下，以罗虚戴尔原则为基础制定了《农业协同组合法》，按照农民自愿、自主的原则对"农业会"进行了改组，恢复了合作组织的民主原则，并于1947年通过了《农业协同组合法》，这便成为日本农业合作社的基本法律。该法的第一条就指出《农业协同组合法》的目的是"促进农民合作组织的发展，以提高

---

[1]　曹泽华：《农民合作经济组织·中国农业合作化新道路》，中国农业出版社，2006，第151页；王洪春：《中外合作制度比较研究》，合肥工业大学出版社，2007，第156页。
[2]　李中华：《日本农协给我们的借鉴与启示》，《农业经济》2003年第7期，第28页。

农业生产力和农民的社会经济地位，并推进国民经济的发展"。[①] 这表明政府要扶持合作社的发展，且目的性很明确。《农业协同组合法》颁布后，日本政府就用宣传、资助、奖励等方法帮助有愿望的农户组建农协。基层农协成立之初，因农户贫困、组织资金短缺、经营不善、商业资本实力过强等，很快就陷入经营困境。1950 年信用农协发放的 137 亿日元的贷款（占贷款总额的 45%）成为呆账，1951 年农林中央金库的储备金也从 278 亿日元降到 101 亿日元。[②] 为帮助农协组织摆脱经营上的困境，日本政府采取了一系列紧急对策和措施，首先于 1950 年修改了《农业协同组合法》，允许农协联合会扩大经营范围，制定了农协的财务管理标准，随后又发布了《农协财务处理基准令》；1951 年推出了《农林渔业组合整顿重组法》；1953 年进一步制定了《农林渔业组合联合会整顿促进法》，同时协助农协进行组织结构调整、合并削减基层组织，并将农协县级购买和销售联合会合并成农协经济联合会，即精简机构，提高效率；1954 年再次对《农业协同组合法》做了修正，设立了全国农协中央会，从组织系统上加强对基层农协组织的指导、监督和援助。此外，政府通过加强对基层农协财务的行政指导和监督，完善农协组织的经营管理制度，并通过财政发放数十亿日元的补助金和贴息贷款来改善农协的经营环境。[③] 至 1960 年，日本已基本形成普及全国，与其行政系统相匹配的市、町、村所有农户参加的农协系统。目前，日本农协是一个拥有强大经济力量和遍及全国的农民经济组织团体，从中央到地方，农协有一套完整的组织系统机构，即全国农协、地方农协和基层农协的三级组织体系。农协是一个具有高度组织性的经济团体，具有上下统一的行政组织体制和浓厚的政治经济混合体色彩。日本农协的最高层为农协中央会，末端组织为单位农协，也叫作基层

---

① 日本农林中央金库调查部：《农林中央金库 50 年的历程》，农业部（译），日本东洋新经济报社，1973，第 3 页。

② 蔡杨：《农民、农协和政府在合作中实现共赢》，中国农村研究网，http：//www. xbnc. org/article_show. asp？articleid = 3138，2012 年 10 月 26 日。

③ 日本农林中央金库调查部：《农林中央金库 50 年的历程》，农业部（译），日本东洋新经济报社，1973，第 115～117 页；蔡杨：《农民、农协和政府在合作中实现共赢》，中国农村研究网，http：//www. xbnc. org/article_show. asp？articleid = 3138，2012 年 10 月 26 日。

组合，其成员几乎囊括了日本的所有农户，并且形成了从中央到地方的多层机构体系。在日本的各都、道、府、县乃至市、町、村，农协都设有经常性的服务机构。①

任何一个发达资本主义国家都会给予农业合作社或多或少的支持，但日本政府对农业合作社的扶持力度可以说是最大的，这主要得益于日本农协功能的双重性：既是农户互助和自我管理的组织，也是政府农业政策的代理和执行机构（从农会到当今的农协，它们都是政府农业政策的代理和执行机构，这一传统至今没有改变——笔者注），这就使得农协得到政府的双重扶持。战后日本经济恢复时期，日本政府为确保粮食和农用物资的有效供应，指定农协为购销粮食和农用物资的主渠道，同时规定购销粮食和农用物资的商业活动不适用反垄断法。20 世纪 50 年代至 80 年代，凭借这项"经济宪法"给予的垄断购销特权，农协经济活动的范围从农产品收购、销售扩大到流通、批发和深加工业，农协组织占据了政府指定粮食收购机构的 70% ~80%，占据粮食加工企业的 95%，同时一直把持着 80% 左右的农用物资综合销售率。② 由于农业比较利益低，农户常常会遇到资金短缺、运营困难等障碍，出于发展农业、巩固其基础地位的目的，政府这时往往出来支持农协。早在 1951 年日本经济还未得到恢复时，政府对农协的财政转移支付就占一般财政预算的 9.5%，1952 年上升到 15.1%，1953 年达到 16.6%。③

与日本不同的是，美国政府在强调巩固农业基础地位、维护农户利益、扶持农业合作社必要性的同时，也强调自由市场竞争，即扶持政策应有利于提高合作社的生产经营效率。最典型的例子是美国政府帮助农场主和农村居民成立以合作银行为主的农业信贷体系。

---

① 本段资料除特别注明外，均来自王醒男《日本农协演变经纬的政治经济学分析》，《中国农村观察》2006 年第 1 期，第 67 ~69 页。

② 苏志平等：《合作经济学》，中国商业出版社，2006，第 299 页；蔡杨：《农民、农协和政府在合作中实现共赢》，中国农村研究网，http://www.xbnc.org/article_show.asp?articleid = 3138，2012 年 10 月 26 日。

③ 日本农林中央金库调查部：《农林中央金库 50 年的历程》，农业部（译），日本东洋新经济报社，1973，第 139 页。

20 世纪初，美国政府首先接受了路易·勃朗（Louis Blanc）① 关于由政府帮助组建合作社的思想。根据农业现代化发展对信贷的迫切要求，美国国会于 1916 年通过了第一个农业信贷法，决定成立包括联邦土地银行和合资土地银行在内的农业信贷体系（farm credit system）。前者是合作社性质的，它们为农场主所有，由农场主管理，侧重对农业的扶持（允许农场主兴办合作银行，实际上为其提供了金融准入资格）；后者是一个以营利为目的的私人银行体系，侧重对效率的追求。联邦政府为它们的开张营业提供了部分资金，并为它们规定了放款利率。② 这两类银行都是为农场主提供长期抵押贷款的。在 1920 年开始的农业危机中，农场主急需大量中、短期贷款以维持生产和生活，于是国会于 1923 年通过了联邦中间信贷法，决定成立联邦中间信贷银行，为向农场主提供中、短期信贷的生产信贷协会提供资金。1933 年国会通过了另一个农业信贷法，建立了新的合作社银行，专门为农业合作社提供信贷。同时，罗斯福总统还任命了一个联邦农业信贷管理局，统管上述三个机构（联邦土地银行、联邦中间信贷银行、合作社银行）。现在，整个农业信贷体系（主要由上述三类银行组成）已成为完全合作社性质的机构，但是，其不仅向农业合作社放贷，也向非农业合作社的企业放贷，农业合作社要有一定的实力才能获得贷款。③

政府扶持农业合作社要有准确的定位，例如，美国政府仅仅以私人部门不能提供的服务作为自己的责任，采取直接资助、授权、提供信息、技术培训等多种措施引导、扶持农业合作社及其服务机构的发展，在引导、扶持中并不直接干预合作社具体的生产经营业务。美国政府通过立法，指

①　路易·勃朗（Louis Blanc）：法国空想社会主义者，历史学家，1811 年生于西班牙马德里的一个法国贵族家庭。1834 年法国波旁王朝复辟后，勃朗回到法国，先后就读于罗得斯学院和巴黎大学，毕业后从事新闻工作，创办了《进步评论》报。1839 年，他发表了主要著作《劳动组织》。《劳动组织》是勃朗空想社会主义的代表作。作为一个小资产阶级社会主义者，勃朗站在简单商品经济的立场批判资本主义生产方式，谴责大资本家对小生产者和工人的剥削，并从小私有者的要求出发，制订社会改良方案，企图使劳动者成为生产资料和自己劳动产品的所有者。（引自《中国大百科全书（经济学 1）》，中国大百科全书出版社，1992，第 28 页。）

②　徐更生、熊家文：《比较合作经济》，中国商业出版社，1992，第 212 页。

③　徐更生、熊家文：《比较合作经济》，中国商业出版社，1992，第 212 页。

定农业部下属的农业合作社发展局每年对全国农业合作社进行调查统计，总结经验与教训，预测未来发展，据此编制相关研究报告提供给实践中的合作社；同时根据农业合作社发展的现实要求，出版发行相关书籍和杂志（如《农业合作社》）等，内容涉及合作社基本知识及国家相关法规、合作社的建立、组织管理、最新科技、产品营销、财务管理、合作社面临的市场问题和发展机遇等，上述资料大多是免费的。在私人部门不能为合作社提供相应的服务时，政府会直接出资设置一些部门或服务机构为合作社提供服务，这就使得美国农业合作社在其整个发展过程中从不缺少相应的支持或服务，保证了美国农业合作社长期以来在总体上健康、稳定地发展。

8.2.4　为合作社提供各种优惠

8.2.4.1　税收优惠

为支持农业合作社的发展，西方各国政府大多对合作社及其成员给予免税或减税的优惠。在美国，1898 年"战时税法"的印花税条款中就规定，该项赋税"不适用于"农场主合作社。1909 年的"公司税条例"和1913 年的"所得税法"均以同样词句豁免了农业合作社和其他部分合作社（如消费合作社）的赋税。1916 年公布的税法更明确提出豁免"仅仅为销售其社员农产品而组织起来的农场主合作社、水果生产者协会以及类似组织"的赋税。[①] 1921 年的税法进一步把这一规定扩大到了采购（供销）合作社。[②] 1954 年税法第 521 条又再次明确，凡是符合法律规定的农场主供应和销售合作社都可以取得免税资格，以后的税法虽然也曾对合作社的赋税问题做过许多规范，但并无大的变化。然而到 1962 年，税法对农业合作社的赋税做了重大变革，目的是要让合作社的生产经营更有效率。该税法规定不再豁免农场主合作社的所得税，但同时又规定，合作社在计算应纳税收入时，除了可享受股份公司的减税项目外，还可扣除另外的两项税

---

① 徐更生、熊家文：《比较合作经济》，中国商业出版社，1992，第 212 页。
② 杨永磊、高毅：《国外促进合作社发展法律制度比较研究》，《甘肃农业》2009 年第 11期，第 69 页。

收：①按股金分配的红利（但年率得限制在8%以内）；②按交易额（量）返还的盈余，或向成员分配来自非社员惠顾所产生的收益。这种所谓的来自非惠顾活动的收入包括收到的租金、投资收益、出售可折旧财产和资产的收入以及同美国政府所做生意的收入等。1990年首次通过的《合作税则》规定对农业合作社的净收入通常按照单一税制原则征税，即或按合作社企业征税，或按社员户征税，而不是对两者均征税。这一规定对公司组织的农业合作社适用，对以互助为基础而从事经营活动的农业和园艺协会实行免税。① 这说明美国政府对农业合作社的税收优惠由普遍优惠到有区别地对待，即根据不同类型的合作社减免或按不同税率征税，但总的趋势是优惠待遇逐渐减少，这说明合作社在自身努力及政府支持下已逐步发展壮大，实力越来越强，政府认为其有能力承担比以往较多的赋税，同时也是给予其一种外部激励，强调市场机制的作用，以提高其生产经营效率。

此外，其他西方发达国家政府也对合作社及其社员的生产经营活动普遍地给予特殊的低税、减税或免税的优惠。日本、加拿大、意大利、法国等分别对合作社法人所得税、社员从合作社取得收入的个人所得税、合作社生产经营所需要原料的进出口税、合作产品销售税、营业税等给予各种特殊优惠。② 例如，法国税法对合作社的支持、优惠表现在两个方面：①减半征收地方税（依据不动产总额征收）；②免公司税（指根据经营利润的多少征收，相当于企业所得税），条件是农业合作社只与其成员进行业务往来并遵守传统合作制原则。由于合作社与非社员交易形成的盈余不能按合作制原则进行返还，会形成合作社的所得，这部分所得要按法国企业通行的33%的税率单独纳税，其余部分免税。如果合作社与非社员的交易超过20%，则要对合作社的全部盈余征收企业税。③ 意大利税法规定合作社免缴登记注册税，资本不超过1000万里拉的合作社和资本不超过3000万里拉的合作联社免缴业务活动文件税；社员股金红利不缴地方所得

---

① 米新丽：《美国农业合作社法初探》，《江西社会科学》2004年第3期，第141页。
② 焦天立：《国际合作社的经验和借鉴》，《经济科学》1998年第6期，第92～93页。
③ 全国人大农业与农村委员会代表团：《法国农业合作社及对我国的启示》，《农村经营管理》2005年第4期，第46页；李霞、高海：《农民合作社税收优惠之探讨》，《北方经贸》2006年第8期，第92页。

税，但红利利率不得高于法定利率；合作社免缴不动产税，合作社从纯盈利中提留的不少于 20% 的储备金免缴合作社所得税；合作社使用的农业机械进口税可以下降 11%；农业机械燃料的增值税税率由 12% 下降到 6%；对饲料的 1/4 以上为本社社员生产的农业合作社，其饲养业收入免征法人所得税和地方所得税；小型渔业合作社免征法人所得税和地方所得税；等等。① 澳大利亚对农业合作社不征收企业所得税，只对农场主征收个人所得税。另外，其对合作社的税收优惠还体现在批发销售税上，批发销售税是按商品的销售价格在销售环节单向一次性征收的税种，相当于我国的营业税。澳大利亚税法规定：凡直接用于农业生产的商品，如筑栏工具、材料、灌溉设备、化肥等，或者主要用于特殊目的的商品，如收割机、农具、拖拉机等，或者用于农业生产辅助活动以及维持辅助生产的商品，均免征批发销售税，对所有农牧新产品销售也免除批发销售税。②

综上所述，西方发达国家对农业合作社的税收减免或豁免的范围大多限于合作社与社员之间的业务，以及与合作社经营相关的生产资料购买或出售等交易，不实行双重征税，而合作社与非社员之间的交易以及合作社与非合作社联合生产经营和成员的按股分红收益均不属于豁免的范围，这样就确保了合作社以社员为中心、为社员农场生产经营服务的目标不变。

8.2.4.2　信贷优惠

在资本主义国家里，资本市场高度发达，一般情况下，国家信贷机构不可能给私人企业以优惠贷款。但是，农业合作社能得到国家信贷机构的优惠贷款。例如，美国国会在 1918 年制定的战时金融公司法就规定，"公司应向农业生产者合作协会提供预支款项，它们可以为农业（包括牲畜育种、饲养、育肥和销售）提供垫付款，或者为这些目的提供贴现或再贴现票据、支票、汇票或其他形式的流通票据……"③《1929 年农产品合作销

① 洪远朋：《合作经济理论与实践》，复旦大学出版社，1996，第 94 页。
② 财政部税制税则司：《国际税制考察与借鉴》，经济科学出版社，1999，第 451~452 页。
③ 华销：《国外政府对合作社的政策支持》，http://www.jsco-op.gov.cn/JSCO/showinfo/show-info.aspx?infoid = 41c4b197 - 2845 - 439c-a513 - 7cfddd6fce7b& category Num =006&siteid =1，2009 年 1 月 6 日。

售法》规定，为了促进农产品"有秩序的销售"，扩大合作社的购买或建造仓储设施，政府向合作社提供的优惠贷款数额可以高达建设成本的80%，偿还期可以长达20年，利率不超过4%。[1] 以后，美国政府也曾多次向农业合作社提供类似的优惠贷款。一般来说，向合作社提供的贷款利率是比较低的。例如，1981年第四季度农场不动产新贷款的利率，联邦土地银行为11.8%，只相当于私人的人寿保险公司的71.5%和政府的农场主家庭管理局的89.1%。[2] 法国的共同使用农业机械合作社（CUMA），在山区或经济条件差的地区，可享受年利率3.45%、最长期限达12年的优惠贷款；在平原地区，最长贷款期限可为9年，年利率4.7%。其贷款限额是15人以下的为200万法郎，15人以上的为275万法郎。[3] 在意大利，私人企业贷款利率为15%～22%，而合作社贷款利率仅为4%～5%。对于购置农业机械的合作社，政府给予财政补贴。为鼓励合作社购买国产的农业机械，政府提供贷款的利率下降到3%。[4]

8.2.4.3　财政补贴

财政补贴也是西方发达资本主义国家扶持农业合作社发展的一个重要手段。例如，在法国，共同使用农业机械合作社成立时，政府给予2.4万～3万欧元的启动费，对于共同使用农业机械合作社购买机械，根据类型不同，政府提供相当于购买价15%～25%的无偿援助。在意大利，政府对贫困地区的农业、饲养及农产品加工合作社，按一定股份比例进行补贴，一般在总股金的30%～40%，有的高达70%。瑞典的农业合作社进行农业项目开发，每投资1克朗，政府补助5克朗，欧盟补贴10克朗。[5] 前联邦德国对新组建的合作社的管理费用给予财政补贴，补贴内容包括人工

---

[1] 徐更生、熊家文：《比较合作经济》，中国商业出版社，1992，第214页。

[2] 徐更生、熊家文：《比较合作经济》，中国商业出版社，1992，第214页。

[3] 王如珍：《关于农民合作经济组织立法的思考》，《中国合作经济》2004年第8期，第4页。

[4] 洪远朋：《合作经济的理论与实践》，复旦大学出版社，1996，第95页。

[5] 袁以星：《2005年度上海市科技兴农软课题研究成果汇编》，上海财经大学出版社，2006，第304页。

费用、办公设备购置费和咨询费等；第一年补贴60%，第二年补贴40%，第三年补贴20%，补贴总额可达到合作社生产性建设投资总额的25%，但补贴比例逐年下降；① 7年内可享受投资资助，资助范围包括采购、加工、销售、仓储、包装等生产经营活动，资助额最高为合作社对上述项目投资总额的35%。② 法国政府采用技术咨询补贴的方式鼓励农业合作社接受技术咨询，其补贴额度相当于企业咨询费的30%。政府还设立了研究人员补贴制度，适用对象是10人以下的农业合作社，补贴额相当于一个研究人员第一年研究经费的20%。研究人员到农业合作社任职超过1年者，还可获得奖励。③ 韩国政府为了扶持农业合作社的发展，也给予了强有力的财政补贴支持。例如，农户的农业机械由政府补贴后，由农协半价供应；政府将大米收购计划委托农协进行，对差价给予优惠补助；政府扶持农业的资金由农协发放并负责收回，政府补助1%的手续费；农协农产品经营和加工的设施建设由政府补贴；对农协开发新产品或改进现有产品给予财政援助；另外，政府还鼓励农协与学术界或公立研究所共同进行研究开发，政府可为合作研究方提供财政补贴，联合研究开发活动由中央政府、地方政府和受益农协共同出资，地方政府需要向进行合作研究开发活动的农协提供配套资金。④ 美国政府对合作社的资助力度也很大，在20世纪80年代，仅建立合作社农业保障基金联邦政府就拨款1500亿美元。随着合作社的发展壮大，这一基金在2000年后已不足500亿美元。⑤

　　总之，在西方国家，政府对农业合作社的优惠、扶持往往集中在合作

① 郑建琼：《发达国家政府在农民合作经济组织中的作用对我国的启示》，《阵地与熔炉》（哲学社会科学）2005年第11期，第10页。
② 徐旭初等：《德国农业合作社发展及对我国的几点启示》，《农村经营管理》2008年第5期，第40页。
③ 杨永磊、高毅：《国外促进合作社发展法律制度比较研究》，《甘肃农业》2009年第11期，第70页。
④ 杨永磊、高毅：《国外促进合作社发展法律制度比较研究》，《甘肃农业》2009年第11期，第70页。
⑤ 本段资料除特别注明外，均来自王如珍《关于农民合作经济组织立法的思考》，《中国合作经济》2004年第8期，第4~6页；单学勇：《农村合作经济组织发展与政府财政支持》，载《中国合作经济发展研究》，经济日报出版社，2006，第677~679页。

社的组建初期，随着合作社的发展壮大，这种扶持会越来越少，最终，合作社将成为市场中平等竞争的一分子，它们在经营业务方面不可能受到政府的特别优待和保护，一个农业合作社的成功完全依靠它为社员和非社员提供优质的服务和合理的价格。

8.2.5　对合作社依法实行监督

政府对合作经济组织实行监督是参与合作经济的另一个重要方面。在西方国家中，与其他类型的企业一样，合作社同样要受政府部门的监督和管理。这是因为西方市场经济中的竞争十分激烈，合作社要想在激烈的竞争中立足，仅靠政府在经济、政策上的一点支持是不够的，主要还是要靠合作社本身健全的组织和管理。在西方国家，合作社由于经营管理不善而破产的事例屡见不鲜。为了规范合作社的市场行为，也为了保证合作社及社员不受或少受不必要的损失，西方各国政府均制定了一套适应本国国情的法律和法规，要求合作社依法行事，并在生产经营过程中随时接受政府的监督。概括起来，资本主义国家政府对合作社的要求与监督主要表现在以下方面。

第一，对农业合作社依法实施管理、监督与规治。①对农业合作社的建立与解散依法实施管理。农户可自愿地构建或解散合作社，但是必须按法律、法规规定的程序，报请政府相关部门审批同意后才能生效。例如，在日本，农户成立农协须向行政厅提出申请报告。行政厅将严格审查，如果农协章程以及商业计划的内容违反相关法律，或者是行政厅认为其商业计划无法完成，将不予批准。合作社解散时，也必须报请行政厅批准。在美国，合作社的成立与解散必须得到州有关当局的批准。②对农业合作社的负责人进行监督。例如，在日本，法律规定农协的领导者（含理事和监事），对外要遵守合作社的相关法律、法规，对内要按全体社员大会的决议行事，勤勤恳恳为农协服务。干部若玩忽职守，犯了重大的错误，要被依法判处徒刑和负责赔偿损失。农协领导者利用职务之便动用农协的财产为自己谋取私利，要被处以三年以下的徒刑和20万日元以下的罚金。在法国，合作社在行政上受农业部管辖。合作社有义务按财政监察员及财政管理官员的要求定期呈报财务会计的相关资料。财政监察员及财政管理官员若发现合作社或其领导者有违反相关法律、法规的行为，可由省督或该地区的行政长官提议召开股东大会讨论并提出整改意见，如果意见、措施无法实施或实施无效，农业部可指令解散合作社领导层，成立临时管理委员会，情节严重时可吊销合作社的营业执照。① ③对农业合作社的生产经营过程实施监控与外部行政规治。在资本主义国家，合作社拥有完全的经营自主权，国家不可干涉其具体的生产经营活动，但这绝不意味着国家对合作社"放任自流"，国家通过制定相关的法律、法规对合作社的生产经营行为从外部进行管治，特别是对合作社的机构建设、财务管理、审计制度安排等实施严格规治。例如，在意大利，信贷合作社的内部机构建设则由意大利央行（Banca d'Italia）负责监督，而一般合作社的机构建设及生产经营活动均受劳工部和社会保障部的监督。日本对农协的经营活动的监督是由行政厅负责的，若发现农协的财产状况、信托业务、国内汇兑交易、会计工作有不符合法律规定或违背行政厅公布的有关措施，行政厅有权命令农协停止其全部或一部分经营业务活动，禁止或限制农协擅自处理其财产，有权命令受检查的农协在一定期限内采取必要的措施来纠正错误。② 德国在合作社法中明确规定了对农业合作社进行法定审计。一是合作社在成立前应经过当地合作社审计协会的审计和鉴定。二是合作社应加入当地审计协会，定期接受该协会的审计。每个合作社至少两年接受一次审计，资产超过200万欧元的合作社必须每年接受审计。三是合作社应准许审计人查阅合作社账目和文件，核查现金、有价证券及商品存量，应向审计人提供审计所需的全部材料和证明。四是审计协会应书面报告审计结果。合作社理事会和监事会应立即召开联席会议，审议审计报告，审计协会和审计人有权出席会议。审计结果应被报告给全体社员大会。监事会应在全

---

① 本段资料除特别注明外，均来自《国外政府对合作社的政策支持》，http://www.jscoop.gov.cn/JSCO/showinfo/showinfo.aspx?infoid = 41c4b197 - 2845 - 439c-a513 - 7cfddd6fce7b& category Num =006 &siteid =1，2001 年 3 月 1 日。

② 颜华、叶喜永：《美、日两国农村合作经济之比较》，《农业经济》2001 年第 9 期，第 48 页；郭翔宇：《经济管理与"三农"论丛》（下），中国农业出版社，2008，第 1666 页。

体社员大会上宣布重要的审计结论，或发表对审计结论的不同意见。实践证明，德国对合作社严格的法定审计制度，既可支持部分缺乏经验的合作社领导的工作，也可对合作社内部管理进行有效监督和制约。①

第二，针对农业合作社的需要，为其提供各种教育培训与技术支持。为了推进农业现代化，西方各国针对农业合作社的具体需求，为其提供各种教育培训与技术支持，特别是将扶持合作社进行技术研发或向其推广、传授先进农业生产技术作为政府支持合作社发展的一个重要手段。例如，意大利建有全国性的合作社教育培训网络，仅威尼斯就有合作社的农业技校、服务职业学校、商业学校共17所。② 美国农业部专门设立农业合作社发展局，与那些和农业技术研发有关的机构紧密合作，向合作社推广、传授先进的农业生产技术。此外，美国州立的赠地学院基本上都从事农业技术推广这项任务，通过推广工作来创立和发展农业合作社，而合作社在很大程度上以赠地学院作为优秀人才的来源。③ 前联邦德国则坚持严格培训合作社的管理人员，全国有十几个培训中心，每个培训中心一般能培训1万～2万人，培训合作社的责任领导及后备领导。④ 日本拨出专款作为合作社教育培训费用，兴办各种学习班和讲座，进行合作社理论和专业技术知识的教育，等等。⑤

8.2.6　西方各国政府对新一代合作社的扶持

新一代合作社在20世纪七八十年代出现时就引起西方各国政府的高度重视，新一代合作社不仅继承了传统合作社的多数优惠待遇，而且还由于其本身的特点（参见新一代合作社制度分析一章）得到了政府的肯定和特

---

① 徐旭初等：《德国农业合作社发展及对我国的几点启示》，《农村经营管理》2008年第5期，第40页。
② 程同顺：《提高中国农民组织化程度的必要性和政策方略》，《调研世界》2004年第2期，第43页。
③ 程同顺：《提高中国农民组织化程度的必要性和政策方略》，《调研世界》2004年第2期，第43页。
④ 洪远朋：《合作经济的理论与实践》，复旦大学出版社，1996，第96页。
⑤ 程同顺：《提高中国农民组织化程度的必要性和政策方略》，《调研世界》2004年第2期，第43页。

别的扶持。西方部分国家已颁布新的法律条文或在原有法律上及时做了调整，以顺应新经济、技术条件下合作社演进的新趋势并促进其健康发展。2004 年的《意大利民法典》第 2511 条规定，"合作社是以互助为目的的法人资本可变的公司"；第 2519 条规定，《意大利民法典》第六章关于"合作社和相互保险社"未规定的事宜及有关股份公司的规定均适用于合作社；第 2526 条规定，合作社可以按照股份有限公司的规定发行金融工具，并且可以赋予持有人管理权和转让权；第 2530 条规定，经合作社董事会批准，成员可以转让持有的合作社的份额或股份。《瑞士债法典》第 843 条第 1 款规定："合作社章程或协议可以取消成员退社的权利，但禁止退社的权利不应当超过五年。"第 849 条第 3 款规定："以合同形式转让成员资格的，合作社章程中可以规定，有合同证明时即可完成成员资格的转让。"第 898 条规定："章程可以授权大会或董事会将其全部或部分管理权及代表权交由一位或者多位经理或者董事行使，而该经理或董事不必为合作社的成员。"① 这些规定说明新一代合作社得到了国家相关法律、法规的肯定和认可，为新一代合作社的建立及发展铺平了道路。此外，政府在资金上也给予新一代合作社大力扶持。美国伊利诺伊州农村事务所于 1999 年对新一代合作社做的一份抽样调查表明：联邦和州政府的财政支持是其融资的一个重要来源（见表 8－1）。

表 8－1　新一代合作社融资来源统计

单位：%

融资来源	占比（%）	最大值
股票股份（社员集资）	53.4	100
当地经济发展的支持	1.6	12
当地经济发展的依靠力量（如 TIF* 地区）	0.6	5
当地经济发展的借贷款	3.9	50
州经济发展的支持	11.7	100

---

① 郭富青：《西方国家合作社公司化趋向与我国农民专业合作社法的回应》，《农业经济问题》2007 年第 6 期，第 7 页。

续表

融资来源	占比（%）	最大值
联邦经济发展的支持	2.8	40
私人借贷（银行、信用社、储蓄所）	26	73

N = 60

*注：TIF 全称为税收增加金融区计划（Tax Increment Financing Plan）。指政府先为一基础设施建设发放贷款，当建设完工并有收益后逐步提高税率，直至收回先期投资再作为项目的开发资金，也就是以项目开发前后的设施资产税征税的差额来充当项目开发资金。

资料来源：根据 IIRA，Questionnaire for Cooperatives or Limited Liability Cooperations，1999，p. 80 部分数据进行了归纳整理。

如表 8 - 1 所示，在调查的 60 家单位中，平均 53.4% 的建社资金是通过社员集资，26% 是通过私人借贷（银行、信用社、储蓄所），余下的 20.6% 全部是通过联邦或州政府的财政支持，虽然其占的份额最少，但支持的形式或者说资金的来源渠道最多（5 个渠道），这说明新一代合作社得到了国家和地方政府多方面的支持和关注，其中还有近 20% 的新一代合作社完全由州政府财政支持，而这对于非合作社企业几乎是不可能的。

明尼苏达州政府为支持用植物（主要是玉米）生产酒精的新一代合作社，于 1996 年立法要求汽车燃料中至少有 10% 的酒精混合。这一要求为该州的新一代合作社创造了每年近 2.5 亿加仑的需求。同时，美国联邦政府还免除了酒精产品每加仑 0.54 美元的燃油特许权税。自 1986 年起，明尼苏达州对新一代酒精生产合作社给予每加仑 0.20 美元的财政补贴，这一补贴政策在 1996 年终止。这表明，随着新一代合作社实力的增强，政府对其进行的扶持将越来越少。尽管州财政补贴被取消，但余下的联邦与州的扶持政策依然使明尼苏达州的新一代酒精生产合作社增加了 12% 的收入。[①]

美国俄克拉荷马州立大学的 Jared Garfield Carlberg 详细地调查研究了

---

① 引自 Steven Jerry Holland，"Investment in a Thin and Uncertain Market：A Dynamic Study of the Formation and Stability of New Generation Cooperatives"，University of Minnesota，2004，pp. 11 - 12。

50 家有代表性的新一代合作社，在其博士学位论文《牛肉食品生产行业中价格发现的选择方法与新一代合作社的成功因素》（2002 年）的第四章"新一代合作社成功的决定因素"（Success Factors for Value-added New Generation Cooperatives）中深入地分析和讨论了影响它们成功的决定性因素，结果发现，影响新一代合作社成功最重要的因素是它们所在的行业，美国新一代合作社最成功的行业是食品制造业和酒精加工业，而其之所以能在这两个行业获得成功，甚至将资本主义私人企业挤出市场，其中一个重要原因就是有政府的扶持，其中包括立法、税收和直接补贴支持等。[①]

政府的扶持还是激发新一代合作社社员投资的一个重要因素，俄克拉荷马州立大学的 Hubertus Puaha 在其博士学位论文《农产品市场系统的一体化发展》（2002 年）中，以俄克拉荷马州著名的新一代合作社——VAP 合作社为例，测定了影响新一代合作社社员投资的因素，发现 92.46% 的社员意识到州政府 30% 的所得税优惠的重要意义，其中有 85.9% 的社员承认这是他们增加对新一代合作社投资的一个重要原因，随后的计量分析模型也证实了这一点。[②]

总之，西方各国政府首先将新一代合作社视为一类合作社，享有传统合作社的多数优惠政策，其次把它视为一类抛弃传统合作社部分缺点的、新型的、对农业现代化发展有利的合作社，因而针对新一代合作社又制定了一套系统的扶持政策，激励新一代合作社的产生，并在新一代合作社成立后，引导其提高生产经营效率（而不是让其产生依赖思想），让其"做大做强"，待其实力增强后，又逐步减少优惠待遇，充分发挥市场机制的作用，迫使其不断提高效率。虽然西方各国政府在扶持新一代合作社的方法、手段上各不相同，但注重实效，不断激励新一代合作社提高生产经营效率、实力与竞争力是其长期不变的主导思想。

[①] Jared Garfield Carlberg, "Beef Packer Conduct Alternative Approaches to Price Discovery and Success Factors for New Generation Cooperatives", Oklahoma State University, 2002, pp. 80–87.

[②] Hubertus Puaha, "Coalition Development in the Agricultural Marketing System", Oklahoma State University, 2002, p. 66.

第三节 政府的参与对合作经济的影响

8.3.1 为农业合作社发展创造了一个良好的外部环境

西方政府参与农业合作经济事务，大多通过法律制度安排或宏观经济调控来为农业合作社的发展创造一个良好的外部环境。在西方发达资本主义国家里，法律通常不允许政府直接干预合作社内部事务。因为在市场经济下，内部事务应由合作社自己来决定，这样才能保持合作社较高的运作效率，政府部门的主要任务是为合作社的发展铺平道路，为合作社与其他经济主体的公平竞争创造条件。当今西方各国政府对合作社的管理、监督与规治都必须有法律依据，如果政府部门违法强制干预，合作社还可以诉诸法律以维护自己的合法权益。从历史上看，即使是政府通过合法行政手段去干预合作社经营管理的例子也极为少见，政府通常是以某种形式的税收优惠、费用减免、资金扶持等经济手段来吸引它们参与某项经济活动。

对农业合作社的立法支持，最值得重视和借鉴的是各国反垄断法及其豁免权的设立。首先，在西方国家里，反垄断法的目的在于禁止企业联合垄断市场、控制价格和限制竞争，以维护市场经济运行的效率，而这一切正是处于弱势的农业合作社在市场经济中出现和发展的重要条件。其次，反垄断豁免权的制定和实施为农业合作社不断发展、壮大创造了一个极好的条件。当代西方许多著名的农业合作社或合作社联盟，起初都是从一个弱小的合作社发展而来，它们之所以能不断地合并，发展成为地区甚至全国性的合作联社，并进行纵向一体化拓展，发展成为农、工、商综合一体化企业，实力不断壮大、竞争力不断提升，与其得到反垄断豁免权密切相关。如当前的 DGPC，垄断了几十种农产品和食品的国内和国际市场供应，很大程度上得益于获得了国内反垄断豁免权。可见，西方国家农业合作社之所以能在激烈的竞争中生存、发展壮大起来，与政府为它们创造的经营制度环境是分不开的。

8.3.2　提高了农业合作社的实力和竞争力

首先，政府在融资方面给予农业合作社帮助，使其实力与竞争力不断提升。农业生产者所能集中的资金是十分有限的，他们大多无法依靠自己的力量与资本雄厚的龙头企业竞争，因而政府向合作社提供税收和信贷等优惠是必要的，有时政府甚至出面直接投入部分股份以组建合作社，如上面提到的美国农业信贷体系，只有这样才能不断提升合作社的实力与竞争力，避免合作社在激烈的市场竞争中消亡。

其次，西方国家对合作社的帮助并不是无偿的，合作社必须按协议规定偿还，即这种帮助是讲求实效与效率的，这是为了防止合作社越扶越弱、越扶依赖性越强的情形出现。合作社在能正常运行之后，就应逐步偿还其拖欠的债务，如到期不能偿还，政府也可以按有关法律规定强行拍卖其财产以收回其拖欠的债务。对于政府直接入股参与构建的合作社，一旦其能够正常运行，政府就要逐步收回其股份，最终使其变为由农业生产者完全控制、管理和经营的合作社。以美国农业信贷体系为例，美国政府在其建立的初期提供了大部分股金，但在体系内的合作社能够正常运行之后，政府开始逐步抽回自己的股份，而使这些合作社在市场中逐步变为独立自主、自负盈亏的企业。这种做法注重市场竞争机制在合作社组织建设中的作用，目的是要提高政府扶持资金的利用效率，同时不断提高合作社的活力与竞争力。

最后，我们还应看到，政府对合作社的扶持是一把"双刃剑"，一方面，法律、政策和资金上的支持可以加速合作化运动的推广，有利于合作社在广大农村地区的发展壮大，使其能与农业领域的私人企业相抗衡，维护农业生产者的利益；而另一方面，政府长期的扶持往往会造成合作社对政府的依赖性逐步增强，一旦政府各方面的扶持减弱或停止，一些依赖性强的合作社就可能会倒闭。同时，一些国家的政府出于各种目的，往往直接控制合作社，使其异化为政府的一个分支部门或组织。可见，不合理、不科学的政府扶持将会使合作社越扶越弱，削弱或降低其在市场中的竞争力，使其逐步失去合作制企业的特点，也就失去了市场经济中"竞争标尺"的意义。毫无疑问，政府扶持农业合作社是重要和必需的，关键是要科学合理，要坚持最有利于农业生产力发展的标准，经科学规划、论证、评审后才予以实施，同时要尊重农业生产者的利益，遵循合作制民主自治和独立经营的原则。随着合作社的发展壮大，政府干预应越来越少并最终完全退出，同时，随着合作社的发展，政府也应逐步减少支持，促使合作社不断提高自身的生产与经营管理效率。

8.3.3 几点启示

第一，支持合作社发展是政府的一项重要职能。在西方近 200 年的农业合作化运动中，政府与合作社的关系经历了从发展初期的相互冷漠甚至排斥，到成长期的相互接触与了解、政府开始支持，再到成长后期政府为合作社提供多种扶持的演变过程。当前，西方政府已经深刻认识到合作社在发展农村经济、实现农业现代化、改善农户收入等方面的重要意义，已将支持合作社的发展作为自己的一项重要职能。一方面，农业生产的弱质性以及合作社所追求的民主、公平、自助并且不以营利为生产经营目标的合作制原则，使其在与非合作社企业的竞争中常常处于劣势，需要政府的扶持；另一方面，合作社的"竞争尺度"的作用，在解决市场失灵和促进市场竞争、增加农户收入、缓解社会两极分化、发展农村经济等方面具有很强的正外部性，因而应当得到政府的扶持。西方政府在扶持农业合作社发展的过程中，往往只负责提供市场失灵下的公共物品供给，即尊重外部市场机制的作用，它暗示合作社要生存、发展壮大就要充分依靠内部成员间的相互承诺、信任、合作的机制的完善来不断提高生产经营效率。

第二，西方国家政府对合作社无论是扶持，还是监督、管理都要有相应的法律依据。西方国家政府极少甚至严禁行政干预合作社具体的生产经营活动，其目的就是要保证合作社自主、自助的性质不发生改变，并确保合作社在市场经营中是高效率的，不会因为受到扶持或监督而降低其生产经营效率。依据西方国家的立法程序，对合作社扶持或是监督、管理的法律、法规的制定要经过严格的论证，政府应充分征求有关各方，特别是合作社的意见，在法律生效后，及时调查反馈法律、法规施行的结果，不断修订调整，尽最大努力减少政策失误。

第三，西方国家政府高度尊重社员需求，并及时采取相应的措施，不断激发社员的生产积极性。合作社是广大农户通过横向联合、纵向拓展组织起来的自助组织，目的是改善广大农户在市场竞争中的弱势地位，提升其实力与竞争力以改善农户收入状况。因而西方政府在扶持合作社发展的过程中，充分尊重了广大农户的意愿，以农户的需求（而不是以政府的诉求，如政绩需求等）为主要内容来辅以支持与帮助，这样扶持、发展起来的合作社才能得到广大农户衷心的拥护和认可，社员的生产积极性及合作社的生产经营效率才能不断提高，最终合作社才能成为西方农业现代化建设的主力军。西方农业合作社成功发展的事实说明，政府扶持合作社的发展应以其成员的需求为核心，以提高农户的自我服务能力及其生产经营效率为目标，而不应该"越俎代庖"地替农民做主，要让农户根据自己的需要自我组织起来，而不是根据政府的政治需要把农户组织起来。

第四，整合资源建设好服务、支持平台，支持真正的合作社。西方政府扶持合作社的核心是为合作社提供各种外部服务与支持，提供这些外部服务与支持的目的是要最大限度地提升合作社的生产经营效率，提高农户收益，这也是贯穿合作社发展始终的最重要目的，因此一切有利于农户收益提高的外部服务、支持政策及措施均会被政府采用，如加强对社员关于合作社知识的宣传、教育以提高社员的合作意识与合作能力，对合作社构建、内部治理、财务制度建设、生产运作、市场营销的经验进行介绍，给予合作社税收优惠、融资帮助、信息支持、技术援助，帮助合作社制订发展战略计划、进行合作社研究并及时公布研究结果，对合作社相关人员进行生产技术培训、合作管理知识教育，等等。西方政府大多已构建并完善了合作社的服务平台，政府各部门通过联系有关组织以及科研院所等社会力量，有效整合各种资源，不断打造高质量的合作社服务、支持平台。最后需要说明的是，西方政府基本上只支持那些遵循合作制原则的合作社，即惠顾者拥有和控制并根据惠顾额（量）分配盈余的合作社。有了标准，政府的扶持政策被非合作社或其他组织所利用，而使真正的合作社无法享受到，导致广大农户社员的利益受到损害的现象才能避免。

　　第五，重视合作教育。西方政府认为合作教育对于合作社来说生死攸关。正如我们前面分析的，合作教育是合作社生产经营中促使成员的集体理性战胜个人理性的重要教育手段和方法；许多发展良好的合作社成员也承认合作教育对于合作社的成功至关重要，如果不能持久地坚持进行合作教育，合作社将前景暗淡，甚至倒闭或被迫解散。政府在合作社教育、培训中的主要作用是对合作社进行深入研究，编制各种合作教育、培训资料发给合作社，或对社员直接进行合作教育、培训。政府在培训中注重合作社实际问题的解决，其中特别重视合作社人力资源的开发，重点是提升合作社领导人、雇员以及社员认知市场、进行市场营销的能力，进而不断改善社员的收益状况。

　　总之，各国的经验表明，政府对合作经济的参与，采用法律约束和经济的手段要比行政手段好；有偿援助有助于激发社员独立自主、奋发上进的精神，而无偿援助则助长社员的依赖性；间接干预比直接干预更有效；宏观控制为合作社留下的活动余地远比微观控制广阔，进而有助于合作社根据形势需要灵活地调整生产经营。

第九章　西方农业合作经济组织制度分析的启示

回顾西方农业合作经济组织近 200 年来的演进发展历程，由于各国农业合作经济组织所处的政治、经济、人文、历史等背景各不相同，因而其发展的形式、水平以及具体的组织制度实践、演进的路径也不尽相同，但有一些内在的规律和经验是相同的。

第一节　正确认识西方农业合作经济组织产生与发展的原因和条件

国内部分研究者对西方农业合作经济组织产生的原因与条件的认识不是很清晰，有的甚至认为资本主义基本矛盾的激化是农业合作经济组织产生和发展的根本原因。通过前述对西方农业合作经济组织产生、发展的制度分析，可清晰地认识其产生的根本原因与基本条件。

9.1.1　农业生产力发展的内在要求是农业合作经济组织产生与发展的根本原因

各国农业社会化大生产下的专业化分工的出现和发展产生了劳动之间协作的需要，这是农业合作社产生的根本原因。在保持家庭农场作为一种高效率生产组织单位的基础之上，农业生产经营过程进行了专业化分工协作，合作社就是这种专业化分工协作的产物，其主要表现在以下几个方面：①部分农业生产资料的购买、加工或制造从农户家庭生产经营中分离出来，交由农户组建并拥有的专业合作社来完成，这是农业生产力发展的内在要求；②在现代生产技术条件下，为使农产品及时进入市场，促进商品的顺利流通，不断提高家庭农场的商品化率，大量收购、贮存、运销等方面的专业合作社的出现就成为必要；③为不断提高生产经营效率，家庭农场的产前、产中、产后等经营服务从家庭农场的生产经营中分离、分化出来，由相关的专业合作社来完成。专业合作社提供了全面、完整的生产经营服务，使家庭农场的农业生产经营效率不断提高。

9.1.2 市场经济、城乡差别及合作运动的出现与发展为农业合作经济组织的产生创造了外部条件

市场经济的出现与发展是合作社产生的外部必要条件。正如我们在前面的分析中指出的，原始社会、奴隶社会和封建社会制度下均不可能出现合作社，在这些社会制度中，尽管存在过各种形式的协作，甚至出现过互助性的行业协会，但这些均不是合作社。合作社呈现出的不是自然经济条件下的简单协作，而是市场经济条件下的社会分工，因此只有到了市场经济发达的资本主义社会，大批在封建关系束缚下的农业小生产者变成了独立经营者，拥有或占有了一定的生产资料，并发展成为商品生产者，为了解决小生产与大市场矛盾，为了不断提高生产经营效率，独立的农产品生产经营者在平等互助的基础上进行了分工与协作，构建了合作社。可见，市场经济的出现与发展为合作社的产生奠定了基础，并且合作社还伴随着市场经济的发展而逐渐繁荣发达起来。有市场经济就有市场竞争，就会有经济上弱者与强者的分化。由于在资金、技术、信息等方面处于劣势，单个农户在市场中与资本主义企业竞争或交易时往往处于被排挤、剥削和压迫的地位，为了维护自己的利益，实现自救、自强，联合、互助就成为必要，这也是合作社产生的一个重要外因。

人身自由和经济独立的农业生产者的出现，是合作社产生的基本条件。合作社既然是一种经济组织，首先必须具有进行经济合作的合作对象（主体）及其财产（客体）。合作社的产权制度已经表明，其成员必然是经济独立，拥有一定财产和人身自由的小生产者。因此可以说，合作社作为

一种自下而上构建的经济组织，既是商品生产者为提高生产经营效率的产物，又是独立自主的经济主体在市场经济中为追求个人经济利益和社会利益最大化而自觉自愿选择的结果。

正如我们一再指出的，农业生产一线大量家庭农场的存在，是农业生产经营领域内合作社产生和发展的基本条件，为了缓解农业社会化大生产与农户家庭私有制经营方式之间的矛盾，就需要组建合作社。因此，合作社是农业社会化大生产与农户家庭私有制经营方式矛盾的产物，是个体农户或家庭农户劳动者在市场经济中为捍卫自己的利益而组织起来的经济团体。

农业生产由于受生产对象生长发育规律的限制，专业化分工协作不如工业便利，因而产业革命在工业方面取得的成就未能同时实现于农业，农业在技术与经营方面均比工业落后。随着社会分工和市场经济的发展，农业固有的劣势造成了城乡之间、工农之间的差别和不平衡，为了缩小差别，实现平衡、协调发展，在农业领域组建合作社就显得尤为必要。

综上所述，农业合作社的出现与发展首先是农业社会化大生产，即农业生产力发展的内在要求，这是农业合作社产生的根本原因，而市场经济的发展、劳动者享有比较充分的人身自由、大量家庭农场的存在、小生产与大市场的矛盾、城乡发展不平衡导致合作运动的蓬勃发展，为农业合作社的产生奠定了基础和创造了不可或缺的条件。当然，农业合作社的产生和健康发展还需要包括政府科学、合理的扶持在内的社会政治环境（详见第八章）。

无论是社会主义社会还是资本主义社会，任何一个国家的农业现代化发展都要提高农业生产力水平、发展市场经济、缩小城乡差别，这就必然要把农业生产者引入市场，使他们的生产具有社会化的性质，而在农业生产的社会化进程中，不论政治制度差别有多大的国家，都将面临家庭小生产与经营大市场的矛盾，而家庭小生产者通过合作社自我组织起来就可以在很大程度上解决上述矛盾，同时还有利于工农、城乡协调发展，缩小城乡差别。所以，就一般意义而言，农业合作社的产生和发展，既不是资本主义生产方式特有的产物，也不是社会主义生产关系变革特有的结果，而是农业生产力发展的内在要求，是市场经济发展到一定历史阶段的必然现象。这同时也说明，我们不能将合作经济的产生单纯地归结为资本主义基本矛盾的产物。

从合作社的产权制度安排来看，它具有强可塑性，能适应不同的经济环境、不同的所有制形式。首先，合作社的入股方式多种多样（构建者可依据合作社的不同要求及其所处的不同经济环境来确定），构建者既可以资金、实物等入股，也可以劳动力入股，前者多形成服务型合作社，且大多处于流通领域，后者多形成生产型合作社，但由于农业生产的特点，这类合作社较少。其次，在合作社的产权结构中，成员按份共有、共同共有财产的比例非常灵活，不同比例会形成不同的所有制形式。共同共有财产的比例高将会形成集体所有制的合作社，反之就形成私有制性质的合作社。可见，合作社产权制度安排的包容性很强。合作社产权制度安排体现的是生产要素的组合方式而非特定的所有制形式，这也就是合作社在不同社会制度的国家中都能广泛地建立和发展的根本原因。

第二节　准确理解农业合作经济组织的特殊性

9.2.1　农业合作经济组织在合作运动中是一类特殊的合作经济模式

西方合作运动100多年的发展史证明，合作运动在农业领域获得了普遍、全面的成功，合作社成为农业生产经营最重要的组织形式，这表明合作制生产关系是能适应农业生产力发展的，这也正是农业合作社这一经济组织模式的特殊性所在。

在西方各国合作运动发展的早期，资本主义生产关系的统治地位刚刚确立，生产力水平相对较低，市场以及商品经济正在逐步发展完善，经济困难、物资紧缺，因而合作制生产关系最早出现在消费领域，且合作社经营项目少、服务范围小。但时至今日，西方资本主义国家的生产力水平已大大提高，物质财富空前丰富，从人民生活需求状况来看，发达资本主义国家的市场大多已成为商品过剩的买方市场，商品的销售危机已经成为资本主义市场的主要问题，消费者关注的重点已不再是商品价格，而是商品的质量与安全，这样消费合作社制度产生的基础被不断削弱。因此，单纯的城市社区消费合作社已逐步淡出合作运动。

与消费合作社不同，农业经济发展及其生产方式的特点决定了合作社在农业领域的发展十分兴旺。现代科学技术对农业的不断渗透使农业逐步变成了知识、资本密集型的产业，而这一切并没有削弱家庭经营在农业生产中的地位。这是因为当前农业一线生产大多仍然不能进行专业化分工协作，或者理论上能进行专业化分工协作，但生产对象又不能适应分工协作与流水线作业；同时农业生产时间上的不连续、空间上的分散使得农业的生产管理、监督计量变得非常困难，这就使得家庭仍然是农业一线生产中效率最高的组织单位。可是，在农业生产的商品化、市场化进程中，农业家庭经营的生产关系与农业社会化大生产之间存在着严重的矛盾，①而这一矛盾恰恰是通过农业合作社来解决的。在西方各国，凡是农业领域有家庭生产经营方式存在的，就会有合作社，凡是家庭生产经营方式占主导地位的，农业中的合作经济就比较发达。美国农业一线生产大多由家庭农场完成，家庭农场经营规模较大，因而它们也需要各类农业合作社来解决农业的家庭生产经营方式与农业社会化大生产之间的矛盾。当代美国农业供销合作社的农产品销售额占全国农产品销售总额的25%以上，其供应的农用物资额占全国供应额的27%左右，而且近年来这一比例还有所上升。

如图9-1所示，美国农业合作社占全美农场供销服务比重的总趋势是缓慢上升，供销服务比重分别由1950年的17%上升至2002年的27%。实际上这个比重是高的，因为农场还包括公司制、合伙制农场等。这说明农业合作社得到越来越多农场主的支持和认可，这对解决家庭生产经营方式与农业社会化大生产之间的矛盾起到了重要的作用。可见，没有农业合作

---

① 矛盾主要表现在：第一，在家庭农业生产经营中，单个农户获得信息的手段、渠道等极少，其难以及时、准确地了解市场供求信息和天气变化情况，在生产经营中往往凭各自的主观判断，存在较大的自发性和盲目性，面临极高的市场与自然风险；第二，农户家庭经营因生产能力有限，从而生产规模狭小，难以获得规模经济；第三，农户的自给自足的小生产自然排斥资金与新科技进入；第四，单个农户分散地进入市场，在经营能力、市场营销方式上都不适应市场竞争的要求。

社的产生及其在农业生产经营中的分工协作，家庭农场的农业现代化生产经营不可能实现，大多数中小家庭农场将会破产，从而动摇农业的基础地位。农业现代化的发展经验已证明，农业合作社的发展是农业家庭生产经营方式与现代农业生产力矛盾运动不断发展的结果。换言之，发展农业合作社是解决农业家庭生产经营方式与不断发展的农业生产力之间矛盾的最佳途径。

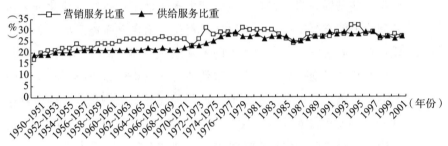

图 9 - 1   美国农业合作社占农场供销服务的比重

资料来源：United States Department of Agriculture, "Farm Marketing, Supply and Service Cooperative Historical Statistics", Cooperative Information Report 1, section 26, 2004, p. 79。

这里需要说明，在农业生产力水平较低的时代，传统农业合作社曾经兴旺发达过，但随着农业生产力水平的不断提高，其越来越不适应现代农业，特别是当今后现代化农业的发展。西方农业合作社 100 多年的发展历史，特别是当今发展兴盛的新一代合作社以及其他衍生的合作社演进的历程均证明：合作社的形式在不断地发展、变革与完善之中，但合作社为农户服务、民主管理、追求农户收益最大化的原则没有改变，合作制依然具有顽强的生命力并能进行自我更新，合作社依然适应当今农业现代化的发展。

9.2.2   农业合作经济组织在农业中是一类特殊的生产经营组织

西方农业合作社产生和发展的历程表明，在农业领域内，合作社亦是一类特殊的企业。合作社的产权制度是建立在家庭农场私有制（劳动者个人私有制）基础之上的，合作社的生产资料主要以股金形式存在，这种股金既不归合作社内的少数社员所有，也不归作为整体的全体社员共同所有，由此形成的所有制既不是生产资料的资本主义私有制（有别于农业领域的资本主义企业），也不是生产资料的公有制（有别于集体农庄或人民公社），而是在社员对合作社财产按份共有＋共同共有的基础上，以全体社员民主控制、使用、管理为特征的复合所有制，[①] 这种复合所有制决定了合作社的劳动成果不为资本占有，也不为全民占有，而是社员个人占有（社员也可能占有非社员的劳动成果，如新一代合作社）。因此，西方农业合作社实际上是建立在社员个人占有生产资料、全体社员控制、合作管理、合作进行生产经营并按社员交易额（量）分配盈余的基础之上，在农业领域中是一类特殊的生产经营组织。100 多年以来西方合作社在农业领域内的持续发展已经证明，这种微观经济模型在农业领域内有着较强的生命力。

综上，西方农业合作社特殊的制度安排表现出其在农业中是一类特殊的生产经营组织，这种特殊性还表现在以下方面。

（1）能形成一个完整和相对稳定的自我服务系统。西方农业合作社的所有制形式是一种复合所有制，合作社产权结构上的灵活性和强可塑性使其能以多种形式渗透到农业生产经营的各个领域，甚至渗透到农户和农村生活的每一个角落。可以说，这些与农业有关、为农业服务的各种各样的合作社囊括了农业生产活动的全过程，体现了"生产时间和流通时间的统一"，[②] 能形成一个完整的系统，如日本农协。产权制度上的优势使农业合作社在功能上具有自成体系的特点，使其与资本主义企业相比表现出自己的优势，特别是在稳定性方面。①维持农业生产的持续发展，避免农业生产出现萎缩。由于与农业有关的资本主义企业是以营利为目的，因而其具有潜在的不稳定性：农业生产的风险、市场价格的波动等都会对这些企业产生冲击，资本的逐利性决定了它们易"改弦易辙"，抽走投资从而给农业生产带来负面影响。如果这些企业的产出在农业生产中所占的产值比重较大，上述冲击甚至会造成农业生产的萎缩。而合作社产权制度决定了合

---

① 丁为民：《西方合作社的制度分析》，经济管理出版社，1998，第 301 页。
② 马克思：《资本论》（第 3 卷），人民出版社，1975，第 338 页。

作社是以服务于广大农户为宗旨的，它比逐利的资本主义企业对农业的投入要稳定和持久，这无疑有利于农业的可持续发展。②农业生产经营中的一体化以专业化为基础，专业化又以一体化为发展前提；专业化是分工的结果，而一体化则是协作的结果，两者密不可分。这内在地要求分工协作具备凝聚力和向心力，而合作社是农户民主管理的自助组织，由合作社牵头形成的农业生产经营横向或纵向一体化比资本主义企业牵头构建的横向或纵向一体化更具凝聚力和向心力，新一代合作社的成功就印证了这一点。

（2）通过产权社会化，构建复合经营模式，有效地解决小生产与大市场的矛盾。如前所述，农业发展需要解决家庭私有制生产方式与农业社会化大生产之间的矛盾，要解决这一矛盾，就要对家庭农场的部分财产进行产权社会化变革，才能构建合作社，进而合作社就可以把单个、独立，甚至是封闭的家庭农场生产经营转变为社会化的生产经营，有效地解决小生产与大市场的矛盾。在这里，合作社的转变方式与各种资本主义企业不同，它是通过复合经营模式把家庭农场的生产经营转变为社会化的生产经营。这是因为：第一，合作社是农民自己所建，它在产权关系上是众多家庭农场主的按份共有和共同共有，它是建立在家庭农场高效率生产经营组织基础之上的又一高效率生产经营组织，即合作社是处在家庭农场之上的另一个经营层次，因而合作社是一种复合经营模式；第二，在该经营模式中，合作社各成员的家庭农场变成了农业社会化大生产中一个有机的组成部分，这是对小生产者在生产方式和经济关系上的一种改造。农业生产方式的特点使家庭农场天然地处于一种无组织状态，这同农业社会化大生产以及国内、国际大市场发展是不相适应的，上述复合经营模式提高了家庭农场的生产经营效率，有效地解决了农户小生产与经营大市场的矛盾，同时维护了农户的根本利益，减少了不必要的中间环节，最大限度地实现了农户收益的最大化。

（3）是维护广大农户切身利益、与农业领域内的资本主义企业或私人企业对抗或竞争的重要力量。在资本主义市场经济中，单个家庭农场在工商业资本面前往往处于绝对劣势，往往成为工商业资本转嫁成本与风险的对象。在生产经营中，单个家庭农场无论是在生产资料供给及技术服务上，还是在农产品的收购上，都极易受到工商业资本的盘剥。家庭农场横向联合成立合作社，以集体力量对抗、取代工商业资本，生产资料供给及技术服务，产品的保存、运输及加工销售由合作社自助完成，这显然使合作社成为市场经济中与工商业资本对抗、竞争的重要力量。这种对抗或竞争与资本主义企业间的对抗或竞争是不同的，资本主义企业是针对家庭农场主追求自身利润最大化，而合作社刚好相反——追求成员（大多为家庭农场主）收益最大化，不寻求自身利润最大化，合作社与资本主义企业在根本利益取向上存在着尖锐的对立。合作社这股竞争力量的存在，极大地避免了工商业资本对家庭农场劳动的压榨，维护了广大农户的利益。当然，目前也有一部分家庭农场没有加入合作社，它们通过契约进入资本主义企业控制的供应链，将自己的生产经营活动融入大生产、大市场。它们的经营状况与加入合作社的农场相比也许不会差太多，有的甚至还要好。然而，假如没有合作社这股竞争力量的存在，这些家庭农场岂不是很容易成为工商业资本的"囊中之物"而任其宰割？所以，合作社存在的正外部性，远远超过它本身的活动范围和它给自己社员带来的直接利益。

第三节　农业合作经济组织发展的规律与经验

综观发达资本主义国家农业合作经济组织产生与发展的历史、现状及其特点，其表现出了一些共同规律，提供了可资借鉴的经验。

9.3.1　农业合作经济组织的发展规律

9.3.1.1　合作社的发展要和农业生产力的发展水平相适应

农业合作社作为一种生产经营组织，其本身就是农业生产力发展的结果。所以，合作社的内部制度安排一定要与生产力发展水平相适应，而这种适应性主要来其深刻的产权制度结构，即建立在家庭农场私有制基础之上的股金制度（或"股金－交易额锁定"制度）+公积金制度（形成公共财产权），这种产权制度结构是与当代西方农业生产力发展水平相适应的，有以下原因。

（1）家庭农场制度在农业生产一线依然具有生命力。在以合作为主体的社会化服务组织的协助下，当今西方家庭农场私有制在农业生产一线依然适应当今农业生产力发展的要求。第一，农业生产的对象决定了家庭农场经营依然适应现代农业的发展。第二，从对农业生产劳动的监督、管理上来看，其劳动过程与成果的联系很难被直接观察到，这就决定了对农业劳动过程的监督、管理非常困难，因此通过监督、考核来实现劳动者的付出与收益一致也是困难的，这内在地决定了家庭农场是农业生产经营组织形式的最优选择，正因为如此，在实现农业现代化或农业后现代化的西方国家中，家庭农场依然是农业生产一线最主要的组织形式。当前，农业科技发展的主流不是改变农业一线的生产组织方式，而是在适应家庭农场生产方式的基础上来不断地提高其生产经营效率。第三，经济、社会和技术变化使家庭经营具有必要性和可能性。大规模机械化等先进生产技术的采用以及为农业服务的各种组织的广泛发展（包括农业合作社）使家庭农场中少数几个人就能进行较大规模的生产。有了技术进步，有了门类齐全的各类农业服务组织，特别是农业合作社，家庭农场——这种古老的生产组织方式，在这些服务组织的技术、资金、信息等支持下也能进行农业社会化大生产。因此，尽管家庭农场在农业生产经营一线具有很高的效率，但如果不进行横向联合与纵向拓展，它是很难适应农业生产力发展的内在要求的，这反过来说明，包含合作社的农业社会化服务体系强化了农业生产经营的家庭模式。

（2）农业合作制度是经济效率的产物。建立在家庭农场制度基础之上的农业合作制度是经济效率的产物并与农业生产力水平相适应。农业生产对象的特殊性决定了农业生产方式的特殊性，这表现在两个方面：一是生产技术的特殊性，二是劳动方式的特殊性。这就对农业生产经营企业的组织制度提出了特殊的要求。这就是说，农业一线生产技术的特殊性以及劳动方式的特殊性决定了家庭农场依然是农业一线生产中的一种高效率组织单位，这也就决定了在其基础之上建立经济组织的特殊性。如前文所述，在家庭私有制基础之上，不可能建立资本主义性质的现代股份制公司，因而农户的、建立在家庭农场基础之上的生产经营组织沿着另一条路径——合作制发展。当今西方发达国家的农业合作社将所有能从农业生产经营中分裂、分化出来的工作、工序等都分离了出来，交给专业合作社进行分工协作，以实现农业现代化的大生产，这给人最直观的感觉就是农业合作社的社会化服务非常全面和发达，这说明了农业合作社是农业生产经营组织形式中效率最高的组织形式之一，它是建立在家庭农场这一农业生产高效率组织基础之上的又一高效率组织，是经济效率的产物。因此，合作社的发展要和农业生产力的发展水平相适应。

9.3.1.2　合作社产权社会化发展要顺应农业生产社会化发展的内在要求

西方农业合作社的发展演进揭示了：农业合作社的产权社会化要顺应农业生产社会化发展的内在要求。如从传统合作社到新一代合作社，合作社产权社会化的发展演进就是农业生产社会化发展的结果。

农业生产社会化是指农业由自给自足的、封闭与落后的小生产农业，转变为商品化的、开放的、进行社会化分工协作、使用先进技术进行生产的农业的过程。在这个过程中，农业生产资料逐步集中，从而使农业生产过程和劳动过程不再完全由个别劳动者及其家庭成员单独完成，而是由不同劳动者、不同的生产组织在分工与协作的基础上，按与当时生产力水平相适应的联合方式来共同完成，其中最重要的联合方式就是合作制，农户按合作制构建合作社来共同完成农业生产经营，大大提高了农业生产经营效率，在合作的过程中，人们结成的经济利益关系越来越丰富，即农业合作社的生产关系的社会性日益增强，在法权关系上就表现出产权关系的社会化。产权关系社会化首先表现为完整、独立的产权发生了一系列的分裂、分化，按份共有财产的出现（社员出让了各自财产的占有、使用权）及共同共有财产的出现（公积金制度形成）使得农业合作社产权关系主体范围的不断扩大成为可能，在商品经济时代，随着市场竞争的激烈，打破家庭、群体和地区界限的人们通过合作社进行广泛的生产协作，产权关系的主体数量空前增加，关系也越来越复杂，产权关系的社会性也显著增强，产权社会化程度也越来越高。可见，农业合作社产权社会化是农业生产社会化的产物，这就内在地要求农业合作社产权社会化应顺应农业生产社会化的发展。

9.3.2 西方农业合作经济组织发展的经验与启示

9.3.2.1 发展中应坚持合作制的基本价值与原则

对于建立在家庭生产经营基础之上，由处于农业生产一线的农户所组建的合作社，其在发展中应坚持合作制的基本价值与原则，即为"民"（农业一线生产者）服务与"三位一体"原则。农业合作社所追求的基本价值是其区别于其他企业的本质特征。西方国家农业合作社是农户拥有的经济组织，作为组织的劳动者，农户不会轻易地出让其对合作社的产权，这就决定了合作社的根本原则是维护农户的利益，合作社以农户社员为主体，坚持为社员服务的宗旨，在内部管理上遵守合作制民主管理原则，即使是在市场经济高度发达的美国、加拿大和西欧国家，从传统合作社到新一代合作社，其依然坚持为"民"服务与"三位一体"原则，这是不以人的意志为转移的，这是农业生产力发展的内在要求。

农业合作运动的丰富实践证明，合作社为"民"服务的基本价值追求和民主管理原则（基本制度原则）是农业合作运动长盛不衰的根源，这是因为其恰好适应农业生产力发展的特点及农业特殊的生产方式。因此，发展农业合作社，促进农业现代化发展，必须坚持合作社的基本价值和原则，以广大社员的利益为核心，这样的合作社才能得到广大农户的衷心拥护，才会有生命力和持续发展的能力。最后需要说明的是，坚持合作制的基本价值和原则是为了在既定生产方式下保持合作社是一种有效率的生产经营组织，基本价值和原则并非一成不变，合作社应根据农业生产力发展的水平做出适应性调整。

国内许多学者将"自愿加入和自由退出"视为合作社最基本的制度原则和决定合作社发展成败的根本原因，认为合作社发展不稳定是因为成员可以自由退社，因而提出了"限制退社"政策，并将自由退社政策与"合作社为什么难以成为我国当前农村经济的主流组织形态"联系起来，指出

"合作经济组织是各类生产要素所有者的一种较为规范与稳定的合作形态，要保证经济组织的可持续与高效率，就有必要对经济组织成员的自由退出权加以限制。合作社在市场经济条件下之所以难以成为我国农村的主流经济组织形式，其中最重要的原因就是合作社社员拥有太大的自由退出权"。① 关于这一问题，林毅夫教授在 1990 年发表于《政治经济学杂志》（*Journal of Political Economy*）上的一篇著名论文中就专门分析了中国农业合作化运动在初期取得成功，但在后期导致农业危机产生的原因，他指出："1959～1961 年的滑坡主要是由于从 1958 年秋天开始农民退社的自由被剥夺所造成的。"他从博弈论的角度对此做出了解释："在一个合作社里，社员如果拥有退社的自由，那么，这个合作社的性质是'重复博弈'的，如果退社自由被剥夺，其性质就变成'一次性博弈'。在 1958 年以前的合作化运动中，社员退社自由的权利还受到相当的尊重，但自 1958 年的公社化运动后，退社自由的权利就被剥夺了。因此，'自我实施'的协约无法维持，劳动的积极性下降，生产率大幅滑坡，由此造成了这场危机。1952 年到 1988 年间，中国农业总要素生产率变动的情形，和博弈论的假说基本上是一致的。"② 该文一出，立刻引起了中国学术界激烈的争论，许多学者指出，如果人民公社允许自由退出，合作化可能崩溃得更快，"即便是在掀起了'社会主义高潮'的第二年（1957 年），仍然有大量农民主动拉牛退社或要求退社，政府随即开展了一场全国范围的两条道路大辩论的社会主义教育运动才制止住这场退社风潮"。③ 由于政府禁止社员自由退出，合作社才能够维持。因而现在又产生了一种理论上的"回归"，强调还是应该建立"限制退社"制度（特别是对大户的限制），并将能自由退社与"合作社为什么难以成为我国当前农村经济的主流组织形态"联系在一起。这样，如果沿着"能否自由退社与合作社的存亡之间的联系"来分析问题，我们就会陷入逻辑上的自相矛盾，即无论怎么做都不行，如果限

---

① 转引自曹阳等《自由退出权、组织稳定、组织效率——兼论合作社为什么难以成为我国当前农村经济的主流组织形态》，《华中师范大学学报》（人文社会科学版）2008 年第 7 期，第 46～50 页。

② 林毅夫：《制度、技术与中国农业发展》，上海三联书店，上海人民出版社，1994，第 7 页。

③ 杜润生：《中国农村体制变革重大决策纪实》，人民出版社，2005，第 65 页。

制退社，将维持一种低效率的生产经营组织，该组织最终必然崩溃，如果不限制退社，那么合作社将更快地灭亡。

我们认为，这种逻辑上的混乱和自相矛盾是由于错误地将"自愿加入和自由退出"视为决定合作社成败的最基本制度原则，沿着这一思路将"能否自由退社与合作社存亡"联系起来讨论就成为一个伪命题。正如我们在前面的制度分析中所指出的，作为一种生产型合作社——人民公社失败的原因来自其深刻的产权制度缺陷（成员不能"用脚投票"，所以公社只能强制性限制成员退出，而这样做又导致组织内部生产经营的低效率）。人民公社的失败是因为当时的农业生产力水平与人民公社产权制度不相适应（无论是生产技术、管理监督还是生产对象改良都不适应集体化生产），所以，该产权制度必然崩溃，这是生产关系对生产力的适应性调整造成的，而不是它的退出制度。进入与退出制度实际上是产权制度在进入与退出机制上的表现，产权制度改变会导致进入与退出机制的改变。新一代合作社没有限制退出，仅是其产权制度发生了变化而改变了社员进入和退出的机制，从而使其克服了传统合作社在进入与退出机制上的主要缺陷，进而使其充满了活力和生命力。可见，进入和退出机制是由合作社的产权制度决定的，进入和退出机制本身的变化与合作社的存亡之间没有必然的联系，就如同人民公社，不论是限制还是不限制社员退出，它都会灭亡，而其灭亡的真正原因来自其产权制度上的缺陷（马克思曾强调，任何一种产权制度对生产力的适应都是有条件的，条件改变，产权制度也要变化，这里我们坚持了生产力标准）。

总之，合作社产权制度安排形成的"三位一体"原则是合作社存续并保持活力的关键，而"三位一体"原则的核心就是"一切为社员的生产经营效率服务"，即为社员的利益服务。我们的改革可以探索各种形式，可能不会一步到位，但合作社的基本原则及其核心不能变。在既定的生产力水平下，各项改革措施都要有利于这一原则及其核心价值的实现，否则合作社将失去广大农户的信赖和衷心的拥护，也就失去了生存与发展的基础。

9.3.2.2　建立明晰的产权制度并完善内部治理结构

第一，建立明晰的产权制度。产权制度是生产经营组织中各种经济关系的基础，是联结组织中各经营主体的纽带，可明确组织中各成员在经济活动中的权、责、利关系。产权是否清晰决定着经济组织的生存、效率以及能否健康发展。产权清晰包括两层含义：一是财产的归属关系是清楚的，即财产归谁所有、谁是财产的所有者或谁拥有财产的所有权是明确的；二是在财产所有权主体明确的情况下，在产权实现过程中不同权利主体之间的权、责、利关系是清楚的，即产权的实现过程（机制）不会扰乱权、责、利关系的清晰性。产权清晰对市场经济中的企业有比较直接、显著的积极性影响，这种影响主要通过减少产权争议、形成有效的内部激励与内部监督约束、降低产权保护的成本等途径来实现。[①] 农业合作社是"农户拥有、农户民主管理、农户受益"的企业，所以，农业合作社只有承认和保护社员的权益，依合作社质的规定性，即"三位一体"原则构建明晰的产权制度关系，才能调动全体社员参与和关心合作社生产经营的积极性。具体来说有以下几点。首先，合作社产权的主体是全体社员，其享有利用合作社组织服务、民主决策合作社的组织方针和重大事项、按交易额享有合作社剩余索取权等权益；社员以其出资额为限对合作社组织的债务负有有限清偿责任。其次，社员按份拥有合作社财产的终极所有权（社员离开合作社可带走这一部分财产，但不能带走公共积累部分，该部分归合作社集体所有）、使用权（享受服务）和剩余索取权，但社员向合作社出让了各自入股财产的控制权、经营权、管理权和使用权等（实现分工协作下的联合生产以提高生产经营效率）；合作社以其全部资产对债务负责。最后，由合作社财产的终极所有者——社员通过社员（代表）大会选举理事会（董事会），将合作社的管理权、经营权委托给理事会（董事会），理事会（董事会）按合作社章程（由社员大会制定）的相关规定聘请总经理，总经理负责完成具体的经营管理工作，总经理又聘任下级工作人员，这样就形成了合作社多层级的、相互制衡的关系。有了这一关系，我们还应关注其是如何实现的，即设计合理、有效的产权实现机制，不扰乱明晰的产权关系，在这一方面，我们可充分地借鉴新一代合作社成功的经验。

---

① 汪异明：《新议"产权清晰"》，《贵州财经学院学报》1998年第6期，第1~2页。

在传统合作社中，入股金没有与社员的交易额"挂钩"，只有上、下限约束，这可能导致入股金少的社员"过度使用"合作社行为的出现。合作社的公共积累属于合作社的集体财产。传统合作社在与社员交易前，并没有明确如何使用集体财产以及如何分配集体财产所滋生的收益，这也可能导致合作社成员的机会主义行为的产生。西方传统农业合作社是通过投资（有资格投资与无资格投资）、动态调整（循环资金融资和基本资金计划）来实现社员与合作社以及社员与社员之间的权、责、利关系的调整，但这种产权关系的调整是一种"滞后"型的调整，由于存在时滞，这种调整依然不能完全杜绝机会主义行为的出现。而新一代合作社通过"股金－交易额锁定"的产权制度，在社员还未与合作社交易之前就明晰了合作社与社员、社员与社员之间的权、责、利关系。由于完善了产权制度，明晰了产权，新一代合作社充满了生机和活力，引领了当代合作制企业变革的方向。我们应充分借鉴新一代合作社通过"股金－交易额锁定"制度来明晰产权的机理，结合具体实际，在实践中形成行之有效而又具有中国特色的合作社产权制度，确保合作社生产经营效率的持续提高。

当前，产权关系不明晰依然是困扰我国农业合作社发展的一个重大障碍。要构建明晰的产权制度，在借鉴西方农业合作社发展经验的同时，我们应充分尊重广大农户的选择和首创精神。许多研究者认为，中国农民是愚笨的，然而笔者在课题调查中深深体会到广大社员对合作社内部的权、责、利关系非常敏感，也非常清楚，"谁出钱、出力多，谁受益多，谁多占了便宜"常常是社员讨论最多的话题。笔者在实地调查中发现，为了不破坏清晰界定的产权关系，有相当一部分农业合作社实行了"按交易量（额）入股""一人一票""惠顾返还按交易量（额）比例分配"（实际上也是按入股金比例分配）。① 正如我们将要在后面分析中指出的，国内农业合作社几乎没有有资格投资与无资格投资以及基本资金计划和循环资金融资计划，就不可能对农户与合作社的交易进行事后调整，以使社员在经济

---

① 如笔者在 2011 年实地调查的"江川江城春晓蔬菜产销专业合作社"与"云龙县宝丰胜得种植专业合作社"，前者成员根据经营的土地入股，后者成员根据果树种植的株数入股，盈余按两项的入股比例分配。

活动中的权、责、利关系对等，因而在实践中进行了事前明晰。

　　第二，形成能够实现合作社民主管理制度的治理结构。合作社的治理结构就是合作社的领导和管理机构的设置以及它们之间的制约关系。合作社的治理结构的特征是通过分别设立最高权力、决策、执行和监督机构，形成各自独立，权、责、利明晰又互相制衡的机制，明确并维护合作社所有者和经营者的权益，满足合作社高效经营管理的要求。在这一方面，新一代合作社显然要强于传统合作社。例如，懂市场、会营销、由社员外聘来的经理在传统合作社中对社员生产经营活动的管理是一种"软约束"，而在新一代合作社中则是一种"硬约束"，这更有利于专业化经理充分地施展才能，提高企业的生产经营管理效率。

　　西方合作社治理结构的基本框架是以社员（代表）大会为基础（根基），理事会（董事会）为核心，监事会为制衡机构，经理为日常经营管理权威。治理原则要充分体现合作社的民主决策与管理。在三个机构中，最高权力机构是社员（代表）大会，其以民主制原则对合作社进行控制与管理；理事会（董事会）是合作社的执行机构，由社员（代表）大会民主选举产生并对其负责，代表社员大会行使控制权；合作社的日常生产经营由理事会（董事会）聘任的经理负责；监事会是合作社的监督机构，同样由社员（代表）大会民主选举产生并对社员（代表）大会负责，代表社员大会对理事会及其聘任的经理人员行使监督权。显然，合作社的治理结构体系实现了所有权与管理权分离，顺应了合作社产权社会化的内在要求，大大提高了合作社生产经营管理的水平和实力。

9.3.2.3　不断改革与创新，以适应市场经济的发展

　　农业合作社为应对各种挑战，首先在产权制度上，从而在管理制度、分配制度上不断地改革和完善。

　　（1）产权社会化进一步深化。首先，产权社会化有利于提高合作社法人资产的稳定性。由于传统合作社的社员终极所有权与合作社法人财产权没有分离，社员离开合作社时可带走自己名下的财产，导致合作社法人财产不稳定。而新一代合作社的产权社会化程度高，其企业法人财产权与社

员的终极所有权已分离，社员离开企业时不能带走企业的财产，只能通过资本市场转让股权。其次，产权社会化有利于深化分工协作，从而提高合作社的生产经营效率。由于科学技术进步和市场竞争的加剧，合作社需要专业化人员来经营管理，这样，使用权与经营权权能分离出来，分别由专业人员获得，如经营权由外聘经理获得，使用权由工人获得。最后，产权社会化有利于解决合作社的融资抑制问题。传统合作社的资金主要来自社员的入股金和社外的贷入资金，融资渠道少。同时，传统合作社是一个非营利（或基于成本运行）的组织，盈余除被用来提取少量公积金外，其余大部分被按交易额返还给社员，合作社自身积累很少。因此，融资抑制问题一直是困扰传统合作社发展的一大难题。反观新一代合作社，由于其产权社会化程度高，这样解决"融资抑制"问题的方法、手段就多，一方面它可以大幅提高社员的入股金，另一方面它会向生产链上的合作伙伴出售普通股或优先股，甚至会向社区公开发行优先股或者是具有固定利率的债券。这样，相对于传统合作社，新一代合作社的所有权在"归属"和"行使"上进一步社会化了：①新一代合作社产权主体范围扩大；②新一代合作社的股票存在一个二级市场，投资者可以通过该市场获得或是放弃合作社的所有权，所有权可以通过股票市场流动，放贷机构也可以通过股票市场来对新一代合作社的市值进行评估——这显然有利于新一代合作社获得贷款；③社会成员均可以通过合作社认可的途径和方式（如购买普通股或优先股）进入合作社行使各种权力。最终，产权社会化程度的提高使得新一代合作社在一定程度上解决了融资抑制问题。

当前，我国农业合作社大多发育程度低，与农业生产力及社会主义市场经济发展的要求不相适应。合作社社员主要是由收入水平较低的农户组成的，合作社不可能设定过高的入股金。因此，合作社规模小、服务功能单一、经营项目少、实力弱，难以分解完整产权，通过转让各项权能而拓宽融资渠道，提高资金融通能力。但有条件的合作社，特别是一些从事农产品精加工的合作社可以在国家金融政策允许的条件下，试行先向成员发行债券，如果还需要更多的资金，在社员大会讨论通过的情况下，可以向社会发行优先股（可享有高于银行利率的支付利息，但没有投票权），甚至可出让少部分普通股给非成员以筹措足够的资金。

（2）分配制度适时调整。为了进一步解决融资抑制问题，不断提高农业生产力，适应农业现代化的发展，合作社在分配制度上也做了一些调整。例如，新一代合作社通过股金分红刺激社员投资，即新一代合作社的盈余除了被按比例提留公积金外，其余部分被按社员的入股金也是惠顾额返还给社员，社员多投资就能多得服务，也能多得收益。从投资的角度来看，这实际上就是通过入股金（也是交易额）分红，刺激社员投资。可见，合作社的分配制度也应根据农业发展要求适时进行调整。

公平合理的分配制度是合作社存在与发展的基础和关键之一。由于合作社的生存与发展依赖于社员的惠顾，按惠顾额分配盈余能激励社员多惠顾合作社，多为合作社做贡献，合作社实力增强了又能为社员提供更多、更好的服务。所以按惠顾额分配盈余易形成合作社运作的良性循环，这一分配方式理应成为我国农业合作社分配制度的基本原则。但是，就当前的现实情况来看，我国农户加入合作社主要是解决农产品难卖的问题，很少顾及"二次返还"，即使有"二次返还"也多是按股分配（入股金的多少往往不与交易额挂钩）。完全按股分配剩余可调动入股者的积极性，筹集更多的资金，在一定程度上能解决目前农业合作社的资金短缺问题，但是，部分西方国家的实践证明，这种分配制度往往会导致合作社的少数大股东社员控制合作社和其他社员，甚至占有其他多数社员的剩余劳动，变为了合作社的"资本家"，这会导致少数大股东社员与其他社员之间激烈的矛盾冲突，最终合作社只能走向崩溃。因而在实践中，我们应坚持合作社的民主控制原则，充分尊重农户的选择，积极引导、适时调整，待其实力增强后，逐步引导其按交易额进行分配，或者按交易额分配与按股分配相结合（具体分配比例由社员大会民主决定）。当条件成熟时，我们也可借鉴新一代合作社的成功经验，将交易额与入股金挂钩，这时按交易额分配就与按股分配统一了。

（3）合作制民主管理更加灵活。早期西方农业合作社实行"一人一票"的平等管理原则，使得生产、交易规模大的成员与生产、交易规模小的成员在对权益和风险责任的分担上不公平，可能会导致合作社中出现

"搭便车""逆向选择"等机会主义行为。我国当前农业合作社的投票制度可借鉴近代西方部分农业合作社实行"比例原则",即在"一人一票"的基础上,以交易额来计算投票权(但需有上限,上限由合作社民主决定),特别是对于一些刚成立的合作社,可允许其为筹集更多的资金,按股金多少给予社员票数加权(也应有上限),以激励投入多、贡献大的社员多为合作社的建设服务。当然,合作社具体采用哪一种投票制度要由合作社全体社员民主决定。最后需要强调,对管理制度调整的前提是增强合作社经营管理的灵活性,底线是不能改变合作制民主管理的基本原则。

9.3.2.4　依据自身资源禀赋构建合作模式

西方发达国家农业合作的内容十分丰富、形式多种多样,但各国均坚持一条基本原则,即根据自身的特点,因地制宜,建设和发展具有本国特色的农业合作社。美国、加拿大、日本、韩国等国家都是根据自身特定的地理、经济、政治、文化环境和农业发展的需要,借鉴和吸取其他国家农业合作社的先进经验和教训,在坚持合作制基本原则的基础上建立和发展农业合作社的。这些国家农业合作化所处的历史背景以及经济、政治、文化环境的差异决定了合作社发展模式的多样性。例如,日本农户的生产经营规模小,农户的需求多种多样,农业生产专业化程度低,与此相适应,日本农协的服务是综合性、全方位的,不仅包括农业生产的方方面面,甚至农协会员家庭成员的养老、医疗保险等都包含在农协的服务中,日本在立法上也相应地选择了制定全国统一的合作社法;与日本不同,美国家庭农场规模大,为了获得规模经济,农业生产的专业化程度很高,与此相适应,其合作社以专业合作社为主,其在立法上也相应地选择了根据各州农业发展的具体情况,在不违反联邦法的前提下由各州自主立法。

走符合自己特点的发展道路,最重要的是要充分尊重广大农户的选择和他们的首创精神。广大农户在长期的生产实践中,对当地的自然环境、动植物生产规律、特点是最了解的,同时农业生产经营又与其自身的利益紧密相关,因而广大农户有最丰富的信息和最高的积极性构建符合区域特点、能发挥当地农业优势的合作社。从西方已实现农业现代化的国家来看，政府充分尊重广大农户的选择，在合理、合法的前提下，对农户何时、何地建立什么模式、类别的合作社从不横加干涉，仅为农户所构建的合作社创造一个良好的外部环境并积极扶持。这向我们揭示了：应充分尊重广大农户的制度创新并积极地引导和扶持。下面我们以我国农业合作社的分配制度变革为例来说明尊重广大农户选择的重要意义。

如前文所述，合作社的分配制度是合作社实现社员利益最大化目标的具体体现。经典合作社的利益分配主要是为社员提供服务（即实现自我服务）和盈余按交易量（额）返还。社员惠顾合作社越多，与合作社的交易量（额）越大，合作社的收益就越高，实力会不断增强，就能为其成员提供更高质量的服务，这样就形成了一个良性循环，从而可以不断提高社员的收益。但是，实地调查显示，目前我国农业合作社的利益分配主要是通过向社员提供实惠的服务来体现，而通过按惠顾（交易）返还来体现的则很少。张晓山等曾对200个农户进行了关于对合作社组织制度安排主观偏好的问卷调查（见表9-1）。

如表9-1所示，按股分红是中国农户的主观偏好，有86.6%的农户支持，说明农业合作化中资金是高度稀缺的，农户也充分认识到资金对合作社的重要性。但我们更感兴趣的是，对照ICA推行的标准合作制准则，现实中我国农户的合作行为有这样几个特点：一是多数人主张按交易量（额）入股而不是限定一个持股区间，二是绝大多数人同意股份可以继承和转让，三是绝大多数人支持按股分红。如果按交易额持股，股金与交易额相对应，那么按股分配，也可以被视为按交易额分配，这种制度安排与欧美的新一代合作社具有"异曲同工"之效，笔者在进行实地调查中也发现，实践中确实有这样的合作社，而且为数不少，可以将其称为"具有中国特色的新一代农业合作社"。为什么会出现这一情况？与欧美的经典合作社不同，在中国市场经济条件下，刚刚起步的农业合作社没有有资格投资与无资格投资，也没有对股本进行动态调整的基本资金计划与循环资金融资计划来对农户与合作社的交易进行事后调整，以使社员在合作社所有者权益中的股本与其交易额相匹配，因而中国农户进行了事前调整，在未

表 9 - 1　200 个农户对合作社组织制度安排的主观偏好

单位：%

问题 1	比重	问题 2	比重	问题 3、4	比重	问题 5、6	比重	问题 7、8	比重	问题 9、10	比重
一人一票投票	65.8	会费制	8.4	问题 3：可以退股	75.5	问题 5：提取积累	98.9	问题 7：限制股金报酬	80.3	问题 9：入会要审批	66.7
一股一票	19.8	平均持股	29.6	问题 3：不可退股	24.5	问题 5：不提积累	1.1	问题 7：不限股金报酬	19.7	问题 9：入会不要审批	33.3
按交易量（额）投票	12.6	持股多少不限	29.6	问题 4：股份可继承、可转让	78.7	问题 6：积累不到个人	94.7	问题 8：按股分红	86.6	问题 10：可以自由退会	73.8
按个人生产规模投票	1.8	按交易量（额）入股	32.4	问题 4：股份不可继承、转让	21.3	问题 6：积累分到个人	5.3	问题 8：按交易量（额）分红	13.4	问题 10：不可自由退会	26.2

资料来源：张晓山等：《联结农户与市场——中国农民中介组织探究》，中国社会科学出版社，2002，第 132 页。

交易前，就将社员享受的服务与股金"挂钩"，即交易额（享受的服务）越多，其入股的股金份额就越高，并根据社员的股金份额，也就是其与合作社的交易份额分配剩余，实现权、责、利关系的对等，也明晰了合作社与社员以及社员与社员之间的产权关系。从 200 个农户对合作社组织制度安排的主观偏好的调查以及笔者的实地调查均可看出，中国农户对自己的利益以及其在合作社生产经营活动中的权、责、利关系有非常清晰的认识。许多学者把经典合作制理论"生拉硬套"进中国的农业合作社，仅仅观察到合作社的按股分配或按交易额入股就认为其是异化了，并提出矫正措施。还有的研究者认为"中国农户自私自利，爱占小便宜，缺乏合作精神"，"素质太低，唯利是图"所以抛弃经典合作制原则，在产权结构上"一股"或"数股"独大，大股东治社，按股分配，使合作社发生变质、变异。更有甚者认为，在中国传统文化及农户自身素质低下的柔性制约和小农经济的刚性制约两重制约下，中国的农业合作社很难成功。而我们认为合作社理论本身在不断地发展，合作社原则的内核应小而外延应该越来越大，农业合作社不可能存在一个统一的模式标准，应不断调整合作社制度以适应生产力的发展。笔者在课题调研中深深感到，广大农户才是中国合作社理论的伟大创造者和实践者，实践中他们根据各地区的不同情况，发展出了许多成功的合作社，并且设计出了许多切实可行的合作社制度安排，受到当地农户的拥护而使合作社充满了生机与活力。西方也同样如此，其农业合作化与农业商品化、产业化几乎同时进行，欲加入合作社的农户分化不严重，生产资料差异不大，资源大体均等且合作文化普及，因而生产资料大体均等、劳动者人人平等、尊重劳动成果是西方合作社制度发展演进的逻辑起点，依该起点结合西方农业合作化成功的实践探索，最后总结出经典合作制原则：惠顾者拥有、民主管理、盈余按交易额返还及股金收益有限。这既符合西方当时的实际情况，又顺应了当时农业生产力发展的内在要求，能最大限度地提高合作社的生产效率。因而，西方将依据该原则建立的生产经营组织定义为农业（农场主）合作社（如 ICA 所做的工作），但时过境迁，西方农业合作社产生的条件在当前的中国已寻不到，那么，中国基于当前的现实国情，合作社发展的内、外部条件及其实践，依据我国农民专业合作社制度发展演进的逻辑起点所演化出的合作社（如产权结构上"一股"或"数股"独大、大股东治社、按股分配倾向的合作社），来定义中国的合作社是否可行？如果这类合作社是有效率的，能实现合作各方共赢，能加速农业现代化进程，为什么不能将其定义为中国（特色）的合作社？（作为一类农民组织化的生产经营组织，关键不是它的称呼，而是它的作用，是否能提高农业一线生产经营的效率，是否能加速实现农业现代化才是它真正的意义及价值所在。）总之，不应教条，不应本末倒置，我们研究西方农业合作社不是为了"生拉硬套"或者是照搬其定义、模式及评价标准，而是为了深入分析这样或那样的定义、模式及评价标准产生的原因，从最本源的意义上去研究合作社的特征、制度构建、运行机理及其发展演进规律，并与中国的实际情况相结合，为我国农业合作社的质性定义及其发展提供参考。

9.3.2.5　政府应积极构建有利于合作社产生与发展的外部制度环境

西方农业现代化国家农业合作运动的实践证明：政府是农业合作社建设与发展最重要的外部保障和推动力量，是强制性制度变迁的实施者。一方面，政府通过建立、健全有关法律、法规来支持和保护合作社及广大农户的正当权益，同时规范其经济行为，为合作社的健康发展创造条件（立法支持、规范合作行为是政府最基本、最重要的职能）。另一方面，政府通过实施优惠的政策对农业合作社的发展给予帮助和扶持。政府的帮助和扶持主要集中在金融与财政支持方面。这类扶持大多出现在合作社的构建、成长期，随着合作社的发展壮大，政府会逐渐减少这类扶持，从而逐步发挥市场机制的作用，激励合作社不断提高生产经营效率，不断增强实力与竞争力，最终，合作社将成为市场经济中平等竞争的一分子。西方各国政府对合作社的支持策略表明，合作社在生产经营业务方面不能永远受到政府的特别优待和保护，其应主要依靠自己在市场中的实力和竞争力来实现成功。

农业合作社的发展壮大离不开政府的积极扶持。但是，政府的扶持不应过度，不能影响合作社生产经营的独立性和自主性，应限制政府对合作社生产经营活动及其他内部事务的直接干预与控制。这是因为政府与合作社追求的目标往往不一致（政府实施或执行既定的政策和计划，往往追求政绩最大化；而合作社是为最大限度地降低农户生产经营的流通费用，降低农户进入市场的成本，追求社员收益最大化），又由于政府处于强势地位，这往往会使合作社发展过度，造成巨大的资源浪费，或者严重干预合作社内部的生产经营、管理，造成合作社运行机制的低效率，同时也降低了农户加入或参与合作经济的积极性。西方农业合作社的性质及其发展实践也证实，社员应当对合作社的建立、生产经营享有充分的自主权，合作社的事务应在不违反国家相关法律、法规的情况下由全体社员民主决定，即应构建一种由农户自发建立、农业合作社自主经营、政府提供立法和政策支持的政府与合作社的关系，实践证明，这是一种较为合理的模式。因此，实践中我们应坚持在农户自觉、自愿的基础上来发挥政府的作用，引导农户循序渐进、自下而上地建立合作社，坚持"农户拥有、农户民主管理、农户受益"的原则，即政府和相关部门要"合理引导不强制领导，科学扶持不武断干预"，不干预合作社的内部生产经营，不用行政手段强制命令。目前我国不少合作社具有政社不分、官办色彩浓厚的特点，政府应减少对合作社的行政干预。为了提高合作社的自主经营效率，同时也为了让社员真正受益，政府应逐步退出对合作社内部生产经营、管理的控制。对于那些完全是政府行为、不符合广大农户需要的合作社，就应让其解散。

9.3.2.6　重视合作教育

合作是人的合作，正如前面的制度分析中所揭示的：合作社的构建、合作社的生产经营、合作管理等活动能否成功，首先取决于成员对合作、对集体理性的认识水平，而这些在很大程度上依赖于合作教育。此外，为了避免制度缺陷等原因造成合作社内部的矛盾冲突，合作社也需要合作教育。西方发达国家的农业合作社之所以有很强的持续发展能力和在多次经济危机中表现出的强大生命力，一个非常重要的原因就是政府以及合作社自身都非常重视合作教育，广大社员对合作思想有着深刻的了解，从而有着强烈的合作意识和合作能力。合作教育是合作社建设工作中的重中之重。

第四节　发展农业合作社是当前解决"三农"问题的一项重要举措

2017 年中央一号文件（以下简称文件）指出："农业农村工作，要全面贯彻党的十八大和十八届三中、四中、五中、六中全会精神，以邓小平理论、'三个代表'重要思想、科学发展观为指导，深入贯彻习近平总书记系列重要讲话精神和治国理政新理念、新思想、新战略，坚持新的发展理念，协调推进农业现代化与新型城镇化，以推进农业供给侧结构性改革为主线，围绕农业增效、农民增收、农村增绿，加强科技创新引领，加快结构调整步伐，加大农村改革力度，提高农业综合效益和竞争力，推动社会主义新农村建设取得新的进展，力争农村全面小康建设迈出更大步伐。"

我们认为，当前我国农业生产已完全确立了家庭经营制度的主体地位，已全面实行和深化社会主义市场经济体制改革。在这两个前提下，根据我国农业发展的现实情况，要实现上述目标，我国将面临四大矛盾。①小生产与大市场的矛盾。我国农业最大的特点是小规模、分散化生产经营，这种生产经营模式在农业生产一线具有效率，而在流通领域却缺乏效率，给供给侧结构性改革带来了困难。②农业比较利益偏低。在市场经济条件下，资金、技术、人才等不会流向农业领域，给农业增效、农民增收、农业科技创新等增加了困难。③农村经济体制建设明显滞后。传统农业的生产方式在我国特别是中西部地区依然占据主导地位，农村市场经济建设滞后，给农业现代化与新型城镇化推进带来了障碍。④家庭农业生产经营模式竞争力太弱。文件要求提高农业的竞争力。而现实是我国小规模、分散化的家庭农业生产经营模式竞争力太弱。上述矛盾必须得到一定程度的解决，否则文件要求的远景目标将难以实现。

如何解决上述矛盾？前述的制度分析以及西方农业合作社的发展实践

已经给出了答案。农业合作社的一个重要功能就是能解决农业小生产与大市场的矛盾。农户以集体的力量进入市场，不仅提高了谈判能力，而且降低了市场风险，同时也使得农户的家庭生产经营逐步融入社会化大生产之中，既可实现城乡的一体化统筹发展，又可不断增加农户的收入。在市场经济体制下，农业合作社的构建可加强农业部门与其他部门的互动，吸引社会资金、技术、人才等向农业领域流动，特别是加速了工业部门的产品、技术、人才等向农业部门的渗透与扩散。此外，合作社的出现加速了农业生产经营的专业化、一体化进程，不断提高了农业生产力水平，增强了农业的竞争力。最后需要说明的是，农业合作社不是万能的，但它为我们解决上述矛盾提供了一条重要的思路。西方农业现代化发展的实践也表明，农业合作社在解决小生产与大市场的矛盾、农村市场经济建设、农业基础地位的加强、城乡一体化发展以及农业生产力水平的提高方面具有不可替代的作用。

发展农业合作经济能在一定程度上解决或缓和上述四个方面的矛盾，不仅是实现文件远景目标的一项重要举措，而且也是我国发展农业现代化应长期坚持的一项重要措施。关于农业合作社的发展已引起了国家的高度重视，早在2008年11月16日，《人民日报》发专版"本期关注：农民专业合作社"，并发表编者按"如何解决小生产与大市场的矛盾？通过组织农民专业合作社，发展规模经济，是一条切实可行的好路子。因此，应大力扶持农民专业合作社，加快其发展，使之成为引领农民参与国内外市场竞争的现代农业经济组织，并将其作为强化农业基础地位的一个重要手段，作为农业生产经营市场化、一体化的重要载体，促进农户增收"。① 当前，关注"三农"不仅仅是一种权宜之计，而且应该作为一种长远的政策被予以制度化，应有长远的规划。当前制定执行的"加大农业基础建设投入""农业供给侧结构性改革"等政策大多是权宜之计（指非持久性），而发展农业合作经济既是权宜之计，又是一类长远规划。当代西方农业现代化发展的实践已证实：作为农户自己的组织，繁荣农村、发展农业、维

① 《本期关注：农民专业合作社》，《人民日报》2008年11月16日，第6版。

护广大农户的经济和政治利益，农业合作社有不可替代的作用，受到广大农户长期的拥护，有着极强的生命力和活力，从而对西方农业现代化发展做出了巨大的贡献。因此，从更长远的发展目标来看，发展农业合作社在中国农业和农村发展战略转型、深化农业市场化与产业化、持续提高中国农业的国际竞争力、从经济和政治上保护和增进农户的利益、不断提高农户的素质等方面都具有十分重要的作用。

附　录

1913~2006 年美国农业合作社个数、人数及营业额统计数据

年份	合作社数（个）	合作社人数（千人）	合作社平均人数（人）	实际总营业额（百万美元）	人均实际总营业额（美元）
1913	3099	372. 060	120. 058	1044. 781	2808. 099
1915	5424	651. 200	120. 059	2091. 447	3211. 682
1921	7374	1842. 990	249. 931	2343. 657	1271. 660
1924	10160	2539. 290	249. 930	4408. 496	1736. 114
1925 ~ 1926	10803	2700. 000	249. 931	4571. 429	1693. 122
1927 ~ 1928	11400	3000. 000	263. 158	4423. 077	1474. 359
1929 ~ 1930	12000	3100. 000	258. 333	4873. 294	1572. 030
1930 ~ 1931	11950	3000. 000	251. 046	4800. 000	1600. 000
1931 ~ 1932	11900	3200. 000	268. 908	4221. 491	1319. 216
1932 ~ 1933	11000	3000. 000	272. 727	3276. 284	1092. 095
1933 ~ 1934	10900	3156. 000	289. 541	3518. 041	1114. 715
1934 ~ 1935	10700	3280. 000	306. 542	3815. 461	1163. 250
1935 ~ 1936	10500	3660. 000	348. 571	4476. 886	1223. 193
1936 ~ 1937	10752	3270. 000	304. 129	5291. 566	1618. 216
1937 ~ 1938	10900	3400. 000	311. 927	5581. 395	1641. 587
1938 ~ 1939	10700	3300. 000	308. 411	4976. 303	1507. 971
1939 ~ 1940	10700	3200. 000	299. 065	5016. 827	1567. 758

续表

年份	合作社数（个）	合作社人数（千人）	合作社平均人数（人）	实际总营业额（百万美元）	人均实际总营业额（美元）
1940～1941	10600	3400.000	320.755	5428.571	1596.639
1941～1942	10550	3600.000	341.232	6439.909	1788.864
1942～1943	10450	3850.000	368.421	7745.902	2011.923
1943～1944	10300	4250.000	412.621	9961.390	2343.856
1944～1945	10150	4505.000	443.842	10711.575	2377.708
1945～1946	10150	5010.000	493.596	11261.596	2247.823
1946～1947	10125	5436.000	536.889	12164.103	2237.694
1947～1948	10135	5890.000	581.154	12907.324	2191.396
1948～1949	10075	6384.000	633.648	12926.491	2024.826
1949～1950	10035	6584.000	656.104	12221.289	1856.210
1950～1951	10064	7091.100	704.601	14594.036	2058.078
1951～1952	10179	7363.700	723.421	15600.643	2118.587
1952～1953	10128	7475.100	738.063	15476.226	2070.370
1953～1954	10072	7608.200	755.381	15228.839	2001.635
1954～1955	9903	7603.900	767.838	15484.845	2036.435
1955～1956	9894	7731.700	781.453	15837.905	2048.438
1956～1957	9891	7673.000	775.756	16581.941	2161.077
1857～1958	9735	7486.500	769.029	16672.716	2227.038
1958～1959	9658	7558.600	782.626	17592.725	2327.511
1959～1960	9345	7273.500	778.331	17922.795	2464.122
1960～1961	9163	7202.900	786.085	18257.046	2534.680
1961～1962	9039	7099.000	785.374	19207.143	2705.612
1962～1963	8907	7218.800	810.464	20245.033	2804.487
1963～1964	8847	7079.500	800.215	20980.916	2963.616
1964～1965	8583	7082.000	825.119	21127.018	2983.199
1965～1966	8329	6826.300	819.582	21819.048	3196.321
1966～1967	8125	6501.700	800.209	22528.189	3464.969
1967～1968	7940	6445.400	811.763	22437.700	3481.196
1968～1969	7747	6363.600	821.428	21914.779	3443.771

年份	合作社数（个）	合作社人数（千人）	合作社平均人数（人）	实际总营业额（百万美元）	人均实际总营业额（美元）
1969～1970	7790	6355.000	815.789	22555.556	3549.261
1970～1971	7995	6157.700	770.194	23457.696	3809.490
1971～1972	7797	6146.600	788.329	23621.187	3842.968
1972～1973	7854	6127.900	780.227	27497.606	4487.280
1973～1974	7755	6105.500	787.299	35826.672	5867.934
1974～1975	7645	6122.500	800.850	34420.582	5621.982
1975～1976	7535	5906.400	783.862	34622.270	5861.823
1976～1977	6736	5757.700	854.765	34891.261	6059.930
1978	6600	5694.500	862.803	33073.030	5807.890
1979	6445	5627.200	873.111	35598.988	6326.235
1980	6293	5378.900	854.743	37487.642	6969.388
1981	6211	5335.400	859.024	37253.781	6982.378
1982	6125	5135.800	838.498	32894.708	6404.982
1983	5989	4954.800	827.317	29735.422	6001.337
1984	5782	4841.700	837.375	31138.187	6431.251
1985	5625	4783.300	850.364	26411.080	5521.519
1986	5369	4600.000	856.770	22222.351	4830.946
1987	5109	4440.000	869.055	21957.109	4945.295
1988	4937	4195.500	849.808	23182.868	5525.651
1989	4799	4133.500	861.325	23721.277	5738.787
1990	4663	4119.300	883.401	23675.881	5747.550
1991	4494	4058.600	903.115	22244.804	5480.906
1992	4315	4071.900	943.662	22224.887	5458.112
1993	4244	4023.300	947.997	22589.254	5614.608
1994	4174	3986.000	954.959	23770.113	5963.400
1995	4006	3767.300	940.414	24577.152	6523.811
1996	3884	3663.600	943.254	27260.800	7440.987
1997	3791	3424.200	903.245	26346.194	7694.117
1998	3651	3352.600	918.269	24771.841	7388.845

续表

年份	合作社数（个）	合作社人数（千人）	合作社平均人数（人）	实际总营业额（百万美元）	人均实际总营业额（美元）
1999	3466	3173.300	915.551	23104.329	7280.852
2000	3346	3085.100	922.026	23404.246	7586.220
2001	3229	3033.900	939.579	23296.719	7678.803
2002	3140	2793.600	889.682	20703.898	7411.189
2003	3086	2758.000	893.714	21204.558	7688.382
2004	2983	2677.000	897.419	21806.999	8146.059
2005	2896	2571.700	888.018	20727.545	8059.861
2006	2675	2569.600	960.598	20812.692	8099.584

资料来源：USDA，Rural Business-Cooperative Service，*Farm Marketing*，*Supply and Service Cooperative Historical Statistics*，2004；USDA，Farmer Cooperative Statistics，1989 – 2006.

参考文献

主要中文文献：

[1]〔美〕A. J. 雷纳、D. 科尔曼《农业经济学前沿问题》，唐忠等（译），中国税务出版社，2000。

[2]〔美〕阿道夫·A. 伯利、加德纳·C. 米恩斯：《现代公司与私有财产》，甘华鸣等（译），商务印书馆出版，2005。

[3]〔美〕巴林顿·莫尔：《民主和专制的社会起源》，拓夫等（译），华夏出版社，1987。

[4]〔美〕布洛姆：《农业经济译丛》，农业出版社，王逸舟（译），1979。

[5] 蔡昉：《合作与不合作的政治经济学——发展阶段与农民社区组织》，《中国农村观察》1999年第5期。

[6]〔美〕查尔斯·莫瑞克兹：《合作社结构与功能》（中译本），编审组（译），成都科技大学出版社，1993。

[7] 崔宝玉、李晓明：《资本控制下的合作社功能与运行的实证分析》，《农业经济问题》2008年第1期。

[8] 党国英、张晓山：《丹麦的农村合作社》，《农村经营管理》2003年第4期。

[9]《德国工商业与经济合作社法》，王东光（译），《商事法论集》2007年第12期。

[10]〔美〕迈克·迪屈奇：《交易成本经济学——关于公司的新的经济意义》，王铁生等（译），经济科学出版社，1999。

[11] 丁为民：《西方合作社的制度分析》，经济管理出版社，1998。

[12] 丁泽霁:《农业经济学基本理论探索》,中国农业出版社,2002。

[13] 杜润生:《中国农村体制变革重大决策纪实》,人民出版社,2005。

[14] 杜吟棠:《合作社:农业中的现代企业制度》,江西人民出版社,2002。

[15] 段利民、霍学喜:《我国农民专业合作社国内研究文献综述》,《技术经济与管理研究》,2012年第3期。

[16] 樊亢、戎殿新:《美国农业社会化服务体系——兼论农业合作社》,经济日报出版社,1994。

[17] 〔美〕吉尔伯特·C.菲特、吉姆·E.里斯:《美国经济史》,司徒淳等(译),辽宁人民出版社,1981。

[18] 冯开文:《借鉴与反思——日本农协近况及其对中国农村合作经济发展的启示》,《农业经营管理》2003年第6期。

[19] 高峰、丁为民等:《发达资本主义国家的所有制》,清华大学出版社,1998。

[20] 〔英〕格刺斯(N. S. B. Gras):《欧美农业史》,万国鼎(译),商务印书馆,1935。

[21] 顾钰民:《马克思主义制度经济学》,上海财经大学,博士学位论文,2000。

[22] 管爱国、符纯华:《现代世界合作社经济》,中国农业出版社,2000。

[23] 郭富青:《西方国家合作社公司化趋向与我国农民专业合作社法的回应》,《农业经济问题》2007年第6期。

[24] 郭红东:《中国农民专业合作社发展——理论与实证研究》,浙江大学出版社,2011。

[25] 郭铁民、林善浪:《合作经济发展史》(上、下),当代中国出版社,1998。

[26] 国家发改委经济体制综合改革司考察团:《西班牙蒙德拉贡合作社的经验与启示》,《经济研究参考》2006年第88期。

[27] 国鲁来:《合作社制度及专业协会实践的制度经济学》,《中国农村经济》2001年第4期。

[28] 国鲁来：《合作社制度及专业协会实践的制度经济学分析》，《中国农村观察》2000年第8期。

[29] 〔英〕霍利约克（Holyoake）：《罗虚戴尔先驱公平社概史》，彭师勤（译），全国合作社物品供销处，1941。

[30] 〔美〕汉克·托马斯等：《蒙德拉贡——对现代工人合作制的经济分析》，刘红等（译），三联书店，1991。

[31] 何安华、孔祥智：《农民专业合作社对成员服务供需对接的结构性失衡问题研究》，《农村经济》2011年第8期。

[32] 洪远朋：《合作经济的理论与实践》，复旦大学出版社，1996。

[33] 黄明：《公司制度分析——从产权结构和代理关系两方面的考察》，中国财政经济出版社，1997。

[34] 黄少安：《产权经济学导论》，经济科学出版社，2004。

[35] 黄祖辉：《中国农民合作组织发展的若干理论与实践问题》，《中国农村经济》2008年第10期。

[36] 黄祖辉、邵科：《合作社的本质规定性及其漂移》，《浙江大学学报》（人文社会科学版）2009年第4期。

[37] 〔美〕科斯、阿尔钦、诺思等：《财产权利与制度变迁——产权学派与新制度学派译文集》，刘守英等（译），三联书店，1999。

[38] 〔美〕科斯等：《财产权利与制度变迁》，陈昕等（译），三联书店，1994。

[39] 孔祥俊：《中国集体企业制度创新——公司制·合作制·股份合作制》，方正出版社，1996。

[40] 孔祥智、蒋忱忱：《成员异质性对合作社治理机制的影响分析——以四川省井研县联合水果合作社为例》，《农村经济》2010年第9期。

[41] 孔祥智、史冰清：《当前农民专业合作组织的运行机制、基本作用及影响因素分析》，《农村经济》2009年第1期。

[42] 蓝益江：《论美国家庭农场》，厦门大学出版社，1990。

[43] 李惠安等：《99农村专业合作经济组织国际研讨会文集》，中国农业科技出版社，2000。

[44] 李强：《论资本主义财产关系的社会化发展》，南开大学，博士学位论文，2009。

[45] 李维安：《公司治理学》，高等教育出版社，2005。

[46] 李玉勤：《"农民专业合作组织发展与制度建设研讨会"综述》，《农业经济问题》2008 年第 2 期。

[47] 廖运凤：《对合作制若干理论问题的思考》，《中国农村经济》2004 年第 5 期。

[48] 列宁：《列宁选集》第 1～4 卷，人民出版社，1995。

[49] 林广瑞、于玲：《生产社会化、产权社会化及二者的并行演进》，《学术交流》2005 年第 9 期。

[50] 林坚、王宁：《公平与效率：合作社组织的思想宗旨及其制度安排》，《农业经济问题》2002 年第 9 期。

[51] 林盛萱、蔡海鸥：《澳大利亚羊毛合作组织的经验及其启示》，《中国农村经济》1999 年第 2 期。

[52] 林毅夫：《再论制度、技术与中国农业发展》，北京大学出版社，2003。

[53] 刘淑枝：《福建农民专业合作社运营绩效评价研究》，福建农林大学，硕士学位论文，2012。

[54] 刘驯刚：《西班牙巴斯克地区合作社法评价（五）》，《中国集体工业》1995 年第 6 期。

[55] 刘运梓：《比较农业经济概论》，中国农业出版社，2006。

[56] 刘振邦主编《主要资本主义国家合作社章程与法律汇编》，中国社会科学院中国农村经济杂志社，1987。

[57] 罗伊·普罗斯特曼：《中国农业的规模经营：政策适当吗?》，《中国农村观察》1996 年第 6 期。

[58] 马克思：《资本论》第 1～3 卷，人民出版社，1975。

[59] 〔英〕马歇尔：《经济学原理》，廉运杰等（译），商务印书馆，1981。

[60] 米鸿才：《合作社发展简史》，中共中央党校出版社，1988。

[61] 米新丽：《论农民专业合作社的盈余分配制度——兼评我国〈农民专

业合作社法〉相关规定》，《西北政法大学学报》2008 年第 6 期。

[62] 慕永太：《合作社理论与实践》，中国农业出版社，2001。

[63] 〔英〕穆勒：《穆勒经济学原理》，郭大力（译），中华书局，1942。

[64] 牛若峰：《当代农业产业一体化经营》，江西人民出版社，2002。

[65] 牛若峰：《论合作制的演进与发展——纪念罗虚戴尔公平先锋社诞生 160 周年》，牛若峰工作室通讯，2004 第 12 号（总第 48 号）。

[66] 〔美〕诺斯：《经济史中的结构与变迁》，陈郁等（译），三联书店，1991。

[67] 〔美〕诺斯：《制度，制度变迁与经济绩效》，刘守英等（译），三联书店，1991。

[68] 欧阳仁根：《论我国反垄断立法中的合作社豁免问题》，《财贸研究》2005 年第 2 期。

[69] 〔美〕P. 坎贝尔等：《关于家庭农场的谈话：美国农业与农村》，安子平等（译），农业出版社，1984。

[70] 潘劲：《流通领域农民专业合作组织发展研究》，《农业经济问题》2001 年第 11 期。

[71] 潘劲：《中国农民专业合作社：数据背后的解读》，《中国农村观察》2011 年第 6 期。

[72] 〔俄〕恰亚诺夫：《农民经济组织》，中央编译出版社，1996。

[73] 全国人大农业与农村委员会代表团：《法国农业合作社及对我国的启示》，《农村经营管理》2005 年第 4 期。

[74] 全志辉、温铁军：《资本和部门下乡与小农户经济的组织化道路——兼对专业合作社道路提出质疑》，《开放时代》2009 年第 4 期。

[75] 任大鹏、张颖、黄杰：《合作社的真伪之辨》，《农村经营管理》2009 年第 7 期。

[76] 邵科、徐旭初：《成员异质性对农民专业合作社治理结构的影响——基于浙江省 88 家合作社的分析》，《西北农林科技大学学报》（社会科学版）2008 年第 2 期。

[77] 宋则行：《世界经济史》，经济科学出版社，1993。

［78］〔日〕速水佑次郎等：《农业发展的国际分析》，郭熙保等（译），中国社会科学出版社，1996。

［79］孙亚范：《农民专业合作社利益机制、成员合作行为与组织绩效研究》，南京农业大学，博士学位论文，2011。

［80］孙亚范：《农民专业合作社运行机制与产权结构：江苏 205 个样本》，《改革》2011 年第 12 期。

［81］王洪春：《中外合作制度比较研究》，合肥工业大学出版社，2007。

［82］王军：《公司领办的合作社中公司与农户的关系研究》，《中国农村观察》2009 年第 4 期。

［83］王树桐、戎殿新：《世界合作运行史》，山东大学出版社，1996。

［84］〔德〕马克斯·韦伯：《古典西方文明衰落的社会原因》，甘阳（译），生活·读书·新知三联书店，1997。

［85］温铁军：《部门和资本"下乡"与农民专业合作经济组织的发展》，《经济理论与经济管理》2009 年第 7 期。

［86］温铁军：《综合性合作经济组织是一种发展趋势》，《中国合作经济》2011 年第 1 期。

［87］吴宣恭等：《产权理论与比较——马克思主义与西方现代产权学派》，经济科学出版社，2000。

［88］吴易风：《马克思的产权理论与国有企业改革》《中国社会科学》1995 年第 1 期。

［89］吴振球：《马克思产权理论与西方产权理论：关于方法论的比较》，《兰州商学院学报》2007 年第 4 期。

［90］夏冬泓、杨杰：《合作社收益及其归属新探》，《农业经济问题》2010 年第 4 期。

［91］向国成、杨继平：《对农户生产职能与经营职能分工的超边际分析——对农业产业化的新兴古典范式分析》，《系统工程》2003 年第 6 期。

［92］〔美〕熊彼特：《资本主义、社会主义和民主主义》，顾准等（译），商务印书馆，1979 年。

［93］熊勤初：《关于生产社会化的研究》，《成都大学学报》（社会科学

版）1990 年第 12 期。

[94] 徐更生、刘开明：《国外农村合作经济》，经济科学出版社，1986。

[95] 徐更生、熊家文：《比较合作经济》，中国商业出版社，1992。

[96] 徐旭初：《农民专业合作社发展辨析：一个基于国内文献的讨论》，《中国农村观察》2012 年第 9 期。

[97] 徐旭初：《中国农民专业合作经济组织的制度分析》，经济科学出版社，2005。

[98] 徐旭初、吴彬：《治理机制对农民专业合作社绩效的影响——基于浙江省 526 家农民专业合作社的实证分析》，《中国农村经济》2010 年第 5 期。

[99] 〔英〕亚当·斯密：《国民财富的性质和原因的研究》，郭大力（译），商务印书馆，1972。

[100] 杨瑞龙：《现代企业产权制度》，中国人民大学出版社，1996。

[101] 杨团：《借鉴台湾农会经验建设大陆综合农协》，《社会科学》2009 年第 10 期。

[102] 杨小凯、黄有光：《专业化与经济组织：一种新兴古典微观经济学框架》，经济科学出版社，1999。

[103] 杨永磊、高毅：《国外促进合作社发展法律制度比较研究》，《甘肃农业》2009 年第 11 期。

[104] 叶永涛：《我国农民专业合作社盈余分配制度研究》，天津师范大学，硕士学位论文，2010。

[105] 叶正茂、洪远朋：《共享利益与股份合作制的产权界定》，《学术月刊》2002 年第 4 期。

[106] 应瑞瑶：《合作社的异化与异化的合作社——兼论中国农业合作社的定位》，《江海学刊》2002 年第 6 期。

[107] 应瑞瑶：《论农业合作社的演进趋势和现代农业合作社的制度内核》，《南京社会科学》2004 年第 1 期。

[108] 苑鹏：《部分西方发达国家政府与合作社关系的历史演变及其对中国的启示》，《中国农村经济》2009 年第 8 期。

[109] 曾明星、杨宗锦:《农民专业合作社最优内部交易价格模型与应用研究》,《开发研究》2010 年第 6 期。

[110] 曾庆芬:《农业的弱质性与弱势性辨析》,《云南社会科学》2007 年第 11 期。

[111] 詹农斯·朱哈斯:《合作社原则与合作社的经营活动》,载李惠安主编《99 农村专业合作经济组织国际研讨会文集》,中国农业出版社,2000。

[112] 张彤玉:《社会资本论——产业资本社会化发展研究》,山东人民出版社,1999。

[113] 张晓山:《德国农业合作社的几个特点及对我们的启示》,《农村合作经济经营管理》(上、下)1997 年第 5、6 期。

[114] 张晓山:《合作社的基本原则与中国农村的实践》,《农村合作经济经营管理》1999 年第 6 期。

[115] 张晓山:《农民专业合作社的发展趋势探析》,《管理世界》2009 年第 5 期。

[116] 张晓山、苑鹏:《合作经济理论与实践》,中国城市出版社,1991。

[117] 张晓山、苑鹏:《合作经济理论与中国农民合作社的实践》,首都经济贸易大学出版社,2009。

[118] 张晓山等:《联接农户与市场:中国农民中介组织探究》,中国社会科学出版社,2002。

[119] 张银杰:《马克思主义企业理论与西方新制度学派企业理论的比较》,经济科学出版社,1999。

[120] 章政:《现代日本农协》,中国农业出版社,1998。

[121] 中国工合国际委员会代表团:《蒙德拉贡合作社联合体考察报告》,《中国工商管理研究》1994 年。

[122] 中国社会科学院农村发展研究所组织与制度研究室:《大变革中的乡土中国——农村组织与制度变迁问题研究》,社会科学文献出版社,1999。

[123] 周春芳、包宗顺:《农民专业合作社产权结构实证研究——以江苏

省为例》，《西北农林科技大学学报》（社会科学版）2010 年第
10 期。

[124] 周应恒、王爱芝：《我国农民专业合作社股份化成因分析——基于
企业家人力资本稀缺性视角》，《经济体制改革》2011 年第 5 期。

[125] 朱道华：《外国农业经济》，中国农业出版社，1998。

[126] 朱乐尧、周淑景：《回归农业：中国经济超越工业化发展模式的现
实选择》（上、下），中央编译出版社，2005。

主要外文文献：

[1] Alback, S., C. Schultz, "On the Relative Advantage of Cooperatives",
Economic Letters, 1998.

[2] Alback, S., C. Schultz, "One Cow? One Vote?", *Scandinavian Journal
of Economics*, 1997 (4).

[3] Alchian, A. A. and Demsetz, H., "Production, Information Costs and
Economic Organization", *American Economic Review*, 1972 (62).

[4] A. Baker, Orlen Grunewald, William D. Gorman, *Introduction to Food
and Agribusiness Management*, Pearson Education Asia Limited and Tsing-
hua University Press, 2005.

[5] Banerjee, A. D., D. Mookherjee, K. Munshi, D. Ray, "Inequality, Co-
ntrol Rights and Rent Seeking: Sugar Cooperatives in Maharashtra", *Jour-
nal of Political Economy*, 2001 (1).

[6] Barton, D. G., "Agricultural Cooperatives: An American Economic and
Management Perspective", Presented at International Symposium on Insti-
tutional Arrangements and Legislative Issues of Farmer Cooperatives,
Taizhou, Zhejiang, PR China, 2004.

[7] Bijman J., Lindgreen A., Hingley M. K., et al., "Agricultural Cooper-
atives and Market Orientation: A Challenging Combination? Market Orienta-
tion: Transforming Food and Agribusiness Around the Customer", *Journal
on Chain & Network Sciencw*, 2010 (7).

［8］ Birchall, Johston, "What Motivates Members to Participate in Co-operative and Mutual Business?", *Annals of Public and Cooperative Economics* 75, 2004 (3).

［9］ Borgen, Svein, Ole, "Identification As a Trust-generating Mechanism in Cooperative", *Annals of Public and Cooperative Economics* 72, 2001 (2).

［10］ Bourgeon, J. M., R. G. Chambers, "Producer Organizations, Bargaining and Asymmetric Information", *American Journal of Agricultural Economics*, 1999, 81 (3).

［11］ Brenda Stefanson, Murray Fulton, *New Generation Co-operatives Responding to Changes in Agriculture*, Centre for the Study of Cooperatives University of Saskatchewan, 1997.

［12］ Chaddad, Fabio R. and Cook, Michael, L., "Understanding New Cooperative Models: An Ownership-control Rights Typology", *Review of Agrichltural Economics*, Vol. 26, 2004.

［13］ Choi, E. K., E. Fernerman, "Producer Cooperatives, Input Pricing and Land Allocation", *Journal of Agricultural Economics*, 1993, 44 (2).

［14］ Condon, Andrew M., "The Methodology and Requirements of a Theory of Cooperative Enterprise", in "Cooperative Theory: New Approaches" (Agricultural Cooperative Service Report 18), eds. Jeffrey S. Royer, 11 - 32 Washington, DC: USDA, 1987.

［15］ Cook, Michael L., "Redesigning Cooperative Boundaries: The Emergence of New Models", *American J. Agr. Econ.* 86, 2004 (11).

［16］ Cook, Michael L., "The Future of U. S. Agricultural Cooperatives: A Neo-institutional Approach", *American Journal of Agricultural Economics*, 1995 (77).

［17］ David Chesnick, *Financial Profile of the 100 Largest Agricultural Cooperatives*, 2002, 2001, 2000.

［18］ David S. Chesnick Carolyn B. Liebrand, "Global 300 List Reveals World's Largest Cooperatives", USDA Rural Development and Cooperative Programs, *Rural Cooperatives*, 2007 (12).

[19] Dobrin, Ather, "The Role of Agrarian Cooperatives in the Development of Kenya", *Studies in Cooperative International Development*, 1966.

[20] Duncan Hilchey, "New Generation Cooperatives—Adding Value and Profits", *Small Farm Quarterly*, 2004.

[21] Emelianoff, I. V., *Economic Theory of Cooperation*, Ann Arbor, Edward Brothers, 1942.

[22] Enke, S., "Consumer Cooperatives and Economic Efficiency", *American Economic Review*, 1945, 35 (1).

[23] Etherton, Sarah Stevenson, *Factors Associated with Worker Assessment of the Costs and Benefits of Labor-management Cooperation*, West Virginia University, 1993.

[24] Fabior Chaddad, *Financlal Constraints in U. S. Agpicul-tural Cooperatives Theory and Panel Data Econometric Evidence*, Columbia University, 2001.

[25] Feinerman, E., M. Falkovitz, "An Agricultural Multipurpose Service Cooperative: Pareto Optimality, Pricetax Solution, Stability", *Journal of Comparative Economics*, 1991 (15).

[26] Fulton, M., J. Vercammen, "The Distributional Impact of Non-uniform Pricing Schemes for Cooperatives", *Journal of Cooperatives*, 1995 (10).

[27] Fulton, M. E., K. Giannakas, "Organizational Commitment in a Mixed Oligopoly: Agricultural Cooperatives and Investor-owned Firms", *American Journal of Agricultural Economics*, 2000, 83 (5).

[28] Fulton, M. E., "The Future of Canadian Agricultural Cooperatives: A Property Rights Approach", *American Journal of Agricultural Economics*, 1995, 77 (12).

[29] Harris, Andrea, Brenda Stefanson, Murray Fulton, "New Generation Cooperatives and Cooperative Theory", *Journal of Cooperatives*, 1996 (11).

[30] Helmberger, P. G., S. Hoos, *Cooperative Bargaining in Agriculture*, U-

niversity of California, Division of Agricultural Services, 1965.

[31] Helmberger, P. G. , S. Hoos, "Cooperative Enterprise and Organization Theory", *Journal of Farm Economics*, 1962 (44).

[32] Hendrikse, G. W. J, C. P. Veerman, "Marketing Cooperatives and Financial Structure: A Transaction Costs Economics Analysis", *Agricultural Economics*, 2001, 26 (3).

[33] Hendrikse, G. W. J. , C. P. Veerman, "Marketing Cooperatives: An Inco-mplete Contracting Perspective", *Journal of Agricultural Economics*, 2001, 52 (1).

[34] Hendrikse, G. W. J. , J. Bijman, "Ownership Structure in Agrifood Chains", *Journal of Agriculture Economics*, 2002, 84 (1).

[35] Hendrikse, G. W. J. , "Screening: Competition and the Choice of the Cooperative as an Organizational Form", *Journal of Agricultural Economics*, 1998, 49 (2).

[36] Higuchi, A. , et al. , *An Analysis of the Peruvian Jungle Cocoa Farmers: Acopagro Cooperative vs. Intermediaries*, Vol. 2, No. 4, December 2010.

[37] Himawan Hariyoga, *An Economic Analysis of Factors Affecting the Failure of an Agricultural Marketing Cooperative: The Bankruptcy of Tri Valley Growers*, University of California, 2004.

[38] Hubertus Puaha, *Coalition Development in the Agricultural Marketing System*, Oklahoma State University, 2002.

[39] IIRA, Questionnaire for Cooperatives or Limited Liability Cooperations, 1999.

[40] Jared Garfield Carlberg, *Beef Packer Conduct Alternative Approaches to Price Discovery and Success Factors for New Generation Cooperatives*, Oklahoma State University, 2002.

[41] Jerry R. Benson, *Connected Contradictions: An Exploration of Identity, Translation, and Trust in Employee Participation Practices*, The University of Utah, 2003.

［42］ John M. Staatz, "The Cooperative as a Coalition: A Game-Theoretic Approach", *American Journal of Agricultural Economics* 65 (1983).

［43］ Kaarlehto, P., "On the Economic Nature of Cooperation", *Acta Agriculture Scandinavica*, 1956 (6).

［44］ Karantinis, K. and A. Zago, "Endogenous Membership in Mixed Duopsonies", *American Journal of Agricultural Economics*, 2001, 83 (5).

［45］ Kimball, Miles, S., "Farmer' Cooperatives as Behavior Toward Risk", *The American Economic Review*, 1988 (3).

［46］ Kirsten, Johann and Satrorius, Kurt, "Linking Agribusiness and Small-scale Farmer in Developing Countries: Is There a New Role for Contract Farming?", *Development Southern Africa*, 2002 (4).

［47］ Knoeber, Charles R., Baumer, David, L., "Understanding Retained Patronage Refunds in Agricultural Cooperatives", *American Agricultural Economics Association*, 1983 (2).

［48］ Kyriakos Drivas, Konstantinos Giannakas, "The Effect of Cooperatives on Quality-Enhancing Innovation", *Journal of Agricultural Economics*, Volume 61, Issue 2, 2010.

［49］ K. Charles Ling, Carolyn Liebrand, "A New Approach To Measuring Dairy Cooperative Performance", *USDA Rural Business-Cooperative Service*, RBS Research Report 166.

［50］ LeVay, C., "Agricultural Co-operative Theory: A Review", *Journal of Agricultural Economics* 34, 1983.

［51］ Markelova, Helen, Mwangi, "Esther Collective Action for Smallholder Market Access: Evidence and Implications for Africa", *Review of Policy Research*, Volume 27, Issue 5, 2010.

［52］ Marqaret Martin Nicholson, *A Comparison of Work Environments in Participatory and Traditional Management Systems in the Retail Food Industry*, University Microfilms International, 1985.

［53］ Michelle Bielik, "Declining Farm Value Share of the Food Dollar", *New*

Generation Cooperatives on the Northern Plains, University of Manitoba, 1999.

[54] Neal L. McGregor, *The Contribution of Workplace Democracy to Organizational Change*, Walden University, 2005.

[55] Nilsson, Jerker, "Organizational Principles for Cooperative Firms", *Scandinavian Journal of Management*, 2001 (17).

[56] Nilsson, J., "The Emergence of New Organizational Models for Agricultural Cooperatives", *Swedish Journal of Agricultural Research*, 1999 (28).

[57] Ollila, Petri, "Farmers' Cooperatives as Market Coordinating Institutions", *Annals of Public and Cooperative Economics*, 1994 (6).

[58] Phillips, R., "Economic Nature of the Cooperative Association", *Journal of Farm Economics*, 1953 (35).

[59] Raanan Weitz, *From Peasant to Farmer——A Revolutionary Strategy for Development*, Colombia Press, 1971.

[60] Ran Abramitzky, *The Limits of Equality: An Economic Analysis of the Israeli Kibbutz*, Northwestern University, 2005.

[61] Randall E. Torgerson, Bruce J. Reynolds and Thomas W. Gray, "Evolution of Cooperative Thought, Theory and Purpose", Presentation: Conference on Cooperatives: Heir Importance in the Future of the Food and Agricultural System, Food and Agricultural Marketing Consortium, Las Vegas, NV, 1997.

[62] Rebelo, Joao, Caldas, Jose, Teixeira, "Manuel, Economic Role, Property Rights, Labor Skills and Technology in the Portuguese Wine Cooperatives", *Annals of Public and Cooperative Economics*, 2002 (1).

[63] Rebelo, J., et al., "Performance of Traditional Cooperatives: The Portuguese Douro Wine Cooperatives", *Economia Agrariay Recursos Naturales*, Vol. 10, No. 2, 2010.

[64] Robotka, F., "A Theory of Cooperation", in *Agricultural Cooperation:*

Selected Readings, M. A. Abrahamsen and C. L. Scroggs eds. , Minneapolis: University of Minnesota Press, 1957, pp. 121 – 142.

[65] Roy, E. P. , *Cooperatives: Today and Tomorrow*, The Interstate Printers and Publishers, Inc. , 1964.

[66] Salvatore Di Falco, Melinda Smale, Charles Perrings, *The Role of Agricultural Cooperatives in Sustaining the Wheat Diversity and Productivity: The Case of Southern Italy*, Environ Resource Econ, 2008.

[67] Schaar, *Cooperatives, Principles and Practices*, University of Wisconsin Extension, Madison, 1973.

[68] Sexton, R. J. , "Imperfect Competition in Agricultural Markets and the Role of Cooperatives: A Spatial Analysis", *American Journal of Agricultural Economics*, 1990, 72 (3).

[69] Sexton, R. J. , "Perspectives on the Development of the Economic Theory of Cooperatives", *Canadian Journal of Agricultural Econmics*, 1984 (32).

[70] Shaff, James D. , "Thinking About Farmers' Cooperative, Contracts and Economic Coordination", in *Cooperative Theory: New Approaches*, Jeffrey S. Royer, eds. , USDA, ACS Research Report 18, 1987.

[71] Spear, Roger, "The Co-operative Advantage", *Annals of Public and Cooperative Economics*, 2000 (4).

[72] Srinivasan, R. and Phansalkar, S. j. , "Residual Claims in Co-operatives: Design Issues", *Annals of Public and Cooperative Economics* 74, 2003 (3).

[73] Staatz, John M. , "The Cooperative as a Coalition: A Game-theoretic Approach", *American Journal of Agricultural Economics* 1983 (65).

[74] Steven Jerry Holland, *Investment in a Thin and Uncertain Market: A Dynamic Study of the Formation and Stability of New Generation Cooperatives*, University of Minnesota, 2004.

[75] Taylor, R. A. , "The Taxation of Cooperatives: Some Economic Implica-

tions", *Canadian Journal of Agricultural Economics* 1971, 19 (2).

[76] Ted R. Schnetker, *Allocation of Self-reward From Continuous Improvement Initiatives: A Hierarchical Regression Analysis of Employee Equity Determinants in a Simulated Private Sector Firm*, Capella University, 2005.

[77] Tennbakk, B. , "Marketing Cooperatives in Mixed Duopolies", *Journal of Agricultural Economics*, 1995, 46 (1).

[78] Thomas C. Dorr, "Hearing on New Generation Cooperatives", Congress of the United States House of Representatives Committee on Agriculture, 2003.

[79] Thomas P. Schomisch, Edwing G. , "Nourse and the Competitive Yardstick School of Thought", UCC Paper No. 2, 1979.

[80] Tore Fjrtof, Ole Gjems, "A New Legislative Foundation for Cooperatives", *Review of International Cooperation*, 2003 (1).

[81] Torgerson, R. E. , B. Reynolds, T. W. Gray, "Evolution of Cooperative Th-ought: Theory and Purpose", *Journal of Cooperatives*, 1998 (13).

[82] United States Department of Agriculture Research Report 204, RBS Research Report 199, RBS Research Report 193.

[83] United States Department of Agriculture, "The Impact of New Generation Cooperatives on Their Communities", Rural Business-Cooperative Service RBS, Research Report 177, 2001.

[84] USDA, Economic Research Service, Compiled from National Agricultural Statistics Service Annual Estimates of the Number of Farms from the June Agricultural Survey and from ERS Estimates of Farm Productivity, 1990.

[85] USDA, *Keys to Success for Food Co-op Start Ups in Rural Areas: Four Case Studies*, 2004.

[86] USDA, Rural Business-Cooperative Service, *Farm Marketing, Supply and Service Cooperative Historical Statistics*, 2004.

[87] USDA, Rural Business and Cooperative Development Service, "What are Cooperatives?", Cooperative Report 10, 1995.

[88] USDA, "Agricultural Bargaining: In a Competitive World", Rural Development Administration Cooperative Services Report 42.

[89] USDA, "Agricultural Cooperatives in the 21st Century", Deputy Administrator for Cooperative Services Rural Business-Cooperative Service USDA Rural Development, 2002.

[90] USDA, "Agricultural Exports by Cooperatives", Agricultural Cooperative Service, ACS Research Report 107, 1990.

[91] USDA, "Cooperative Education Survey: Cooperatives' Version Summary of Findings", Agricultural Cooperative Service ACS Research Report 119, 1993.

[92] USDA, "What are Cooperatives", Cooperative Report 10, 2002.

[93] Vercammen, J., M. Fulton, C. Hyde, "Nonlinear Pricing Schemes for Agricultural Cooperatives", *American Journal of Agricultural Economics*, 1996, 78.

[94] Vitaliano, P., "Cooperative Enterprise: An Alternative Conceptual Basis for Analyzing a Complex Institution", *American Journal of Agricultural Econmics*, 1983 (65).

[95] Whyte, W. F. and Blasi, J. R., "Worker Ownership, Participation and Control: Toward a Theoretical Model", *Policy Science 14*.

[96] William Foote Whyte, Kathleen King Whyte, *Making Monragon*, Ilr Press Ithaca, New York, 1991.

[97] Zusman, P., G. C. Rausser, "Inter organizational Influence and Optimality of Collective Action", *Journal of Economics Behavior and Organization*, 1994, 24.

[98] Zusman, P., "Constitutional Selection of Collective-choice Rules in a Cooperative Enterprise", *Journal of Economics Behavior and Organization*, 1992, 17, pp. 353 – 362.

后　记

  本书的基本研究方法来自我的博士学位论文，因而我首先要感谢我的导师张彤玉教授、老师丁为民教授，他们严谨的治学态度、思虑周全的问题分析方法使我受益终身。

  本书得以顺利完成还得益于云南大学及云南大学经济学院的领导和同事们的鼎力支持，特别是梁双陆教授、张林教授、郭树华教授、罗美娟教授、施本植教授、李东红教授等几位专家在我进行开题、调研及资料收集与写作过程中提供了许多宝贵的意见和建议，在此表示深深的感谢。

  研究期间，课题组全体同仁没敢有丝毫懈怠，在这近一千个日日夜夜里，既有冥思苦想而不可得的苦闷，也有创作时的激越和兴奋，但更多的时候是在苦苦求索，这期间我带的几位研究生——樊启、张弛、郑路贤、骆薇、李衍等在穷尽有关中、西方合作经济组织的研究文献，并对这些文献进行甄别、归类整理等方面做了大量的工作。参与研究或为课题提供资料的人员除云南大学的研究生、老师外，还有南开大学、云南农业大学、西南林业大学的专家、教授。此外，美国农业部的 Schmidt Martin、英国农业部的 Selina Matthews 以及国际合作社联盟（ICA）的朋友们为我提供了西方农业合作经济组织大量可靠、翔实的第一手资料。在此，一并对上述单位、同仁、学生、朋友、专家学者们致以诚挚的感谢。同时，还要感谢在此没有提到的所有对课题组完成本书提供帮助的老师、同学和朋友们。

  本书既是集体智慧的结晶，也是合作精神的产物。课题主持人——娄锋副教授在本书形成过程中做了精心的策划、组织、实施、分析研究、撰写等工作，并对本书做了最后的统筹、修改、审核和定稿。

由于主持人的研究能力、水平有限，本书定有肤浅和不妥之处，恳请得到有关领导、专家学者们的批评指正。

娄　锋

2016 年 12 月 16 日于昆明

图书在版编目（CIP）数据

西方现代农业合作经济组织的制度分析／娄锋著
. -- 北京：社会科学文献出版社，2017.5
ISBN 978 - 7 - 5201 - 0642 - 9

Ⅰ.①西…　Ⅱ.①娄…　Ⅲ.①农业合作组织－经济组
织－组织制度－研究－西方国家　Ⅳ.①F350.4

中国版本图书馆 CIP 数据核字（2017）第 074708 号

西方现代农业合作经济组织的制度分析

著　　者／娄　锋

出 版 人／谢寿光
项目统筹／恽　薇　王楠楠
责任编辑／王楠楠　刘晶晶

出　　版／社会科学文献出版社·经济与管理分社（010）59367226
　　　　　地址：北京市北三环中路甲 29 号院华龙大厦　邮编：100029
　　　　　网址：www. ssap. com. cn
发　　行／市场营销中心（010）59367081　59367018
印　　装／三河市东方印刷有限公司

规　　格／开 本：787mm×1092mm　1/16
　　　　　印 张：27　字 数：415 千字
版　　次／2017 年 5 月第 1 版　2017 年 5 月第 1 次印刷
书　　号／ISBN 978 - 7 - 5201 - 0642 - 9
定　　价／98.00 元